〈沖縄学〉の認識論的条件

人間科学の系譜と帝国・植民地主義

徳田匡
Masashi TOKUDA

勁草書房

目次

凡例

・〔 〕は筆者が説明補足などのために付加したものである。
・引用は原文のままとしたが、雑誌名・書名は新漢字に改めた。
・■は原文から判読できない文字である。

序章　問いの再構築

1　はじめに

本書は、二〇世紀の前半に活躍し、いわゆる「沖縄学の父」と称される伊波普猷（一八七六−一九四七）の「言説」を通して、その言説を可能にした認識論的条件である「近代日本の人間諸科学」と、同時代の帝国・植民地関係のなかで現れる〈民族〉や〈民族性〉の関係について考察するものである。

那覇の士族の家系に生まれた伊波普猷は、尋常中学校での英語教育の廃止に反対する「中学ストライキ事件」（一八九五年）で同校を退学処分となったあと、上京して明治義会尋常中学の五年生に編入し翌年卒業している。その後三年の浪人生活を経て一九〇〇年に二十五歳で三高の第一部文科に入学した。そして一九〇三年に、東京帝国大学に入学し、三十一歳となる一九〇六年に卒業している。伊波は大学では史学を専攻するつもりだったようだが、三高時代の恩師である榊亮三郎に勧められたこともあり、比較言語学を専攻することになった。伊波はすでに三高時代から沖縄の歴史や言語に関する論文を発表していたが、その後、大学でそれらについての専門的な知識を得ていくことになる[1]。こうして最先端の近代知に触れた伊波は、一九一一年に最初の単著『琉球人種論』を、同年それを巻頭論文に据えた主著となる『古琉球』を発表している。

伊波は比較言語学の研究成果をもとに、日琉間の言語の同祖性を論じ、さらに形質人類学や民俗学の知識を取り入れながら、文化、人種、民族などの同祖性を措定するいわゆる「日琉同祖論」[2]を論じたとされている。本書はこうした伊波の「言説」の形成にとって、人間諸科学という近代に特有の「知」が及ぼした影響を重視し、そこで伊波が語った人種や民族の概念が帝国化し植民地を獲得していく近代日本の状況において、どのような意味を持ちえたのかを考察するものである。その前に、本書を書くにいたった動機から説明したい。それによって、本書が探究する問題の所在も明確になるだろう。

2　問題の所在

一九六〇年代末、日本への「施政権返還」が既定路線となった時期、政党・労組を含め沖縄から生まれた大衆運動――「復帰運動」――が東京中心の組織運動へと系列化されていくことが予想された。そのなかで、系列化に埋没することなく「沖縄」を問う思想を模索した「反復帰・反国家」という思想があった。筆者は以前に、その限界と可能性を論じたことがある[3]。そのなかで重視したのは、反復帰論のなかの「沖縄人」という批判主体についてであった。

反復帰論の中心人物であったジャーナリストで思想家の新川明は日本を相対化する思想を、「沖縄人」に準拠しておこなっていた。彼は日本への「復帰」を「心情的民族主義」と批判するが、しかし自らが提示する「沖縄人」という主体について、同様には批判していなかった。それに対して、新川と共に反復帰・反国家の論客とされた文学者の岡本恵徳は、同時代において「日本」に対する異質感として「沖縄人」の意義を認めつつ、そうした意識は「対日本」の場面には有効に機能するかもしれないが、しかし沖縄の内部へと向かう場合には暴力に変化しうると指摘し、戦時中の「集団自決」を念頭に新川の反復帰論を批判していた。これらの議論を踏まえ筆者は、新川の反復帰論における「沖縄人」という主体化の過程に「声にならぬつぶやき」という分裂が起こっていると指摘し、それこそが「内向する暴力」に反転することのない反復帰論の可能性であると論じた。その分裂が示すのは、日本の他者として渇望される「沖縄人」でもなく、沖縄の内部へと暴力を向けてしまう「民族主義」でもない、そうしたカテゴリーの構築性を暴いてしまう契機であった。そしてそれが新川の反復帰論の内部にあったということである。

そうした議論に関連して、新川の反復帰論や異族論に現れる「沖縄人の心性」や、伊波普猷の評価に対しては少なくない違和感があった。例えば新川は、沖縄の「施政権返還」が既定路線となったなかで、沖縄側の「復帰」運動を「琉球処分」以来の「同化主義」と捉えていた。それは近代の日本と沖縄との関係を「同化主義」によって連続するものと捉える考え方である。そうした想定によって新川は、「沖縄人」が「〈国家としての日本〉に自ら積極的にのめりこんで疑わない精神志向」をもっていると批判できた。このような批判すべき「同化主義」という設定は、「沖縄人」と「日本人」との差異に注目させる効果をもつ。

> つまり、せいぜい二千年そこらの昔、大和王権による政治的統一で国家形成されたヤマトゥ（日本国）の成立よりも遥か以前から、そのヤマトゥ（日本国）とは別に独自の文化圏を形成して近代に至った沖縄の歴史的、地理的条件こそが、今日なおわたしたち沖縄人の意識に根強く承け継がれている日本（人）に対する差意識＝潜在的距離感の大きさ＝日本を全部同質化して対象化してしまう異質感を形成してきたものであろう、ということである[4]。

こうして新川は「沖縄人」の意識には二面性があるとする。一方には「同化主義の心性」があり、他方には「差意識＝異質感の心性」がある。この二面性を体現したのが伊波普猷であるというのが新川の理解である。

> 沖縄の存在がその歴史的、地理的の条件によって、〈国家としての日本〉を撃つ衝迫力を所有し、こんごも所有しつづけるだろうことは、少なくとも思想の領域で「沖縄」を論ずる場合、ほとんど自明にひとしいことといっ

てよい。なぜならば「沖縄の思想」という言葉が、定立した概念としてわたしたちに共有され得ているということ自体、まさにそのような沖縄の持つ可能性を動かすことのできない前提としない限り成立するはずはないだろうからである。／あるいはまた、沖縄独自の歴史的風土に根ざして、いわゆる「沖縄学」と称される特異の学問領域が存在し、その存立を日本も含めて共通の了解事項として了解し合ってきたことによっても、沖縄が歴史的、地理的に所有してきた可能性が、日本の他のどのような地方府県に比しても際立って存在していることを裏書きするものといえるはずだからである。／ただ「沖縄学」は、（のちに「沖縄学の父」といわれる伊波普猷に即してのべるように）沖縄の持つ、そのような可能性を掘りおこし、押し展げ、切り拓いていく方向ではなく、逆にそれを押え込む方向でその成立がはかられたものである。すなわち、沖縄近代化のためとはいえ、沖縄を日本に全的に同化させる媒体となることをみずからに課すことによって、沖縄の存在が持つ可能性をみずから積極的に埋めてきたものであった(5)。

新川の説明では、伊波は「差意識」を導出したにもかかわらず、それを抑圧して日本へと同化したという理解になる。新川は伊波の立場を「宿命的な自己矛盾」あるいは「悲劇的な限界性」と表現している(6)。日本政府による上からの同化圧力と、沖縄の下からの同化による権利要求が日本帝国を補完する「同化主義」だということである。しかし岡本が批判したように、「同化主義」という設定によって自らの抵抗の主体を「民族性」に求めるならば、そこにはやはり反転した「内向する暴力」があるのではないか。

新川の議論は、伊波が見出す「独自の文化圏」を称揚しつつ、それを抑圧する伊波を批判するという構図である。それによって新川は「異族」という幻想的な共同性を打ち立てる。これが新川の思想的基盤ともいえる。しかし本書で見るように、伊波の立論はそのようなものではない。むしろ伊波は、中央（支配国）が、地方（植民地）の独自性を認め、それに沿って統治することが「帝国」の形成であると述べ、同化主義とは異なる統治形態を論じることで

「帝国」の形成に寄与していた。したがって、一九世紀末から二〇世紀において、「民族性（異質性）の抑圧＝同化」が帝国・植民地関係の統治形態のすべてではなかったのである。結論からいえば、伊波は「同化主義」を明確に批判することになるが、その際に彼が立ち上げた〈民族性〉は「内向する暴力」へと反転する。その「暴力」とは〈民族〉という主体に対する「優生学」であった。伊波の学問は〈民族性〉を優生学的に思考することによって日本帝国と沖縄における帝国・植民地関係を維持する役割を果たすことになるのである。

　こうした前提に立ち、筆者は、伊波の学問と、日本政府の「同化主義・内地延長主義」は区別すべきだと考える。それは伊波に帝国主義的な思考がなかったということを主張するためではなく、反対に伊波の思想に〈民族性〉の称揚を通じた「帝国」の形成があり、それは同化主義・内地延長主義とは別物でありながら、同時に批判すべきものだからである。国家との同一化を警戒するという姿勢——反復帰・反国家——は常に重要だが、帝国による植民地統治は中心的・支配的国家との同一化・均質化を常に支配地域・植民地に求めていたわけではない。そのため、ある「民族」の支配的国家への同一化・均質化への警戒だけでは、伊波が描いたような帝国的統治、そして実際の二〇世紀の帝国・植民地関係における「統治」を批判することはできない、というのが本書の第一の執筆動機である。

　次に戦後の「民族」論を振り返っておきたい。戦後の民族論は、国内外の「民族」をどのように見ていたのか。まず、戦後に「民族」を反帝国主義の拠点としたのは、江口朴郎の民族論である。江口は、二〇世紀前半の従属地域における反帝国主義的運動の「民族」的契機の重要性を指摘し、従属地域の「民族運動」を「極端なるナショナリズム」と呼ぶことで急激な変化を排撃しようとする帝国・植民地主義の問題を論じている。江口は、第一次世界大戦期に出てきた「民族自決」(self-determination) について、ウィルソン米大統領の「一四ヶ条の平和原則」（一九一八年）のなかの「民族自決」は、ロシア革命の影響を受けて出されたものであり、その主張は英仏の描く「帝国主義的勝利」ではないとする。[7]そして「強國に操られる民族政策に對抗するものが『民族自決』の原則であった」と評価する。

さらにインドを念頭に戦後冷戦下の第三勢力は、国内の民衆運動と大国による外圧のあいだにあって、自民族中心的にならざるを得なくなるが、他方で民族主義（ナショナリズム）に反感を抱く人々も、民族運動が露呈させる近代の矛盾に目を向けざるをえなくなると述べる[8]。

こうした江口の民族論を継承しつつ、大衆運動と「民族主義」の関係の再検討から、それに異なる評価を下したのが板垣雄三の「n地域」論である[9]。板垣は、今日の帝国的支配は、実質的支配国が従属地域を外在的に支配しており、従属地域が実質的支配国から独立することで帝国的支配が終息するものではないとして、従来の帝国・植民地関係のモデルを批判している。また独立の担い手とされる「民族主義」については、実際には実質的支配国が民衆の主体的な運動を「成型化」することでそれを封じ込める役割を果たしているとして、被支配地域の「民族主義」なしには「帝国主義体制」は存続しえないと指摘する。つまり帝国は支配地域に「同化」を求めないどころか、「民族主義」をその支配の重要な要素とみなすのである。

こうした議論は板垣だけでなく、欧米の帝国・植民地研究にも現れる。「脱植民地の帝国主義」（The Imperialism of Decolonization）と題されたロジャー・ルイスとロナルド・ロビンソンの議論は、戦後のアメリカの帝国主義を次のように考える。「国際経済の隷属状態は残りながら、可視的な帝国はなくなるかもしれない。……アメリカの影響力は、帝国的なものの棄権と、民族主義者の招来によって拡大した[10]」。彼らは、英米による北アフリカや中東での民族主義者への支援を通じた影響力の確保などから、第二次世界大戦後の植民地の独立は、その地域へのアメリカの進出と、グローバルな英米関係の変容から見るべきであると主張する。つまり脱植民地とは英米のグローバルなヘゲモニーの再編過程であり、そのなかで「民族主義者」（nationalists）との依存関係によって脱植民地的帝国主義が成立しているると主張する。そして脱植民地的帝国主義では、領土の直接支配ではない間接的な帝国主義が行われていることに注意を向けている。ここでも民族自決や民族主義、民族性の称揚が帝国・植民地関係を崩壊させるどころか、逆にそれを維持、強化していることが指摘される。

こうした議論は沖縄の近現代史にも適用可能である。例えば沖縄戦が始まる前の一九四四年一一月一五日に出版された『琉球列島に関する民事ハンドブック』（*Civil Affairs Handbook, Ryukyu [Loochoo] Islands*）や、同年六月一日に米軍戦略局調査分析部による対沖縄心理作戦計画案として作成された『琉球列島の沖縄人――日本の少数民族』（*THE OKINAWANS OF THE LOO CHOO ISLANDS: A JAPANESE MINORITY GROUP*）には、沖縄住民の「民族的特徴」について、次のように記されていた。

14. 住民（PEOPLE）　141. 民族的特徴（Racial Characteristics）

民族的起源　琉球列島の民族史は、日本民族史と類似している。初期の住民は北海道の残存アイヌ族と同族の原始コーカソイド系のようだ。彼らは色白で毛深くがっちりとしており、一部は北方に移動したかあるいは絶滅したかのどちらかで、また一部はその後（とはいってもまだ有史以前）南方からの移民の流れに吸収された[11]。

身体的特徴　琉球の住民の外見は日本人によく似ており、列島各地で大差がないことがわかった。……日本人と比べて見ると、琉球人は幾分背が低く、がっしりしていて色黒で、鼻はきわだって高く額が広く頬骨はあまり目立たないと報告されている。琉球人の毛は日本人に比べて波立っており、またある地域の人々はアイヌの血が強いことを反映して顎髭や体毛がかなり濃い。しかしながら、全体的に琉球人と日本人の間の身体的相違はほとんどなく、両民族によほど詳しくない限り見分けがつかない[12]。

民族的立場　日本人と琉球島民との密着した民族関係や近似している言語にもかかわらず（略）、島民は日本人から民族的に平等だとは見なされていない。琉球人は、その粗野な振る舞いから、いわば「田舎から出てきた貧乏な親戚」として扱われ、いろいろな方法で差別されている。一方、島民は劣等感など全く感じておらず、むしろ島の伝統と中国との積年にわたる文化的つながりに誇りを持っている。よって、琉球人と日本人との関係に固有の性質は潜在的な不和の種であり、このなかから政治的に利用できる要素をつくることが出来るかも知れない。島民の間で軍国主義や熱狂的な愛国主義はたとえあったとしても、わずかしか育っていない。[13]

亀裂の利用　沖縄人と日本人の間のひびを現在の戦争に利用する事はできるだろうか。……沖縄人は踏みつけにされてきた、という考えを増大させ、そして日本人全体と対比させて沖縄人としての自覚を持たせるように方向づけをする宣伝活動、即ち懐柔策は、実を結ぶ可能性がある。「負け犬」が自己主張する時は今だ、という感情は、奨励と誘発により、実際に爆発することはないかもしれないが、彼等の領土や国に侵入しようとする敵の計画を黙認するという状態になる可能性はある。[14]

米軍は日琉間の民族的な「固有の性質」を「不和の種」として利用し、「沖縄人としての自覚」を持たせることで懐柔することが可能だと考えていた。こうした民族的「性質」や「自覚」によって戦後沖縄の米軍統治が容易になったとは思えないが、しかし、これまで述べてきたような戦後の帝国・植民地関係を参照するなら、こうした要素を米軍が統治に利用するという世界的な文脈は存在していた。

さらにこれらの米軍資料を作成するにあたって利用された書物には、伊波普猷『古琉球』『琉球史の趨勢』（一九一一年）、『琉球古今記』（一九二六年）、『孤島苦の琉球史』（一九二六年）、真境名安興『沖縄一千年史』（一九二三年）、島袋源一郎『沖縄歴史』（一九三二年）、安里延『沖縄海洋発展史』（一九四一年）など、沖縄出身者による沖縄の研究書が多数挙げられている。これらの研究をもとに、一九四七年、GHQのマッカーサーは「米国が沖縄を保有することにつき、日本人に反発があるとは思えない。沖縄人は日本人ではなく、戦争も放棄した」と述べ、「沖縄人」と「日本人」とが異なる民族であることを根拠として沖縄保有を表明したのである。[15]また実際、占領米軍は海軍から陸軍へと管轄権を移管する際に「沖縄基地司令部」から「琉球司令部」へと名称を変更し、加えて沖縄の公的機関の名称を「沖縄」から「琉球」へと変更している。「実質的には、一九四六年七月一日をもって、『沖縄』は『琉球』に変えられたといってよいだろう」と鹿野政直が指摘するように占領初期から民族的な「自覚」に基づく分離統治は行われていた。[16] 米軍は戦中から「民族」という亀裂を利用して、戦闘や占領を行おうと考えており、実際そのような政策をとったのである。

戦後の「民族」と帝国・植民地関係、そして米軍占領を見てきたが、そこには抵抗の主体としての「民族」と、そうした「民族」的自覚を植民地や占領の継続として利用するという統治者側の思惑が見えてくる。帝国と植民地の関係とは、領土的拡張や支配国・支配民族の文化を被支配国・被支配民族に押し付けるだけではない。反対に、帝国・軍事機関は、自らが影響力を行使する地域の主権や領土を保全し、当該地に居住する人々を自らの意図に沿うように「成型」することが重要であった。こうした戦後の帝国・植民地の関係を支えているのは「民族」というものが「ある」という主張であり、そうした「民族」の歴史や性質に応じてその「自覚」を成型することであり、それによって最終的には直接的に占領しなくても帝国の利益――軍事的・経済的利益――を確保していくことにあった。

そうであるなら、帝国・植民地関係においては、新川が想定するような「差意識」は帝国の「統治」の技術にとって主要な道具であると考えることができる。だとすれば、一九一〇年代に伊波普猷が導出した沖縄・沖縄人の可能性――民族の「個性」――はその当時のグローバルな「帝国」状況に照らした場合においても、そしてのちに米軍が彼の著作を差意識に基づく占領統治の基礎文献にしたことからも、近代における帝国・植民地関係の「統治」にとって少なくない重要性を帯びたのではないか。こうした疑問を考えるには、まずこの「民族性」――民族を特徴づける身体・精神の性質――とは一体何なのか。それはどのようにして見出され、利用されるに至ったのかを考えなければならない。その歴史性を問わねばならない。それは帝国・植民地関係のなかで「統治」とどのように関係してきたのか。「民族」に基づく統治はどのように思考されたのか。そうした諸々の疑問が浮かび上がる。これらが本書の執筆動機である。

3　本書の分析方法

これまでの議論で見えてきたのは、「人種・民族」（race, ethnicity, nation）は、植民地・占領地を統治するための技術的な「道具」であるということである。そしてこうした見解は、人種や民族の定義を求め、それらが構築物であることを批判するだけでは、なぜそれらが統治の道具として機能し、役に立っているのかが見えてこないということをも示している。以下、それを考えることで本書の分析方法につなげたい。

近年の「人種」や「民族」といった概念の研究は、普遍性の表象に対する批判や、人種差別の発話実践や、抵抗運動の主体形成に関わるものとしてなされてきた。例えば、竹沢泰子による「小文字の race」、「大文字の Race」、「抵抗の人種 Race of Resistance」の議論に特徴的である。竹沢は、「社会分化した集団の差異」が「明瞭な優劣や排除を伴って政治・経済・社会制度に表現される場合、これを便宜的に小文字の〝race〟と定義し、「単なる偏見が、制度化された差別を伴う race へと転化する要因としては、まずなにより労働や宗教・政治面における制度的変化が考えられる」と述べる。また「大文字の Race」は、「世界中の人々のマッピングと分類を意識して構築された科学的概念として流通する人種」で「国民国家形成、植民地主義などの文脈で、それぞれの社会において独自の展開を見せる」という。三つ目の「抵抗の人種RR」は「支配への抵抗、独立運動やマイノリティ運動などのなかで、それぞれの社会で劣位の人種とされた様々な集団の抵抗を呼び覚ます」いわゆる「アイデンティティ・ポリティクス」として理解される。(17)

竹沢の議論は、人種や民族という言葉が使われる場面から、人種差別、分類概念、そして政治的抵抗の諸形態を抽出し論じるものだが、筆者はこのような操作的区分が意義あるものだとしても、植民地統治の分析に応用することはできないと考える。デイヴィッド・スコット（David Scott）が一九九五年に発表したポストコロニアル研究における記念碑的論文「植民地統治性」（Colonial Governmentality）を参考にその理由を述べておこう[18]。スコットは、それまでの植民地主義批判の特徴を、被植民者の「人間性からの排除」や「政治主権制度からの排除」に対する批判と抵抗であると捉える[19]。また、「人種」（race）の記号を用いて被植民者を劣者や根本的他者として表象する「植民地の差異のルール」（rule of colonial difference）というパルタ・チャタジー（Partha Chatterjee）の分析概念にも言及しながら、これまでの植民地主義批判とは異なる問いを立てようとする。スコットは、「人種」を表象する「知」は時代によって変化しており、決して通時的に一貫した現象ではないと主張する。そしてその変化する「人種」表象の植民地統治における具体的な効果とは何なのか、またそれぞれの表象とその形式がどんな政治的合理性や主体構成の実践に挿入されたのか、という植民地統治の個別性を考察すべきであるとする。つまり、人種表象の不連続性とともに、異なる政治的合理性や異なる権力構成が主導権を握る不連続性があり、そこから植民地における統治の対象と、それが何のために必要で、どのように仮構されたのかを明らかにすべきであると述べている。そして、人種・民族の融和や抵抗も、こうした統治実践との関係で解明されるべきであるとしている。こうした歴史的に構成された「知と権力」の関係が、スコットのいう「植民地権力の政治的合理性」（the political rationalities of colonial power）や「植民地統治性」なのだ。

スコットの議論を敷衍すれば、竹沢の議論は、「人種」（＝「差異のルール」）によって被植民者の「人間性からの排除」や「政治主権制度からの排除」に対する批判や抵抗の分析を可能にしている。しかしそれは、スコットが回避した分析方法である。そこからは「知」の変容などによる「人種」概念の不連続性と、不連続的に現れる統治権力の種別性や統治形態の再編の政治的合理性を読み取ることができない。

スコットはこうした「知と権力」の関係を捉える方法としてミシェル・フーコー（Michel Foucault）の「統治性」（governmentality）を植民地関係に応用した「植民地統治性」という概念を提示している。スコットによれば、植民地統治性とは、旧来の生活形態を体系的に解体し、そこに新たな条件を構築することで近代化を義務づけるような新たな権力形態である。そしてそれは、植民地における身体の搾取ではなく、植民地における「人口」のふるまいに対する統治効果を生み出すものとされる。また植民地統治性は、フーコーが示した近代ヨーロッパにおける人口統治の分析を、単に植民地に適用するだけではなく、植民地の統治の種別性、個別性を記述することでもある。

フーコーは「統治性」を「主権」と「生権力（規律権力・生政治）」の三つの位相の関係性として考えている。まず、一七世紀から一八世紀にかけて、個別の身体を標的にし、その身体の有用性・従順性を伸長しようとする規律権力が現れる。監視や処罰による個別の身体への働きかけによって、より多くの剰余労働を得られるよう身体を最適化する権力関係が近代資本主義を下支えするものとして現れる。そしてこの規律権力に覆い被さるように、「人口の自然性」[20]に働きかける公衆衛生や保険といったテクノロジーにより人々を人口の水準で「生きさせよう」とする生政治が現れる。この二つが生権力を構成する。

次に、「主権」において重要なのは「君主主権」モデルから「社会契約論」モデルへの移行である。かつての国家は「君主主権」の枠組みで統治することを想定し、実際にそうした統治を行っていた。その場合には、統治者・主権者たる王や諸侯、領主を中心にそこから同心円的に広がる権力構造が特徴であった。しかし社会契約論では主権は人民にあり、主権者たる人民が被治者である人民自身を統治するという関係に変容する。君主主権では王の身体・生命が重要であったのに対して、社会契約論では人民が人民自身の身体・生命を「生きさせる」関係に変容する。つまり主権には、法権利としての主権が君主から人民に移譲されるという連続性と、配慮の対象が君主から人民へ移行するという不連続性がある。この君主主権から人民主権へという「主権の民主化」[21]が、生権力に結びつく。なぜなら、一方で人民主権は君主を排除し、特権的な主体であり客体でもある人民を出現させ、人民自身が人民自身を生きさせる関係へと移行するからだ。他方でこれは、社会契約論の「法権利」が、生権力的関係に支えられていることをも意味する。

ここで重要なことは、生権力自体は、社会契約論モデルの法権利には記載されないということだ。あくまでそれは、身体の有用性・従順性の創造と、人口水準での統治テクノロジーだからである。つまり、生権力は法権利とは異なる固有の言説を有しながら、法権利を支えるのである。そしてこの生権力の固有の言説は、法ではなく、近代の人間諸科学の臨床的な「知」によって裏づけられる。というのも、フーコーが述べるように、特権的な主体でもあり客体でもある「人間」は、近代の人間諸科学によって生み出されたからだ。フーコーはまた、この特権的「人間」の集団性が「人口」であるとも述べている[22]。したがって、この「人間（身体）」と「人間集団（人口）」が生権力の固有の言説を解読する上で最も重要な要素となり、それに対する具体的な統治テクノロジーのための「知」の形成を問うことが「統治性」研究であり、そしてそれを植民地の具体的な権力関係に見出すのが「植民地統治性」研究となる。

そこで本書の分析方法は、以下のようになる。第一に、人間諸科学――比較言語学、形質人類学――における「集合的身体＝人口」としての〈人種・民族〉（以下、〈民族〉に統一する）の捉え方を分析する。そこでは、近代において現れる「人種」や「民族」の表象が一貫したものではなく、その表象の不連続性と、それらが人間諸科学によって特権的な〈歴史主体〉として表象されることが論じられる。

第二に、特権的な〈歴史主体〉としての〈民族〉が、法権利と結びつく際の齟齬と転換を見る。というのも、近代日本においては「天皇」という君主主権と人民主権（国民主権）と、新たな〈歴史主体〉である〈民族〉との関係が問題とならざるをえない。人間諸科学によって新たに生み出された〈民族〉の言説が、君主主権や人民主権の言説の内部で、どのようにそれらと対立し、あるいはそれらを下支えし、その主権―法権利の連続性を支えるのかを考察する。

第三に、「人口」を標的とする「統治」は主権権力ではなく生権力として現れる。そのため、固有の法則性をもつ人間集団（人口）としての〈民族〉に対する「統治」の構想がどのような言説のなかに現れるのかを問う。それは帝国化する近代日本が植民地を獲得する過程と深く関係する。

第四に、具体的な統治実践について考える。〈民族〉の表象と、さらにそれを支える近代の人間諸科学の「知」が、人口としての民族を「生きさせる」ための規範として、個々の身体と〈民族〉（人口）を同時に標的とする「優生学」（民族衛生学）と、その〈民族〉の精神性を標的とする「郷土史」が浮上してくる。このような〈民族〉の内的な規範化とは別に、もう一つ重要なのは、東アジアで帝国化する日本が多民族統治に向けて模索する「統治の合理性」である。そこでは他者の排除や、強制的な同化だけではなく、〈民族〉の内的な自然性（人口の自然性）に配慮した「統治」が目指され、それを通じて植民地統治を正当化する言説が生み出される。

そして最後に、全体を通して本書は伊波普猷の「言説」、特に「日琉同祖論」に焦点を当てる。その理由は、伊波の「言説」が近代における特権的な〈歴史主体〉である〈民族〉を描き出し、また帝国・植民地関係に挿入される近代日本の人間諸科学の成立と展開に深く関係するからである。さらにいえば、そうした「知」を前提にした帝国と植民地の関係を伊波が先取りして論じているからである。重要なのは思考の主体としての「伊波が」何を語ったかではなく、「伊波が語ったこと」が語りとして表出したその認識論的条件を「植民地統治性」の表出として考察することにある。換言すれば、「伊波普猷」とは「植民地統治性」が生産される「現場」であり、臨床的な「知」に基づく統治実践が行使された「末端」であるという意味で、近代日本の植民地統治性を分析するための極めて重要なトポスなのである。

4　伊波普猷に関する先行研究について

本書は、伊波の「言説」を取り上げるが「伊波普猷論」ではない。直截な言い方をすれば、ひとりの思想家としての伊波普猷には興味がないし、本書もそのように伊波を扱っていない。先に述べたように、本書は伊波普猷の語りの認識論的条件を解明する「言説」分析である。その意図するところは、フーコーによって示された、言説分析で忌避すべきとされる二つの方法を回避するためである。その二つとは、「連続性を再構成する歴史研究」と「解釈学的な探究」である。(23)

まず、「連続性を再構成する歴史研究」について。伊波普猷に関する先行研究は数多くあるのでその一つひとつには触れないが、多くに共通するのは、伊波の日琉同祖論の特徴が「琉球人（沖縄人・琉球民族・琉球人種）」と、その鏡像である「日本人」の「主体」の構築にあるという前提だろう。しかし、先行研究はそうした構築が行われる際に最も重視すべき、彼の学問的支柱であった「比較言語学」についてほとんど触れていない。否、ほぼすべての論者が伊波の師であり、明治期の著名な比較言語学者であるチェンバレンや上田万年に言及し、彼らと伊波が日琉間の言語の関係を論じたことに触れている。だが、比較言語学の近代知における位置づけについては、ほとんど語られていない。(24)まず重要なのは、伊波普猷の位置づけではなく、比較言語学という「知」の位置づけである。なぜなら伊波の日琉同祖論と、それに依拠した主体論は、比較言語学という知の枠組みなしには現れないからである。

フーコーは『言葉と物』において、人間主体と真理との関係を変容させた認識論的条件について仔細に論じている。特に、一八世紀末から一九世紀初頭の西洋での「知」の歴史的転換に注目し、「知」と「知が知覚しようとする事物」の表面と深部、可視性と不可視性の関係がどのように組み変わったのかを詳述している。この「知」についての転換は、博物学と生物学、一般文法と比較文法（ここに一九世紀後半の比較言語学も含まれる）、富の理論と経済学という三つの領域で起こったとされる。そしてその三領域の考察において最も重要なことは、知の特権的主体であると同時にその特権的な客体でもある「人間」が誕生したことである。この特権的主体かつ客体である「人間」は、のちの生権力、統治性研究のなかでも主要な位置を占める。この「人間」は、一方で規律権力の対象としての可視的「個人」とその不可視の内面としての「個人性」として把握され、他方で生政治と統治性の対象としての「人口」とその「自然性」として標的とされることになるからだ。この点において、比較言語学が近代の「人間主体」の生成にとっていかに重大であるかがわかるだろう。フーコーは、ある時代において「物とそれらを類別して知にさしだす秩序」のことを「エピステーメー」と呼んだが、この比較言語学はまさに伊波の学問を規定するエピステーメーの核心部分である。[25] したがって本書では、「伊波普猷論」や「日琉同祖論・論」において、比較言語学という「知」の位置づけを経由しない分析は、言説分析にも、近代的主体・客体（人間）の分析にもなりえないと考える。なぜなら比較言語学を含む近代の「知」が物事をどのような秩序に基づいて知にさしだすかという言説の統制と産出を制御しているからである。本書の前半で述べるように、それによって〈歴史主体〉は〈言語そのものの歴史〉や〈身体そのものの歴史〉といった近代の「知」に依拠して現れることになる。

この比較言語学の近代知における位置づけを欠落させることで現れるのが、「連続性を再構成する歴史研究」である。「日琉同祖論」についての先行研究では、日琉間の人種の「同源」性や、言語間の「相似」までもが「日琉同祖論」とされ、さらに伊波以外の論者による同様な議論までも「日琉同祖論」として一括りにしてしまう。こうして、伊波の前後に「日琉同祖論なるもの」を配置することで、その連続性を仮構し、その権威として伊波を位置づける。そうすることで、「伊波」自身の内部にある不連続性も、「日琉間」を認識する方法のなかの不連続性も問われなくなるのである。[26]

次に回避すべきは「解釈学的な探究」である。言説の背後に言説が隠しているものを探り出そうとするような探究である。フーコーは言説分析とは「語られたことを、それが正しく語られた限りにおいて記述する」ことであるとし、語られたことの背後に主体の深淵で本来的な主体性などというものを想定し、それを見出そうとすることを拒絶する。[27] これまでの「伊波普猷論」の特徴は、まさにこうした「解釈学的探究」の思想史であった。こうした思想史は主体の至上権に基づく解釈を許容する。これは「連続性を再構成する歴史研究」とも重なる問題である。つまりこれまでの伊波論が比較言語学を等閑視し、それによって「日琉同祖論なるもの」に連続性を与えたことが、伊波の背後に未だ知られていない本当の主体性があるという想定を生み出しているのである。

例えば、冨山一郎は、その著名な伊波論のなかで、比較言語学や言語の系統の議論については一切触れず、人種分類について述べたのち、伊波が「琉球史の趨勢」のなかで「琉球人」の「個性」について語った部分について次のように論じている。人種分類という知のなかで一方的に観察されるはずの「琉球人」が自己のなかに「日本人」を見出すのは、そこに「観察行為の逆転」があるためで、「そうであるがゆえに伊波は、『琉球人』は『日本人』であるというのではなく、両者は『同祖』であると主張するのである。……こうした観察の逆転により『琉球人』における『日本人』とは異なる徴候を他者化の圧力から救い出し、別の類型として構成し直そうとする。これが伊波がいう『琉球人』の『個性』に他ならない。伊波は日本人種論に代表される分類という方法を反復することにより、分類不可能な『個性』という領域を浮かび上がらせた」と[28]。冨山は、伊波が「個性」の語で、当時の帝国・植民地関係を相対化、または止揚した特異な思想家であると解釈している[29]。

この冨山の解釈は誤りである。その詳細については第七章をお読みいただきたいが、手短に要約すれば、伊波の「琉球史の趨勢」論の骨格の大部分は、東京帝国大学の社会学者であった建部遯吾の『理論普通社会学綱領』における「社会化」概念に基づいている。その建部の「社会化」は帝国による「植民」行為の正当化であった。そして当時の植民政策学の知に、この伊波の語りは首尾よく収まる。伊波の「個性」論は、当時の帝国・植民地化の理論から脱しているわけでも、違和を挟んでいるわけでもなく、結局のところ、その理論と整合している。確かにそれは単純な「同化」ではないし、「多元的自治」[30]も含みこむが、いずれにしてもその文脈は日本帝国による沖縄の「植民地化」の妥当性についてであり、「個性」もその文脈で出てくるのである。こうした誤りの遠因は、当の伊波が建部の著作に直接的に言及していないこともあるが、根本的な問題は、失われた真理や主体性を措定し、それを回復しようとする研究態度にあるといえる[31]。ひるがえって、本書がこうした連続性の再構成と、解釈学的試みの誘惑を回避できているか甚だ心許ないが、「語られたこと」そのもののレベルにとどまる分析を試みたつもりではある。

また近年では崎濱紗奈が、ソテツ地獄以後の伊波の日琉同祖論を「後期日琉同祖論」とし、そこに〈原日本〉＝〈原沖縄〉という理想の設定があり、それを通じて天皇中心的な帝国日本を批判する可能性（「政治」）とその不可能性（〈政治神学〉）を見出すという議論を展開している。[32] しかし崎濱は同時代の諸学問における同様の議論に言及していない。これは崎濱のいう「前期」における比較言語学や形質人類学への言及がないだけでなく、「後期」における関連学問についても同様である。例えば崎濱は、『をなり神の島』（一九三八年）、『日本文化の南漸』（一九三九年）、『沖縄考』（一九四二年）などの一連の論考によって、伊波が、日本の起源について天皇が出現する以前にいた「海部（あまべ）」の人々を中心に天皇制を相対化する神話に書き換えようとしたと述べている。崎濱によれば、この「海部」の時代が伊波の思い描く〈原日本〉＝〈原沖縄〉である。

しかし似たような議論は一九一〇年代後半にはすでに日本人種論のなかに現れている。それは鳥居龍蔵の人種交替説（先住民アイヌを移住してきた日本人の祖先が駆逐・征服したという説）に対する反論として出てくる。濱田耕作の「原日本人」[33]説や長谷部言人の「石器時代住民」[34]説に特徴的だが、彼らは渡来人とされた天孫族が日本人の起源なのではなく、そもそもアイヌ以前に、そして神話以前の石器時代[35]には日本人の祖先となる人々が存在した主張した。その後、こうした学説に清野謙次や松本彦七郎らが加わる。これらの学説では、本来の先住民である日本人の祖先と渡来人との遭遇の際には、先住民も渡来人も互いを駆逐・征服せずに平和裡に融合したとされている。坂野徹が指摘するように、一九四〇年代初頭までには「原日本人」が日本列島に居住したとされる時期は、その起源を曖昧にすることで、限りなく古い時代に設定されていた。[36]

伊波の「原日本」がこうした同時代の議論の延長線上にあったことは、いくつかの事実から論じることができる。崎濱も指摘しているように「原日本」は清野謙次の用語であることを伊波が明言していること[37]、さらに海部先住説はアイヌ先住説の否定を前提にしていることである。

> さて、海部族の南下の日本の建国以前であることは、ほゞ見当がついた……。但、最近著しく発達した学問の光によつて、日本民族が日本島に移住して間もなく、手を別つたものでないといふ事だけは、言えるような気がす

る。二三十年前には、日本民族は亜細亜大陸の何れかの地方から、或は南洋方面のどこから来て、アイヌを征服して、国を建てたものだ、と言われてゐたが、最近体質人類学・考古学・言語学等の方面よりする研究の躍進に伴つて、その誤りであることが立証されて来た。……日本民族がアイヌよりもずつと以前に来て居たことは、石器時代の遺物の縄紋土器が、雄辨に之を語つていて……。白鳥博士もかつて……日本人がむしろアイヌよりも前に、日本島に這入つたもの、つまりは先住民族ということになると言われたのは、考古学者の研究ともよく一致する(38)。

海部が建国以前（神話以前）に沖縄に南下してきたことについて、かつて鳥居龍蔵を引きながら沖縄に先住民アイヌがいたとしていた伊波の議論は、その後の諸学説を通じて修正されている。それと同時に、その学説を通じて「海部」を原日本の住民とすることが正当化されている。しかし、崎濱は清野を含む当時の学説について言及していない。また清野の「原日本」説では、原日本人時代の安寧が打ち破られるのは、建国後の異民族の度重なる渡来による社会不安であることが示される(39)。崎濱の議論では、海部の安寧が天孫（天皇）によって壊されるとされるが、そもそも一九三〇年代末の日本人種論はすでに天皇の起源を石器時代に設定し直しており、天皇を含む「原日本人」の安寧を毀損するのはその後の渡来人（一九一〇年代の人種交替説において「天孫」とされた人々）なのである。つまり、この時期の伊波の議論は、清野の議論を沖縄に敷衍したものなのである。そして坂野がいうように「清野が描き出す日本の歴史は、当然、大東亜共栄圏を正当化しようとするもの」であり「その皇国史観との親和性の高さ」を見なければならない(40)。伊波の論考もこうした視点から読解する必要がある。とはいえ、こうした議論のいくつかは、崎濱の議論によって気づかされたことでもある。

　上記以外の伊波普猷論の特徴についても少しだけ述べておこう。本書で示すように、帝国・植民地の関係は「同化主義」でもなければ、「同化」と「異化」の対立でもない。植民者と被植民者が最初から同質であると主張することも、異なるものを同じにすることも、また異なるものを異なるものとして表象することも、帝国主義と植民地統治に包摂可能であるというのが近代の植民政策学の「知」の枠組みであり、戦後の「脱植民地的帝国主義」の実態でもあった。先行研究は、伊波が同化主義的な「日琉同祖論」を主張し、同時に琉球人・沖縄人の異質性や主体性の発揮の主張をしつつも根本的には日本帝国を相対化し得なかったとし、その「戦略性」を理解しつつも、伊波の思想を「悲惨」や「悲劇」、あるいは「矛盾」や「背反」と捉える[41]。こうした同祖論や同化を帝国・植民地関係における「抑圧」とし、個性や主体性、自己決定を「解放」と考えることに、これら先行研究の共通性がある。しかし、そうした異質性や主体性、個性の発揮に基づいて日本帝国と連帯するというのが、いわゆる伊波の「沖縄学」であり、帝国主義であるというのが本書の伊波への評価である。本書で見るように、個性や主体性、民族自決なども、帝国・植民地関係のなかで、その特権的主体であり客体として「生産」されたものである。

　別の言い方をすれば、伊波の企てを植民地支配からの解放の手段としての戦略的な「主体」の提示であるとみなし、そこから帝国主義・植民地主義を相対化できなかったのはその戦術面での失敗であるとみなす、ということこそが批判されるべきなのだ。むしろ「戦略的な主体の提示」、その主体の十全な把握を我々に強いることが「植民地統治性」によって要請されていることを理解すべきである。「知」と「統治の合理性」が変容するなかで、帝国・植民地関係のなかでの主体の位置づけも変化する。そうした不連続な関係のなかで生産された主体が〈民族〉や〈民族性〉であるといわねばならない。伊波の〈沖縄学〉の歩みがまさにその好例となっているのである。同様に、伊波を論じる者たちが戦略的主体の戦術面での失敗を論じ、翻って戦略的主体による戦術面での成功が存在するかのように想定すること、その終わりなき解読と解釈こそが「植民地統治性」の効果なのだ。〈民族〉が統治の技術的道具であるという本書の問題構成が、こうして再浮上する。その分析のためには植民地の統治の種別性、個別性を記述しなければならず、とりわけ近代日本においては伊波普猷を通して、具体的な「植民地統治性」を考察しなければならない。

　また、本書で扱う日本近代の人間諸科学（比較言語学、形質人類学、生物学、社会学、歴史学、郷土史、優生学、精神分析、民族心理学）と帝国論、植民政策学の関係は、伊波の言論を通じてその輪郭がはっきりと現れることになる。伊波の「沖縄学」は一般的には、伊波の言語論から「おもろそうし」研究を含む沖縄文化研究という意味で呼ばれることが多い(42)。しかし本書はそうした考えを採用しない。伊波の研究はそれを遥かに超える〈沖縄学〉である。それが重要なのは「沖縄」という対象を通じて、日本近代の人間諸科学の成立と帝国・植民地の関係が理解可能であるという意味で、〈沖縄学〉は日本近代の人間諸科学と帝国・植民地を結ぶ特異な〈知〉に他ならないからである。〈沖縄学〉の認識論的条件を問うことは、近代日本における〈民族・民族性〉という集合的生命・身体を対象にする諸学問の成立とその変遷、そしてそれらが実際の帝国・植民地とどのように関係したのかを問うことである。それが本書の目的である。

5　本書の構成

第一章の「言語と歴史」では、比較言語学に焦点をあてる。比較言語学は、言語のうちで「書かれたもの」ではなく、「音声」に着目し、その変遷と法則性とを論じる学問である。比較言語学において〈言語そのもの〉とは「音声」という表徴であり、〈言語そのもの〉には人間の主体性や意志には還元不可能な自然性、法則性、そして歴史性があるとされる。そして重要なのは、比較言語学は、「言語」と「民族」を切り離すということである。言語から民族を規定できないというのが比較言語学の〈言語そのもの〉という認識から生まれた一つの帰結となる。

第二章の「身体と歴史」では、比較言語学の視点から見える形質人類学に焦点をあてる。比較言語学では確定できなかった「民族」の輪郭を、形質人類学の「生体計測」を通じて確定することが考察される。そこでも重要になるのは〈身体そのもの〉という人間の主体性や意志には還元不可能な自然性、法則性である。生体計測は〈身体そのもの〉を通じて「民族」の輪郭を確定しようと試みるが、しかしながらその過程で起こったのは、形質人類学による

「民族」の確定の根拠に再び比較言語学を導入するという転倒であった。

もう一つ重要なのは、比較言語学と形質人類学の知が〈言語と身体そのものの歴史〉を示すことで〈民族〉にそれ固有の〈歴史〉を付与したことである。それは旧来的な神話を軸とした「王権」とも、社会契約論的な「人民主権」とも異なる歴史観の形成であった。これにより〈民族〉は、君主主権や人民主権を経由することなく、歴史主体として登場することになる。

第三章では、生物学と社会学に焦点をあてる。生物学は「生命」の探究から生物進化を規定する自然性・法則性を明確にした。そうした考えは、人間社会を生物学的に考える「社会有機体論」（社会学）を構成することになった。生物学と社会学を重ね合わせることで、細胞説以前の「生気説的社会有機体論」と、細胞説以後の「細胞説的社会有機体論」の存在が見えてきた。前者は「全体」にこそ有機体の根拠があると考え、後者は「部分」にこそ有機体の核心があるとする。こうした二つの社会有機体論の違いの重要性と同時に、両者に共通するのは社会における「法」という基盤の否定である。「社会有機体論」は「法」――王権神授説や天賦人権論、社会契約説など――に代わって生物学的自然法則を思考の基盤とする。これは比較言語学の〈言語そのもの〉、形質人類学の〈身体そのもの〉と非常に近い考え方であった。

そして生物進化の法則性を「社会」に導入することによって、生物学的自然法則による「異質性」の増大を「統治」することが「社会有機体論」のなかで浮上する。近代社会における「統治」もまた「法」とは別の思考体系に由来することが明らかとなる。

のちの議論との関連で付け加えておくと、生物学を基礎にした「社会有機体論」は植民地統治にも援用されていく。また同様に生物学の知見は、二〇世紀初頭の「民族心理」を形成する鍵にもなる。特にギュスターヴ・ル・ボンの「民族心理学」は生物学の心理学への応用であり、それもまた植民地統治にとって重要な要素となっていく（第六章）。

第四章の「人種交替説」では、比較言語学、形質人類学、生物学、社会学を踏まえた上で、それらの学問の成立が近代日本の「歴史学」にどのような影響を与えたのかについて論じる。重要になるのは、当時の考古学、人類学の主要な課題であった「人種交替説」である。「人種交替説」とは、大陸朝鮮半島を経由して渡来した日本人種の祖先が先住民族アイヌを駆逐、征服したというものであるが、この説が重要なのは、その真偽ではなく、生物学的な生存競争を日本の歴史の起点に置いたことである。それまでの記紀神話による王権神授説や社会契約論的民権論の「法」に代わって、生物学的自然法則としての生存競争が歴史の起点になったのである。「法」による「歴史」に代わって、「人種交替」による〈歴史〉が再起動される。そのため「人種交替説」は天皇を中心とする歴史観と齟齬をきたすことになる。この「人種交替説」をめぐって、天皇を中心とする歴史、民族を主権から読み解く歴史、そして主権とは異なる〈民族〉を基盤とする〈歴史〉という、三つの視点が成立することになる。

第五章の「新式の統治法」では、「人種交替説」が、それまでの天皇の歴史を排した反国家的な〈歴史〉記述を可能にしたのち、〈民族〉に基づく〈歴史〉のなかに「国家」を再導入する過程を論じる。「国家」は、王や神話の名のもとに構成されるものではなく、複数性・異質性をもつ〈民族〉が自分自身を統治するために導入されることになる。その場合、「統治」は〈民族〉自身の内部へ向かい、その集合的身体と精神とをより良く統治しようとする。そしてその統治は、一九世紀末から二〇世紀初頭の帝国と植民地関係とも関連するようになる。被植民者の帝国への参入として、被植民者を含めた帝国の維持のためには、帝国内部の〈民族〉の身体的、精神的な矯め直しが必要になるという議論から、「優生学」が統治にとって主要な「知」となる。固有性と矯正可能性を含んだ〈民族性〉は帝国・植民地関係における主要な争点となっていく。

第六章の「優生学と精神分析」では、まず優生学の成立とその日本における展開を追う。優生学は生物学の「遺伝」と「変異」の概念と結びつきながら集合的生命・身体である〈民族〉の「変異」や「退化」を論じる。さらに「衛生」、「社会有機体論」、「民族心理」と結びつき、「民族衛生」へと進展する。そして「民族衛生」は〈民族〉の精神を遺伝や歴史、自然環境との関連から捉え、それによって国家を形成する「能力」が〈民族〉内部に存在するのか、あるいはそうした「能力」が獲得可能であるのか、矯正によって維持可能なのかを問う。また〈民族〉の精神を矯正する「精神分析」と「郷土史」にも焦点を当てる。

第七章の「帝国と植民地」では、まず台湾統治に関与した後藤新平や新渡戸稲造の植民政策学が生物学を基礎としたものであったことを確認する。そしてアメリカの政治学者で外交官でもあったポール・ラインシュの著作を通じてアメリカの東アジアの植民政策が領土の拡張よりも国際貿易による利益の確保を優先し、占領よりも中継点の確保を目指したものであったことを論じる。そうした系譜の総合として第一次世界大戦後の帝国・植民地関係では「自治」が重要な概念となり、「自治」を統治能力・自治能力の観点から扱うことで、植民地統治が維持強化されることを論じる。この「能力」という表象にとって重要になるのが「優生学」である。

終章では、これまでの議論を総括し、〈民族性〉を改めて論じる。それが「法」とは異なる〈言語・身体そのもの〉と生物学的自然法則のアナロジーに基づくものであること、それによって〈歴史〉が思考可能になったこと、そうして近代の人間諸科学の形成に深く寄与していること、そうした科学性を根拠に二〇世紀の帝国・植民地関係が規定されていることを示す。〈民族〉とは確かに反国家的な歴史観を伴って出現したが、しかしそれによって帝国・植民地関係を強化し続けてきたのである。

ここでは伊波に言及していないが、各章の論証には当然、伊波の〈沖縄学〉の検討がその核心として含まれている。

注

（1）外間（一九七六）。

（2）屋嘉比（二〇〇八）によれば、「日琉同祖論」の初出は、『孤島苦の琉球史』である。その使用を確認すると、伊波自身の立論の説明ではなく、向象賢（羽地朝秀）による言語の「相似」に基づく日琉間の人種間の関係を、チェンバレンらの議論に連なるものと暗示するような使用法である。伊波（一九二六）、一八六頁。ちなみに、それ以前の著作である『古琉球』では、同じく向象賢の議論を「日琉人種同系論」と述べている。伊波（一九一一b）、七三頁。さらに向象賢の議論をチェンバレンの比較言語学的同祖論と「暗号」（偶然一致）しているとも述べている。これについては第一章でも取り上げる。
（3）徳田（二〇〇八）。
（4）新川（一九七一）、八〇―八一頁。
（5）同上、六二―六三頁。
（6）同上、一一二―一一三頁。新川はこの論考のなかで伊波の議論を「日琉同族論」と呼んでいる。
（7）江口（一九五四＝一九七三）、一五八頁。
（8）同上、一九八―二〇二頁。
（9）板垣（一九九二）、二一―三一頁。「n地域論」の初出は、歴史学研究会編『歴史における民族と民族主義』青木書店、一九七三年である。板垣によればその骨子は一九六八年にはすでにあったという。
（10）Louis, Wm. Roger and Ronald Robinson.（1994）, p.495.
（11）沖縄県立図書館資料編纂室編（一九九五）、七五頁。
（12）同上。
（13）同上。
（14）沖縄県立図書館資料編纂室編（一九九六）、一一二―一一三頁。
（15）中野・新崎（一九六五）、一六頁。中野編（一九六九）では、マッカーサーが「琉球はわれわれの自然の国境である。沖縄人が日本人でない以上、米国の沖縄占領に反対していることはないようだ」と述べたと記されている。六頁。
（16）鹿野（一九八七）、五八頁。
（17）竹沢（二〇〇五）。
（18）Scott（2005）。初出はScott, David（1995）. "Colonial Governmentality." *Social Text*. 43. pp.19-220だが、ここでは、Inda, Jonathan Xavier. ed（2005）. *Anthropologies of Modernity: Foucault, Governmentality, and Life Politics*. Blackwell Publishing Ltd. に再録された同論文に依拠している。またポストコロニアル研究へのフーコーの影響と、スコット以降の「植民地統治性」の議論については、Heath and Legg（2018）と森（二〇二二）を参照。
（19）スコットは、前者の代表的な議論をエドワード・サイードの『オリエンタリズム』とし、後者の代表をラナジット・グハらによるサバルタン研究としている。

(20) フーコー（二〇〇七b）、八五―九二頁。フーコーによれば、一八世紀の統治実践において問題化される「人口」とは、単なる個人の総和でも、主権者の意志に服従する者の集合でもなく、その「自然性」から出発して管理されるべきものとして現れるという。それは以下の三つの自然性である。第一に、風土、経済活動、税や結婚などの変数によって変化するもの。第二に、欲望、功利主義的態度である。第三は死亡率のような恒常性として現れるものである。

(21) フーコー（二〇〇七a）、三九―四〇頁。

(22) フーコー（二〇〇七b）、九二―九六頁。

(23) フーコー（二〇一二）、五〇―五一頁。フーコーは次のように語っている。「分析しようとしている言説をあらかじめ組織化すべく用いられる無反省的な連続性の数々を局外に置くための、最後の用心について。それは、互いに結びつき向かい合っている二つのテーマを放棄することである。一方のテーマが想定するのは、言説の次元において正真正銘の出来事の闖入を指定することは決してできないということ、あらゆる見かけの始まりの彼方には常に秘められた起源がある――非常に秘められており非常に根源的であるのでそれ自体として完全に取り戻すことの決してできないような起源がある――ということである。ここから、年代学の素朴さを通じて、いかなる歴史のなかにも決して現前することのない無際限に後退した地点へと、不可避的に導かれることになるだろう。その地点は、それ自身の空虚でしかないことになるだろう。そしてその地点から出発しつつ、あらゆる始まりは、再開もしくは隠蔽（実を言えば、ただ一つの同じ身振りにおける再開と隠蔽）でしかありえないことになるだろう。この第一のテーマに、もう一つのテーマがつなぎ合わされる。こちらのテーマが想定するのは、あらゆる明白な言説は、ひそかに、すでに語られたことに依って立つ、ということである。そして、そのすでに語られたこととは、すでに発せられた文やすでに書かれたテクストのことだけではなく、それに加えて、「決して語られなかったこと」、かたちなき言説、吐息のように寡黙な声、自分自身の痕跡の窪みでしかない文字記号（エクリチュール）のことでもあるとされる。かくして、言説によって言述されうることのすべては、その言説に先立ちその下を執拗に流れ続けながらその言説によって覆い隠され押さえつけられている半沈黙のなかですでに語られているのだ、という想定がなされるのである。これによって、明白な言説は、結局、それが語っていないことの禁圧された現前でしかないことになるだろう。そしてその語られざることは、語られていることのすべてを内部から浸食する一つの窪みであることになるだろう。言説に関する歴史的分析を、あらゆる歴史的決定から逃れる一つの起源の探索および反復として定める第一のテーマ。言説に関する歴史的分析を、すでに語られたことであると同時に語られざることでもあるものの解釈ないし聴取として定める第二のテーマ。言説の無限の連続性と、絶えず更新される不在の作用のなかでの言説の自己へのひそかな現前とを保証するために役立つこれら二つのテーマを、ともに放棄しなければならない。」または、慎改（二〇一九）、一三九―一六六頁を参照。

(24) 鹿野（一九九三）、小熊（一九九八）、屋嘉比（二〇〇二）、與那覇（二〇〇四）（二〇〇九）、伊佐（二〇一六b）、崎濱（二〇二二）などが概説程度に伊波が言語学を学んだことに触れているが、比較言語学説史やそれが近代の認識論へ与えた影響については論じていない。

(25) フーコー（一九七四）、二一一頁。フーコー（一九九九a）では「ある科学的言説が自分自身に向かって行使する内的な認識論的制御の指標のことを、エピステモノミー（épistémonomie）の水準」だと述べている。三三一頁。

(26) 第一章の注18を参照。

(27) フーコー（二〇一二）、二〇六―二〇七頁。

(28) 冨山（二〇〇二）、一三七頁。

(29) 崎濱（二〇二二）も「『日琉同祖』とは冨山一郎が言うように、『日本』でも『琉球』（『沖縄』）でもない第三の地平の創出を目指すものであった」（七〇頁）として冨山の議論を一部引き継いでいる。また「伊波がいう『同祖』とは、『日本』や『沖縄』といった主体が生まれる以前の、根源的場所を意味している」（一九七頁）とも述べる。崎濱の議論は伊波の「日琉同祖論」を「前期日琉同祖論」と、ソテツ地獄（一九二三年）以降の「後期日琉同祖論」を分けて考えているが、いずれにしても比較言語学や人種交替説、植民政策学などの認識枠組みについては言及していない。

(30) 比屋根（一九九六）、二〇一―二〇五頁。

(31) 伊波による建部遯吾の引用を最初に指摘したのは比屋根（一九八一）であるが、しかしそれが当時の帝国論や植民政策学とどのような類縁性をもったのかについては論じていない（一九四―二〇〇頁）。これについては第七章を参照。

(32) 崎濱（二〇二二）。

(33) 濵田（一九一八）。

(34) 長谷部（一九一七）。

(35) そもそも日本人種論の起こりは、大森貝塚での石器の出土にある。神話には金属器が現れるため、石器の存在は神話以前の住民を示すのではないかと推察された。それがアイヌ説、プレアイヌ説などにつながった。本書の第二章、および鳥居（一九一八）、七一—一一頁を参照。
(36) 坂野（二〇一二）。その他に坂野（二〇〇二）、金（二〇〇〇）、工藤（一九七九）を参照。
(37) 崎濱（二〇一二）、二〇三頁の脚注（3）。伊波が『沖縄歴史物語』で清野の用語として引用していることが示されている。
(38) 伊波（一九七四b）、五八六頁。伊波（一九三九）、八六二—八六三頁。
(39) 坂野（二〇一二）、一七六—一七七頁。
(40) 同上、一七八頁。
(41) 新川（一九七一）。比屋根（一九八一）。鹿野（一九九三）。伊佐（二〇〇七）。小熊（一九九八）。
(42) 例えば、外間（一九七六）。

第一章　言語と歴史

1　はじめに

伊波普猷が「琉球語・琉球方言」を考察した比較言語学者であること、日本と琉球の言語・人種の同系性を主張した人物であることは、今さら強調することでもないと思われるかもしれない。実際に多くの先達の研究者がそれについてなんども言及し、考察を試みてきたからである。しかしながら、二〇世紀初頭の言語学、つまり比較言語学（歴史言語学）という学問それ自体と、それが近代の歴史認識とどのような関係にあり、そのことが伊波を含む明治期の知識人の沖縄認識とどのように関連しているのかを論じたものは管見の限りない。[1]

例えば伊波は、初の単著である『琉球人種論』のなかで「言語」について、「兎に角言語はあてにならぬことがある」と述べていた。[2]また東京帝国大学に提出した卒業論文でも、言語から人種の同系性を論じることは「甚だ危険」であると指摘していた。[3]当時の最先端の比較言語学を修めた学者が、対象となるその言語を「あてにならぬことがある」や「危険」と指摘したことについて、先行研究は特に言及していない。[4]

伊波は東京帝国大学に入学する以前から田島利三郎や岡倉由三郎を通じて、比較言語学者のバジル・ホール・チェンバレン（Basil Hall Chamberlain）の書物に触れ、琉球王国の歴史や人種について論じていた。第三高等学校時代には言語学者である榊亮三郎からのアドバイスを受けていたようだが、入学前に書かれた文章からは、言語の危険性についての認識は読み取れない。むしろ比較言語学における「同祖性」をそのまま人種の同系性につなげている。[5] そうした伊波の認識が、大学で本格的に比較言語学を学ぶなかで修正されたと考えるのが妥当だろう。こうした特徴からも大学での学問が、伊波の言語認識、沖縄認識に大きな影響を与えていることは間違いないし、またその影響の一つが言語の信頼性のなさや危険性であるなら、なおのことそれについて考察しないわけにはいかない。

もう一つ、明治期の比較言語学者にとっての「言語」の問題を見ていくと、別の問題が浮かび上がる。それは「言語と歴史」という問題である。明治末期の言語と歴史についての興味深い記述がある。東京帝国大学で古代史の研究を行っていた黒板勝美は『国史の研究』のなかで、日本における「神代史」研究について次のように書き記している。

> この自由討論は却つて我が國の學者よりも外國人が忌憚なく行ひ得るといふ有様で、もと東京帝國文科大學教師たりしチエームバレーン氏の如きはその先鋒の一人であつたに反し、嘗て久米邦武氏は忽ち神道家及び尚古論者の怒に觸れ、遂に大學教授の職を擲たるゝに至つたことは猶ほ讀者諸君の耳目に新なるところであらう。[6]

黒板は、明治期において記紀神話を相対化するような研究は「小愛国熱」と「尚古論」という「障碍」によって自由な研究が阻まれていたが、そうした時代のなかで、神代史を自由に研究する嚆矢となったのは、比較言語学者のチェンバレンであると指摘している。[7] また黒板は「神道家」の妨害により神代史研究は停滞したが、「人類学、土俗学、考古学等の方面より、或は言語学の方面より、比較的研究まづその前提として発表せらるゝものも少なくない」と述べて、神代史研究・歴史研究が「人類学言語学に趣味を有する学者によりて着手」されたと指摘している。[8] 神話などの「書かれたもの」以前の歴史に最初にアプローチしたのは、歴史研究ではなく、当時の比較言語学と形質人類学だというのである。

黒板の記述は、チェンバレンが招聘外国人教師であるがゆえに日本のナショナリズムに影響されずに自由に研究できたという主張だが、実際には記紀神話を相対化する視点はチェンバレンをはじめとする比較言語学者に特有なものであった。それはチェンバレンの次の記述から見て取れる。

……批評家の目には、いわゆる日本史は、紀元後五世紀の終わりから六世紀の初めにかけて、朝鮮半島を経由して中国の文化が徐々に広まり、当初の野蛮さを十分に払拭して、記録を残すことができるようになったときに初めて開かれたと映っている。／日本の初期の歴史の信憑性については、この二十五年の間にアストン氏らによって慎重に検討され、その結果、信頼できる最初の年代は紀元四六一年であり、六世紀の年譜でさえ慎重に受け止めるべきことが判明した。私たちは、この否定的な批判の正当性を信じて疑わない。そして、日本の年代記研究者の無批判な発言をふるいにかけることなく受け入れてきたヨーロッパのほとんどの作家の単純さに、ただ呆然と立ち尽くすしかないのである。ドイツの著名な教授、故ホフマン博士は、神武天皇の即位が紀元前六六〇年であることを実際に論じているが、これはまるでシンデレラのおとぎ話の妖精が六頭立ての馬車に変えたカボチャの大きさを立方インチで厳密に計算するのと同じことである。深遠な博学が、しばしばユーモアや常識の指針を欠くのはどうしてだろうか。(9)

チェンバレンの記述から読み取れるのは、外国の知識人にとっても神話を相対化することは自明ではなかったということだ。それに反して、チェンバレンとウィリアム・ジョージ・アストン（William George Aston）という二人の比較言語学者が記紀神話に疑問を投げかけられたのはなぜなのか。比較言語学や形質人類学などが、歴史学に先んじて「神代史」の自由な研究を行ったことはいかなる意味をもつのか。まずはこうした問いに答えなければならない。

黒板やチェンバレンは、比較言語学や形質人類学が歴史学に先んじて「神代史」を考察できた理由について何も述べてはいないが、こうした「考察」は比較言語学という学問がもつ認識の特性に由来する。この特性は、今日のフェルディナン・ド・ソシュール以後の言語学[10]ではなく、それよりも少し前、ソシュール言語学に至る過渡期の言語学としての比較言語学が生み出した認識枠組みを意味する。この比較言語学によって歴史は、尚古主義者による記紀神話の「歴史」とはまったく異なる〈歴史〉の水準を獲得することになるからである。

比較言語学によって生み出された〈歴史〉認識が、伊波の琉球・沖縄研究をどのように形作ったのか。また比較言語学が「言語」をどのように認識していたのか、その問いを通じて伊波が言語について、「あてにならぬ」あるいは「危険」であると認識するに至った意味を探る。これらの問いに答えることで、明治以降の「言語と歴史」の関係だけでなく、「沖縄」を捉える認識枠組みをも示せるだろう。また次章以降の形質人類学へと視点を移行する必要性も見えてくる。

本章では、はじめに日本に比較言語学が導入される以前の認識枠組みを「相似」と規定し、比較言語学の認識枠組みとの差異を論じる。次に比較言語学による〈言語そのもの〉である「音声」の発見とその考察が、それまでの「歴史」とは異なる〈歴史〉へと変換される過程を見ていく。そして〈言語そのもの〉が生み出す〈歴史〉が人間集団の〈歴史〉へと変換され、それによってそれまでの「民族」とは異なる〈歴史〉の主体としての〈民族〉が現れたことを論じる。現代に生きる我々にとっては〈歴史〉も〈民族〉もむしろ当たり前ではあるが、それ以前の認識との差異を通じて、現代の認識が明治期には非常に新しく、また異質なものであったことが明らかになるだろう。最後に、言語の「開放性」について考察する。この「開放性」によって、言語は「人種」から切り離される。言語が「あてにならぬことがある」、「甚だ危険」であるとされるのは、この「開放性」によって言語と人種には内的な紐帯がないことが示されるからである。

2 日琉相似論

「日琉相似論」とは筆者の造語である。この造語が意図するところは、伊波の比較言語学をもとにしたいわゆる「日琉同祖論」と、伊波が学んだ比較言語学が日本の言語研究空間に登場する以前に日琉間の言語・人種・民族などの同系性を論じたものや比較言語学に基づかない日琉間の関連性を論じるものとを区別するためである。これらは同じ日本、琉球・沖縄を考察の対象としながらも、その認識枠組みがまったく異なる。結論からいえば、比較言語学における言語の「同祖性」は、経験的に知覚できる「相似」ではなく、〈言語そのもの〉の発見とその分析から得られるものである。つまり、われわれがある単語と別の単語の発音が似ていると感じるだけでは言語の同祖性を示したことにはならないし、またある言語の文法と別の言語の文法が似ているというだけでもその両言語が同系統であることを示すことにはならない。言語の「同祖」を明らかにするには、経験的に知覚できる表面的な相似の背後に回り込まなければならない。それを踏まえて、本書では、言語の表面上の相似から人種・民族の同系性を論じるものを「相似論」と呼び、比較言語学における〈言語そのもの〉の分析に基づく「同祖論」とを分けて考える。

まずは言語の表面的で経験的な認識枠組みである「日琉相似論」から考察する。日本政府は一八七二年に琉球王国を廃して琉球藩を設置し、さらに一八七五年には万国公法に照らして琉球藩が実質的に清国との両属状態にあることを問題視し、琉球藩に対して清国との関係の廃絶を迫った。そのなかで日本政府は、日本人と琉球人との間の「似寄」（相似）を、琉球が日本に属する根拠の一つとして持ち出した。ただし、日本政府が琉球の管轄権を主張した最も有力な根拠は、このような人間についての相似ではなく、慶長の役（薩摩による琉球の実質的支配）以後の年貢、つまり徴税権の行使をその根拠にしていた。日本政府は、国際法上の問題を国内法の継続的な行為遂行性によって解決しようとしていた。つまり日本政府にとっては、法権利的な主権の連続性を主張することが最重要であり、この時点で、「人種」――それにどのような意味が含意されているかを問わず――による相似関係が主権権力の行使の最も有力な根拠として用いられてはいなかった[11]。だが、「似寄」が日琉間の関係性を示すものの一部として現れたことは否定できない。それは次のように記されている。

……此琉球ハ地理人種風俗言語及ビ我ガ政府ノ保護ヲ受ウル等ノ諸件ニ就テ論ズルトモ固ヨリ我国ノ版図ニシテ所謂地理上ノ管轄ナリ之ヲ世界ノ公論ニ質ストモ誰カ之ヲ管轄ニアラズ版図ニアラズト言ハンヤ其清国ニ於ケル地理人種風俗言語等一ツモ縁由ナク……[12]

この明治政府の主張に対して琉球藩は次のように反論した。

琉球は地理人種風俗言語等之諸件に就て論ずると固より皇國之版圖にして所謂地理上管轄なりと之件當藩皇國支那之中間に當り地理之氣脈御兩國へ連續いたし人種風俗も御兩國へ似寄言語は常式交通繁く有之候故　皇國へ似寄候是等を以て一定何方に因り候とは可難申哉と奉存候事[13]

ここでの議論のポイントは地理的な近接性と、人種・風俗・言語の近接性であり、それが「似寄」という語によって示されている。「似寄」という語の使用は、当時の人々が「人種」を表面的・経験的な水準で認識していることを示している。琉球側の反論は、日本と清国のあいだに位置している琉球が地理的にも、人種・風俗においても両国に「似ている」のは当然だというもので、言語についても同様に、平時における頻繁な交流があるため「似ている」のもまた当然だと主張されている。つまり「似ている」ことをもって琉球が日本側の管轄であると主張するのは困難だと主張されている。

こうした琉球側の反論に対して、日本政府（松田道之）は再反論を行っている。その内容は琉球の人種は骨格・体格などにおいては薩摩人種に「近い」と、その外貌、つまり形質についての相似を述べたあと、言語について次のように主張した。

……其言語ニ於ケル單語ニ至テハ亦交際ニ因テ自然變移スルモノアリト雖ドモ我ガ古言鎌倉言薩摩言多クシテ僅々支那語ヲ交ヘ元來此琉球人民ハ専ラ薩摩ト支那トノ間ニ往來シテ常ニ内地ノ諸方ニ來ラズ就中久米村ニ於テハ現ニ明ノ人種移住シタルモノナリ然ルニ我ガ國言多キノミナラズ其古言ノ存スルハ即チ我ガ國ノ人種タル一證ナリ語調音語章ニ至テハ交際ニ依テ自然變移スルモノニアラズ就中語調ニ至テハ學ブト雖ドモ變移スルコトヲ得ズ而シテ此琉球人民ノ語調ヲ聞クニ純然我ガ國ノ言調ニシテ語音ハ薩摩ノ語音ナリ語音ニ至テハ名詞ヲ上ニ用ヒ動詞ヲ下ニ用フル如キ最モ著明ナル我ガ國語ノ證アリ如此歴々タル因證アリ故ニ地理人種風俗言語等ニ就キ論ズルモ我ガ國ノ版圖ナリト謂フ所以ナリ(14)

この文章で日本政府は、琉球で話される言葉には日本語が多く使用されていること、また日本語の古い言葉が残っていること、「語調」（イントネーション）などは大陸との交流によって自然に変化するものではないこと、また名詞と動詞の配置といった措辞論的観点などの相似性を根拠に琉球を日本の版図であると主張している。

明治政府の主張も、琉球藩側の反論も、「相似」という認識枠組みに依拠している。この相似が示すのは表象の表面であり、まさに表面的に「似ている」ことが論証のための根拠となる。したがって、相似の認識枠組みでは、「琉球人民ノ語調ヲ聞ク」と日本語と同じように聞こえるという経験的なことが論証上の証拠として提示されるのである(15)。

日本と琉球の間の言語と人種の「相似」を指摘した初期の人物に、一八五二年のペリー提督来航時に同船していた軍医補チャールズ・ファース（Charles F. Fahs）が挙げられる。「ペリー艦隊遠征記(16)」のなかでファースは、日本人と琉球人は、性格の穏やかさ、目の大きさ、虹彩、まつげ、眉毛、鼻の形などの外貌の相似から同じ祖先（origin）をもつと指摘している。またファースは「我々が示した両人種の共通の祖先は、単なる体質的な類似ではない。この二つの人種の同一性は、より満足のいく言語の類似性の検証によって証明される」[17]と述べて、日本語と琉球語の二十九個の単語の発音を、ローマ字で記し、表にして比較している。さらに「比較リストのなかで一見して異なる単語も、調べてみればかなりの類似性が見つかるだろう。それらはほとんど必ず同じ語根からの共通の派生を示すだろう」[18]と述べ、加えて琉球の文典（grammar）がないことから厳密な比較はできないとも述べている。[19]

ファースが主張する「文典・文法」（grammar）の比較への関心は、比較文法の手続きを彷彿とさせる。比較文法は比較言語学へとつながる一八世紀から一九世紀の言語に関する学問だが、後の比較言語学が「音声」を中心にして「言語」の同系性を論証しようとしたのに対して、比較文法はその名の通り「文法」に着目する。比較言語学が登場する以前の「比較文法」による言語系統論は語彙だけでなく、「言語の内的な構造である文法」の比較を必要とした。[20]

サンスクリット語とギリシャ語、ラテン語の語彙の「類似」の発見、文法の形式の一致によって共通祖語の想定が初めて示されたのは、ウィリアム・ジョーンズ（William Jones）の一七八六年の「インド人について」の講演とその二年後の雑誌への論文掲載であった。そのため、ファースの指摘は、彼がそうした学説に触れていることを示唆するものである。ただし、ファースの単語リストは発音が「似ている」という指摘にとどまり、単語の発音・音声に何らかの規則的な対応関係があることを示してはいない。後述するように、同一の語系統を示す「グリムの法則」のような音韻変化の法則が明らかにされたのは一八一〇年代から一八二〇年代であり、さらにアウグスト・シュライヒャー（August Schleicher）の言語の系統樹といった考えが出てくるのが一八五〇年代である。[21]また音法則の確立や文献学との再接合、類推（アナロジー）といった手法によって比較言語学が成立するのは、一八八〇年代のカール・ブルーグマン（Karl Brugmann）らの「青年文法学派」の登場を待たねばならないことも考慮すべきだろう。一八五三年に琉球に到着したファースが当時の言語学的知識をどれほど心得ていたかは定かではないが、ファースの記述には、比較言語学が成立する以前の比較文法を背景とした語彙と文法の相似性に基づく系統への強い関心が見て取れる。それはつまりファースの考察には、比較言語学における「同祖性」の立証はないということをも意味する[22]。

表面的に「似ている」ことから導出される日本と琉球のあいだの関係——日琉相似論——は、比較言語学における「祖語」を介した「同祖」の関係ではない。後述するように「祖語」が示す関係は〈言語そのものの歴史〉である。そして〈言語そのものの歴史〉は、人間が主体的に紡ぎ出す歴史ではなく、文字通り〈言語の歴史〉であり、言語の表面には現れない言語の内部、あるいは言語の背後とでもいうようなものである。そうした意味で、この時代の日本政府と琉球藩側の交渉のなかに、伊波が示したような比較言語学を基礎にした「日琉同祖論」を見出すことはできない[23]。

もっとも、われわれが比較言語学的な「同祖論」とそれ以外の「相似論」を混同してしまう責任の一端は伊波自身にもある。例えば伊波は『琉球人種論』をはじめとする主要論文のなかで、琉球王朝時代の政治家である向象賢（羽地朝秀）が言語風俗習慣といった表面的・経験的な特徴や日琉間での神話の類似を指摘したこと、および宜湾朝保が古事記や万葉集にある日本の古語と琉球語とのあいだに類似関係があると指摘したことと、チェンバレンによる比較言語学と形質人類学をもとにした「同祖論」とが「暗合」（偶然一致）していると述べている[24]。また後年に書かれた「琉球語と琉球文学」のなかでも、「琉球語が日本語と同系であることは、寛文頃の琉球の為政者向象賢や、琉球最後の政治家宜湾朝保や、琉球処分の時琉球に使ひした松田道之等も述べてゐるが、チエムバレンが琉球語の研究に指を染め、日本語との間に本質的一致の存在することを明らかにして以来、何人も疑はないやうになつた。チエムバレン以後の琉球語研究の結果に徴して見ても、両者間には大体規則正しい音声の対応が見出されるし、語法上の特徴にしても、日本語と一致するところが多いので、全く同系統であると断じて間違ひない[25]」と述べて、松田道之を含めた日本語と琉球語の「相似」を、チェンバレン以降の比較言語学へと接続している。しかし音声の規則性への言及でもわかるように、伊波の文章を注意深く読めば、チェンバレンとそれ以前では、日琉間の言語と人種が「同系統」であることを証明する論理・論拠が異なることがわかる。しかし伊波の論述は、相似でしかなかった同系論がチェンバレンの比較言語学的「同祖論」と偶然一致していると述べるために、両者が同じ「日琉同祖論」を示していると誤解される可能性を含んでいる[26]。

しかし、こうした「相似」と比較言語学的「同祖」の違いは非常に重要である。なぜなら、比較言語学という近代に成立した「知」の枠組みが何を産出するのかということに関わるからである。先に断っておくが、琉球王国時代の日琉の相似論や、日本政府と琉球藩の間で主張される「似寄」（相似）の科学的正誤を示すことが本章の意図ではない。日本政府にとって管轄権の正当性を主張するための補強材料であるなら、日琉間の関係が「相似」であれ「同祖」であれ「関係がある」と主張できれば、科学的であるか否かを問わず、どちらでも、あるいはそれ以外の他の方法でもよかったといえるからだ。本書での議論の方向はそうした主張の正当性ではなく、チェンバレンから伊波へとつらなる比較言語学がどのような認識枠組みであり、その関係が何を産出したのかということにある。

あらかじめその方向性を示せば、比較言語学は新しい〈歴史〉認識の枠組みを生み出し、それによって相似的なものとは異なる〈民族〉という認識が生まれることになったのである。

3　人種論と比較言語学

本節では、比較言語学による伊波の「日琉同祖論」をより明確に示すために、明治期の歴史家である田口卯吉と、同時期の比較言語学者であり伊波も師事した新村出と藤岡勝二による一九〇一年に行われた論争を検討する[27]。

比較言語学とはまったく異なる言語上の「似寄」の認識枠組みは、二〇世紀に入ってからも人種の同系性・同祖性を主張する論拠として用いられていた。そうした言語の相似と人種の同系性をめぐる議論を最も痛烈に批判したのは比較言語学者であった。

言語の表面的な「似寄」から直接的に人種の相似を論じた論客の一人が歴史学者の田口卯吉であった。田口は、日本語と他言語群の前置詞と後置詞の関係、助動詞の位置など、いわゆる措辞の相似性から次のように主張する。

……サンスクリットなり、チベットなり、ラテンなり、トルコ、ホンガリー、バスクなり、皆日本語に縁故の深い人種と云ふことが分かります。主格、物躰格、動詞の置き所がよく日本に似て居ります。少々は相違して居る所もありますが、大躰日本に近いものにて、支那ヨーロッパと違つて居ると申して宜うございませう。(28)

田口はさらに、ゲルマン語族の語彙の音韻変化の法則を明らかにした「グリムの法則」では言語間の同系性は解明できず、あくまでも文法の相似性（措辞論）から人種の近縁が解明できると主張した。そこから導き出されたのは、サンスクリットの系譜を受け継ぐアーリア人種とは、ヨーロッパの人々ではなく日本人である、との結論であった。(29)

こうした言語の表面的な相似から、人種の同系性を主張することに対して痛烈な批判を行ったのが比較言語学者の新村出と藤岡勝二であった。まず新村による批判を検討する。新村による田口批判は次の三点に要約できる。第一に比較言語学は言語の相似を示すのではなく、語族（系統関係）を解明すべきであること。第二にそのためには偶然の相似ではなく、言語の内部にある性質を解明し示すべきであること。第三に言語学によって人種の類縁性を判断することはできない、ということである。

新村は次のように指摘している。

①第一に、言語の論をするに就ては暫くそれぞれの言語を使用した人種又は現に使用する人種から離れて、語族そのもののみを考える方が正當でもあるし、便宜でもある。……いふ迄もなく諸言語の歴史的關係を見出すのが比較言語學の本旨であつて、單に抽象的に各國語の異同を研究するのとはわけが違ふ。つまり言語の系圖を調べ

るのが目的である。單に表面上の似寄りではなく、血統的の關係、親族的の關係を探求するのである。異同よりは寧ろ親疎の別を知るのである。他人の空似でなく、血筋の有無を探すのを以て主とする。[30]

②何しろ言語の組立、言語の形態を解剖し分析して、單に上下前後といふような皮相の觀察を離れて、深く各國語の根底に横はつてゐる特質を發見するが如きことは到底博士に望み得べからざる所と考へる。[31]

③言語學は其名の示す通り言語の學に過ぎぬので人種學を補助することはあつても、その爲に濫用せらるべきものではないことは吾々を明にしておきたいのである。[32]

新村は、単に言語が「似ている」ことだけでは言語の系統を論じることはできないと指摘し、言語分析を人種の解明につなげることに警鐘を鳴らしている。①では、「言語の歴史的関係」から言語の系譜を導くことが比較言語学の目的であると指摘し、さらに比較言語学が言語の「異同」（分類）ではなく「親疎」（関係性＝系譜）であることを強調している。②では言語の表面ではなく言語の「根底」にある「特質」が比較言語学の考察であることが明示され、③では言語学が人種の決定的要因にはなりえないことを指摘している。そして新村は「今日の言語學は不幸にして田口博士の所説を全く容れないのである」[33]と批判する。

藤岡勝二もまた、同論争の前年に出版された講義録『言語学』で、「人種同じとて、言語必ずしも同じからず……言語の同等は人種の同等を證明するに効なく人種同等なるが爲に古今の言語を同うすと斷言するを得ず」[34]と述べて、言語から人種の同一性を論証することはできないと主張していた。また藤岡は次のように述べて、言語の類似と人種学・人類学との関係を示している。

言語の同等若くは類似は聊か人種の同一なるかや否やを検する前に於て或いは言語の同一なるべしとの假定を與へ人種學人類學が自ら研究したる結果をして有効ならしむるまでの力あるのみ。[35]

言語は人種を規定しえない。新村や藤岡に見られるこうした考え方は比較言語学の一般的な考え方であった。

しかしここで忘れてはならないのは、言語分析を出発点に据えて「人種や民族」の解明を論じたのが伊波普猷であったということである。新聞紙上に発表した「沖縄人の祖先に就て」[36]とそれを書籍化した最初の著作が一九一一年の『琉球人種論』であり、それを「琉球人の祖先に就て」と改題し、巻頭論文に据えて刊行したのが同年の『古琉球』であった。これらの著作で伊波は日本語と琉球語の関係を分析したのち、「日本人」と「琉球人」が共通の祖先から分岐したと論じている。先の田口卯吉に対する批判からいえば、新村は伊波の主張も批判しなければならないはずだが、実はこの『古琉球』を絶賛したのが新村であった。新村は伊波の『古琉球』についてのその内容を絶賛した感想を『芸文』誌上に「南嶋を思ひて」[37]という文章として寄せている。そして伊波は『古琉球』の第二版の出版に際して、この新村の文章を同書の序文に据えることになる。新村が伊波の『古琉球』のどの点を評価したのかについては後述するが、新村による絶賛は田口にみられるような表面的な言語の相似から人種の同系性を解明することと、伊波による言語分析から人種論への移行とが本質的に異なるということを示している。

人種の同系性を立証するために言語を持ち出すことへの批判は、新村や藤岡だけでなく、彼らの師である上田万年や岡倉由三郎[38]らも既に行っていた。しかも上田は一八九五年に田口の前で同様の批判を繰り返していた。上田は、比較言語学における音韻法則や類推(アナロジー)を説明したあと、言語の同一性から人種の同系性を導き出すことを諫め、また表面上の「似寄」による論証も学問とはいえないと厳しく批判していたのである[39]。

こうした批判を理解するには比較言語学の特徴が理解されなければならない。新村が指摘するように、比較言語学は「諸言語の歴史的關係」、「深く各國語の根底に横はつてゐる特質」を研究する学問である。次節で詳述するように、ここで新村が指摘する「歴史」や「特質」は、換言すれば〈言語そのものの歴史〉であり、そうした〈言語そのもの〉においては、諸個人の意志や主体性が介在する余地はない。人間の主体性が紡ぐ「歴史」とは別次元の〈歴史〉があることを意味している。

4　〈言語そのものの歴史〉

一九〇三年、伊波は進学した東京帝国大学言語学科で上田万年に師事し、比較言語学を学ぶ。その上田は一八八六年に東京帝国大学に設置されていた「博言学」（比較言語学）の講座において、招聘教授であったチェンバレンにより比較言語学の手ほどきを受け、その後ヨーロッパに留学し比較言語学を学んだ[40]。帰国後に東京帝国大学の言語学の教授となった上田のもとに、伊波普猷は入学したことになる。

では、比較言語学とはどのような学問なのか。比較言語学は一つの想定される「祖語」から分岐したと思われる一群の言語間の関係を論じる学問である。その学問史的な特徴をいくつか挙げれば、第一に、「言語」を人間から切り離して「自然」として、つまり人間の主体性や意志とは関わりのない「自然」の「法則」により変化するものとして考察しようとする学問である。第二に文字よりも「音声・音韻」に注目する。この視点はそれまでの文献学と大きく異なる。文献学の主要な課題が言語共同体の「文字」により記録された精神的および文化的生活の把握であり、言語の「自然性」や「音韻」は問題にされなかったからである。その後、一度分断された比較言語学と文献学との距離を接近させたのが、上田がヨーロッパで学んだブルーグマンなどによる青年文法学派であった。

青年文法学派は「音法則に例外なし」の掛け声とともに〈言語そのもの〉の内部にある法則を追求すると同時に、音法則の規則性から外れる諸変化を「類推（アナロジー）」という言語共同体の心理的な要因として理論化した[41]。この類推（アナロジー）という理論的な基礎づけは、その言語についての文献学的な事実によって支えられることになった。残された古文献群は、その内容ではなく収録された語彙の変化の歴史を示すものとして参照される。ここに言語学と文献学の再接合がある。こうして、言語の自然性・法則性が〈言語そのものの歴史〉を示し、さらにその音法則をより確かなものとするために類推(アナロジー)という現象が生み出される言語共同体の歴史が解明されるに至ったのである。(42)

ここで重要なのは、旧来の文献学にとって考察対象となる「言語」とは遡及可能な最初の文献、つまり最古の「書かれた文字」が出発点となるが、比較言語学では文字として残された文献よりもはるか以前に話されていたであろう「言語」、つまり「音声」についての歴史を思考することが可能になっていることである。「祖語」とはまさに、そうした〈言語そのものの歴史〉——音声の歴史——を学問上合理的に説明するために仮構される、一種の理論的要請として設置される「言語」なのである。こうして比較言語学は、人間の意志とは関係のない「法則」から導き出された〈言語そのものの歴史〉を、比較により遡ろうとする。言い換えれば、比較言語学は、文献（文字）として与えられていない時代の言語を考察する。それは現存する文献（文字）よりもさらに時代を遡ることであり、また文献に書かれた史実や物語、神話といった人間が作り出したものとは一切関係のない〈言語そのものの歴史〉が設定されるということである。〈言語そのものの歴史〉を認識の基軸に据えることで、比較言語学は、「文献」それ自体も、またそのなかの物語や神話も、長大な〈言語そのものの歴史〉のなかに現れる一つのエピソードとして解釈する。例えば文献上に残されている君主や国家の「開闢の神話」は、あらゆる事象の絶対的な「起源」として語られてきたが、比較言語学の認識枠組みでは開闢の神話は〈言語そのものの歴史〉のなかに現れる一つの特異な物語として留め置かれるようになる。比較言語学は〈歴史〉を、人間の意志や思考とは関わりがないものとして提示したのである。

そのため、比較言語学者は、その学問の定義にあたって、口を揃えて旧来的な文献学との違いを強調する。上田万年の「日本言語研究法」から見てみよう。上田のいう比較言語学とは、文献学とは厳密に区別された〈言語そのもの〉の学問である。当然、最も重要な〈言語そのもの〉とは「書かれた文字」ではなく「音声」であった。

最も科學的なる言語の定義は如何にといふに、一人の口より發し、他人の耳に聞かるゝ音の一體にして、社會の人が、各自の思想を通達するために、符牒として用ゐるものなりといふのであります。言語とは音でありますから、書いた文字は言語ではありませぬ。あれは恰ど人で申せば寫眞のようなもので、一ツの時、一ツの場合に形をうつしたものでありますから、その音は變じても、文字の方は變ぜずにのこります。……今までの日本の言語の學者といふものは、とかく右申した寫眞を研究して居るやうに見えます。これは全く言語の一時代だけを研究するものといはねばなりませぬ。言語には死活があります、言語には系統があります。……現在するものより、昔ありしものに遡るという取調べ方はあまり日本の學者のいたさぬところです。(43)

比較言語学にとって最も重要なのは音声の変遷史、現在の音声から音声の歴史を遡ることである。音声を第一にして歴史を遡るという学問は比較言語学以前にはなかった。上田は博言学（比較言語学）を「言語そのものを研究する学問である」(44)と述べて、旧来の文献学から厳密に区別する。そして上田は「書かれた文字」の研究である文献学を次のように説明する。

獨逸のフィロロギー、近頃英でいひ出しました「サイエンス、オヴ、リテレチューア」など申しますのはこれで、こゝに言語の存在を假定しておき、さうしてその上にある思想と文體とを研究し、遂にはその文をかき、その言語を話した人民の智識上の状況を知らうとするのであります。更にいひかへますと、この文學的言語の研究は、言語の自然の部分、即ち音韻體形等に關する法則等を取扱ふのではなく、一箇人の意志嗜好に關する部分、即ち文體文章等を取扱ふものであります。(45)

文献学・文学は「書かれた文字」から人間の主体的な意志や思想、そして文体を研究するのであり、(46)博言学（比較言語学）は「音声」から「言語そのものを研究する學問」なのである[47]。人間の口から発せられた音の歴史、それこそが〈言語そのものの歴史〉である。

〈言語そのもの〉が〈歴史〉と関係することをより明確に理解するために、現代の生物学における系統学と分類学の違いについても見ておこう。三中信宏は『生物系統学』のなかでの「系統」と「分類」の違いを次のように説明している。三中によれば、分類と系統では「本質的に『ものの見方』が異なって[48]」おり、分類の本質は「類似度に基づく群の認識」である。それに対して「体系化を目指す系統樹的思考方法の根幹は歴史（系統）の推定[49]」であると述べる。さらにその「歴史（系統）」の分析とは、「現在のデータ」から「過去予測（postdiction）」を行うこと、つまり「現在に残された結果が繰り返し過去のある歴史現象に関する仮説を支持するかどうかが検証の規準になるということ」であるとも述べている[50]。「すべての生物現象が進化の過程で生まれてきたのであれば、私たちの現在の生物を調べることにより、逆にそれがたどってきた過去を推定できる」はずであるというのが生物系統学の方法論的立場である[51]。そしてこのような研究方法と特徴は、生物学者から見ても、比較言語学にも同様にあてはまるという。三中は、生物学以外の領域での「歴史の復元」は、比較文献学や歴史言語学（比較言語学）における「比較法」（comparative method）にあると指摘し、比較言語学における「言語間の音韻の対応と変化の比較」は生物系統を示す「『分岐学』（cladistics）の方法論と基本的に同一」であるという[52]。

本書でも度々言及することになるが、生物系統学・分岐学においても、比較言語学においても、重要な点は次の二つである。第一に、長大な〈歴史〉の想定である。その〈歴史〉とは、生命現象の歴史であり、音変化の歴史であって、決して神話や人間主体の歴史ではない。第二に、比較は現在のデータ（形質や音声）の分析である。こうした〈歴史〉は古典主義時代の博物学的分類といった認識方法からは現れない。伊波の日琉同祖論および主体論の分析において「比較言語学」という知の枠組みを分析しなければならない理由の一端はこうした事情による。

5　人間の「歴史化」

しかし急いで指摘しなければならないのは、人間の主体性から切り離された〈言語そのものの歴史〉は、「人間の歴史」や「種族の歴史」へと横滑りする。例えば上述した上田の講演で、「博言学」（比較言語学）を「有史以前」[53]の歴史に結びつけ、有史以前の「種族」（人類）の歴史を探るには比較言語学が必要であると説いていた。

假令ば一の岩が、隔りたる地質上時期の氣候と動物とのことを示すとおなじことで、言語の上には、未だ歴史のない時分の事實が、澤山殘つて居ります。それゆゑもし我等が種族の歴史と關係して居る高尚な問題を解釋しようとし、なにか助けを求めます時は、なにはさておき言語の學によるがよろしいと考へます。[54]

上田は言語学が直接的に人種の同系性を導き出すことはないにしても、「種族」（人類）について調べるなら言語学は最も必要な学問であると述べている。誤解のないように繰り返すが、比較言語学者はまず言語の表面的・経験的な相似は言語の同祖性も人種の同系性も証明しないことを主張する。次に、たとえ言語の同祖性が証明されても、それがそのまま人種の同系性を証明するとは考えない。人種の同系性を証明するのは人種学・人類学であり、言語学ではない。[55]しかしながら、比較言語学は自然としての言語と人間の歴史、言語と人種の歴史の関連性を無視するわけではない。これらの関係は近代の知である人間諸科学の誕生と深く関係する。

フーコーは一九世紀の西欧の経済学、生物学、そして言語学へとつながる諸科学の系譜を分析するなかで、近代の人間諸科学の成立とそのなかにおける〈歴史〉についても分析している。そのなかで、現在われわれが一般的に歴史として理解しているものは、上記三つの学問によって、それ「以前の歴史」[56]から変換されていると指摘する。ここでは特に言語学についての指摘に焦点をあてて、その「歴史」の変換を考察しよう。フーコーは次のように指摘している。

> ……言語（ランガージュ）は、移住や交易や戦争によって、あるいは人間にふりかかる事件のままに、もしくは人間のたまたま発明したものにしたがって、変様するのではない。それは、言語（ランガージュ）が構成されている音声学的および文法上の諸形態に固有のものとして属する諸条件のもとで変様するのだ。そして、さまざまな言語（ランガージュ）が誕生し、生き、老化しつつ力を失い、ついには死にいたるなどということができたとしても、こうした生物学的隠喩（メタフォール）は、生命の歴史であるような時間のなかに言語（ランガージュ）の歴史を解消するためではなく、むしろ、各種の言語（ランガージュ）もまた働きの内在的諸法則を持ち、言語（ランガージュ）の時間継起（クロノロジー）が、言語（ランガージュ）独特の整合性にまず依存する時間にしたがって発展させられることを強調するため、使用されているにほかならない[57]。
>
> 言語（ランガージュ）は、バベルの塔以前の標識も、森にこだましたにちがいない最初の叫びの余韻も、もはやとどめてはいない。それが手にしているのは、言語（ランガージュ）固有の系譜という紋章である。人間存在（エートル）はもはや歴史を持たぬ。というよりむしろ、人間は話し労働し生きるがゆえに、みずからの固有の存在のなかで、人間に従属もせず等質でもないいくつもの歴史と、すっかりからみあっているわけなのだ。古典主義時代の知の連続的に拡がっていた空間が寸断され、こうして解放された領域それぞれがそれ自体の生成に巻きつくことによって、十九世紀のはじめに出現した人間は、「非歴史化」されているのにほかならない[58]。

時間は人間のもとに彼自身以外からくるのであるから、人間が〈歴史〉の主体として成立するのは、諸存在の歴史、物の歴史、語の歴史の重ねあわせによってにすぎない。人間はそれらの純粋な出来事に従属させられるわけである。しかしこうしたたんなる受動性の関係は、ただちに逆転させられる。なぜなら、言語（ランガージュ）のなかで話すもの、経済において労働し消費するもの、人間生活をいきるもの、それは人間それ自身であるからだ(59)。……人間自身がその固有の歴史性において、それをとおして人間生命の歴史、経済の歴史、言語（ランガージュ）の歴史が描きだされるところのものであるということが証明される以上、歴史はいまや人間そのものの存在（エートル）にかかわることになろう(60)。

したがって人間は、その実定性がただちに〈歴史〉の無制限性によって制限されることなくしては、その実定性のなかにけっして姿をあらわさないのだ(61)。

人間の意志や主体性に基づく「歴史」に対して、まったく異なる〈歴史〉が提示されている。言語の内的法則性、言語固有の系譜、人間に従属しないいくつもの〈歴史〉、人間以外に見出される時間が〈歴史〉となる。こうしたことから示されるように、近代の人間諸科学の認識のなかでは、歴史は〈言語そのものの歴史〉のように人間主体とは関係のないものによって規定されている。そのため、近代の人間諸科学が捉えようとした「人間」は、その主体がどのように振る舞ってきたのかという「歴史」とは切り離されている。言語は言語自体の法則にしたがって変化する。そこに人間の意志が介在する余地はない。人間は〈言語そのものの歴史〉に対してなす術がない。人間は〈言語そのものの歴史〉の前でいかなる歴史性も持ち合わせない。その意味で人間は「非歴史化」される。しかし〈言語そのものの歴史〉である音の変遷史は、人間の声帯の震えによって音声化される限りにおいてのみ現象する。極言すれば〈言語そのものの歴史〉の痕跡を音声として示すという資格において「人間」は「歴史化」される。こうして「人間」は、一九世紀に入ってはじめて、人間が書いた文字（意志・思想）と、その文字で書かれた記録や神話を参照することなく考察可能な対象として、つまり言語の〈歴史〉の痕跡をもつものとして立ち現れたのである。近代の人間諸科学、人文諸科学における知の対象としての「人間」はこうして誕生した。

6　言語の歴史と君主権力

「言語は人種を規定しない」と述べたのだが、それに逆らってここでは人間の歴史化を「人種」や「民族」といったある言語を話す言語共同体の歴史に置き換えてみたい。つまり「歴史化」された人間集団を措定することにする。それは次のことを考察するためである。〈言語そのものの歴史〉が発見されると、人種や民族の歴史は、正史などの文献や開闢の神話や伝承からは導き出せなくなる。人種や民族は、人間の主体性とは異なる自然としての〈言語そのものの歴史〉の痕跡を示す集団として、記録や文献をはるかに超えた〈歴史〉の痕跡として考察の対象となる。同時に、文献に記された神話や伝承、書かれた物語、神聖さを誇示してきた物語、つまり人間の思考・思想は、〈言語そのものの歴史〉という長大な時間の内部に現れた一つのエピソードとして位置づけられ、その神聖性を剝奪される。音声の〈歴史〉を前にして、文献に記された神話はもはや人種・民族の始まりを示すことはない。そうであるなら、人間集団の歴史を音声から規定した場合、何が現れるのか。つまり、人間集団（人種・民族）という主体の背後に、それを規定する〈言語そのものの歴史〉を措くことの効果を考えたい。

伊波の学問に即していえば、彼の「琉球民族」の諸分析は、琉球王国の諸制度、王家や民間の習慣、信仰、文芸の数々、そうした人間の主体性のうちに発見された「歴史」を基盤にした認識を、人間あるいは「民族」の話す「言語」に敷衍したものだと想定することはできないということを意味する。実際にはまったく逆のことが起こっている。人間主体が書き残した書物や碑文の内容には決して描写されることのない不可視のもの――言語そのものの歴史、言語の法則性、音韻変化の法則性、言語の自然性――があり、そうした不可視のものを基軸として書物や碑文の描写、人種や民族、郷土の歴史が解釈される。そうした逆転のなかに伊波――比較言語学――の〈歴史〉がある。〈人種〉や〈民族〉とは〈言語そのものの歴史〉に基づいた認識枠組みの内部にしか現れない。そうであるなら、その認識枠組みのなかでは、琉球王国やその開闢の神話は〈言語そのものの歴史〉のなかに現れる一つのエピソードでしかなくなる。そうであるがゆえに、比較言語学者である伊波は次のように述べることができた。

> 琉球史の眞相を知つてゐる人は、琉球處分の結果、所謂琉球王國は滅亡したが、琉球民族は日本帝國の中に入つて復活したことを了解するであらう。／當時の琉球人がもし第三者の位地に立つて、自分の立場を觀察する事が出來たら、彼等は廃藩置縣によつて他府縣同様　明治天皇の仁政に浴し、その上三百年間取上げられた個人の自由や權利を獲得し、個人の生命や財産の安全を保證されたことを心ひそかに喜んだであらう。『琉球見聞録』の著者喜舎場朝賢氏の如きは、確かに第三者の位地に立つて時勢を達觀した識者の一人である。しかし彼と同時代人の人々は飽くまでも破壊された『王國のかざり』を夢みて泣叫び、復活した琉球民族の大飛躍に想到らなかつたのである。(62)

「琉球民族」は「琉球王国」の歴史よりもはるかに長い〈歴史〉をもつものとして表象されている。伊波の民族は、開闢の神話に基づく王国の歴史に内包されるのではなく、反対に民族の〈歴史〉に王国の歴史が内包可能となっている。後述するように、近世までの王権を中心とする歴史の認識枠組みは「王国」の正統性とその栄枯盛衰がすべてであり、言語共同体としての人間集団、人種や民族のようなものの歴史は考慮されていなかった。上記引用文で伊波が指摘するのは、これとは反対に、言語（音声）の痕跡を示す言語共同体としての民族の栄枯盛衰こそが歴史の軸となり、たとえその民族が形成した「政治制度」（琉球王国）が廃れても、別の政治制度に移行して〈民族〉が存続しさえすればよいことを意味する。

　ここでは次の二つのことが見出せる。第一に〈言語そのものの歴史〉という認識枠組みが、人間や民族の〈歴史〉の基盤になっているということ。第二に、こうした〈言語そのものの歴史〉という基盤は、主権主体としての「君主

＝王権」の否定を可能にしたということである。歴史の主体、歴史の出発点は「王」ではなくなる。〈歴史〉を語ることのできる主体は、言語（音声）の痕跡を表す言語共同体としての〈民族〉となる。したがって王の身体から民族は発生しない。逆に〈民族〉の歴史のうちに王が生まれることになる。歴史の起点についての認識の変換が起きているわけだ。詳しくは第四章で述べるが、こうした〈民族〉の歴史主体化は、天皇主権や国民主権をめぐる議論に直結することになる。

要約すると、比較言語学の知が、〈民族〉に音声という〈言語そのものの歴史〉の痕跡を示す言語共同体という資格を与えた。その知を介して初めて「琉球人・琉球人種・琉球民族」に固有の〈歴史〉が与えられた。これは「似寄」といった表面的・経験的な相似からは生じない。比較言語学の諸法則による〈言語そのものの歴史〉が、言語共同体（人種・民族）に神話とは異なる〈歴史〉を付与するのである。

先に引用した伊波の短文「琉球処分は一種の奴隷解放也」は、琉球王国の最後の王である尚泰に仕えた士族で、いわゆる「琉球処分」の過程を琉球王府の役人として見聞し、それを記録として残した喜舎場朝賢の『琉球見聞録』の序文として書かれたものである。喜舎場による本文は、一八七九年の「琉球処分」当時に書かれ、わずかの加筆の後に一九一四年に刊行された[63]。本文を書いた喜舎場は当然のことながら、歴史の主体を「王」に求めている。それに対して伊波の歴史の主体は〈民族〉である。だからこそ伊波は「王国のかざり」を夢見る喜舎場には、「復活した琉球民族の大飛躍に想到らなかった」と批判することができた[64]。

これまでの伊波研究や『琉球見聞録』についての研究では、「琉球処分」を琉球側（処分される側）から記録した喜舎場の重要性に対して、伊波の序文が「内容的に一切の重合も関連性も持っていない[65]」と指摘されてきた。確かに政治的な処置の過程について伊波はほとんど言及していない。伊波と喜舎場には内容的な関連性は皆無だが、歴史をめぐる認識の枠組みについていえばまったく正反対であるがゆえに、最も関連性が高い対比となっている。つまり、喜舎場の歴史の思考には王権の枠組みしかないのに対して、伊波には〈琉球民族〉の枠組みがある。伊波にとって「琉球王国」と〈琉球民族〉とはまったく別の歴史認識の枠組みによって構成される主体であり、伊波が依って立つ認識枠組みから見れば、「王」を至上の主体としてしまう喜舎場の思考はむしろ乗り越えられるべき認識枠組みであった。このように考えると、伊波による喜舎場批判は、伊波が「処分」される「王権」に立脚せずに、むしろ「処分」される〈民族〉に立脚していることを示している。したがってこの序文は、喜舎場と伊波――前近代と近代――のあいだで民族や歴史をめぐる認識の変換が生じたことを如実に示しているのである。

近世までの琉球における「歴史」は王権の歴史であった。現在の琉球史研究では、琉球における「王統」や「王権」という考え方の成立については次のように説明される。「王統」や「王権」は、一五世紀半ばの第一尚氏王統の末期にその萌芽が見られ、一六〇九年の島津氏の侵入以前から「王統」や「王権」の考え方が存在し、中央集権体制の成熟に伴い「王統」あるいは「王権」の意識も強まったと考えられている(66)。

薩摩藩・島津氏の侵入後の近世琉球の歴史観ではどうだっただろうか。琉球王国の摂政であった向象賢により編纂された『中山世鑑』(一六五〇年)では、島津氏支配を反映して、初代琉球国王の舜天の父として源為朝が位置づけられる、いわゆる「為朝伝説」が採用されているが、全体としてその意図は、尚円を「始祖」と位置づけ、第二尚氏王統の歴史を確認することによって、王位の正統化をはかることだったと考えられている(67)。

重要なのは「王統の歴史」、「王位の正統化」である。『中山世鑑』を修正して編纂された蔡鐸本『中山世譜』(一七〇一年)、さらにそれを改定した蔡温本『中山世譜』(一七二五年)においても「王位の正統性」が強化されている。「琉球正史における王とは、天に定められた者」がなるものであり、日本とは異なり、血統ではなく天意が重要であると明言されている。また史書編纂には、「易姓革命的歴史観」が用いられていた(68)。

注目すべきは「天意」による「王統の正統性」である。天に定められた者が「歴史」の主体となる。つまり王権神授説である。蔡温本『中山世譜』では「為朝伝説」の記述が減って相対的にその重要性が薄まっているとされているが、そうした伝説についての記述の増減もまた王権の正統性をどこに位置づけるかという枠組みのなかで行われている。王の歴史を語ることが「天意」――王権神授説を基盤とする法的正統性――の連続性を提示し、それによって人々を「天意」を帯びた王権の連続性に結びつける。正史の編纂、碑文・銘文などは、王統の歴史を記録することで、その王統の正統性を強化するという機能を帯びていた。

さらに「易姓革命歴史観」と指摘されるように、王国は、天意や天命といった始まりと終わりをもつ歴史である。つまり王国や王権の栄枯盛衰こそが「歴史」であった。そこには〈言語そのものの歴史〉のように、王国の歴史を相対化しうるような別の尺度をもつ歴史観は存在しない。天意による王国の成立以前の「過去」や王国の滅亡以降の「未来」を測定するような指標はこの歴史観には存在しないのである。まさに喜舎場と伊波のあいだで起こった変換は、この歴史についての認識枠組みの変換であった。

これまで述べてきたように、「琉球処分」の際の日本政府と琉球藩側の「似寄」をめぐるやりとりにも、それを記録した喜舎場にも、こうした歴史の変換は現れていない。だが、田口卯吉と新村出との論争に、その変換の過渡的な痕跡が見出される。すなわち、田口は比較言語学がもたらした〈歴史〉の枠組みの入り口にたちながらも、その内実を理解できずに「似寄」という言語の表面的・経験的な相似(措辞の相似)に着目してしまう。それに対して田口を批判した比較言語学者らは、言語の表面には現れない不可視の〈言語そのものの歴史〉という認識枠組みに十分に自覚的であったといえよう。つまり、伊波の言論を理解するには、何よりも比較言語学が可能にした〈歴史〉という認識枠組みを理解する必要があるということだ。

7 「P音考」

それでは、田口を辛辣に批判した新村が賞賛した伊波の立論とはどのようなものだったのか。ここでは『古琉球』の巻頭論文となる『琉球人種論』の内容を検討して伊波の歴史観を解明したい。

冒頭で伊波はまず、江戸時代の国学者である藤井貞幹(藤貞幹)と本居宣長の論争、さらには久米邦武の論考「日本民族の故郷」[69]を取り上げている。藤井貞幹は沖縄本島の北西部にある伊平屋島が神武天皇の出生地であると主張し、本居宣長はそれに反論していた。久米の主張は、日本民族は南支那から琉球を経由して日本列島に渡来したという説であった。伊波はそれらの説を学問的裏付けのない「空中の楼閣」だと断じる。そして次に伊波が取り上げるのが、琉球王国の摂政であった向象賢と宜湾朝保である。伊波は、羽地摂政時代の布達を集成した『羽地仕置』のなかで、向象賢が言語をはじめその他の文化的特徴も日本由来であることを主張したとし、さらにそれを後世の宜湾朝保が敷衍したとしている。伊波は、宜湾朝保がわずかに書き留めた記紀万葉の古語と琉球で話されている言葉を比較した語彙集からいくつかの単語を取り上げ、そこに同じ単語があることを示している。しかしここで伊波が取り上げた先人たちの「同一性」の分析は、表面的な相似にとどまり、たとえそれが「言語の上から」唱えられた説だとしても、そこには比較言語学的な基盤はない。こうした表面的な相似は、比較言語学的な考察に付されなければならないのである。表面的な相似を学問的な水準に高めるために持ち出されるのが、比較言語学者のチェンバレンとその弟子の上田万年によって主張された音変化の法則である「P音考」の琉球語への適用であった。

「P音考」とは、日本語の音声のハ行の子音がかつて〔p〕(パ)だったものから〔ph〕〔f〕(ファ)へと変化し、さらにそれが〔h〕〔w〕(ハ)へと変化してきたというものである。この「P音」の変化の法則性は、もともとは「グリムの法則」という比較言語学の中核的業績に依拠している。「グリムの法則」は、『グリム童話』を執筆した「グリム兄弟」の名で人口に膾炙しているドイツの言語学者ヤコープ・グリム(Jacob Grimm)に由来する。それは、印欧祖語からゲルマン語派が分化する過程で起きたいくつかの規則的な音韻変化を示し、「ゲルマン語派の第一音韻推移」とも呼ばれる。このグリムの法則で示された規則的変化の一つが〔p〕から〔f〕への変化であった[70]。こうした規則的な変化が日本語の音声においても観察されるというのが、チェンバレン、上田万年、そして伊波普猷の「P音考」の主張であった。

この日本語の音声における「P音考」の原型は、すでに一八八九年にチェンバレンが上田の手を借りて論文にしており、さらに上田も一八九八年に「P音考」を発表していた(71)。そのなかで上田は「又かの沖縄薩摩等、九州の南部にかけて、F音の多く存在することを認むるのみか、沖縄語典の吾人に告くる処によれば、国頭八重山宮古の諸島には、半濁音の語極めて多しというなれば、此等の上より見ても、現在流行の音がP Ph(F) H W の転遷をなし来りし事、昭々たるにあらずや」と述べて、沖縄にF音とP音が残存していると記していた。

こうした既存の研究を背景に、伊波もまた「P音」の音韻変化から日本語と琉球語の同祖性を論じ、さらに上田の指摘した国頭、八重山、宮古での音韻変化を比較検討したのである。それに加えて、日本語と琉球語の係結び、数詞の関係を述べて、より一層日本語と琉球語の同祖性、同系統を主張している。さらに『古琉球』では「P音考」という独立した節を設けてより詳しく論じている(72)。

『琉球人種論』のなかで伊波は、四百年前の「おもろそうし」(一五三一—一六二三年)には半濁音を示す印がついていないので、その発音を再現できないとしながらも、清の徐葆光の残した『中山伝信録』(一七二一年)、英国人のバジル・ホールが残した『琉球探検記』(一八一八年)に記録された琉球語の発音についての記述、さらに現在の首里、国頭郡、宮古島、八重山、奄美大島で話されている語の「音声」の比較から「P音」を考察している。例えば「春」は、首里では「faru＞haru」、国頭では「paru」、八重山では「faru」、宮古では「faru」、奄美大島では「haru」といった具合である。また『中山伝信録』では、「晴」や「筆」は両唇音Fで発音され、「冬」や「花」は喉音Hで発音され、「昼」や「鹹」(塩辛さ)は破裂音的両唇音Pで発音されたという。さらに伊波は、「中には/sipuyun(吸フ)/shipukarasa(鹹)のやうなのもある。これは第二音節の所にアクセントがある爲にPの音が永く保存されたのであらう。吾々はこの面白い例に依つて日本語の吸フ又はシホカラシがかつてsupu又はshifokarashiと發音されていた時代があつたと推測し、更に溯つてsufu又はshipukarashiと發音されていた時代があつたと推測することが出來る(73)」と述べている。こうした関係から、琉球語においてはかつてP音だったものがF音となり、さらにH音へと変化したという音韻変化の歴史を示している。比較言語学的手法と、発音について書き残された文献の比較を通じて、文献以前の音声・音韻の歴史が考察可能になっているのである。

言語学者の亀井孝は、語源研究において「系統決定の基礎は、いわゆる音韻法則の確立にある。うへに、厳密な語源の一致といったのは、つまり、音韻法則のかたちをとりうる一致のことである」としてその古典的例に「グリムの法則」を挙げている[74]。そして日本語における系統論のなかでは、日本語と琉球語の関係（日琉比較言語学）のみが成立しているとする。亀井はさらに伊波の「P音考」について「もっと厳密なものたることを要求もし得ようが、とにかくこれを以て波行音にPの音価を保存してゐる方言のあることを組織的に報告した功は決して動かないであろう」と述べ、「琉球語と日本語との関係にあっては、その間にいかに距りがあるにせよ、幾組もの音韻法則によって実質的な対応関係が現に与へられている」として、伊波の論考を高く評価している[75]。

「PからFへ、FからHへと國語が此二千年間に進んだものが、現在南島に縮写されて居ることは、伊波君の記述によつても益明かになり來つた[76]」と述べて、新村が伊波を称賛したのも、この音韻変化の歴史についての個所であった。

チェンバレンや上田を経由して伊波が示した「P音考」こそ、人間の主体性とは関係なく変化する「法則」、すなわち〈言語そのものの歴史〉であった。この〈歴史〉を基盤に、分岐以前の「祖語」を想定することが可能になっているのである。

（祖語）
├ 古代日本語——近代日本語
└ （古代琉球語）——近代琉球語[77]

比較言語学の理論を基礎にしながら、人類学的にも日琉間の民族の同祖性を論証しようとしたのが、伊波の「日琉同祖論」であった。こうした認識は表面的な相似とは根本的に異なる認識であり、〈言語そのものの歴史〉によって、言語共同体としての民族に〈歴史〉が与えられているのである。

8　言語の「開放性」

新村は『琉球人種論』や『古琉球』のなかの「琉球人の祖先に就いて」と題された論文に対して、田口に投げつけたような批判をしなかった。それは、比較言語学の「音法則」に伊波が極めて忠実であったことが背景にあると思われる。それに加えてもう一つ重要なのは、言語の同祖性だけでは人種の同系性は導き出せないということについて伊波が自覚的であったことが記されているからだと思われる。先に「言語は人種を規定しない」と述べながら、それとは逆に言語と人種（言語共同体）の結びつきを述べてきたが、先述したように比較言語学者は言語と人種の結びつきに対して極めて慎重である。伊波もまた、言語と人種の関係について、次のように書いている。

これまで述べた證明で日本語と琉球語は姉妹語であることがわかつたが若し言語が人種の所屬をきめる完全な尺度であつたならば琉球人は直ちに日本人と同人種となるのである。併し世には三百年も立たない内に自國語を忘れて支那語を話す滿洲人もあるから言語は兎に角あてにならぬことがある。チエムブレン氏の言語學的研究は鳥居龍蔵氏等の人種學的研究やその他の方面の研究と相俟つて確實なるものとなつたのである。たとひ言語學的證明ばかりであつたとしても上古に於て琉球群島にその住民の言語に大變化を與へる丈けの大和民族の大勢力が及んだということは承認せねばならなぬ。若し上古に於てさういう大移住があつたとすればそれが即ち今日の琉球人の祖先のそれであつたであろう。(78)

注目すべきは「言語は兎に角あてにならぬことがある」との文言である。ここに示されているのは、比較言語学から人種の同系性を確定することへの慎重さである。例示されている満洲人の逸話も、中国語などを専門にした比較言語学者である後藤朝太郎の『文字の研究』に同様の指摘があることから、すでに比較言語学者のなかではよく知られた逸話であったと考えられる。[79] こうした人種と言語の関係への慎重さは、新村も指摘しているように、米国の言語学者ウィリアム・ドワイド・ホイットニー（William Dwight Whitney）の影響だろう。[80] 保科孝一が訳出したホイットニーの『言語発達論』[81]には次のような指摘がある。

……吾人は先づ人種と言語とは、絶對的に一致するものにあらざるを断言せざるべからず。即ち、人種學者が同一の人種なりを認定する社會に、全く別異の國語を存することあり。或は、全く同一の言語が別異の人種間に行はるゝことあり。故に、予は既に人種と言語とは、何等の關係をも存せず、各個人は生きながらに一定の言語を有するにあらずして、彼が習得せる言語を使用し、或は、各個人が祖先の言語を放棄して、外國語を採用し得るものなれば、個人の集團たる社會も、同じく祖先の言語を、永久に確守するものにあらざるを斷言せり。古往今來世界の各人種が此例に遵ひ、自國語を放棄して、外國語を援用せしもの尠からず。[82]

ここには言語と人種の関係を等号で結ぶことへの強い否定がある。エティエンヌ・バリバール（Étienne Balibar）は「言語共同体」における「母語（マザー・タング）」は同国人の相互愛のメタファーとして機能するが、しかし「複数の言語を身につけたり、別の種類の言説や言語転換の担い手となるのは常に可能である」と述べ、あるアイデンティティが言語によって構築されるなら、そのアイデンティティは定義上「開かれている」と指摘する。そうした「言語共同体」は「閉鎖の原理または排除の原理といった特殊な補足が必要」となり、バリバールはその補足のための要素が「人種共同体」だと指摘する。[83] 世紀転換期の比較言語学者らと今日バリバールによって示されているのは「言語の開放性」とでも呼べるものだ。言語は根本的にすべての人間に「開かれ」ている。そうであるがゆえに、言語から人種を特定するのは不可能となり、人種を特定するにはこの言語の「開放性」を人種についての別の論理で閉じる必要がある。バリバールがいう閉鎖のための要素は、伊波においては「鳥居龍蔵氏等の人種學的研究やその他の方面の研究」ということになる。伊波は人種学的研究に加えて、「土俗の方(エスノグラフィー)」[84]といい、日本と琉球とのあいだにおける曲玉の呼称の関係、俚歌童謡や伝説の比較などに言及している。こうした人種学——次章で言及する形質人類学——や、エスノグラフィーなどの方法は、共同体における言語の「開放性」を閉じるために用いられることになる。[85]

9 言語の伝達可能性

形質人類学的研究を考察する前に、ホイットニーの言語論が伊波を含む当時の比較言語学者にもたらした影響を確認しておきたい。それはホイットニーの言語道具観、伝達合理性の重視である。ホイットニーは先に挙げた『言語発達論』のなかで次のように「言語」を定義する。

> 言語は人間社会に於て、思想を表彰(ママ)せんが爲に之を聲音に發現し、聽覺にて之を了解し得る要具にして、身振及び文字等は、其隷屬的若くは補助的のものたるに過ぎず。[86]

上田万年とホイットニーの関係を論じた鈴木広光は、「上田は……言語の伝達合理性を重視し、言語に人間の意志が介入し得ると考える立場を支持している(だからこそ、「国語」政策が成り立ち得る)。上田が音声言語を重視し、表音文字の使用と漢字節減を主張したのは、これが言語の本性で、自然に適うという理由からだけでなく、伝達言語として合理的・機能的と見たからである」[87]と指摘している。これは音韻変化の法則による〈言語そのものの歴史〉といった通時性の話ではなく、言語の共時性・開放性の水準に属する。[88]すべての人に言語が開かれているがゆえに——つまり言語の習得は後天的であるがゆえに——、新たに立ち上がってきた「国民」に対して伝達合理性の高い言語を押し付けること——強制的習得——が可能であるということを意味している。また鈴木は、上田が「母語」を「国語」にすり替えていると指摘して、上田が「言語とそれを用いる話し手や共同体との関係を必ずしも重視していなかった……上田が重視していたのは、伝達道具としての、そして制度としての言語だったのである」ということも指摘している。これらは、言語と人種の同一視を否定していた比較言語学の主張とも一致する。上田の「国語」政策は近代国民国家の形成、国内市場の統一のための「要具」であり、決して「日本民族であるが故に母語である日本語を話す」という立論ではなかった。伝達合理性の観点から、言語を統一する政策——人々が後天的に習得する言語に介入すること——が必要とされたということである。

国民国家的な伝達合理性を重視するならば、国民国家に編入された沖縄でも「国語」（標準語）が励行されることが想起される。しかし同じ伝達合理性の論理から正反対の主張も可能になる。つまり琉球における伝達合理性の高い「琉球語」の使用も導き出される。伊波は一九一九年から「血液と文化の負債」と題された民族衛生講話を行うが、それについての逸話が残っている。この講話は「沖縄県内各地を巡訪し、三六〇余回に及ぶ講演を多くの人に理解してもらうためにわざわざ琉球方言でした」[89]という。講演の優生学的内容は第六章で述べるとして、ここでは「琉球方言」の「要具」としての使用について考えたい。国民国家への編入に伴って標準語教育が行われるなかで、伊波の講話は「方言」を使ったために問題視された。沖縄県の図書館長となった伊波を詰問するために尋ねてきた「客」との対話形式で書かれた「図書館にての対話」で、伊波は民族衛生講話と「方言」の使用の意義について次のように語っている。伊波は「標準語励行」よりも「急務と思はれる民族の生命に関す〔る〕大問題に没頭」していて、農民など標準語を解せない人々に対しては「方言の方が彼等の意志を動かすのに役立つ」と主張する。民族衛生講話で琉球語（方言）を使用する「主」（伊波）は、それでも標準語の使用を迫る「客」に次のように反論する。

主　知らないでほつて置くと、尚更進歩の妨害になるのに気がつかないのか。それは兎に角私はかつて『沖縄時事』主催の婦人講演会で「血液と文化の負債」といふ講演をしたことがあるが、現今の沖縄人に取つては、この負債を償却するのが焦眉の急ではないか。沖縄社会が滅亡して、県民が性格破産者になつた暁には、普通語がどんなに普及しても、それは君アタビチガカークガーク〔蛙がガーガー鳴く〕するのと同じことだよ。だから私は沖縄の津々浦々を廻つて、「血液と文化の負債」を償却する方法を相談してゐる所だ。その結果近来彼等は血族結婚の害や早婚の弊を覚り酒害や梅毒の恐るべきことを知り始めた。私に取つてこれは今と此処の大問題だ。愚図々々してはゐられないのだ(90)。

これが、伊波が積極的に「普通語」を使用しない理由である。民族衛生に関する思想を伝達するという目的を達成するためには、住民が理解できない「普通語・標準語」を使用するよりも、彼らがすぐに理解できる「方言」を使う方が合理的だという主張である。上田が伝達合理性の観点から「国語」を生み出したように、伊波もまた沖縄住民への民族衛生思想の伝達合理性の観点から「方言」を使用しているのである。

こうした伊波の考えはその後も変わっていない。一九四〇年に柳宗悦ら日本民芸協会一行が沖縄訪問の際に沖縄県当局による方言撲滅と標準語励行を批判したことから、沖縄県側がそれに反発したいわゆる「沖縄方言論争」についての伊波の発言がそれを示している。伊波は「標準語」普及の必要性を認めつつ、「方言」への弾圧を批判する。だが、それは「琉球方言」の積極的な保護などではなく、それとは反対に「自然消滅」を容認するものであった。「如何なる言葉も必要があればこそ存在するもので大きな民族の言葉は一般に普及するが、小さい民族の言葉は一般化せずに自然に消滅するから人為的に阻止するなどは無用である」という(91)。つまり伝達合理性が「方言」から「標準語」

に漸次切り替われば、「方言」はその役割を終えて自然消滅するということだ[92]。伊波はこの「方言問題は私が二三十年前に既に提唱したのであるが、その当時は誰一人として関心を払ふものはなく学徒の寝言として葬り去れられた」と述べているが、これは「図書館にての対話」の頃を指していると思われる。「方言・琉球語」の積極的な使用とその自然消滅という一見異なる言語理解は、両方ともホイットニーから日本の比較言語学に継承された理論から導き出されている。つまり、伊波にとって現代における「琉球語・琉球方言」の使用は、比較言語学から導き出される言語の開放性と言語の伝達合理性を前提にされたものであった[93]。

10　古形の保存

チェンバレンと比較言語学を経由して持ち込まれた認識に「古形保存」についての考え方がある。「琉球人の祖先に就いて」で伊波は、チェンバレンと向象賢による日琉の言語同系説について次のようにその意義を語っていた。

> 琉球群島には記紀萬葉にある様な日本上古のことばが夥しく残つてゐる思ふに島或は山の如き交通不便のところには言語も亦その他のものと共に其原形に近い形式を以て残留せることは争ふべからざる事實であるこの點に於て琉球群島は天然（ネーチユア）が時間（タイム）を場所（スペース）に現はして吾人に與へた恩惠の一例である[94]

伊波にとって、琉球語には日本語の古形が残っていることは疑いようもない事実として認識されている。しかし先に挙げた言語学者の亀井孝はこうした認識を否定している。亀井は、「琉球語の方が日本語よりも、両国語分裂以前の古形を一層忠実に保ってゐるものと見なされてゐた」が、こうした「琉球語の方が日本語より保守的であるとなす先入主」は、「Chamberlain に発する」と指摘している[95]。亀井は次の二つの点からそのような誤謬が起きたと推察している。一つ目は、チェンバレンをはじめとして一般に、動詞の活用の種類の減少などの変化の結果が「単純化」として解釈され、琉球語が原始的な未発達の状態であるかのように理解されたことで、琉球語に日本語の古形が保存されているように考えられてきたのではないかということである。亀井によれば、むしろこうした変化は、「日本語に対して、はるかに飛躍をとげてゐる」とさえいえるもので、古形の保存とは関係がない。二つ目には、「P音考」である。亀井は「ある方言が古形を保つといふ場合、そこにはある点においてといふ限定が同時に含まれている……さういふ点では、P音の保存は、全く注目に値する。しかし事は渺たるP音に関するにすぎない」として、P音に関しては正しいが、それを根拠に琉球語全体が古形を保存しているという解釈は誤りであると指摘している。[96]

この亀井の批判は、柳田國男の『蝸牛考』（一九三〇年）で展開された「方言周圏論」への批判でもある。言語学者の服部四郎の言葉を引きながら、亀井は柳田國男や東条操の方言収集は単語の歴史の解明には役立ちうるが、それが系統論の解明にはならないと指摘している。[97] 例えば、柳田の方言周圏論は、中央（京都）から離れるに従って日本語の古形が残存していると解釈している。それに対して、比較言語学でいう「波紋説」では言語が中央から遠ざかると、波紋が次第に弱まるようにその連関が弱まっていくこと、要するに古形が残らないことを述べたものであり、柳田の「方言周圏論」とは逆の現象を説明している。[98] 比較言語学の立場では、方言として分岐した言葉はそれ自身変化し、使用する言語共同体の勢力の拡大や衰退にも影響され、さらに隣接する諸言語との交渉からも影響を受けて変化せざるをえないと考える。その意味で、亀井は「謬りは、あだかもあらゆる点において保守的であるかのごとく速断して了ふところに生ずるのである。そんな方言といふものは、いまも述べたとほり、どこにもありはしないのである」としてチェンバレン由来の「古形保存」という考えを批判した。[99]

次章で見るように、鳥居龍蔵による形質人類学もチェンバレンと同様の考えをもっていた。鳥居は孤絶した集団や地域における人間の身体的な形質が、非常に古い時代に日本列島に渡来した人間の形質を保持していると考えていた。鳥居も自説を補強するためにチェンバレンの言語論に言及するが、これも「P音」における古形保存を他の領域に敷衍したものと考えられる。チェンバレン、鳥居龍蔵、柳田國男、そして伊波普猷にいたる地方における古形保存という誤謬もまた、人間の主体性とは関係のない〈言語そのものの歴史〉という想定がなければ成立しえなかったといえる。

11　まとめ

本章では、伊波の「日琉同祖論」に見られる比較言語学の影響を見てきた。その特徴は、第一に比較言語学によって人間の歴史は〈言語そのものの歴史〉のなかに位置づけられたことである。それは表面的・経験的に得られる「相似」ではなく、人間の主体性や意志とは関係のない「法則」によるものであった。そうした〈言語そのものの歴史〉の痕跡という資格において「言語共同体」としての民族の〈歴史〉が思考可能になったということである。第二に、この〈歴史〉によって、文献が示す「王権」の正統性を否定することが可能になった。王権の物語を超える〈言語そのものの歴史〉という参照軸は、王とは異なる〈民族〉の歴史を思考することを可能にした。いまや〈歴史〉の主体は「王」ではなく言語の痕跡を伝える〈民族〉となる。第三に、〈言語そのものの歴史〉は言語の痕跡から人種や民族の言語共同体としての資格を与えはするが、しかしそれだけでは人種や民族の同系性を示す歴史とはならない。それは言語がもつ開放性という性質による。人種や民族という共同体の歴史の措定のためには、さらに別の参照軸が必要になる。

〈言語そのもの〉という人種とは切り離された認識枠組みがあり、かつ言語の開放性・言語習得の後天性という性質があるために特定できない人種・民族の共同体の境界線を、形質人類学（人種学）や土俗学という別の参照軸によって閉じる必要が出てきたのである。次章では、形質人類学が比較言語学と共鳴し合いながら、いかにして言語の開放性を閉じようとしたのかを見ていくことにする。

注

（1）例えば、鹿野（一九九三）や、伊波の卒業論文とその執筆時期を考察した伊佐（二〇一六a）、（二〇一六b）、（二〇一六c）も、比較言語学に言及するが、その内容は「P音考」に代表される伊波の業績を概括するに過ぎず、比較言語学という学問それ自体が近代の人間諸科学の認識にどのような関連性を有しているか、それが伊波の認識にどのような影響を与えているかについては述べていない。また、與那覇（二〇〇四）は東京帝国大学時代の論文や言語学を修めたことをもって「ここで初めて、欧米起源の言語系統論に基づく人種起源論が、帝国大学という近代学知の供給装置を媒介にして琉球人にも接合された」（一五〇頁）というが、言語と人種の接合の危険性を論じたのが伊波なのであり、この與那覇の記述は不正確である。さらに小熊（一九九八）、冨山（二〇〇二）、屋嘉比（二〇〇二）、與那覇（二〇〇九）、崎濱（二〇二二）においても具体的に比較言語学を論じてはいない。崎濱（二〇二二）については注4も参照。本書は比較言語学を理解することが、伊波を理解する際に最も重要な要素の一つであるという立場であるため、それに言及しない先行研究については本文では取り上げることができなかった。

（2）伊波（一九一一a）、一八頁。同書は伊波（一九一一b）に「琉球人の祖先に就いて」と改題されて収録されるが、そこでも「言語はとかくあてにならない」（二一頁）と述べられている。

（3）伊波（一九〇六）、六頁。

（4）崎濱（二〇二二）が例外的にこの一文に触れている。しかしそこでは、伊波がそう述べたのは「自身が抱える不安を払拭できなかった」からであり、その「不安」とは鳥居龍蔵らの人種学的視線によって「日本人ではない」と結論される可能性であり、それは冨山（二〇〇二）がいう「暴力の予感」における予感（不安）だったとする（八四―八八頁）。しかし本書で論じるように、伊波が鳥居らの形質人類学に赴くのは、「不安」や「暴力の予感」といった個人の心理的要素ではなく、比較言語学が言語と人種を結びつけないという強固な「学説」があったからである。

（5）例えば一九〇一年に書かれた「琉球史の瞥見」には、チェンバレンによる日本語と琉球語の「祖語」の措定から、一足飛びに「天孫人種の祖先と琉球人のそれとがかつて共同なる根元地に住して」いたと推断している。伊波（一九七四a）、五二六頁。初出は『琉球新報』一九〇一年一〇月二一日号・一〇月二三日号。

（6）黒板（一九〇八）、二二七頁。

（7）同上、二二五頁。
（8）同上、二三一―二三二頁。
（9）Chamberlain（1902）, p. 223. 徳田が翻訳。なお、高梨健吉訳の『日本事物誌・上』（一九六九ａ）での当該個所は二八一頁。同書の解説によれば、『日本事物誌』（*Things Japanese*）は、初版が一八九〇年に出版されており、その後も版を重ね、最終改訂の第六版は一九三九年に出版されている。チェンバレン曰く、この本は「日本の事物のなかで外国人に興味があると思われる題目を選び、批判的に紹介したものである」高梨訳、三五一頁。また年代や神話の信憑性につては、Chamberlain（1895）のなかでも、一四世紀以降の琉球史については受け入れることができるが、為朝伝説を含めそれ以前の歴史記述については確証がない限り受け入れ難いと述べている。
（10）一般的にソシュールの言語学は、言語の共時的研究が注目されるが、当然のことながらソシュールは比較言語学者（歴史言語学者）でもあった。詳しくは、神山ほか（二〇一七）を参照。
（11）與那覇（二〇〇九）、七二頁。
（12）一八七五（明治八）年八月五日に内務大丞松田道之が琉球藩王に対して出した文書。喜舎場（一九一四）、三六頁。
（13）同上、四六頁。一八七五年（明治八）年八月二〇日に琉球側が松田道之に対して行った答弁の手控書。
（14）同上、七四頁。一八七五年（明治八）年九月一日の松田道之による文書。
（15）小熊（一九九八）は「松田はここで名詞と動詞の語順を論拠に挙げており、日本政府があるていど近代言語学の知識をふまえた琉球論を準備したうえで交渉に臨んでいた」（二九頁）と述べている。ここで言及されている措辞論だけでは比較言語学とはいえず、後述する田口卯吉と新村出らとの論争でもわかるように、これは「相似」でしかない。また小熊は、一八七九年七月に日清交渉の仲介役で来日した元米大統領グラントとの会談のために、日本政府が事前に言語学者のアストンに対して日琉間の言語の関係を調査していたのではないかと述べている。小熊は調査書の回答の内容について、「琉球語の音韻はまったく薩摩語と似て」いない（三二頁）ということが書かれており、日琉関係のつながりに否定的な内容であると述べている。ところで、この回答書の原文は「音韻」ではなく「音語」と書かれており、薩摩語との対比から「音語」がアクセントやイントネーションを意味していた可能性は否定できない。したがって、ここでの「音語」への言及を、チェンバレンや上田、伊波による音韻変化の法則を含む比較言語学的研究と同列に扱うことは差し控えたい。「第三国語宗教種族慣習」（国立国会図書館憲政資料室、伊藤博文関係文書（その1）書類の部 356）。

(16) Hawks. (ed.) (1856).

(17) 原文は以下の通り。"But it is not in mere physical conformity that we trace the same origin of both races. The identity of the two races is proved by the more satisfactory testimony of affinity of language." *Ibid.*, pp.365-366.

(18) 原文は以下の通り。"In these words in the comparative lists which seen to differ there wil, on investigation, be found considerable affinity and they will almost invariably show a common derivation from the same root." *Ibid.*, p.366.

(19) *Ibid.*, p.366. および神田清輝訳（一九二六）、一八一―一八四頁。訳は適宜変更。比較リストに収録された単語については、例えば、Rice (English)―Kumee (Lew Chew)―Ko-me (Japanese) など。

(20) 風間（一九七八）、三九頁。

(21) 詳しくは同上を参照。

(22) 與那覇（二〇〇九）は、ファースの記述を「言語系統論」（七七頁）と述べているが、これは比較文法における言語系統論であり、比較言語学が用いる手法とは異なる。音韻の法則的変化に基づく祖語の措定という契機がノァースの記述にはない。

(23) 與那覇（二〇〇九）は「琉球処分」が「民族統一」であったとする戦後歴史学の主張を反駁するなかで、『日琉同祖論』が近代以前に起源を持つものではなく、かといって明治政府が併合正当化の論理として発明したものでもなく、むしろ被抑圧者であったところの琉球知識人たちが『琉球処分』や『本土復帰』を『民族統一』として抱きとめるために見出し、語り継いできたものだという事実であった」（一七九頁）と述べ、伊波を含む知識人らから「日琉同祖論」が出てきたとする。戦後歴史学による「民族統一」の連続性を問いに付すという意味では正しい。だが、與那覇は日琉間における人種の同源性や、言語の相似性を述べた個所も「日琉同祖論」と表記し、「日琉同祖論なるもの」の連続性を仮構する。また伊波についても一九〇六年の新聞連載「沖縄人の祖先に就いて」を取り上げ、伊波が「向象賢の議論を『言語の類似を見て、沖縄人を直ちに日本人種に属するものとした』もの、すなわち言語系統論モデルによる『日琉同祖論』として読み出している」（一七二頁）と論じるが、しかし同じ連載記事で伊波は「言語は兎に角アテにならぬことがある」として「言語学的研究」だけでは同祖性を論じるのは不確実であることを述べていた。また高江洲（二〇一七）は、「琉球処分」に立ち会った明治政府の河原田盛美（会津藩出身）が、琉球側の処分への抗議に対して処分を正当化するために、日本と琉球の「同祖論」を提示したとしているが、河原田の論拠は「地脈の連続」や「人種」といった表面的で経験的な相似であり、近代知である比較言語学に基づく伊波の同祖論とは根本的に異なる。與那覇や高江洲、それ以外の「日琉同祖論」についての研究も、伊波以前の相似や分類に基づく議論を「日琉同祖論」として論じることで、伊波の比較言語学に基づく「同祖論」とそれ以前・それ以外との違いが明確化されていない。伊波だけが「日琉同祖論」という文字列を使う権利があると言いたいのではない。與那覇がいう伊波の「言語系統論モデル」が、実際には言語系統と人種系統を同列視する前に「留保」を挟んでいることが重要なのだ。この「日琉同祖論なるもの」とされる記述にわずかに現れた不連続性（留保）に注目したいのである。この不連続性にもかかわらず「日琉同祖論なるもの」がなぜ統一性を保っているように見えるのか。そしてそのことによって何が可能で、何が不可能になっているのか、まずはそれを記述したい。

(24) 伊波（一九一一a）、一〇頁。実際にはチェンバレンはベルツなどの形質人類学を援用して人種間の関係性を論証しており、言語から人種の同系性を論じているわけではない。これについては後述する。また「日琉同祖論」という語の初出については序章の注2を参照。

(25) 伊波（一九七五）、五五五―五五六頁。初出は伊波（一九三五）「琉球語と琉球文学」『日本文学講座』第一五巻、改造社。

(26) 伊波だけではなく、鳥居龍蔵をはじめとする形質人類学にもその責任がある。形質人類学は日琉間の人種の同系性のための傍証にチェンバレンの比較言語学を用いる。比較言語学と形質人類学が互いの根拠として支え合うことで同系論は成立するのだが、次章で示すように、この支え合いは結局のところ同語反復に陥る。

(27) 論争は以下のような順番で掲載された。田口（一九〇一a）、新村（一九〇一a）、藤岡（一九〇一）、田口（一九〇一b）、新村（一九〇一b）。同論争については、長（一九九三）も参照。またこの論争は黒板（一九〇八）、一三三頁でも言及されている。

(28) 田口（一九〇一a）、一四頁。

(29) 同上、二八頁。曰く「……しかしトルコ、サンスクリット風の文法は日本の文法中に無疵に存在して居りますから、我々はヨウロッパ人に比すれは本家筋に近いと申して宜しからうと存します」。

(30) 新村（一九〇一a）、一九―二〇頁。

(31) 同上、二六頁。

(32) 同上、三〇頁。

(33) 同上、二九頁。

(34) 藤岡（一九〇〇）、一五―一六頁。

(35) 同上、一一六頁。

(36) 伊波（一九〇六）「沖縄人の祖先に就て」『琉球新報』一二月五—九日。後に「琉球人の祖先に就いて」と改題して『沖縄毎日新聞』一九〇九年二月三—一七日、同年『東亜之光』第四巻第一一号一二号、同年『沖縄青年』七号に転載。さらに「沖縄人の祖先崇拝に就て」と改題して『沖縄教育』六〇号に転載。

(37) 新村（一九一二）。

(38) 岡倉（一八九〇）、一七二—一七三頁。曰く「世にハ、同一の人種に属する人民の群にしありながら、互に毫も關係なき國語を用ゐるものあり。また同類の國語を用ゐながら全く異れる人種に属する人民の群なしとせず」。

(39) 安田（二〇一六）。同講演は、上田が田口卯吉に招待されて経済学協会で行ったものであるが、その内容は田口批判にもなっている。

(40) 長田（二〇二三）は、上田の留学の成果について新村出筆録・柴田武校訂の講義ノート『言語学』の検討から「実際には、上田は比較方法のイロハも習得できなかった」（一五四頁）と評している。他方で、留学前にチェンバレンの講義を通じてフリードリッヒ・ミュラー、ヘルマン・パウル、ウィリアム・ドワイド・ホイットニー、マックス・ミュラーらの著作を読んでいたこと、留学先ではカール・ブルーグマンらによる入門レベルの講義に参加していたことは確かであるとも述べている。

(41) 類推（アナロジー）の具体例を挙げるなら、「ラテン語では filia（「娘」）の複数与・奪格には filiā-bus という形が用いられている。この格語尾はこの形の属するタイプのものではなくて、子音語幹のそれである。なぜこのような異常な形がつくられたかといえば、遺書などで filio seu filiis filia seu filiis exstantibus（「息子または息子たちも、娘または娘たちがいるときには」）という表現で、複数形が『息子』と『娘』で同じ形になってしまうことを避けたためであった。そして、その模範となった変化形は『二』を表す形の女性形 duae の同じ格の形 duabus である。duae : duabus = filiae : x（= filiābus）という比例式の成立する前に、先に挙げたような表現から『娘』と『息子』と区別しようとする必要性があったから、この類推形がつくられたと考えられる」。風間（一九七八）、二〇六—二〇七頁。

(42) 比較言語学については、風間（一九七八）、高津（一九九二）、亀井ほか（二〇〇八）を参照。

(43) 上田（一九〇三）、一七二—一七三頁。「日本言語研究法」が書かれたのは一八八九年。

(44) 同上、一七四頁。

(45) 同上、一七五—一七六頁。

（46）藤岡勝二は先に引用した『言語学』（一九〇〇）のなかで、Philology（文献学）とScience of larguage（言語学）とを区別して、Philologyは「古典若くは近代の文に於ても凡て、文學としてと現れたるものに就て其文義典據等の考證を明かにする一箇の學の名」であり、「言語學は此の如き文學に就て此の如き研究を勉むるものにあらざる」（二頁）と述べて、言語学と文献学の違いを強調している。

（47）伊波による「文学」研究と「言語」研究の差異へのこだわりは、伊波の中学時代の恩師である田島利三郎の「琉球語研究資料」を後年、伊波が出版する際にそのタイトルを『琉球文学研究』に変更していることにも関わると思われる。同書に寄せられた問答形式の伊波の序文には、タイトルを変更した理由として、「文学」というタイトルの方が「能く賣れる」（五頁）と考えたからであると記されているが、上田の講演録や藤岡の記述から推測するに、田島の研究を比較言語学の研究とみなすのは困難といわざるをえない。田島の資料には「文字と發音について」と題して音声についての記述があるが、しかしそれはわずか二頁に過ぎず、多くは書かれた文字の意味を理解することに費やされている。それは上田や藤岡の定義からしても「文学」であり、「言語学」ではなかった。田島（一九二四）。

（48）三中（一九九七）、三六頁。

（49）同上、二二頁。

（50）同上、三八―三九頁。

（51）同上、四一頁。崎濱（二〇二二）はチェンバレンや上田による「言語学科においても、人類学と同様、『日本語』というものの輪郭を明らかにするために比較研究という手法が採られた」（九二頁）と述べるが、「分類」のための「比較」と、比較言語学の「言語系統」を導くための「比較」の違いを考慮していない。

（52）三中（一九九七）、八七頁。また三中は、青年文法学派のカール・ブルーグマンにも言及し、生物系統学と比較言語学の方法論的同一性を指摘している。曰く、「Gleason（1959）やHoenigswald（1960）が最初に定式化した比較法の方法論は、さかのぼれば一八八四年の言語学者Karl Brugmannの印欧語族の系統研究に発しており、『Brugmannの原理』（Brugmann, 1884）として知られてきたものです（Allen, 1953 : Chretien, 1963:66-67）。歴史言語学におけるこの比較法は、Hennigの意味での分岐学の方法論とほぼ同一であるばかりか、発展分岐学（三章六節）を先取りしている点さえみられます（Southworth, 1964: Hoenigswald, 1973b）。比較法の基本は、共有された新形質（innovation）――例えば音韻形質における派生的音韻の共有――に基づいて、姉妹言語（sister language: Hoenigswald, 1960:119）をみいだすことにあります。さらに、Gleason

(1959:24) は、明確に最節約原理に基づいた言語の『最小進化樹』の構築をめざしました」（九一頁）。

(53) 日本における「有史以前」という認識を最初に導入したのは、東京帝国大学に招聘されたエドワード・シルベスター・モースであると鳥居龍蔵が述べている。鳥居（一九一八）、七―八頁。

(54) 上田（一九〇三）、一六七―一六八頁。

(55) 第二章以降で論じるように、人種学・人類学もまた比較言語学と同様に表面的・経験的な相似・類似ではなく、〈形質そのものの歴史〉から人種・民族を規定することになる。

(56) 「〈歴史〉が、人文諸科学の成立以前から実在していたのは事実である。ギリシャ時代のはじめから、それは西欧文化のなかで、いつくかの大きな機能、すなわち、記憶、神話、〈言葉（パロール）〉と〈事例〉の伝達、伝統の運搬、現在についての批判的意識、人類の運命の解読、未来にたいする先どり、もしくは回帰の約束、といった機能をはたしてきた。このような〈歴史〉を特徴づけていたもの――すくなくとも、その一般的特質において、このような意味での〈歴史〉をわれわれの歴史との対立関係において規定することのできるもの――それは、人類の時間を世界の生成（ストア学派におけるように一種の大きな宇宙的時間継起（クロノロジー）のなかにおける）にしたがって秩序づけ、もしくは逆に、人類の目的の原理と運動を自然の最小の部分にまで拡大して（いささかキリスト教的〈摂理〉のやり方で）、すべての人間、それにともなって、物、動物、生きているにせよ生命をもたぬにせよそれぞれの存在から、大地のもっとも静まりかえった表情にいたるまで、すべてを、おなじ偏倚、おなじ下降かおなじ上昇、おなじサイクルの状態において引きずっていくとでもいったような、そのさまざまな時点それぞれにおいて画一的な、なめらかで大きな一種の歴史を人々が考えていた、ということであろう。」フーコー（一九七四）、三八八―三八九頁。

(57) 同上、三八九頁。

(58) 同上、三九〇頁。

(59) 同上、三九一頁。

(60) 同上。

(61) 同上、三九三頁。

(62) 伊波（一九一四）四頁、傍点原文。

(63) 喜舎場朝賢と『琉球見聞録』の成立過程については、波平（二〇一四）、三六九―四一八頁を参照。

(64) 喜舎場は巻頭に「謹しみてこの書を／故尚泰侯／の霊に捧ぐ」と記していた。ただしこの巻頭の献辞は初版のみであり、第二版（一九五二）、第三版（一九七七）からは削除されている。波平（二〇一四）、三八三頁。
(65) 波平（二〇一四）、四一一頁。
(66) 矢野（二〇一〇）、二八―三二頁。
(67) 同上、三四頁。
(68) 同上、三七―三八頁。
(69) 伊波は「沖縄人の祖先に就て（1）」『琉球新報』一九〇六年一二月五日のなかで、久米の論考が東京日日新聞に掲載されたと記しているが、その論文は確認できていない。
(70) 高津（一九九二）、五八―六〇頁。風間（一九七八）、九七―一〇八頁。
(71) Chamberlain（1889）にハ行P音説についての言及がある。その論文には assisted by Mr. M. Ueda とある。その論文は Transaction of the Asiatic Society of Japan 16, 1889 に掲載された。上田の「P音考」は、上田（一八九八）、のちに上田（一九〇三）、三三―三九頁。
(72) この「P音考」は末尾に一九〇七年八月に執筆したことが記されている。また東京帝国大学に提出された伊波の卒業論文「琉球語の音韻組織並に名詞代名詞数詞係結について」のなかに「P音」についての考察も含まれている。
(73) 伊波（一九一一b）、三六五―三六六頁。
(74) 亀井（一九七三a）、七頁、傍点原文。また亀井は、「音韻法則を作業仮説として、その可能性のうへに具体的な対応関係を設定していく以外に、こんにちも、系統論としては、みちがないといふことは、後代へ『グリムの法則』ののこした大きな教訓である」とも述べている（一〇頁）。同論文の初出は三省堂による講演会（一九四三）で、その後（一九四九）『一橋論叢』第二一・二二号に掲載。
(75) 亀井（一九七三b）、九八―九九頁。
(76) 新村（一九一二）、八六頁。
(77) 伊波（一九一一a）、九頁。
(78) 伊波（一九一一a）、一七―一八頁。伊波（一九一一b）、二一―二二頁。
(79) 後藤（一九一〇）、一二三四頁。「現時の滿洲人は地理上滿洲北部の諸地方及清地方等に擴がつて居る。其の滿洲のうちでも北隅に住んで居るものは今日尚よく滿洲本來の言葉、即ち所謂滿洲語を傳へ存して居るけれども下つて南滿洲に居るものとか、北清地方に來て居るもの、殊にその數代も前から來て居るものは今や全く舊來の言語は忘却してしまつて、異種の言語即ち支那語を話して居る」。また伊波（一九〇六b）にもこの満洲人の逸話への言及がある。また亀井ほか（二〇〇八）でも「本来の言語をすてて、他の言語へのりかえてゆくこと」について述べられている（二五頁）。

（80）新村は次のように指摘して、田口を批判している。曰く、「古来一人種が本来固有の言語を棄てて、他人種の言語を採用した例は無かったでありませうか、その邊の御調査は無論なさったことと信じますが、さういふ場合が万一にもあるとすると、言語を以て人種判別の標準とすることも、随分危険ではありませんか。世間に流布するホイットニーの著などにも、吾々が申すやうな注意がみえてをりますから、今更吾々の喋々を要せぬ所と思ひます」。新村（一九〇一b）、八六頁。

（81）ホイットニー（一八九九）。本章の注38で、岡倉由三郎にも同様の指摘があると記した。

（82）同上、一七九頁。Whitney (1875), pp. 270-271.

（83）バリバール、ウォーラーステイン（二〇一四）、一五二―一五五頁、傍点原文。ここでバリバールは「人種共同体」の観念は、その境界線が事実上、国境まで押し広げられ、それに伴って国境という境界線が想像上のナショナリティと同義になり、その内部の同国人との結婚が「正常」かつ「自然」なものとされると指摘している。

（84）伊波（一九一一a）、一八頁。

（85）こうした伊波の認識は、早くも伊波（一九〇四）に見られる。「琉球の人種を研究しようとする人」に「首里のことば」を介して説明するこの論文は、「勿論人間の後天的性質なる言語のみで人種の系統を決定せうとするのは亂暴」であるが、「人間の先天的性質なる體格及び其他の調査の結果と相一致」するなら論証可能であると述べ、チェンバレンの言語学と、鳥居龍蔵の「人種學上土俗學上の調査の結果と相一致して初めてその確さを増す」のであるとして、言語の開放性とそれを閉じる形質人類学・民族学の関係を記している（一三三頁）。鳥居は同年六月から七月にかけて長期の調査を沖縄で行っており、それを手引きしたのが伊波であった。

（86）ホイットニー（一八九九）、二頁。Whitney (1875), p. 2.

（87）鈴木（一九九四）、一三六頁。

（88）言語の共時的側面はホイットニーに基づくと思われる。イ・ヨンスクは、のちのソシュールによる言語の共時性への転換に近い主張がホイットニーによってなされていたとする。ホイットニーは言語の社会制度的側面を強調して、青年文法学派をいち早く批判した。イ（一九九六）、一〇一頁。伊波とソシュールについては、河上肇の日記から、伊波がソシュールの『言語学原論』を読んでいたことがわかる。伊波はポール・ブロカの言語野にも言及しながら、言語の共時性と恣意性について考察していたと思われる。河上は送られてきた伊波の論文の感想を次のように日記に残している。「日本語――日本精神。之は血液、遺伝、人種の問題ではない」。河上の日記から読み取れる伊波の論文について鹿野政直は「伊波がソシュールを読んで、言語能力を、環境による決定的な影響、支配から切りはなし、普遍性へと解き放つ視点を獲得した」とし、それは「血の純潔さと関係させつつ民族の優秀性の槓桿の一つとしようとする日本語論への痛撃であった」と指摘する。鹿野（一九九三）、二八五－二八六頁。しかしそもそもホイットニーの比較言語学を経由した日本語論は言語の開放性・恣意性を十分に理解しており、その意味でソシュールを先取りしていた。日本語は血液、遺伝、人種の問題ではないがゆえに、政策による強制が可能であり、したがって開放的であり、その開放性を閉じるためにこそ、血液、遺伝が人種共同体のために研究されるのである。またこの河上の記述は、彼が一九一〇年代にヨーロッパで人種論・優生学の影響を受けて、日本人と朝鮮人の雑婚を忌避したことと無縁ではないと思われる。瀧（一九一五）、二二六－二二九頁。これについては後述する。

（89）外間（二〇〇〇）、四七五頁。ただし、三六〇余回というのは、帰郷以降に行われた「琉球史講演を行った時から数えて、この大正十年ごろまでの十五年間の講演回数ではないかとみるむきもある」。金城（一九七七）、一八一頁。

（90）伊波（一九七六c）、二七八頁。

（91）伊波（一九七六b）、四三一頁。

（92）崎濱（二〇〇二）は、言語の自然消滅に関して、「『天孫』中心主義を解体し、『海部』的要素を復活させながらも、『国家』という場所に、両者の対立を弁証法的に止揚する可能性を見出していたのだ。伊波は、『天孫』に代わって『海部』を前傾化させるという特殊主義を望んでいたのではなく、『真の神』の到来によって『天孫』と『海部』の対立が止揚され、真の普遍性が実現されることを望んでいた。標準語は、伊波にとって、こうした普遍性を実現するために必要不可欠な媒体として理解された」（二八三頁）と解釈をしている。しかしこれは比較言語学の一般的な理解である言語の道具観と伝達合理性の考えをもとにしている。

（93）言語政策を通じた言語の漸次的「消滅」は、琉球語や各地の方言を標的にしたものだけではなく、日本語そのものの消滅へと結びつく。例えば北一輝は『国家改造原案原理大綱』のなかで、「英語ヲ廃シテ國際語（エスペラント）ヲ課シ第二國語トス」と述べ、「最モ不便ナル國語ニ苦シム日本ハ其ノ苦痛ヲ逃ル、タメニ先ヅ第二國語トシテ並用スル時、自然淘汰ノ理法ニヨリテ五十年ノ後ニハ國民全部ガ自ラ國際語ヲ第一國語トシテ使用スルニ至ルベシ」と主張した。北（一九二八）、六七－七二頁。またイ（一九九六)、三二一—三二四頁。

(94) 伊波（一九一一a）、一〇頁。傍点原文。「琉球人の祖先に就いて」以前にも同様の記述がある。『琉球新報』一九〇一年一〇月二一・二三日が初出の「琉球史の瞥見」では、「日本古代の遺風らしきものを残留せる琉球は天然（ネーチユア）が時間（タイム）を場所（スペース）の間に顕して」と述べて、日本古代史研究と日本語典の研究にとって、沖縄という場所に有史以前の時間が多く残留していると古形保存について述べている。伊波（一九七四a）、五二五頁。なお、この「琉球史の瞥見」は、東京帝国大学に入学する前のものだが、すでに「チェンバレン」と「所謂両語の祖たりし国語」（祖語）（五二六頁）への言及がある。また次章以降で詳述する「有史以前」（五二六頁）という時代設定、当時の人種交替説に言及した「天孫人種大移動」（五二六頁）という文言もあり、伊波はかなり早い段階から当時の学説を摂取していたと思われる。

(95) 亀井（一九七三b）、九九—一〇〇頁。同論文の初出は『方言研究』第二号、一九四一年。

(96) 同上、一〇一—一〇二頁。

(97) 同上、一〇四—一〇五頁。

(98) 「波紋説」については、風間（一九七八）、一三三—一三四頁。高津（一九九二）、一〇九—一一一頁。

(99) 亀井（一九七三b）、一〇三頁。

第二章　身体と歴史

1　はじめに

『琉球人種論』や「琉球人の祖先に就いて」というタイトルが示すように、伊波の主張の一つは「人種論」にあった。伊波の人種論は、〈言語そのものの歴史〉が導き出した新たな歴史主体——音声の痕跡としての主体——である言語共同体としての〈民族〉を基盤にして考察されるが、しかし言語の開放性という性質上、言語だけでは歴史主体としての〈民族〉を確定できない。そこで伊波は言語共同体としての〈民族〉の開放性を、〈身体そのものの歴史〉によって塞ごうとする。その際に見出されるのが「人間の先天的性質なる體格及びその他の調査」、「鳥居氏によってなされた琉球に於ける人種學上土俗學上の調査」であった[1]。つまり、言語から人種を導けない伊波（比較言語学）が、鳥居（形質人類学）に接近するのは、第一に形質人類学によって言語の開放性を閉じようとしたからであり、第二にそれが可能であるのは比較言語学から見ると、形質人類学という学問に方法論的な類比関係が成立すると考えられたからである。形質人類学は身体の可視的な表面の計測に基づいて人種の分類を行うが、比較言語学からすれば、形質人類学は、身体の可視的表面からその背後にある不可視の性質へ向かう学問であり、そうした分析を通じて身体に〈歴史〉を見出す学問なのである。

伊波と鳥居の学問上の関係を論証するためには、日本の人類学における「人種交替説」に触れなければならない。

「人種交替説」とは、先住民族であるアイヌが居住していた日本列島に、大陸から朝鮮半島を経由して現在の日本人の祖先となる民族が渡来し、アイヌを征服・駆逐しながら勢力を拡大したという説である。伊波の人種論もまた琉球列島にはかつてアイヌが先住民族として居住しており、そこに琉球人となる人々が渡来してアイヌを征服・駆逐したという「人種交替説」を踏襲している。そこに現れるのは〈身体そのものの歴史〉であり、同時にそのような人々の生存競争の歴史であった。後者については第四章以降に述べるとして、本章では、「人種交替説」の展開を追いながら、比較言語学と形質人類学がいかにして〈民族〉に対して新たな〈歴史〉を付与したのか、それはどのような効果を人種論にもたらしたのかを分析する。

2　分類としての人類学

まずは形質人類学の特徴について考えてみたい。日本の人類学史や人種論については先行研究が膨大だが、それら先行研究の特徴は人類学の「人種分類」への批判である。例えば、冨山一郎は「人を分類し測定するという『学』」として人種学（人類学）を規定している。[2] また坂野も「人類学という学問は、身体や文化の違いに基づいた人種／民族分類という営みを前提として、自己（「われわれ」）と他者（「かれら」）をめぐる様々な語りを生み出してきた」という。[3] 近現代の人種概念を包括的に論じている竹沢泰子もまた「人種分類」を近代人類学の特徴として取り上げ、他方でDNA解析などに見られる現代的な人種論に「系統論」を割り振っている。[4] こうした特徴は、日本語空間だけのものでもない。例えば、アン・ローラ・ストーラー（Ann Laura Stoler）は、*Race and the Education of Desire : Foucault's History of Sexuality and the Colonial Order of Things* において、植民地言説の人種化＝ジェンダー化を分析している。特に、植民地での内縁関係、家政婦、子供の教育・性教育を通じてヨーロッパ主体の「生産」と「瓦解」を抽出しているが、その主たる分析対象は「人種分類」（racial taxonomies）である。副題にフーコーの『言葉と物』（*The Order of Things*）が入っているにもかかわらず、フーコーが同書で一八世紀の知の特徴であるとした《タクシノミア》だけが考察の対象となっており、博物学と生物学の不連続性を示す「歴史の付与」としての「系統」の分析は見出せない[5]。

これらの人類学批判が主張するように、人類学に特徴的なのは「分類」という「ものの見方」であることを否定するわけではないが、「分類」がすべてであったなら、伊波を含む比較言語学者（系統学）はどのように人類学（分類）に結びついたのか、ということが見えてこない。こうした結びつきを示すために、與那覇潤による日本人類学の創設者である坪井正五郎についての論文を検討する。同論文は、上述の人類学批判とは異なる主張を展開している[6]。與那覇は、坪井が一八九五年に発表した論文「人種問題研究の準備」を根拠に、坪井が「分類」から「系統」へと知の枠組みを変えたという。しかし坪井の論文は一八世紀の博物学者であるブルーメンバッハの枠組みを採用したもので、「系統」ではなくいまだ「分類」の枠組みである。一八九三年に発表された坪井の「五大人種ノ命名者タルぶるーめんばつはノ人類論」（全三回）[7]の最終部分で坪井は次のように記述している。

ぶるーめんばつはガ人類自然變種論ヲ著シタ目的ハ人類ハ一種デ有ルトノ事ヲ示スニ在ルノデゴザリマスガ、記シタル處ヲ玩味スレバ此書ハ啻ニ一個人ノ論文トシテ價値有ルノミナラズ人類研究ノ方向ヲ示ス書トシテ極メテ有益デ有ルト云フ事ガ解カリマス[8]。

坪井は一種（単一起源）からの変種について述べている。そして坪井は、「変種」の原因として「氣候ノ變、生活ノ有様ノ變、及ビ異種ノ配偶」を挙げている[9]。與那覇が論拠とする坪井の論文は、このブルーメンバッハ論の二年後に発表されており、與那覇はそこで坪井が既存の人種学における分類から、「系図」を調べる「人類学」への転換をはかったとしている。その論文で坪井は、西欧の人類学では人種分類の体系が雑多で一貫していないため、「人種別なるもは抑も何を示すのであるか」が明確化されていないと述べ、そうした状況に対して「二つの答へ」を提示する。「人種別は諸地方人民間に存する諸性質の異同を示すもの」（分類）となるか、または「人種別は諸地方人民の系圖を示すもの」（系統）となるか、この二つであり、坪井は後者を推す。[10] 與那覇はこれをもって、西欧の人類学から離脱し、人類一元論をもとにして「分類」から「系統」へと知の枠組みを変えた坪井の特徴であるとする。[11] しかし、そもそも坪井はブルーメンバッハ論のなかで、すでに人類一元論を前提に、「諸地方人類」は一つの種からの変種であり、それを考察するべきであると述べていた。つまり坪井の「系圖」とはこのブルーメンバッハの「一つの種からの変種」のことを意味する。

　ブルーメンバッハの人種論を敷衍したとするならば、いくら坪井が「系圖」や「自然の淘汰」という言葉を使っていたとしても、それは今日的な意味での系統学・進化論ではない。フーコーは一八世紀における「種は過去における変移の結果である」という思考を、古典主義時代の分類思考であると指摘し、それを「十八世紀の擬＝進化論」[12]と呼んでいる。その擬＝進化論の特徴は二つあり、一つは「諸存在の切れ目のない連鎖全体が、絶えず完璧なものに向って進んでいること」と「さまざまな種の間にある関係がこの『進化』によって変化しないこと」を含意していることである。[13] 簡単にいえば、あらゆる種は一つの完全体に向かって進んでいるが、その進みの歩幅は一定なので全体としての配置は変化しない。至上の目的があり、かつ絶対的で固定した優劣がある。それゆえ、一覧表のなかに配置可能な「分類」となる。

　もう一つの特徴は、「時間は生物の可変的要素に、次々とあらゆる可能な値を取らせていく」とされる。要するにある一種からさまざまに変化するわけだが、この場合、「空気、水、気候、大地の動物におよぼす作用の様態は、ある機能とそれを遂行する器官に環境がおよぼす作用の様態〔一九世紀の進化論〕と性質を異にする。外的な要素は、《特徴（カラクテール）》を出現させるための機会としてしか介入しない。そして、《特徴（カラクテール）》の出現は、たとえ時間継起のうえでは地球上に起こった特定の出来事によって条件づけられていようとも、生物のありうべきすべての形態を規定する可変要素の一般的な表(タブロー)によりア・プリオリに可能とされている」と述べる(14)。つまり、一つの種が、環境の変化などで変種になるとしても、それは環境が生物の器官や機能を変化させるからではなく、生物そのものに別種の形態になる能力があらかじめ備わっており、それが気候などの外的要素を媒介にして現れるという考え方である。生物学については次章で詳述するが、ここで重要なのは時間と気候や地理といったものの生物の変種への影響である。フーコーは続けて次のように述べる。

時間あるいは持続が環境の多様性をつうじて生物の連続性と種の形成を保証するのではなく、可能なかぎりのあらゆる変異という連続的基盤のうえに時間がひとつの道筋を描きだし、その道筋に沿って、気候と地理とが、存続すべく運命づけられた特権的地域だけを選びとるのである。連続体は、そこで生命という同一の原理がさまざまな環境と闘うような、そうしたひとつの基本的歴史の航跡ではない。なぜなら連続体は時間に先行するからである。それは時間の条件なのだ。そして、この連続体との関係において、歴史は消極的な役割しか演ずることができない。歴史のおこなうことといえば、選びとって存続させるか、顧みず消滅させるか、そのどちらかにすぎないのである(15)。

では、ブルーメンバッハの人種論とはどのようなものだったのか。ブルーメンバッハは、美的基準と白人性を根拠にコーカサス人種を人間の原型と考え、さらに移動した生息地での影響により原型から「退化」(degeneration)して現れた四変種(モンゴリア変種、エチオピア変種、アメリカ変種、マレー変種)を分類した。コーカサス人種というヨーロッパ中心的でキリスト教的である原型は、極めて特殊である。他の変種がコーカサス人種からの変種であるのに対して、コーカサス人種は無から出現している。つまりコーカサス人種に祖先はいない。さらに変種になる原因は、気候などの外部環境が一因なのだが、そもそも変種を生み出すための力である「形成衝動」(Eildungstrib)が人間には備わっているとブルーメンバッハは主張する。ここにはフーコーのいう「擬＝進化論」の二つの特徴がある。絶対的な中心からの不変の距離、そして生物自体に備わる変化する力の想定である[16]。坪井もまた、原型となる人種と、そこからの退化による変種間の距離、そして人間にもともと備わっている変異の力をブルーメンバッハから読み取っている。そしてフーコーは、このような「《博物学（イストワール・ナチュレル）》にとって《自然の歴史（イストワール・ド・ラ・ナチュール）》を考えることは全く不可能」[17]であったと断言する。ここにあるのは表（タブロー）のなかに配置可能な「分類」の思考なのだ。したがって、與那覇が述べるように坪井の「人類学」を「分類」から「系図」（系統）への転換と捉えることはできない。坪井がブルーメンバッハに倣っているとすれば、彼もまた「十八世紀の擬＝進化論」者でしかない。

ところで、それが「分類」の思考であったとしても、その後の日本の人類学が「人種」の「起源」を求めたことは確かである。鳥居龍蔵は『有史以前乃日本』のなかで、先史時代の日本人種を分類するいわゆる日本人種論の起こりについて、次のように述べている。日本では「『古事記』『日本紀』より以前には遡ることが出來なかつた」がエドワード・シルベスター・モースが大森貝塚を発掘し、石器を発見したことで、「日本にも石器を使つた時代があつたという事が始めて分かつた」。そして記紀神話で描かれるのは金属器の時代なので、「其以前に石器時代といふものが有つたに相違ない」と考えるようになり、「此の石斧石鏃等を使つた人間は抑も何人であろうかといふ問題が第二の問題として學者間に起こつた」という[18]。こうして石器時代の「人種」の特定という問題が立ち上がり、その後、坪井や小金井良精らのアイヌ・コロボックル論争となった。こうして混成的な「日本人種」（固有日本人）なるものへの関心が高まるのである。

ブルーメンバッハの変種論であれ、その後の日本人種論であれ、その思考はいまだ「分類」であり、「系統」ではない。だがそれは、比較言語学と結びつくことになる。結局は分類の思考（フーコーのいう「擬＝進化論」）であるとしても、〈歴史〉への萌芽は消極的であってもやはり顕現したといえるからだ。そしてこの〈歴史〉は「生体計測」という技術によって現れる〈身体そのものの歴史〉であり、それが比較言語学と出会うのである。あるいは比較言語学という「知」の枠組みに照らされることで〈歴史〉へと生成されるというべきかもしれない。以下はこうしたことの検証でもある。

3 初期人類学の「人種交替説」

ここでは、工藤雅樹の『日本人種論（研究史）』を参考に初期欧米人研究者の人類学者と言語学者の日本人種論へのアプローチを考察する。

まず、東京帝国大学の動物学教室の初代教授で、大森貝塚の発掘やダーウィンの進化論の日本への紹介で知られるエドワード・シルベスター・モース（Edward Sylvester Morse）の日本人種論から見ていこう。[10] モースの日本人種論は二つの部分からなっている。一つは「記紀神話」の「神武東征」を史実とみなし、それを根拠として、日本人が南方から渡来して先住民族であるアイヌを「征服」したというアイヌ先住民族説である。そしてもう一つは、大森貝塚の発掘の際に人骨が発見されたこと、アイヌに食人の風習がないことから、石器時代にはアイヌと異なる人種が存在していたというわゆる「プレ・アイヌ説」を提唱したことである。

「人種交替説」を最初に唱えたのは、欧米各国から招聘された「お雇い外国人」と呼ばれた知識人たちであった。イギリスやオーストリア公使館の通訳を務め、のちにオーストリア公使館書記官となったハインリッヒ・シーボルト（Heinrich Philipp von Siebold）は考古学者でもあり、その知見を基礎に日本人種論を展開した。彼も同様に日本人種よりも前にアイヌが先住していたとするアイヌ先住民族説を採用している。シーボルトの説の根拠もまた記紀神話の神武東征の伝説を史実とするものであった。

イギリス出身の鉱山技師・地震学者であり、東京帝国大学工学部で教鞭をとったジョン・ミルン（John Milne）は、北海道の竪穴に居住していたのはアイヌの伝承に出てくるコロボックルというアイヌとは別の人種であり、また貝塚や石器・土器はアイヌを示すものだとして、アイヌとコロボックルの二つの先住民族を想定していた。彼は本州では日本人の祖先がアイヌを駆逐しつつ拡大したという人種交替説を支持していた。ミルンも人種交替の根拠に記紀神話を挙げていた。

東京医学校の医学者のエルヴィン・ベルツ（Erwin von Bälz）は、医学生理学や形質人類学的な観点から、アイヌは蒙古人種ではなく、むしろヨーロッパに近い人種であり、それに対して日本人種には蒙古人種系の二つの異なるタイプ（中国・朝鮮の蒙古系／マレー人に似たタイプの蒙古系）があるとし、もともと日本にはアイヌが居住していたがそこに、二種の蒙古系人種が時代を異にして侵入し、アイヌを北方へ追いやったと主張した。ベルツの場合も蒙古系人種が渡来したとする根拠を記紀神話に負っていた。

モースのプレ・アイヌ説やミルンのコロボックル説など、各論者のあいだに若干の差異はあるものの、いずれの論者もアイヌが現在の「日本人種」となる人々よりも先に日本列島に居住していたと想定し、その後に「日本人種」とされる民族がアイヌを征服・駆逐したと考えている。アイヌから日本人種へと「人種」の「交替」が起こり現在に至るという主張で、その根拠に「記紀神話」を挙げていた。また工藤や坂野によれば、これに加えて、彼らはダーウィンの進化論や「優勝劣敗」、「生存競争」の論理に基づいて、優者が劣敗を駆逐して歴史を発展させたという歴史を日本の人種論のなかに見出していた[20]。「人種交替説」とは生存競争の謂でもあった。こうして彼らは、生物学、考古学、形質人類学、医学生理学、地質学といった近代知に基づきながらも、古文献を史実とみなす観点から「人種交替説」を主張していた。

4　チェンバレンと上田万年にとっての神話

しかし従来史実とみなされていた「記紀神話」を再考する、あるいは否定する論調は「人種交替説」のなかで高まっていく。工藤によれば、『日本書紀』に記されている年代（紀年）に対する議論は明治以前から存在していたが、しかしそれが学問的に議論されるようになるという。そのきっかけは、一八八八年に金港堂という教科書を主に製作していた出版社の三宅米吉が友人の那珂通世（なかみちよ）の論文「上古年代考」を、三宅が編集していた雑誌『文』に掲載し、さらに当時の学者九十名余りに那珂論文に対する意見を募り、返信を『文』に連載したことによる。当時の学者らの意見は、おおむね『日本書紀』の年代は約六百年ひきのばされているとする那珂の意見に好意的だったが、比較言語学者のアストンとチェンバレンの意見はさらに踏み込んだものだった。那珂説に賛同する日本人学者らのほとんどが、単に紀年がひきのばされていることを問題にしたのに対して、アストンとチェンバレンの意見は、より積極的に「記紀神話」のなかの紀元五世紀までの部分についてはまったく信用できないというものだった[21]。チェンバレンは、初期の考古学者や人類学者らと違い「記紀神話」を歴史の起点としては考えていない。後述するように、こうした点は、上田万年や伊波普猷も同様の見解であった。

チェンバレンは「記紀神話」をどのように捉えていたか。チェンバレンは『日本事物誌』でも「神話」批判を展開している。「歴史と神話」（History and Mythology）の項目では次のように記されている。

> ……批評家の目には、いわゆる日本史は、紀元後五世紀の終わりから六世紀の初めにかけて、朝鮮半島を経由して中国の文化が徐々に広まり、当初の野蛮さを十分に払拭して、記録を残すことができるようになったときに初めて開かれたと映っている。／日本の初期の歴史の信憑性については、この二十五年の間にアストン氏らによって慎重に検討され、その結果、信頼できる最初の年代は紀元四六一年であり、六世紀の年譜でさえ慎重に受け止めるべきことが判明した。私たちは、この否定的な批判の正当性を信じて疑わない。そして、日本の年代記研究者の無批判な発言をふるいにかけることなく受け入れてきたヨーロッパのほとんどの作家の単純さに、ただ呆然と立ち尽くすしかないのである。ドイツの著名な教授、故ホフマン博士は、神武天皇の即位が紀元前六六〇年で

あることを実際に論じているが、これはまるでシンデレラのおとぎ話の魔法使いが六頭立ての馬車に変えたカボチャの大きさを立方インチで厳密に計算するのと同じことである。深遠な博学が、しばしばユーモアや常識の指針を欠くのはどうしてだろうか。[22]

日本の神話と歴史の連続性というこの事実は、現代の神道主義者が正統派と見なす現地の有力な論者たちによって十分に認識されており、彼らはこの事実から、標準的な国史のすべてが文字通りの真実として、超自然現象も自然現象と同様に受け入れられなければならないという結論を導き出している。今日の懐疑的な日本人、つまり教養のある百人のうち九十九人は、神々の伝説を否定あるいは無視するものの、しかし紀元前六六〇年の神武天皇から後の天皇の伝説は暗黙のうちに信じているのである。このような恣意的な区別には、正当な理由が微塵もない。[23]

チェンバレンは、国学者や神道主義者らが「記紀神話」を正統な国史としていること、さらに一般的に神話を信じない人でも「記紀神話」になるとそれを信じていること、加えて欧米の学者までもがその神話を史実として受け入れていることを批判している。[24]チェンバレンの批判は国学者・神道主義者だけでなく人類学者・考古学者にも向けられている。さらにこの項目の追記部分でも日本の学術界への警鐘が語られている。追記では、一八九二年に起こった久米邦武筆禍事件を取り上げて古代天皇への批判的言及が困難になっていると指摘する。さらにその影響の大きさを芳賀矢一の『国文学史十講』を例に挙げて批判している。「記紀」には神々が作った歌、神武天皇が作った歌、果ては猿が作ったとされる歌が記されていると、芳賀がまじめに書いていることに対してチェンバレンは嘆いている。[25]加えて一九三四年の追記では、井上哲次郎が一九二六年に三種の神器に疑義を呈したことで貴族院を辞職することになった事件を挙げ、一九二五年にテネシー州で起こった「アメリカの原教旨主義者（ファンダメンタリスト）」による進化論裁判の話を想起させると記している。[26] これらはチェンバレンの「記紀神話」批判が一貫していたことを示すものである。

しかし工藤は、「記紀神話」批判にもかかわらず、チェンバレンは結果的には「記紀神話」に立脚した「人種交替説」を支持したと指摘している。それを確認するために、長くなるが『日本事物誌』から『人種』（Race）の項目を見てみよう。

> 日本人はどの人種〔race〕に属するか、という問題では、学者の間で多くの論争があった。……この問題の二大権威であるベルツとラインは、純粋かつ単純に、日本人はモンゴル人であるといっている。我々は、ベルツの仮説に従うことにする。ベルツは、二つの主要な移民の流れがあり、いずれも朝鮮半島からやってきて、次第に東と北に広がっていったとする。最初の移民は、下層階級によく見られる丸顔、いわゆる「プディングフェイス」型の人々をもたらしたであろう。もう一つは、より楕円形の輪郭、より細い鼻、「よりつり上がった目、より小さな口」をもつ貴族型で、日本の俳優が貴族や英雄を演じるときに、このタイプに合わせようとするものである。この二つのタイプはどちらもモンゴル人であることはいうまでもない。両者とも、黄色がかった肌、まっすぐな髪、少ないひげ、広い頭蓋骨、多かれ少なかれ斜めの目、高い頬骨を持ち、これらはすべてモンゴル人種の確立された分派を特徴づけるものである。日本史のさまざまな時代に、モンゴル人、すなわち朝鮮人や中国人が日本に渡ってきて定住したことは確かである。／日本人の起源に関するあらゆる学説を阻む重大な問題は、日本語と近隣の大陸の言語との間に存在する明確な境界線である。日本語の文法体系〔grammatical system〕が朝鮮語に著しい近似性を示すのは事実だが、アストン氏が「二つの語彙」の間に作ろうとした関連性は乏しく、薄弱なものである。全階層に採用された言語要素をもつ民族〔nation〕の移住をもっと早い時期にまで繰り下げれば、何か得るものがあるかもしれない。その民族とは、フローレンツ博士やシモンズ博士が明らかにしているように、比較的最近まで農奴制の状態にあった、全体の基層を形成する農民、つまりプディングフェイスの要素を

もつ人々であると推測される。／この仮説によれば、「最初の天皇」である神武天皇とその一行は、この初期の人々の征服者、あるいは征服者の一群であり、その伝説的な行為は、出雲における他の侵略者の行為と、大和朝廷の先住民、もしくは外国人の行為の反響と混ざり合って、中国の思想の影響のもと、「日本の初期の歴史」として知られる幻想的な化合物〔fantastic compound〕に作り上げられたのだろう。琉球語と日本語との結びつき〔solidarity〕は、考慮しなければならない問題の一要素である。この小さな列島は、外国による征服の前に、言語を提供する人種によって占有されていたに違いない。あるいは、征服した人種が言語を採用した後に占有したに違いない。さらに、次の二つの考察を加える必要があるだろう。一つは、日本の歴史はもっぱら支配者階級の歴史であるということ、もう一つは、その歴史の最初期の痕跡から、海を越えて時折交流のあった一つの国として、確実に朝鮮があったということである。／マレー人が南方から海路で、あるいは琉球諸島を経由して移住した可能性については、多くの推測がなされている。しかし、確かな情報はなく、伝承的な痕跡さえもない。モンゴル人ではないアイヌ人は、確かに日本人と共同で日本の土地を占め、両民族の間で婚姻が行われ、現在も続いている。しかし、この混血は三世代か四世代で途絶えることが証明されており、この事実が、日本の極北の住民にさえアイヌの血がわずかに残っていることを説明している。この二つの人種は、北米の白人と先住民〔reds〕のように区別されている。[27]

工藤はチェンバレンについて、結局は「記紀神話」に依拠した考古学や人類学と変わるところがないという。確かに先に引用した文章でチェンバレンは「神話」に言及している。しかし詳しく見ると、その論点は他の学者らと異なる。その特徴は次の三点である。第一に、現在の日本人の「形質」への言及である。「人種〔Race〕」の項目の末には推薦図書としてベルツの *Die körperlichen Eigenschaften der Japaner*（『日本人の身体的特性』）が挙げられているように、チェンバレンの関心はベルツの生体計測であり、それは現在の日本人の頭や顔の形、体毛や眼の形などから歴史を辿るという考え方である。第二に、比較言語学的観点から、朝鮮語と日本語の関係の脆弱性に対する指摘である。のちに金沢庄三郎が日本語と朝鮮語の親縁関係を述べることになるが、ここでのチェンバレンの指摘は比較言語学的観点から〈言語そのものの歴史〉を基盤にした批判である。文法体系の類似、つまり表面的な措辞の相似があっても、それは言語の同系性を意味しないと述べている。もしそれらに同系性を認めたいならば、音韻変化のような比較言語学的解明が必要なのである。チェンバレンはP音の音韻変化に基づいた琉球語と日本語の同系性の研究のような強い「結びつき」を求めている。第三に、国学者のように「記紀神話」や「神武東征」の説とは、実際にある集団が渡来して行ったことを、のちの人々が「神武天皇」の物語として神話化した「幻想的な化合物」であるという指摘である。また、「神話」を創造し、それを残した人々は最初の移住者を征服した「第二派」の渡来人とされている。つまり、神話を歴史の起点として扱っていない。

重要なのは、天皇の万世一系につながる「記紀神話」をどう語るかである。国学者・神道主義者らにとっては、「記紀神話」には不可侵の神聖性があり、他方で初期の考古学者や人類学者にとってそれは歴史的事実とみなされていた。それに対して、チェンバレンの見解は、両者の見解とは異なり、〈民族〉の歴史から神話の政治性が語られている。工藤が指摘したようにチェンバレンの主張は結果的には初期の考古学や人類学の主張する人種交替説に行き着くが、しかし詳細に見るとその立論の辿ってきた筋道が異なっている。文献学が最初の文献――文字で書かれた記録――をすべての始まりと見るのに対して、比較言語学は史的に与えられた最初の文献を〈言語そのものの歴史〉の内部に位置づけたように、ここでも比較言語学者は最初の文献に現れた神話を言語――音声――の痕跡を伝える〈民族〉の〈歴史〉の内部に取り込んでいる。比較言語学者にとって神話から民族は現れない。反対に、神話は民族の内部に現れる。こうした意味において、チェンバレンらの「記紀神話」批判は、「『記』『紀』批判史の面からすると、大変に画期的な主張」であったと考えるべきである[28]。そしてチェンバレンと同様の神話批判は上田万年にも、そしてチェンバレンとベルツに影響された鳥居龍蔵にも見出すことができる。

比較言語学に基づく記紀神話批判は、上田の国家観と結びついたと思われる。上田がヨーロッパ留学直前の一八九四年に行った講演「国語と国家と」を検討しよう。

言語はこれを話す人民に取りては、恰も其血液が肉體上の同胞を示すが如く、精神上の同胞を示すものにして、之を日本國語にたとへていへば、日本語は日本人の精神的血液なりといひつべし。日本の國體は、この精神的血液にて主として維持せられ、日本の人種はこの最もつよき最も永く保存せらるべき鎖の爲に散亂せざるなり。故に大難の一度來るや、此聲の響くかぎりは、四千萬の同胞は何時にても耳を傾くるなり、何處までも赴いてあくまでも助くるなり、死ぬまで盡すなり、而して一朝慶報に接する時は、千島のはても、沖縄のはしも、一齊に君が八千代をことほぎ奉るなり。もしそれ此のことばを外國にて聞くときは、こは實に一種の音樂なり、一種の天堂の福音なり。(29)

フンボルトに倣った「有機的言語観」をあらわす個所として指摘される文章である。イ・ヨンスクはこの個所について「巧妙なすり替え」があると指摘する。曰く、「言語と民族との有機的結びつきを説く言語観は、ラテン語に象徴されるような外的権威が課す規範言語に抵抗し、それぞれの言語を民族の主体的表現としてとらえる経験をへてこそ、その歴史的意義が認識されるはずであった。ところが、上田は、言語から主体性の契機をぬきとるために、有機的言語観を導入したのである」(30)。ここで指摘されている通り、言語は「血液」という表現によって「受動的自然性」にされ、「国体」と同一化している。確かに「言語」と「人民」と「国体」は渾然一体なものとして表現されている。

しかしここで注目したいのは、国体論者のように「国体」を基点にして、そこから人民が導き出されているとはいえないということである。精神的血液としての言語(日本語)が国体を生み出している。比較言語学では言語とは音声という自然性であり、そこに〈言語そのものの歴史〉があるとされ、その〈歴史〉は声帯をもつ人々を通して現れる。つまり人民は音声の痕跡として現れ、その人民のうちに「国体」が現れるのである。「国体」のうちに人民が現れるのではない。また、上田が伝統的国学をまったく顧みなかったこと、[31] そうした上田の態度とチェンバレンの「歴史と神話」の検討とを重ねてみると、上田の思考は、伝統的な国学者が人民は「一人トシテ神ノ御裔孫ニアラザルハナク」[32] というように神や天皇から生み出されたものではなく、逆に人民の精神性（言語）が「国体」を作り上げているというものであった。神々の歴史（神話）から導き出された「国体」ではなく、上田にとっては音声を基盤とした人民の歴史として「国体」が重要性を帯びる。先の引用文の直前で、上田は「さて一人民が話す言語と、其人民の性質との間には、最も入組みたる關係あるものにて、其人民が一事物に對して感じ、或は考ふる上の凡ての事は、其言語に反射し出づるなり」[33] と述べていた。上田は言語（音声）の痕跡としての人民（民族）を出発点にして、国体や皇室を考えていた。基点は言語とその痕跡としての〈民族〉であり、その「言語共同体」としての〈民族〉の精神性が「天皇」であり「国体」ということになる。逆ではない。書かれたものとしての「神話」は、〈言語そのものの歴史〉に基づいて思考される。こうした考えが、比較言語学者の共通認識だったのである。

5 ベルツ説——現在の身体

本節では、チェンバレンが「記紀神話」を史実として扱う外国人学者らを批判しつつも、ベルツ説を援用しながら「人種交替説」や「記紀神話」について語ったことについて検討する。要するに殊更ベルツ説のみを支持したのはどういうことなのか。先述したように、チェンバレンがベルツ説を支持した文章で特に注目すべきなのは、「現在の身体」への着目である。

モース、シーボルト、ミルンらの説が、先史時代の遺跡・遺物などに基づいているのに対して、ベルツは形質人類学の観点から日本人種論を最初に論じていた。ベルツの著作『日本人の身体特性』は、生体計測などの手法を用いて日本人の系統を本格的に論じたものとされている。ここではその著作の一部である「日本人の起源とその人種学的要素」（抄訳）と、ベルツの生体計測から多大な影響を受けた鳥居龍蔵の「飛越能地方人民の頭形」を中心に、「現在の身体」への着目がいかなる認識の転換をもたらすのかを考察する。

「日本人の起源とその人種学的要素」のなかでベルツは、日本人種は次の三つの「人種的因子」に代表されると述べている。第一はアイヌで「中部および北日本の原住民で、現在の日本のなかで占める割合は少ない」。第二は蒙古系種族で「中国、朝鮮の上流階級の人びとに似たタイプで、大陸から朝鮮を経由して本州の南西部に上陸し、次いで本州一円に広くひろがった」。第三はマレー人に似た蒙古系種族で、「最初、南日本すなわち九州に上陸し、次いで本州に渡り、次第に全国を征服していった。この種族は、今日なお薩摩一帯にもっとも純粋なかたちで残っており、日本の王朝を日本人にもたらした。日本人全体で占めるその比率はもっとも大きい」と述べていた[34]。

つまり、日本の中部や北日本に先住民族アイヌが居住していたところに、二系統の蒙古人種が渡来し、アイヌを北方へと追いやったことになる。こうした過程で現在の日本人が出来上がったというのがベルツの主張であった。ベルツは「混沌とした神話の中に、いま述べた推論でなければ説明できない歴史的核心が描き出されている[35]」と神話に言及しているが、しかしベルツが最も重要な論拠として提示するのは、神話ではなく現在の日本人種の身体であった。

鳥居龍蔵はベルツによる日本人種に対する生体計測について次のように記している。

……是まで日本人に付ては色々の學者が説を立てますし研究も致しまして日本の人種論を唱へますが、要するに日本の人種を極めるに付て最も大切なる條件を多くの人か悟らぬのであります、フヰヂカルキヤラクター、即ち活きた人間に付て調べるとか或はアナトミカルキヤラクター即ち解剖的性質の調を十分に調べぬ以上は人種のキヤラクターに向つての眞價を極めるとか出來ませぬ、言語及び風俗習慣古物等の調は自ら第二に屬します、どうしても最初は身體の上から調べて極めて行かんければなりませぬ、そこで日本にて是まで研究したオーソリチーとして稱せらる、ものはベルツ先生であります、日本人の身体即ち活きて居る人間を測定観察した最も大切なアルバイトであります[36]

ベルツの人種交替説は、彼の専門分野である医学生理学や形質人類学的観点から述べられており、「日本人の起源とその人種学的要素」では、他の人類学者も「キュウビエ」（古生物学者・比較解剖学者のジョルジュ・キュヴィエ Georges Cuvier）の蒙古人種の概念を使用していると指摘している。鳥居の文章にもあるように、彼らの念頭には解剖学がある。つまり初期の考古学者や人類学者が、先史時代の遺跡・遺物などに基づき、それを神話との関連で論じていたのに対して、ベルツ説は現在の人々の生体の計測——比較解剖学——の観点から論証を始めている。付言しておけば、キュヴィエの比較解剖学は、「器官」に対して「機能」に優位性を認めることが最大の特徴である。この場合、キュヴィエが示したのは、博物学分類を支える可視的な水準での同一性ではなく、可視的な構造の多様性の背後に、不可視の機能の統一体があるという考えであった[37]。こうした過去ではなく現在を重視するという態度と、可視的なものの背後にある不可視の規則的変化は、比較言語学にも特徴的な思考方法であった。比較言語学にとっても「現在の」音声こそが重要で、その考察から法則性をもった音声の変遷史が導き出されていた。「現在」こそが〈言語そのものの歴史〉への入り口であった。同様に、ベルツの解剖学・医学生理学もまた、「現在の」人間の生体計測から、人間の主体性や意志とは関係のない〈身体そのもの〉に現れる〈歴史〉をめぐって考察されている。ベルツの生体計測にとって〈歴史〉は、現在の生物学的諸個体の解剖学的な知見から解明されるものであり、生体計測は諸個体の歴史的現在を説明するために用いられている。

初期の考古学者らが、「記紀神話」の記述を基盤にして、それに合うように遺跡・遺物を解釈したのとは異なり、ベルツやチェンバレンは、「現在の身体」や「現在の言語」を基盤に、それを説明するために神話を「人種」の歴史における一つのエピソードに変換し解釈するのである。

鳥居が指摘したように、モースの大森貝塚の発掘調査において重要なのは、文字による資料が残されていない「先史」という時代を初めて設定したことである。それまで日本では「記紀神話」以前に遡るという学問的な認識枠組みは存在しなかった。モースの大森貝塚の調査によって「先史」や「有史以前」の思考が可能になった[38]。しかしチェンバレンにとっては、モースらのように有史以前にプレ・アイヌもしくはアイヌ先住民を置き、さらに「記紀神話」が史実であることを前提に日本人の祖先の渡来を論じることはできなかったであろう。それは文献が史実であるという根拠がないからであり、また歴史の根拠は〈言語そのもの〉や〈身体そのもの〉といった現在に現れ、人間の意志を介しない自然性から導かれるべきものだったからだ。結果的にチェンバレンの議論も「人種交替説」を支持するものの、そこには「歴史と神話」をめぐる他の学問・学者らとの視点の違いがあったことは確かである。だからこそ、チェンバレンの「人種交替説」は、当時の考古学ではなく、ベルツの生体計測に依拠したのである。

6　鳥居龍蔵と坪井正五郎

モース、チェンバレン、ベルツらの学説を取り入れた鳥居龍蔵もまた、「有史以前」という設定に反対した国学者らを批判しながら、「記紀神話」を史実と捉えるのではなく、渡来民族の歴史を理解するための創作された物語として解釈していた。

鳥居は主著となった『有史以前乃日本』のなかで、「民族」の歴史を次の三つの時代に分けて考えている。最初の時代は「有史以前」で、この時代については「何等口碑の手掛りもない、『古事記』『日本紀』も何等傳ふる所がない」と述べている。第二の時代は「原史時代、伝説神話の時代」で、「『古事記』『日本紀』若くは古墳其他の遺物などに依つて」解明できる時代である。第三の時代は「歴史時代」で、「十分記録も具備し、歴史の明かになつた時代」である。そして「今日では『古事記』『日本紀』に書いていなくてもさういう事實が存在して居たといふ事は何人も疑はない様になつて来たのであります」と述べて、神話が創造される以前の歴史として「有史以前」が自明となったことを宣言した。[39]

鳥居は、「有史以前」である石器時代にすでにアイヌ民族は沖縄九州から北海道まで先住しており、同じ「有史以前」に朝鮮半島を経由して「固有日本人」（蒙古人種）が渡来してきたと考える。また彼は、アイヌが先住する日本列島に最初に渡来した「固有日本人」が「記紀神話」で天孫降臨以前から日本を治めていた「国津神」と描写される人々であると解釈する。その上で、原史時代にさらに別の「固有日本人」（蒙古人種）が渡来し、彼らが「記紀神話」を書いた集団であると想定する。[40] つまり「固有日本人」は少なくとも二度にわたって渡来しており、後者の渡来民族が前者を国津神と呼び、さらに先住民族のアイヌを征服・駆逐し、それを神武東征と呼んだと想定している。つまり鳥居龍蔵の日本人種論は、二度にわたる蒙古人種の渡来を想定したベルツやチェンバレンの説と同じ系譜にある。[41]

鳥居は、モースによって神話とは異なる「先史」という考古学の視点と、ベルツによって生体計測という「現在」からの視点の両方を獲得した。鳥居はチェンバレンの言語学にも言及するが、[42] そうした言及が可能なのは、モースとベルツによる「歴史と現在」という認識枠組みをもっていたからであり、かつその二つとチェンバレンの比較言語学が本質的なつながりをもっていたからである。そのなかでもベルツの影響は絶大だった。鳥居は、先に引用した人種の解剖学的性質についての個所で、人種論において最も重要なのは「フヰジカルキヤラクター、即ち活きた人間に付て調べるとか或はアナトミカルキヤラクター即ち解剖的性質の調」であり、「言語及び風俗習慣古物等の調」はその次に重要だと述べていた。その上で、「活きた人間」の計測、すなわち生体計測の権威はベルツであると述べていた。[43]

そこで次に鳥居龍蔵を中心に日本における生体計測という知の受容を、さらに鳥居の師である坪井正五郎による生体計測の受容をそれぞれ見ながら、そこでの認識枠組みが伊波の沖縄認識につながっていくことを明らかにする。

鳥居が最初に生体計測を行ったのは、一八九七年九月に徳島県名東郡新居村での「被差別部落民」に対するものであった。[44] 鳥居がこの調査で重視したのが、「頭指示数」（cephalic index）であった。鳥居はその「頭指示数」について次のように説明している。

頭の形は人類學上、最長廣頭指示數（Cephalic index）でこれは前頭骨と後頭骨との距離を百とし、其れに頭の左右の一番廣い部分とを比例し其の横幅は幾らかと云ふ調であります。……是は佛蘭西のデニケルと云ふ人の定めた法則であります。[45]

徳島県での調査における鳥居の報告の概要は次のようなものであった。鳥居は同地区の一〇名の生体を計測し、そこから頬骨の突起、蒙古眼ではないこと、頭の幅が狭いことなどの特徴を挙げている。当時、「穢多」とされた人々はもともと蒙古人種である「朝鮮人」が帰化したものだと一部で信じられていたが、鳥居は蒙古眼の特徴が見られないことなどを理由に、彼らは蒙古系ではなくマレー系であると主張していた。[46]

鳥居はベルツの主張を無批判に受け入れたわけではなかった。鳥居はベルツによる生体計測の手法を踏襲しつつも、のちにその計測結果に疑問を投げかけている。ベルツによる最初の生体計測は、東京に出てきた学生を計測したために、そこで集められた被験者の出身地域の特性がわからない。鳥居は「日本の開けぬ地方及び人の交通しませぬ島或は山の中に居る人間、即ち古代から隔絶されて他と交通せず武陵桃源の夢を見て居る人間は果して是れ等の事實が適合するや否やの疑問」[47]があるという。鳥居によるベルツ批判は、ベルツの生体計測の手法ではなく、集められた被験者の質への批判である。これは鳥居が松村瞭の学位論文をめぐって一九二四年に職を辞するときの理由と同じであった。鳥居は、松村論文が東京に出てきた地方学生の生体計測であったことから、被験者の家系を遡って詳細に調査すべきであると主張していた。結局、松村は小金井良精に相談し、学位を授与されるが、これに納得できなかった鳥居が職を辞したのである。鳥居はベルツがもたらした生体計測という形質人類学の手法を批判したのではなく、さらなる精緻化を求めたのであった。

また、ここにはチェンバレンの比較言語学とも共通する「古形保存」という考え方も垣間見える。中心から離れた地方や孤絶地域に住む現在の「活きた人間」のなかに「古形」が保存されているという認識である。

鳥居がいうように、生体計測によって「日本人種」を論証したのはベルツが最初であった。鳥居にとって、生体計測は単に経験的・直感的に求められる相似や類似ではない。また、生体計測は分類を可能にするだけでもない。生体計測は身体の可視的なもの、不可視なものを計測し、数値化し、基準を設け、「法則」という客観性を見出し、人間の主体性とはまったく関係のない自然性を見つけ出す。そしてそのことによって〈身体そのものの歴史〉を設定するのである。生体計測が求めるものはそうした自然性と歴史性なのである。以後この自然性と歴史性は、鳥居だけでなく日本の人類学のなかで最も重視すべきものとなった。

「日本人」の頭部の計測から人種を特定しようとしたのは、ベルツが最初であり、それを鳥居が取り入れたということは間違いない。しかし「計測」によりある集団の傾向性を見極めようとする考えは、鳥居以前にすでに欧米から日本の人類学にもたらされていた。坪井正五郎は、「組立寫眞（Composite photograph）の話」[48]、「刑事人類學ノ眞價」[49]、「『重ね撮り寫眞』の術を利用したる觀相法」[50]、「『重ね寫眞』の人類學上の應用」[51]などで、発展途上であって確実な方法であるとは限らないと断りつつ、生体計測に関わる手法に言及している。坪井自身は、こうした生体計測には批判的であり、重ね撮り写真にしても好事家的な態度・関心が強かったということだが、しかし西欧の人類学の紹介者であり実践者でもあったことは確かであろう[52]。

まずは「刑事人類学」から見ていこう。坪井は、社会的に構成される「罪」は社会の進歩に従って構成されることを前提に、稀に心身が進歩以前の体質として生まれてくる「舊態再發」が起こることで非社会的な行為を犯してしまう人がいるという。つまり罪を犯す非社会的な人物とは、進歩した社会に現れる進歩以前の人々ということである。そして刑事人類学は容貌によって罪を判別するのではなく、容貌の写真を撮り、頭の形を計測することなどの「解剖學上心理學上ノ調査」によって、実際に「舊態再發」が起こり、それが非社会的行為と関係があるかどうかを見極めることにあるという。つまり写真や頭部の計測は、表面的・経験的に知覚できる相似ではなく、未だ不可視である犯罪への「徴候」として認識されていた。

坪井は固有名を出してはいないものの、この考えはチェザーレ・ロンブローゾ（Cesare Lombroso）の「犯罪人類学」のことであり、「舊態再發」とはロンブローゾのいう「先祖返り／隔世遺伝」（atavism）のことである。ロンブローゾがいうには「先祖返り」という原始時代の性質が遺伝し、それが発現し変種となった人間は、退行した人間であり、こうした人々は、原始社会のなかでは正常な行動とされる行為でも現代社会では反社会的行動とされる行為を行ってしまうという。[53] 坪井は、「我々ノ躰質ハ直接ニハ兩親ノ遺傳ニ依ツテ成立〔チ〕……其前代前々代ノ遺傳ヲ受ケテ居ルニ違ヒアリマセヌ」[54]、さらに「同様ニ大昔ノ人ガ有シテ居ツタト同シ様ナル心ノ働キガ後世ノ人ノ腦裡ニ出テ來ルコトモ將ニアルベキコトデアリマス」[55]と述べ、身心両方の遺伝による生得的な犯罪への傾向に関心を寄せている。人間の体質は遺伝し、そのなかで「先祖返り」が起こる。その「先祖返り」のなかでは、犯罪行為は当該人物にとっては自然な行為となるために、その犯罪には道徳的な責任がなく、主体的な自由意志を前提とする刑法の体系では捉えられないということを意味した。さらにその遺伝の事実と「先祖返り」は、人体の測定という比較解剖学的な方法によって解明可能であるとされた。[56]

次に「重ね撮り写真」（合成肖像写真）について考えてみよう。これはもともとハーバート・スペンサー（Herbert Spencer）が考案し、それをもとにフランシス・ゴルトン（Francis Galton）が一八七七年に実施、発表したものである。坪井の説明によれば、複数の肖像を透明の紙に転写し、それを重ね合わせて光にかざせば、自ずと一致する個所が濃く浮かび上がり、結果として複数の人間を凝集した「代表の寫眞」ができるというものである。坪井によれば、この方法はすでに一八八六年に「山川箕作兩教授」によって日本人種研究のために試行されたが、価値ある結果が得られずに中止になった。その後、坪井の提案で「感化院に居る不良少年」を集めて写真を撮っていけば、「不良の性質に伴う所の容貌が現れる」と考えて実施したという。

坪井の論文の重要性は、その手法の科学的真実性ではなく、その形式によってどのような認識の枠組みが設定されたのかということにある。坪井の論文のタイトルにもあるように、「重ね撮り写真」の技法は、「観相法」（観相学、Physiognomy）である。それは「解剖学的知識の普及によって、十八世紀から十九世紀にかけて、……人間の内面の精神と身体的特徴に、隠された対応関係を見ようというアイディア」であり「身体を代表する顔から人の性格を特定しようとする」ものであった[57]。坪井は「人は見掛けに由らぬ者」という言葉を挙げ、こうした期待とその裏切りが起こるのは、人の外貌（見掛け）と性質とを経験的に関連づけてきたからであるという。つまり経験的な表面から不可視の内面を押しはかるがゆえにその不一致が生まれるというのである。それに対して「重ね撮り写真」は異なる仕方で我々に新たな関連性を提示する。つまり「重ね撮り写真」で見出されるのは、人々の「見掛け」といった表面的・経験的なものではなく、それを裏側から補強する「何か」である。坪井がいうように、「是等の寫眞は何れも實在して居る者の面の様にみえますが、其實、皆十數人の面から作り出した抽象的の容貌」である[58]。こうした考えは合成肖像写真を実施したゴルトンにも見て取れる。ゴルトンは合成肖像写真によって、アドルフ・ケトレ（Lambert Adolphe Jacques Quételet）がいうような「平均人」の図像化・可視化を意図していた。人間の外貌はその内面の表出ではあるが、それをすぐに見出すことはできない。同じ傾向性をもつ人々の肖像写真を重ね合わせることで、その内面の純化した特徴が現れると考えられた。「写真」は肉眼という経験では捉えられない客観的な実在、あるいは自然性が与えられることも意味しており、その意味で合成された写真として焼き付けられたのは、経験的な個体ではなく、集団に共通する何か、あるいは集団に共通して遺伝する何かであり、遺伝がもたらす「潜在性」であった[59]。「抽象的の容貌」の抽出とは、本来なら不可視であるはずの身体に潜む性質を計測によって可視化する試みであった。

生体計測（頭指示数、合成肖像写真）によって捉えられるものとは、「活きた人間」という経験的に与えられた身体、顔と名をもった固有の身体ではなく、具体的な身体の背後にあるもう一つの〈身体〉、経験的には知覚困難な〈身体そのもの〉である。そうした〈身体そのもの〉の想定がある。その〈身体そのもの〉の「現れ」は、人間の主体的な行為とは関係のない自然性・法則性によって支配されている。それを知覚可能にするのが写真や頭指示数などの「計測」の諸技術なのである。こうした考え方が初期の人類学者にもたらされていた。

7 計測と歴史

再びチェンバレンとベルツの関係を思い出してみよう。彼らにとって現在の人々の身体を計測することは、経験的、個別的な目の前の身体ではなく、その背後にあるもう一つの自然性をまとった〈身体そのもの〉を捕捉するための方法として考えられていた。そしてその〈身体そのもの〉こそが、「人種」の〈歴史〉を知覚可能にするものとして与えられている。つまり計測は、単に相似を見出して、類型としての「人種」を一覧表に埋め込む分類だけに用いられるのではなく、不可視の性質を可視化するだけでもない。端的に生体計測は現在の人々から〈身体そのもの〉を抽出し、それを通じて人々に〈歴史〉を付与する行為でもあった。

フーコーの言葉を流用すれば、人間はその主体性とは関係のない〈身体そのもの〉に還元されることによって一旦は非歴史化され、その後その自然の〈身体そのもの〉の痕跡を示すものとして歴史化されたといえる。同時にこの〈歴史〉は、神話とはまったく関係のない自然としての〈身体そのもの〉によって担保される。こうした前提に立つがゆえに、鳥居は第一に「生体計測」によって人種や民族を歴史化し、そして第二にそうした歴史化された人々の日常の営みを「言語風俗古物等」から推し量ろうとした。そうすることで、鳥居は、それまでの伝統的国学における神話を基盤にした歴史から解き放たれていたのである。

ところで鳥居は「穢多に就ての人類学的調査」のなかで、生体計測を行った結果、「穢多」とされる人々は「マレー的躰質」だと述べていた。鳥居はそれが、ベルツが示した日本人種のなかに「蒙古系」と「マレー系」があるという説に符合しており、「穢多」は「マレー系」で蒙古系日本人とは異なると述べている(60)。ただしこの鳥居の説明には疑問がある。ベルツ説では、「アイヌ」とは別に「蒙古系種族」（中国、朝鮮の上流階級の人々に似たタイプ）と「マレー人に似た蒙古系種族」とが設定されており、マレー系も蒙古系種族である。このように、ベルツと鳥居のあいだには微妙な違いも見受けられる。[61]とはいえ、ここではその種族の設定の真偽は問題ではない。問うべきは、蒙古系であれ、マレー系であれ、その類型への言及は人種・民族の系統、つまり人種・民族がどこから来たのかという歴史の解明を求めながら、〈身体そのもの〉という次元に触れているということだ。

「計測」と〈歴史〉の付与が不可分であるという前提に立てば、鳥居による「沖縄人の皮膚の色に就て」もまた「琉球人・琉球民族」への〈歴史〉の付与の一環であった。鳥居はポール・ブロカ（Pierre Paul Broca）による「皮膚色表」を用いて、沖縄師範学校の男子生徒と、高等女学校の女子生徒の皮膚の色を計測している。鳥居は調査の結論を次のように書いている。

> 沖縄人の皮膚の色は、よくベルツ氏の所謂、日本人普通なるHellgelben〔明るい黄色〕に相当するものにして、尚廣義に云へば、寧ろ蒙古族の皮膚の色に類似するが如し、／余は馬來の皮膚と比較せしに、以上の如き結果を得たり、されば沖縄人の皮膚の色は、今しばらく馬來を除きて可ならんか。[62]

上述したようにこれは単に「沖縄人」の皮膚の色——可視的表面——が日本人種すなわち蒙古系と似ているという相似関係をあらわすだけでなく、それが民族の渡来という歴史性の立証としても機能している。このように考えると、沖縄における人種の系統への言及は、たんに日本と琉球の同系性を論ずるだけでなく、琉球・沖縄に〈歴史〉を付与する行為でもあった。

こうした、表面的・経験的に与えられた身体とは異なる、〈身体そのもの〉の解明による人種的系統への言及は、鳥居の生体計測にとどまらない。一九二五年に出版された『孤島苦の琉球史』のなかで伊波は、最新研究として「血清学」を取り上げている。これは朝鮮総督府医院の医学博士桐原真一が、各地の人々の血液型から「人種係数」を計測し、その数値を伝えた新聞記事への言及である。そこで挙げられた「人種係数」の数値を並べると以下のようになる。

「内地人（朝鮮在住）」――一・七八
「全南（朝鮮人）」――一・四一
「忠北（朝鮮人）」――一・〇八
「京畿（朝鮮人）」――一・〇〇
「平北（朝鮮人）」――〇・八三
「奉天吉林（満洲人）」――〇・八一
「直隷山東（北支那人）」――〇・五九

「沖縄本島」――一・六一
「宮古島」――一・〇六
「八重山列島」――〇・九六

桐原の「人種係数」は、「内地人（朝鮮在住）」が最も高い一・七八を示し、日本列島から距離が離れるほどに係数が小さくなっている。桐原はこの結果から「大和民族の一部は、明かに南洋方面から移住して来た民族は北方から満洲、朝鮮を経て渡来したものと南洋方面から海を越えて漂流したものとの二種から成るといふ従来の人類学者の説と符節を合わせる」と主張した。これに対して伊波は「日本民族の中には、北方から満洲、朝鮮を經て渡來したのもあるとの桐原博士の説は、チヤムバレン氏の説と一致するところがある」と記している。[63] つまり、現在の人々の「血液」にも〈歴史〉が見出されるのである。

「人種係数」とは「生化学的人種係数」（biochemical race index）ともいい、被験集団に含まれる血液型のうちA型因子（A＋AB）をB型因子（B＋AB）で除したものである。この係数は、ユダヤ系ポーフンド人のルートヴィッヒ・ヒルシュフェルト（Ludwich Hirschfeld）が考案したものであった。血液型は、一九〇〇年にカール・ラントシュタイナー（Karl Landsteiner）によって発見され、一九一〇年にドイツの内科医エミール・フォン・デュンゲルン（Emil von Dungern）とその弟子であったヒルシュフェルトによって血液型にA・B・O・ABの四型（ABO式）に分類された。デュンゲルンは、動物の血液型調査を通じて、大部分の哺乳類はB型で、チンパンジーとヒトにのみA型があることを発見し、また家系調査から血液型が世代間でメンデル法則にしたがって遺伝することなどを発見していた。こうした調査結果から、ヒルシュフェルトは、血液型はB型からA型に進化するという仮説を立てた。

一九一八年、第一次世界大戦のさなか、セルビア陸軍の中央細菌検査所に勤めていたヒルシュフェルトは、マケドニアのサロニカ（テッサロニキ）で二年間、ドイツ軍に包囲されそこに閉じ込められる。その間に先の仮説を検証すべく、閉じ込められた兵士や住民ら一六カ国約八五〇〇人以上を対象に血液検査を行い、それにより白人種であるほどA型の出現率が高くなり、有色人種だとB型の出現率が高くなるという研究結果を得て、一九一九年にイギリスの医学雑誌『ランセット』に論文を投稿した。それが「異人種間における血清学的相違点――マケドニア戦線における研究結果」であった。ヨーロッパ諸国がもつ植民地から多くの被植民地人民が宗主国の兵士として戦線に赴くという植民地戦争の構図が、ヒルシュフェルトの研究結果となって現れたのである。

ヒルシュフェルトの「人種係数」では、二・〇以上が「ヨーロッパ型」、二・〇未満から一・三以上が「中間型」、一・三未満が「アジア―アフリカ型」となっている。ユダヤ系でもあったヒルシュフェルト自身は「生化学的人種係数」について、その結果は人種の優劣ではなく、A型・B型の地理的分布を示すに過ぎず、人類が人種のモザイクであることを証明するものだと考えていた。加えて、この係数は当時の形質人類学が人種の目安として用いたレチウス（Anders Adolph Retzius）の「頭指示数」（cephalic index）に対抗して打ち出されていた。人種の手がかりとしての頭形や皮膚の色という指標の整合性に疑問が投げかけられた時代に、血液は身体の表面的特徴よりも信頼度が高いものとして扱われたのである。身体の計測により見出された〈身体そのもの〉は、人間の表面からも離脱し生化学という不可視の領域において知覚されるものとなったのである[64]。

この生化学的人種係数は、ドイツでは、ヒルシュフェルトの考えとは異なり、A型を優秀なアーリア人種の根拠とする一方で、B型を劣等者（アジア人・スラヴ人・ユダヤ人など）の血液型とする人種論へと接続された。

日本においてもヒルシュフェルトの研究は注目され、一九二二年には九州帝国大学法医学教室の深町瑞穂が朝鮮満洲で血液型調査を行い、同年に京城医学専門学校外科教室の桐原眞一と白麟濟が在朝日本人と朝鮮人の係数を比較していた。鄭駿永が指摘するように「血液型人類学は、皮膚の色や頭髪の色、容貌など可視的な指標に関心を寄せた他の人種科学とは異な」り、「可視的には識別しがたい『血』の人種主義を根拠としていたから、『人種的近親性』を公式的に植民地統治の根拠として掲げていた帝国日本が、その近親性故に抱いていた『不安』を解消し、『非可視的』に日本人の人種的優越性を確認しうる科学的装置となり得た」[65]。表面的・経験的なものではなく、不可視性こそが生化学的人種係数が受容される要素だったのである。この不可視性に加えて、伊波が桐原の記事に言及したところで述べたように「人種係数」は日本人種の優秀性だけでなく、日本人種の身体の〈歴史〉をめぐる根拠としても言及されていた。

この〈身体そのものの歴史〉という考え方は、戦前だけでなく、日本人の各地の血液型分布を調べ、血液型の出現頻度の地方差を明らかにしようとした戦後の古畑種基の「日本人の祖先をさぐる」に至っても顕著である。「私たちの祖先は、いったいどこからきたのだろうか」との問いで始まる同論文は、最終的に次のように結論づけられる。

このことから考えて、日本列島には最初、太平洋諸島に住んでいたO型の多い民族（太平洋・アメリカ型）が南の方から渡来し、そこへ北方、おそらく朝鮮半島を経由してB型因子の多い民族が来て広がった。そしてこれにA型因子の多い民族が九州北部、中国・四国方面に分布、勢力をえて東方に進出したと考えられる。／この三民族は、方言や習俗の上から南方要素と北方要素を日本列島の中に持ち込みながら、現在の日本人の祖先を形成していったものと思われる。そして、縄文式時期から弥生式時期をへて、A型を主因子とする民族が、日本に広まったのではないだろうか。[66]

ここには血液型によって人種・民族間に優劣をつけようという意図は見えない。だが、ここには不可視の〈身体そのもの〉によって、「人種・民族」に〈歴史〉を付与するという行為が見て取れる。使われる指標は違えども、これはチェンバレンやベルツ、鳥居龍蔵と同じ系譜に属する。

8　形質人類学と比較言語学の循環論法

ここで一つの事実を付言しておきたい。人類学による一連の人種交替説の論証は、実は大きな看過できない問題をはらんでいる。伊波が「人種交替説」の根拠の一つとして挙げるのは鳥居の形質人類学的研究であるが、その鳥居の研究の背後には「比較言語学」が据えられているのである。鳥居の「沖縄諸島に住居せし先住人民に就て」は、冒頭から日本人と沖縄人の類似性の根拠として、チェンバレンの言語学および体質に関する考察を置いている。鳥居は、琉球住民の伝説上の祖先とされる「阿摩彌姑（あまみく）種族」〔アマミキヨ種族に同じ〕の人種学的考察における「一大オーソリチー」としてチェンバレンの名とその著作 *Essay in Aid of a Grammar and Dictionary of the Luchuan Language* を挙げ、次のように述べている。

氏はこの書に於て沖繩人の蒙古人種、殊に吾人日本人（及び朝鮮人）に類似することを言語學上より證明せられたるものにして、こは近來の一大著述なりと云ふ可し、氏はこの書中、日本人と沖繩人との互に最も親しき系圖的關係を有することを述べ、左の如く云はれたり、曰く

日本語と琉球語とは相一致せり、こは恰もスペイン語とイタリー語との關係せるが如し、今假に若し兩語の祖語ありしとせば、日本語は其の祖語の一部分を存し、又た琉球語は其一部分を存するものならん、而して、今日の日本語が古代の日本語を代表せるよりも、反つて琉球語の方が日本語の古語を代表せる場合頗る多し、かの働詞の轉訛の如きは、これを著しく知るに足る、云々

尚ほ氏はロンドン地學協會報告に"The Luchu island and their Inhabitants"なる一論文を搭載し、彌々其論を諸種の方面より調査せられ、云へらく、體質上、沖繩人は日本人と同一様にして、モンゴリアンよりなれり、而して現今の二者の祖先は、最初朝鮮海峡より對馬を經過し、西南して日本に入りしが、一は九州に上陸し、一は遠く海を渡て南方に至れり、是等の事實は、其地理學的の位置に於て、其傳説に於て、將た二者の語法上の類似に於て證明せらる、なり……と。(67)

鳥居はチェンバレンの比較言語学的研究が人種論の根拠になると主張するが、実際にはチェンバレンは言語から人種へと飛躍はしていない。鳥居が引用した部分も日本語と琉球語のアクセントと構文（syntax）の同型性を述べているに過ぎない。(68) またチェンバレンの人種論は先述したようにベルツを論拠にしているのであって、比較言語学から一足飛びに人種論へと着地してはいない。もちろん鳥居はベルツの生体計測を十分に理解していたはずである。しかし比較言語学を人種論に横滑りさせることに注意を払っていない。鳥居は「余は右の理由により、沖繩人は日本人と尤

も親しき系圖的種族たるを信ずる者なり」(69)と述べている。

伊波は「兎に角言語はあてにならぬことがある」と断言して、チェンバレンを通じた比較言語学的考察では人種の同系性は論じられないと主張し、自説を補強するために鳥居の形質人類学的論証へと期待を寄せるのだが、その鳥居の形質人類学がチェンバレンの比較言語学の論証を、自説を補強する上で最も重要な論拠としていた。したがって、「あてにならぬことがある」論拠を用いた形質人類学が、「あてにならぬことがある」比較言語学を補強するための論拠へと横滑りすることで伊波の琉球人種論が形成されていることになる。この循環論法はチェンバレンによる比較言語学的論証に「人種」の学問的根拠を求めて言及したすべての人種交替説、形質人類学に関わる問題である。

ただしこの循環論法は複雑である。比較言語学が言語を人種・民族の根拠に置かないのは、第一に言語の共時的側面において言語共同体の開放性を認識していたからであった。言語の共時性とは、同じ言語を話すという言語共同体のことである。その開放性とは、誰しもが任意の言語を習得できるので、それを人種や民族の根拠にはできないという意味である。要するに人種や民族に固定された母語なるものは存在しない。したがって、言語の共時的側面の開放性・可変性から見れば、言語を人種や民族の根拠にはできない。しかし鳥居らの形質人類学は言語の共時性ではなく、〈言語そのものの歴史〉という言語の通時性——話者の通時性ではない——を言語の痕跡を表出させる「話者の通時性」に誤読している。第一章で指摘したように、人間の主体性とは無関係な〈言語そのものの歴史〉によって一旦は「非歴史化」された人間が、その痕跡を表象するという資格において「歴史化」される過程がここに現れている。音の痕跡と身体の痕跡とのあいだに互換性を措定することで、この循環論法は機能する。

今日、生物学的な要素を強調する場合に「人種」を、言語など文化的な要素を強調する場合に「民族」という言葉を使用するという分節化を行う場合があり、その場合に言語の開放性から「民族」を科学的に定義することはできないと言われたりする。確かに開放性をもつ言語の共時的側面から「民族」を定義することはできない。だからこそ「政策」によって人為的・強制的に言語共同体を創り出そうとする上田万年の「国語」政策が出てきたのであった。

しかし鳥居の主張は、チェンバレンの〈言語そのもの〉の通時性を、言語話者の通時性に誤読することで「人種」を定義してしまう。このとき、鳥居の主張は過去の幾世代にもわたって閉鎖的な言語共同体が存在し続けたことを意味してしまう[70]。つまり隔絶された地域に閉鎖的な人種共同体がいると想定し、その地域の人々の生体計測（解剖学）から〈身体そのもの〉という通時性（〈歴史〉）を抽出するという鳥居の研究は、その説明を補強するために、本質的に開放的な言語と、言語話者の共時性を、言語話者の通時性であるかのように装って、説明の重要な要素として組み込んでいる。言語は法則という自然性を有するが、その言語の自然性は「誰が」その語を用いるかという文化的側面を規定することはない。だからこそ「あてにならぬことがある」のであった[71]。しかしながら、当時の形質人類学は、人種を規定できないはずの言語論（チェンバレン）を援用して、人種論を補強したのである。したがって「民族」に言語という文化的特徴と、「人種」に生物学的特徴を付与するというような二分法は、少なくとも日本の形質人類学のなかでは最初から破綻していた。

だがこれが伊波や他の学者のなかで問題視された形跡はない。「あてにならないことがある」とされた言語の開放性を、「形質」に言及することで閉鎖すること、そのように見せかけることによって、人種交替説と日琉間の同祖性の「科学的」な信憑性が高められたのである。しかしそれは突き詰めて考えてみると、比較言語学で解明できないものを、比較言語学を論拠とした形質人類学によって補強するという矛盾だったのである。

9　戦後における言語と形質の関係

これまで述べてきた比較言語学と形質人類学による「人種・民族」をめぐる議論は、戦後も繰り返される。それを谷川健一編『叢書わが沖縄第三巻――起源論争』から考えてみたい。同書は「琉球（沖縄）の民族と言語の起源をめぐって、戦後、金関丈夫・宮良当壮、服部四郎・金関丈夫の各氏の間に行われた重要な論争」と位置づけられている[72]。

この論争は、形質人類学者の金関が「波照間（はてるま）」の島名の起源について朝日新聞に掲載した記事をめぐって始まる。金関は言語学者の宮良が唱えた「ハテルマ」とは「果てのウルマ」であるという説に対して、かつて波照間島が「パトロー島」と呼ばれたこと、そして台湾のアミ族が沖ノ島を「ボトル」と呼んでいることなどを指して、「波照間のパトローもこのボトルに関係があるであろう、と言うのが私の考えである」と自説を開陳した。(73) さらに問題となったのは、それに続いて金関が次のように記述したことである。

この島の人々が、お互の間ではなす話を、わきで聞いていると言葉はもちろんわからないが、そのイントネーションが、台湾の高砂族などの話すインドネシア系の言葉のそれに、そっくりで、ときどき台湾の蛮地にいるような錯覚をおこさせる。八重山語も日本語系の言葉に違いないが、われわれには外国語も同様である。同じ日本語が、どうしてここまで変ったか、ということについては、私はことによると、インドネシア流のイントネーションを棄てかねた人々が、新に異系の日本語を採用したとき、その語法にそうように新来の言語を変化させたのではあるまいか、これが琉球語のおこりではないかと考えはじめた。(74)

金関は、自身が聞き取った波照間島の言葉のイントネーションに基づいて、「琉球語」の起源をインドネシア系の「台湾語」に求めていた。これに対して自説を引き合いに出された宮良が、比較言語学の知見から「音韻の変化法則」などを解説して、すぐさま反論を試みたのが論争の始まりである。(75)

宮良が音韻法則という〈言語そのものの歴史〉を軸に語っているのに対して、金関は「相似」に基づいて両方の言語の近縁性を夢想している。これは前章で紹介した一九〇一年の田口卯吉と新村出・藤岡勝二の論争を彷彿とさせる。相似を論拠にするのか、〈言語そのもの〉がもつ法則性を論拠にするのかという対立である。その点からいうと、金関の主張は半世紀前の議論から何ら進展していない。

ただし、ここでもう一つ重要な論点がある。それは宮良が次のように述べる個所である。

この〝日本語列島〟の方言を大観すると、北奥（青森、秋田、岩手など）方言と琉球南部（八重山）方言とが発音、語詞共に全く同じ、或は酷似したものが少なくない。これは民族的血縁関係のあることを実証するものでなければならない。こういうことは、金関氏の想像している、すりかえるような方法では絶対に出来るものではない。骨髄までも日本語がしみとおり、血の一滴にも日本語がやどっているのは祖先以来の生えぬきである証拠である。[76]

宮良のこの主張は、明らかに比較言語学の学説を逸脱している。宮良は比較言語学における日本語と琉球語の関係を「民族的血縁関係」にスライドさせている。あたかも言語の同祖性が〈民族〉の同祖性を担保するかのように。このことが際立つのは、この論争に参戦してきた言語学者の服部四郎による金関批判の文章である。[77]服部は金関論文に対する批判を次のように始める。

言語が同系であっても、人種まで同系であるとは直ちに断定できないことは、学界の常識である。なぜなら、人口の少ない種族や、隣接の民族に文化的にひけめを感じている小民族が、自己の言語を忘れて、隣接の有力な民族に言語的に同化され、その言語を話すようになった例は少なくないからである。／琉球の言語・民族・人種の起源を論ずる場合にも、我々は右の点を警戒する必要がある。琉球列島に行われる諸方言が日本本土の諸方言と同系であること、言い換えれば、同一の祖語から分れ出たものであることは、言語学的に十分証明できることで、疑いない。しかしながら、そのことを根拠として、琉球人が本土人と同人種であると断定することは、直ちにはできないわけである。それには人類学的な研究が必要である。さらに民族学的或いは考古学的研究などによっても傍証を求めるべきであろう。[78]

この服部の文章は、金関批判の文章でありながら、しかし同時に宮良をも撃ち抜いている。言語は人種・民族を規定しないという比較言語学の基本姿勢が示されているからである。伊波もまたその基本姿勢を堅持したことをこれまで述べてきた。

さらに注目すべきは、服部の「民族学的或いは考古学的研究」に対する感慨である。服部は「言語学者は、言語の系統を論ずる時に、この種の単語〔オトをまねた擬音語〕の類似を根拠とはしない」と述べて、次のように続ける。

このように考えて来ると、民族学や考古学などで、何らかの事物の類似から、それらの間に歴史的つながりがあると断定するのがかなり危険な場合のあることがわかる。例えば、八重山の波照間島から出た石斧とルソン島リザール州から出た石斧との間の類似は両地に住む民族が同種であることの証拠としては効力が極度に小さいことがわかる。第一に、このような器具は各地で独立に類似のものが作られる蓋然性がある。第二に、両者の間に歴史的つながりがあるとしても、借用による類似である蓋然性がある。第三に、両地に住む民族の文化が同系であったとしても、人種が同じであるとは限らない。[79]

最近人類学では頭形や鼻の高さまで時代とともに変化することが明らかとなりつつあるが、人種の異同を考察するのに生体計測から獲た数字の積極的な類似と相違を問題にするような方法が、果たしてどれほど信頼できるのか、言語学をやっている素人の私には疑わしく感ぜられる。[80]

服部は比較言語学における「相似」への警戒をもとに、相似を根拠とするような人類学——生体計測——にも警戒している。服部の主張を要約すれば、次のようになる。第一に、言語の同祖性が、民族の同祖性を意味しないということ。第二に、その民族の同祖性は民族学・考古学の論証に依拠すべきであること。第三に、しかしながらその民族学・考古学における同祖性は比較言語学が棄却した「相似」の思考のままであるとの批判である。第二の点までは伊波も同じであった。伊波のいう「兎に角言語はあてにならぬことがある」との指摘が想起される。

両者の違いは、形質人類学への評価をめぐって異なっている。服部は〈身体そのものの歴史〉を踏まえた上で、それが「人種」の確定に寄与することを疑っている。これは鳥居が〈身体そのものの歴史〉を「人種」に接続するために、〈言語そのもの〉の通時性を言語話者の通時性として忍び込ませたことにも通じる。人類学について「素人」であると謙遜しつつ、比較言語学者の服部にとって、生体計測による〈身体そのもの〉の通時性を、人種の通時性へとスライドすることは、〈言語そのもの〉の通時性を言語話者の通時性と称することに等しい禁忌と感じられたはずである。それは結局、言語と言語話者を「相似」で思考することであり、また身体と人種を「相似」で思考してしまうことへの批判でもあった。「言語の同祖性」を「民族の同祖性」の最終的な審級としてしまった民族学・人類学に依拠してしまう伊波と、それを許さず、民族学・人類学のなかにある「相似」の思考を剔出した服部との差がここにある。

戦後沖縄の言論空間では、この服部の指摘はどう受け取られたのか。結論からいえば、論集に収録されたにもかかわらず服部の指摘はまったく考慮されていない。それは同書の編者であり、論争の解説を書いている谷川健一の文章から読み取れる。谷川は、金関の議論は日本民族が南から北へ北上した「北上説」であり、それに対して伊波・宮良は「南下説」であるとして、両説を対置させつつ、「北上説」の思想的可能性（「異種異族の文化」「異族性」）に肩入れしている。そして金関や宮良、伊波、そしてそれらを人種・民族の「北上説」と「南下説」に振り分ける谷川の解説を根本的に疑義に付すことになる服部の論考について、この「解説」は一切言及しない[81]。

この『起源論争』が刊行された一九七一年という時代と、宮良が金関を批判した一九五四年という時代を抜きにこの論争を評価できないのも確かである。一九五二年のサンフランシスコ講和条約で米軍の施政権下にとどめ置かれた沖縄の帰属をめぐり、米軍支配を「異民族支配」と規定して祖国復帰へと流れていく時代の基調を宮良論文は携えており、また一九七二年の沖縄施政権返還（「祖国復帰」）が既定路線のなかで、日本国家と日米軍事同盟に飲み込まれる状況に対する抵抗としての「反復帰」や「異族性」が現れていた時代性を谷川の文章は帯びている。しかしながら、そうした時代状況を考慮するにしても、それらが依拠する民族・人種・言語の「同質性」あるいは「異質性」についての根本的な疑義である服部論文が顧みられていないことは、近代日本における「民族」をめぐる議論がまったく近代的知に根ざしていないことを意味する。それらを照らし合わせると、伊波がその卒業論文から一貫して主張した「言語」の不確実性の主張――服部がいう比較言語学の常識――について、多くの人々がその文章を目にしながら、読み落としてきたことも、伊波普猷論だけでなく「沖縄」についての今日の思想や言論の根本的不備を示していると言わざるをえない。

10 まとめ

本章では、言語の開放性を閉鎖するために呼び出された形質人類学について考察した。形質人類学は「現在の身体」を標的にした生体計測によって〈身体そのもの〉という要素を抜き出し、それに基づいて人間の主体的な歴史とは異なる〈身体そのものの歴史〉を認識したのである。そしてその〈歴史〉によって形質人類学が解明しようとしたのが「優勝劣敗」や「生存競争」の痕跡としての「人種交替説」に基づく「日本人種論」であった。他の考古学が遺跡や古文献、神話を基盤にして、渡来民族が先住民族アイヌを駆逐したという歴史を紡いだのに対して、形質人類学は現在の身体の解剖学的特徴を計測し〈身体そのものの歴史〉から人種交替説・日本人種論を論証しようとした。そしてその企図は、頭蓋や皮膚といった身体の表面から、「血液」という身体の深部、不可視の領域にまで拡張されることになった。

さて、比較言語学や形質人類学が〈人種や民族〉に〈歴史〉を与えたことが、何を意味するのか。問いはここへと立ち戻らなければならない。〈言語そのものの歴史〉や〈身体そのものの歴史〉によって、日本民族や琉球民族といった〈民族〉に〈歴史〉が付与され、その〈歴史〉によって〈民族〉が主体化するなら、それまでの歴史主体であった王権（天皇）と〈民族〉との関係が逆転してしまうからである。そして歴史の起点は、開闢の神話ではなく、生存競争としての人種交替説となる。

そのため、歴史の基点となる人種交替説に向かう前に、近代的人間諸科学の二つの関連した領域を解明しなければならない。それは生物学と、それに基づいて社会を生物有機体とのアナロジーで論じる社会学である。本書では、これまで特段の言及や保留なしに分岐、系統、遺伝、進化、退化、解剖、有機体などといった語を使用してきたが、これらは一九世紀に発展する生物学と社会学の影響を強く受けている。そして生物学、社会学もまたそれまでの「歴史」とは異なる〈歴史〉を基盤にする人間学なのである。それと同時に、生物学を経由した社会学の「社会有機体論」という考え方が、生物学的「自然法則」にそれまでの法権利的な主権論を従属させることになるのである。

注

（1）伊波（一九〇四）、一三三頁。
（2）冨山（一九九四）、三八頁。
（3）坂野（二〇〇五）、四頁。
（4）竹沢（二〇〇五）。
（5）Stoler（1995）。また同書を評論している中島（二〇〇一）も「分類」にのみ着目しており、『言葉と物』における「歴史の付与」（＝系統）について言及していない。
（6）與那覇（二〇〇三）。
（7）坪井（一八九三a）（一八九三b）（一八九三c）。

(8) 坪井（一八九三c）、二四九頁。
(9) 坪井（一八九三a）、一八四頁。
(10) 坪井（一八九五）、二二一―二二二頁。
(11) 與那覇（二〇〇三）、九〇頁。
(12) フーコー（一九七四）、一七六頁。
(13) 同上、一七四頁。
(14) 同上、一七六頁。
(15) 同上、一七八頁。
(16) ブルーメンバッハについては、Rupke and Lauer (eds.). (2018)を参照。
(17) フーコー（一九七四）、一八〇頁。
(18) 鳥居（一九一八）、七―九頁。
(19) モース以前にすでに日本で進化論の講義を行っていた学者も存在した。瀬戸口（二〇一〇）を参照。
(20) 工藤（一九七九）、七五頁。坂野（二〇〇五）、四六頁。「生存競争」（struggle for existence）についての記述の一例として、モース説に対抗したジョン・ミルンの記述がある。竪穴式住居に住んでいた人々、それを駆逐したアイヌ、さらにアイヌを駆逐した日本人の祖先の関係についてミルンは次のように書いている。"The story is that of how one race has succeeded another. It finds its parallel in all countries, and it has been called by Darwin the struggle for existence."（この語りは、ある人種が他の人種をどのように受け継いだのかという話である。これはあらゆる国で同様の展開を示しており、ダーウィンはそれを生存競争と呼んでいる。）Milne（1880）. p.87.
(21) 工藤（一九七九）、七二頁。「ちぇんべれん先生ノ回答」「あすとん先生の回答」『文』第一巻第二号、一八八八年、一八六―一八八頁。
(22) Chamberlain（1902）. p.223. 訳は徳田による。高梨訳（一九六九a）、二八一頁。
(23) *Ibid.*, pp.230-231. 訳は徳田による。高梨訳（一九六九a）、二八八―二八九頁。
(24) この本は外国人向けに日本を紹介する書籍であるが、Chamberlain（1895）といった学術論文でも神話の否定が述べられている。

(25) Chamberlain (1902). p.230. 高梨訳(一九六九a)、二八九頁。芳賀(一八九九)、二八―二九頁。「万葉集以前の文學にどう云ふものがあるかと云ふに、第一に歌であります。神代の世からして神様達の御歌があります。人間の世になつても神武天皇以下歴代の天子様皇后様の御歌が澤山傳つて居る。／……中には「童謡」といつて誰が作つたかわからぬものもあり、猿が作つた歌なども見えて居ります。」

(26) 井上哲次郎についての記述は一九三四年の追記であるためChamberlain(1902)にはなく、高梨訳(一九六九a)、二八九頁にしたがった。

(27) Chamberlain(1902). pp.397-399. 訳は徳田による。高梨訳(一九六九b)、一七七―一七九頁。

(28) 工藤(一九七九)、七四頁。

(29) 上田(一八九七)、一二一―一二三頁。講演は一八九四年一〇月八日。

(30) イ(一九九六)、一二三頁。

(31) 同上、九六―九七頁および一二四頁。

(32) 内藤(一八八九)、三頁。

(33) 上田(一八九七)、一一頁。

(34) Bälz (1883). 池田訳(一九七三)、一四一頁。

(35) 同上、一三九頁。

(36) 鳥居(一九〇五b)、二九頁。

(37) キュヴィエについては、フーコー(一九九九b)、および(一九七四)、二八二―三〇〇頁。比較解剖学については第三章も参照。キュヴィエは博物学的なエピステーメーのなかにいるが、その思考方法は後の生物学の萌芽であるというのがフーコーによるキュヴィエの「言説」への評価である。

(38) 鳥居(一九一八)、七頁。

(39) 同上、五―八頁。

(40) 同上、一九二―二〇九頁。

(41) 鳥居らのアイヌ先住民説に対しては、一九一八年頃から反論が現れる。それが濱田耕作の「原日本人」説や長谷部言人の「石器時代住民」説(のちに変形説や小進化説と呼ばれる)、清野謙次の「混血」説によって、石器時代に先住していたのはアイヌではないということがいわれるようになる。これらは一九三〇年代末からの皇国史観と大東亜共栄圏の建設のなかで、重要な位置を占めることになる。坂野（二〇一二）を参照。

(42) 鳥居（一九〇四a）、四五六—四六〇頁。鳥居（一九〇五a）など。

(43) 鳥居（一九〇五b）、二九頁。

(44) 鳥居（一八九七）、四五—四九頁。関口（二〇一一）。

(45) 鳥居（一九〇五b）、二八頁。フランスのデニケルとは、人類学者ジョゼフ・ドゥニケール（Joseph Deniker）のこと。鳥居によれば、ドゥニケールが設けた「法則」とは、頭指示数が七七以下であれば長頭、七七から七九・六を亜長頭、七九・七から八一・九までを中頭、八二から八五・二までを亜広頭、八五から八五・九までを広頭、八三・一から八六・九までを過広頭だという。ちなみにグールド（二〇〇八a）、二〇〇頁では、「頭蓋示数」について次のように説明している。「これは頭蓋骨の最長（頭蓋骨の前部と後部を結ぶ線）の長さに対する最大の幅の比として計算された。相対的に長い頭蓋骨（比〇・七五以下）が長頭（ドリコセファリック）、相対的に短い頭蓋骨（〇・八以上）が短頭（ブラキセファリック）である。」

(46) ただしこの鳥居の主張は、蒙古人種とマレー系蒙古人種の二つの系統から日本人を規定したベルツ説とは異なっている。

(47) 鳥居（一九〇五b）、三二頁。

(48) 坪井（一八八六）、三一—三五頁。

(49) 坪井（一八九三d）、九五—一〇一頁。

(50) 坪井（一八九四）。

(51) 坪井（一九〇四）、四六一—四六四頁。

(52) 坂野（二〇〇五）、四七—五〇頁。

(53) 坪井は反社会的な行為の例として、子殺しを挙げている。現代社会では犯罪だが、原始的な社会では食べ物が不足している場合などには必要な行為であったと述べている。坪井（一八九三d）、九九頁。

(54) 同上、九八頁。

(55) 同上、九九頁。

(56) 「犯罪人類学」については、グールド（二〇〇八a）、二三六—二七五頁を参照。

(57) 大林・森田編著（一九九四）、一五五頁。

(58) 坪井（一八九四）、九頁。
(59) ゴルトンの合成肖像写真とロンブローゾの犯罪人類学については、宇城（二〇〇三）、四一〇—四五一頁。また坪井正五郎については、坂野（二〇〇五）を参照。
(60) 鳥居（一八九七）、四八—四九頁。
(61) ベルツ（一九七三）、一四一頁。
(62) 鳥居（一九〇四b）、五五—五六頁。
(63) 伊波（一九二六）、一〇—一二頁。この文章が記されている同書の第一章「『南嶋』の曙」は、『古琉球』における「琉球人の祖先に就て」に最新研究を参照して加筆修正した当時の伊波の最新の見解である。
(64) 香戸（二〇一一）および、香戸（二〇一二）。鄭（二〇一三）。
(65) 鄭（二〇一三）、一五五頁。
(66) 古畑（一九七三）、一八四頁。初出は『科学朝日』第二七巻第一号、一九六七年。
(67) 鳥居（一九〇五a）、二三六—二三七頁。
(68) Chamberlain (1895c), p.4.
(69) 鳥居（一九〇五a）、二三七頁。
(70) 第七章の補遺で述べる社会学者の建部遯吾の「人種」概念は社会的事実としての「人種」となっており、開放的な言語共同体をも意味している。そのため鳥居の主張よりも、建部遯吾の方が比較言語学（ホイットニー、のちのソシュール言語学）に近い。
(71) 第一章のホイットニーについての記述を参照されたい。
(72) 谷川（一九七一）の冒頭部分。
(73) 金関（一九七一a）、三頁。初出は「朝日新聞」西部版、一九五四年四月一四日。
(74) 同上、四頁。
(75) 宮良（一九七一）。初出は季刊『民族学研究』第一八号、一九五四年一二月。
(76) 同上、二五頁。
(77) 服部（一九七一a）。初出は「琉球新報」一九五五年一二月一八—二四日。

(78) 同上、一一一頁。
(79) 同上、一一三頁。
(80) 同上、一一五頁。
(81) 谷川(一九七一)。

第三章　生物学と社会学——有機体論の系譜

1　はじめに

生物学は「生命」の探究から生物進化を規定する自然法則を明確にした。そうした考えは、人間社会を生物学的に考える「社会有機体論」（社会学）を構成する。生物学と社会有機体論の関係から見えてくるのは、第一に社会の捉え方である。一九世紀初頭の生気説的生物学では生物の各器官を個別に考えるのではなく、その関係全体の重要性からその全体に宿る「生命力」を重視した。この考え方をもとに構成されたのが生気説的社会有機体論である。他方で一九世紀の中頃には生物の基礎を「細胞」という最小構成単位に求める細胞説が起こり、そこから社会の構成単位である個人を細胞に見立てた細胞説的社会有機体論が起こる。こうした考えは、社会の「全体」を重視するか、社会の「部分」を重視するかという違いを生み出した。

二つの社会有機体論の違いの重要性と同時に、社会有機体論に共通するのは社会における「法」という基盤の否定である。これは社会有機体論が生物学に基礎づけられるために生物学が解明する「自然法則」を社会にも適用するという考えから生まれる。社会の基盤が「自然法則」であるなら、社会の基盤に神も、また人間の自由意志も認めない。つまり、社会有機体論では、超自然的な王権神授説も、人間の自由意志に基づく社会契約論も排除する。社会を構成する基盤は、神でも人間の自由意志でもなく、生物としての集合体を導く「自然法則」となる。そして法はこの自然法則に従属することになる。これは比較言語学の〈言語そのもの〉、形質人類学の〈身体そのもの〉と非常に近い考え方であった。

また、生物学的自然法則を「社会」に導入することによって、それに基づく「異質性」の増大を「統治」することが「社会有機体論」のなかで浮上する。近代社会における「統治」もまた「法」とは別の思考体系によって導出される。

生物学を基礎にした「社会有機体論」は植民地統治においても援用されていく。特に第七章で言及する後藤新平は明確に「生物学」を植民地統治の「原則」として打ち出した。また生物学の知見は、二〇世紀初頭の「民族心理」を形成する鍵にもなる。特に第六章で論じるギュスターヴ・ル・ボンの「民族心理学」は、生物学の心理学への応用であり、彼が措定する民族の内面は遺伝や環境といった生物学的用語で彩られ、植民地統治の正当化の論理として援用されていく。

2　生物学——相似から法則へ

一九世紀に入ると「生物学」が成立する。生物学は、生命とは一つの科学的な研究対象であり、そこには隠れた法則が存在し、その法則は科学的に解明可能であるという考え方から始まる。ここではいくつかの先行研究[1]をもとに生物学史について振り返っておきたい。生物学史を振り返ることで、次の三つのことを確認したいからである。第一に相似の認識から法則性へという科学的態度の変遷。第二に「有機体」（有機構成）についての二つの異なる考え方——生気説と細胞説——の成立。第三に生物の「遺伝」と「変異」についての考え方である。

一六世紀以前の生命・生物に関する学問は古代ギリシャのアリストテレスやテオフラストスによる動植物の「観察」に始まるが、時代を経てローマ時代にはプリニウスの『博物誌』（七七年）に代表されるように自ら観察せず、他者の本からの参照・引用を整理することや関連する地形や伝聞情報を記載する学問へと変化する。観察ではなく、似ているもの、言及されるものの記述が重要になる。つまり表面的・経験的な「相似」の世界観である。その後、キリスト教の影響のもと、その教義に適合的な物語的記述が主流となり、中世では自然の観察は次第に重要さを失っていく。キリスト教の影響下で「観察」が復活するのは、神による創造の設計を解明しようとするいわゆる自然神学が誕生してからであった。

一六世紀までの認識の枠組みは表面的な「相似」の関係に基づいていた。ものを知るためには、その可視的な表面に現れているしるしを見分けることが重要とされ、ある物と別の物の見た目が似ていることは、それらのあいだにある関係を自然が人間に理解させるために配置した表徴として理解されていた。そこでは生物における相似性は二つの意味をもっていた。第一に、相似は遺伝を説明した。形や性質の再生産は表面的な相似の遺伝として理解された。第二に、子に現れる変異は親が受けた外的な影響の相似として理解された。そしてこの場合、生物の「発生」は、神により創造された世界の維持という意味に過ぎなかった。つまりすべてのものは神の意志にしたがって発生するのである。

一七世紀になると少しずつ知識が変容していく。生物の研究を通じて医学から派生した生理学と、世界を一覧表のなかにはめ込もうとした博物学の発展が背景にあった。当初はまだ相似を重視したため、表面的・経験的な相似を基盤とする博物学がより科学的で、不可視の構造に着目した生理学は科学的ではないとされていた。しかし次第に博物学では、相似・類似・表徴といったあいまいな尺度から脱して、観察によって正確に把握できる可視的な尺度が導入されることになる。一七世紀末から一八世紀にかけて、あやふやな相似・表徴が排除されるのである。

一七世紀末、博物学による分類法は、その分類に自然の実在性を与える必要から「種」の概念を生み出した。「種」の概念が特権的になったのは、「種」に分類された生体Aが生み出す生体Bが生体Aとほとんど同じ似姿になることが重要性を帯びていたからである。「種」とは生体の形象の継続に基礎づけられていた。その後、「種」の概念は、表面的な相似ではなく、可視的で正確に把握できる尺度によって分類され、その同じ「種」を再生産することを意味するようになっていく。この「種」の概念とともに、生物の「発生」は自然の規則性の一つの現れとなっていく。その代表例が一八世紀のスウェーデンの博物学者カール・フォン・リンネ（Carl von Linné）により考案された雌雄蕊分類法である。この分類法は、植物の外見上の相似ではなく、雄蕊と雌蕊の「数」の関係から植物を分類する方法である。雄蕊と雌蕊の「数」が植物を正確に可視的に把握できる尺度とされた。リンネの分類法は自然のなかにある秩序の発見を目指すもので、それは偶然的なものから本質的なものを区別しようとするものであった[2]。またリンネにとってこの自然の秩序へのアプローチは神の設計図を解読することであり、その意味でキリスト教の自然神学の思考でもあった。ただし重要なのは、自然の秩序が神の設計図であるか否かではなく、自然の秩序は規則性・法則性をもっているという認識であり、それを「数」という尺度で表すことである。外見上のあやふやな相似ではなく、植物に共通する規則性・法則性・共通の尺度ですべてを分類するという思考である。自然の解読とは、法則を見つけること、法則を見つけるための現象を分析することとなった。認識の枠組みが、相似から、規則性・法則性における同一性と差異へと移行したのである。

種の概念から「人種」についての思考も変化する。リンネ、ビュフォン、カント、ブルーメンバッハなど一八世紀の博物学的知においては、身体的特徴や行動の特徴で決まる「人種の分類」への欲望があった。しかしミシェル・モランジュ（Michel Morange）によれば、一八世紀の考え方は二つの理由により限定的であった。第一に人類の単一性を前提にしていたこと。第二に獲得形質遺伝の考え方の影響である。外部の影響を受けて種が変化する獲得形質を想定することで人種を弁別できるとしても、人類が移動を繰り返して獲得形質を繰り返していけば弁別できる特徴は消滅してしまう。このため人種を明確に弁別するのは困難だったのである。こうした考えが崩れて一九世紀の人類学へ至る背景には、アフリカからアメリカに運ばれた黒人の身体的特徴が変化しなかったこと、またインドでヨーロッパ人がインド人の特徴を持つようにならなかったことがあったという。それとは別に、一八世紀後半には複数人種仮説が登場する。異なる特徴をもつ人種が複数あり、別々に創造されたという考え方——人類多起源説——が現れ、人種の区別が試みられることになる(3)。

次に生理学の発展について見ていこう。一七世紀においては、生物の働きに関する法則性・規則性について理解する枠組みは、物の働きを通じてなされていた。その場合、参照された法則性・規則性は力学(古典物理学、運動の法則)であった。生物についても力学的に考えることが規範であり、機械とのアナロジーから形、大きさ、運動の法則として考えられるものが重要とされた。こうした生物機械論では生物と無生物とのあいだには区別がなかった。のちに「生命」と呼ばれる考えもまだなく、働く器官があり、その諸器官の機能と配列とが主要な関心事であった。

そうした生物機械論のなかから、人間に価値を与えるという考えが出でくることになる。特に重要なのはデカルトである。デカルトの動物機械論は生命現象を物質の働き、つまり古典物理学として理解している。デカルトは、宇宙は粒子によって満たされていると考え、空間を占めるのは粒子であり、生物もそうした粒子で構成されているため、物理学の法則に従うはずだと考えた。機械のアナロジーとして生物を考えると同時に、デカルトにおいて重要なのは、機械とは異なる精神の固有性を人間のみに認めたことである。生物が機械であるなら、生物＝機械と人間を分かつものは何か。それが人間に固有の精神ということになる。デカルトの心身二元論は、力学的な機械論から生まれたのである。

ところでこの力学的な生物機械論から一七世紀には心臓や血液の「循環」が考察の対象となる。心臓はポンプであり、血液は液体であり、それらは力学的な運動の法則を適用できたからである。さらに一八世紀には「消化」と「呼吸」が考察の対象となる。そこから燃料の消化としての呼吸、燃料の供給としての循環、燃料の消費に伴う温度変化としての発汗が考察される。さらに筋肉と電気現象についての研究が続く。この機械論的な生物論は、蒸気機関とのアナロジーとなる。蒸気機関と同じように、熱源、冷却、各部分の調整と統合が考えられるようになる。これは当初、科学的ではないとされた生理学の台頭でもある。生物機械論を通じて、循環、消化、呼吸、発汗といった生理学的現象が重要性を帯びるようになった。

　力学と生理学の結びつきから生物の「発生」についての説明が変化する。一六世紀における生物の「発生」は神の力によるものであった。一七世紀の生理学では生物もまた機械と同じであり、その発生は熱、圧力、摩擦などの運動法則から説明される。例えば蛆虫やハエは肉の発酵・腐敗の熱によって発生するというような説明である。しかしながらこうした説明は次第に排除されていく。拡大鏡や顕微鏡の発展によって可視性の増大と精緻化が進むと、昆虫の発生は発酵・腐敗の熱ではなく、その昆虫が卵を産みつけたからであるということが解明されたからである(4)。そこから「種子」への関心が高まり、動物の「卵子」と「精子」が発見され、そして「卵生」と「胎生」の区別が進むようになっていった。

　このミクロ世界への探究と相まって、生物の「前成説」が唱えられる。生物は種ごとに神によって創造されたものであるという考え方を前提に、生物の身体・形象はあらかじめ卵子や精子によって形成される胚珠のなかに極小な形で出来上がっており、それが成長して大きくなるという考え方であった。同一性と差異、力学（運動法則）などの可視的な構造が認識の枠組みであった時代には、前成説が種の永続性、可視的形象の連続性を保証する唯一の考え方であった。

　しかしながら、前成説はいくつかの矛盾を解決できなかった。一つは、もし生物の胚珠のなかにその後の形象が小さく保存されているなら、すでに化学のなかで解明されていた物質の最小単位である原子よりも前成された形象の方が小さくなってしまうという矛盾である。つまり卵や種子には目に見えない極小の生体がすでに形成されていることになると、その生体が成長して産む次の生体の完成された極小の生体もまた卵や種子に含まれることになり、それが無限に連なれば生体は何よりも小さくなるという矛盾である。二つ目に、切断された部分から身体が再生される現象（再生産）(5)について、生体が前成されるなら切断後に再生されるものは切断以前から存在したことになるという矛盾である。三つ目に、特に「混血」の場合に特徴的とされた遺伝現象についての矛盾である。「混血」は両親の特徴が混ざり合って新たな形象を表現するので、前成ではない。これらの矛盾を解決するために、拡大された可視的領域を超えて、いまだ発見されていない生物の本質を、生物についての学問は求めることになる。

一八世紀後半から一九世紀にかけて、生物に関する学問はさらなる変化を遂げる。それまでの目に見える構造、そしてミクロ世界からさらに生物の内部の関係にまで分析と比較を拡張する。それは不可視で有機的な関係・構造を考察対象とすることを意味するようになる。

一八世紀末になると、博物学のなかに比較解剖学が加わる。比較解剖学は生物それぞれの器官を別々に記述するのではなく、異なる動物の同じ器官、同じ動物の異なる器官を比較する。器官を全体の機能に関係させはじめる。比較解剖学で重要なのは、それまでの表面上の相似ではなく、身体内部・深部に見られる機能の類似である。こうした態度が「形質」の考え方をも変えていく。一八世紀初めにおいては分類のために便宜的に選ばれた生物の一断片・一要素に過ぎなかった「形質」が、一八世紀末には生物全体との関係で捉えられるようになる。形質は生命の構造全体の関係のなかで把握される。つまりそれぞれの形質の背後には関係全体としての「生体」という構造があるということである。そして生物の各部分・各器官は生体の全体的な構造に対してそれぞれ相対的な重要性を帯びる。各々の器官が生体に対してどのような役割・機能をもっているかが重要になるということである。

さらに、生体内部にある各器官の関係を束ねる内部法則、生体構造の全体が「有機構成」と呼ばれる。この「有機構成」の概念は、次の三つのことを意味する。第一に「生体の全体性」という考え方である。生物において重要なのは、分離した各部分ではなく、その全体との関係になる。第二に、生体は自然（外部条件）のなかで呼吸し、食物を入手しなければならず、そのため生体の諸器官の機能は自然（外部条件）とのあいだに調和がなければならない。第三に、有機物と無機物の分離である。それまで世界は動物界・植物界・鉱物界に分かれていたが、有機構成の概念によって、自らと似たものを「再生産」する能力をもち、呼吸し、食事をする有機物・生物と、そうした内在的原理をもたない無機物・無生物とが区別されるようになる。

有機構成の三つの特徴（生体の全体性、自然との関係、内在的原理）が「生きるもの」に共通の特徴であり、以後、これを「生命」と呼ぶことになる。これは一七世紀の力学的、生物機械論とは異なる考え方である。有機構成としての生命には、力学とは別の、生きているものの秩序を維持する特殊な性質、内在的原理、法則がある、という考え方であった。このような有機構成と生命を基礎にする考えを「生気説」という。一八世紀末から一九世紀初頭の生気説は、生体の内在的原理を「生命力」と呼んだ。この「生命力」概念は、生きているものの秩序を破壊する諸作用である「死」への抵抗という意味を当然含むことになる。グザヴィエ・ビシャ（Xavier Bichat）が「生命」を「死に対抗する機能の全体」といい、古生物学者のジョルジュ・キュヴィエが「自然のままの物体を支配する法則に抵抗する生産力」と定義したのも、生きているものの秩序と死との絶え間ない闘争状態を表している。

では、生きているものの秩序である「生命力」の探究とは何か。こうした問いは、有機化学と呼ばれる分野を開拓した。有機化学では、第一に食物を生体に有用な化合物に変形することと排出される老廃物を形成するという生体内での物質の変換を探究することになった。第二に生命現象に必要な「熱」（体温）の供給源としての燃焼・酸化・呼吸の探究が行われた。第三に生体組織を形成する基礎的構成分である窒素化合物（タンパク質など）とそれがどのように各器官を形成するかという研究が行われた。生体内の各器官の成分は同じなのに、その構造が異なるということへの問いである。ただしこれらは「生命力」そのものの解明には至らなかった。この時点での有機化学はそうした構造の形成を説明するには、力学に匹敵する「生命力」といういまだ解明されていない、未知の、神秘的な「力」を想定せざるをえなかったのである。

こうした有機構成・生命力・全体へ向かう機能の重視は、それまでの自然「発生」の意味を変えていく。かつては自然の秩序に沿った形象が存在し、その現れの連続として生物は存在していた。しかし一九世紀になると、生物内部における諸器官と全体との関係性と、それを取り巻く外部条件との相互作用が生物の存在の条件となった。この時代に見出されたのは、神の計画や形象の連続性ではなく、食事・呼吸・増殖という有機構成の中心をめぐる生体と外部との関係を説明する機能的連続性となる。発生とは、内部と外部の関係ということになる。同時に、この考え方は、有機構成の中心である食事・呼吸・増殖に関わる生体内部は不可視でありながら多くの生物に共通しており——つまり不変であり——、反対に表面的・可視的な部分は外部の状況に合わせて生物ごとに変化する——つまり可変的である——という考えをもたらした。

3　細胞

しかしながら、生気説は一九世紀のうちに否定される。有機構成の研究が生物のミクロレベルにまで拡大した結果であった。先取りしていえば、「細胞」についての研究が深化した結果である。

一八世紀の考えでは、生物を構成しているのは生きている粒子であり、その粒子が結合して生体になり、生体が死ぬと粒子は分離し新たに別の生体のなかで再び別の結合形態に移行すると考えられた。次いで「繊維」が生物の基本的要素とみなされ、その後、ビシャによって「集合することによって器官全体を作り上げる二十一の組織」が発見される。ビジャにとってこの「組織というのがまずもって膜であり、解剖学者のメスで持ち上げられるもの」と考えられていた(6)。

しかし一九世紀になると、生物の基本単位として「細胞」が注目される。細胞自体は一七世紀には発見されていたが(7)、一九世紀には顕微鏡の解像度の拡大に伴って細胞に「核」があることが発見された。そして細胞はどこに存在しようとも、常に同じ働きをしているように見受けられた。それらをもとに、一八三八年から一八三九年にかけて植物学者のマティアス・ヤコープ・シュライデン（Matthias Jakob Schleiden）と動物学者のテオドール・シュヴァン（Theodor Schwann）があらゆる生物の基礎単位は細胞であり、生体は細胞から構成されると発表した。細胞説の重要性は、細胞それ自体が生命の属性をすべて持ちながら、有機構成されたすべての生体に必須な存在である、という考え方である。この考えは、生気説に致命的な打撃を与えた。生気説では、生命は「全体」としての生体に宿るのであり、部分である器官や特定の部位に宿るのではなかった。それが生命を超越的な力として想像させ、そこから生物の内部構造の連続性が強く要求されていた。しかし細胞説では最小構成単位である細胞自身が成長し増殖すると説く。生きていることを全体に帰属させることはできなくなり、各細胞に帰属させることになるのである。いうなれば「生命」の神秘は全体ではなく、細胞に宿るのである。

ただしシュヴァンとシュライデンは、今日の細胞説とは異なり、新たな細胞は細胞分裂ではなく、植物の場合は細胞内部で構成され、動物の場合は細胞外の液体から構成されると考えていた。のちにロベルト・レマク（Robert Remak）らの研究から細胞形成の主要因は二分裂であることがわかり、一八五〇年代には「すべての細胞は細胞から」という考え方が定着することになる。

細胞説が主流になるにつれて、生物の増殖に関する研究が活発化した。精子と卵子の結合が重要であることがわかり、受精後の胚の発生の解明に関心が注がれることになった。ある生物種において、胚の発生は常に同じ順序、同じ様式で生起することが観察され、また同じ科の近い種を観察すると、それらに発生の類似性が見られたのである。これは前成説の否定でもあった。生物の形状は極小な形としてすでに完成し、それが次第に大きくなるという前成説に代わって、細胞の分裂から次第に形状が作り上げられていくことになるからである。生物はいったん細胞という単位に形成し直され、形状を一から再構成するため、前成説的な目に見える形象の連続性が破られる。細胞説は生物の発生に不連続性を持ち込んだのである。生物は、前成でも後成でも、無から突然生まれるのでもなくなる。すべての生物は、基礎的単位である細胞から再構成されることで生まれる。

この時期の生物学には以下の四つの特徴がある。第一に、生物は外部の条件に適したものだけが生存し増殖する。第二に、生体の主要な器官はその内部にあり可変性が低く、付帯的なものは生体の表面に広がり可変性が高い。第三に、生物は常に細胞から構成される。第四に、生物の再生産は細胞からなされるので、発生と増殖とは与えられた構造・形象の永続・連続ではなく、次々と起こる有機構成の循環に基礎を置く。そしてこの四つの特徴から生物変遷説・生物進化論が生まれる。生物は変遷する。生物は変異し、新たな種へと進化する。生物がその都度、細胞から再構成され、生体の表面の変化が外部条件に適していれば、その新たな変化が生き残る可能性があるからである。それは有機体が変換の歴史をもつことを意味する。また、基礎的単位としての細胞は共通性をもつが、細胞から構成された形象が永続する保証はない。つまり有機体には不連続性が導入されることを意味する。ある形象はそれまでとは異なる形象へと派生しうるからである。

これにより「種の発生」——新種の誕生——とは「生物の変遷」であることが明らかになった。そして生物の変遷を導入することで、種の発生には「時間」が大きく関与することになった。細胞は細胞からしか生まれないという基本原則からすれば、種は自然発生するのではなく、それ以前の別の生体の細胞からの変異を想定しなければならない。生物は変異する、時間とともに変異するのである。

ただしこのような考えは細胞説以前の考えも含んでいる。一九世紀初め、細胞説が確立する直前に生物の変遷を唱えた代表者はラマルク（Jean-Baptiste Lamarck）であった。ラマルクの考えでは、変遷は外部への適応であり、また外部に適応する能力の増加という意味をもった。そして生体の形象が変化していく現象は時間の経過とともに現れる。生物の形象を次々と少しずつ変化させたのは生物に固有の「時間」とされた。ラマルクの生物変遷説では、種は漸次的に変化し、変化のための期間が十分に長いことが想定されていた。また変遷は単純なものから複雑なものへ、不完全から完全へと至る唯一にして無謬の方向性・法則性をもつと考えられた。

こうしたラマルクの考えは、一八世紀と一九世紀の思考の混成でもあった。超自然的な目的論は排除されつつも、生物の自然発生説に基づき、自然そのものには単純から複雑へという計画があることが想定されている。また自然とは、生物の変遷を操作するために、生物を内的に構成する力と、生体に影響する外部状況の関係ということになる。このラマルクによる生物を内的に構成する力の想定は、一八世紀的な「生命力」の考えを引きずっている。つまり、ラマルクの考えでは生物と自然との間には調和はあるが、危機がない。そして生物同士の生存競争もない。新たな生物が生まれるのは、生体が外的状況に適応するために単純から複雑へと有益な能力を獲得した結果でしかない。ここから獲得形質遺伝の考えが生まれる。生物の構造の可塑性、つまり生物は外界から加えられた力に適応するために獲得した変更・変異を保存するという考えである。こうしたラマルクの考え方をジャコブは次のように説明する。

ラマルクの考えはいまだに、規則性と連続性という古い機構、永久運動あるいは一律に加速されるような運動の機構に根ざしていたのである。／……ラマルクの変遷説というものは、時間の直線的な系列の上に配置された生物の直線的な鎖である。変遷の系列は空間の連続を通してのみ考えられている。まさにそのことによって、生物界の配列にみられる偶然性のすべての特徴が排除されている(8)。

4 進化論

ジャコブが指摘するように、ラマルクの「変遷」とダーウィンの「進化」を分かつのは、偶然性である。一八世紀の思考やラマルクの生物変遷説では、生物の変遷は単純なものから複雑なものへと一つの連鎖の必然的な漸進を意味した。しかし一九世紀中盤以降の考えでは、偶然性の増大——必然性の否定——は次の四つの場面で見て取れる。第一に、生物が「分岐」するという考えが持ち込まれると、生物の変遷は一つの連鎖とは考えられなくなる。分岐は一つの鎖ではなく複数の系列を持ち込むからである。こうして一つの生物から別々に分かれていった諸種の生物について、その分岐の必然性を示すことは困難となる。第二に、細胞の増殖といった個体発生にはすべての動物間、すべての植物間で類似が見られる。この類似が意味するのは、発生における細胞の配列と構造化の方法に種ごとの必然的な特徴が見出せないことを意味した。第三に、生物の器官の配置は、中心から遠ざかるほど重要性が減少し可変性が高まる。つまり生物の変異は生体内部では起こりにくく、生体の表面で起こりやすい。生体内部の調和が破られないのであれば生体表面での変異は十分に起こりうる。変異は必ずしも有用、必要、進歩の考えと結びついていないという意味で、生物の変異には必然性がないということになった。第四に、生物を取り巻く外部との関係も変わる。ラマルクの考えでは生物の変遷は生物に固有の時間において考えられていた。つまり生物は外部との密接な相互作用なしに変異する可能性が考えられていた。しかしその後の進化論では、地球の時間が大きく干渉し、生物の歴史は地球の歴史と不可分になる。生物内部と外部との関係が重要になるということは、生物内部で閉じていた必然性という考えが後退することを意味する。生物に固有の計画、時間はもはや想定されない。すべてが自然の時間、自然の歴史として認識されるようになる。そして後述するように、生体に影響を与える外部として「環境」が今日的な意味を持ち始めるのである。

ここから「化石」の意味が変化する。一八世紀まで化石は生体の永続性を示すものと考えられていた。ラマルクは、化石が生物の不安定性・変遷を証明すると考えていた。しかし古生物学者のキュヴィエは化石の観察から、中間的形態の化石が見つからないことを理由に、地球上には連続性を持たない異なる生物が順番に栄えたと解釈した。つまりそれまで生息していた生物は絶滅し、新しい生物に置き換わったと考えたのである。そして生物種の置換を説明するために、キュヴィエは地球の「大変動」という考え方を導入した。生物の不連続性は、地球時間のなかに見られる断絶（大変動）を反映しているという見方だった。かつての地球は今日の地球とは異なっており、そこには大きな断絶がある。したがって現存する種はかつて絶滅した種の変形ではないということになる。こうした考えを地質学が覆していく。地質学は今日でも見られる気象条件や地形の侵食、隆起、火山活動などが前の時代にもあり、かつての地球と現在の地球の条件がそれほど異なっていないことを証明した。それによりキュヴィエが想定した地球時間の断絶を否定したのである。こうして生物の時間と地球の時間は不可分であり、それは自然の時間となる。そしてその時間に断絶はない。すべての細胞は細胞から生み出されるのと同様に、すべての生物はそれ以前の生物からの分岐であって、その途中には絶滅したものはあるが、新たに自然発生した種はないことを意味した。ラマルクは生物の変遷——生物の時間——を主張しつつも地球の歴史を軽視した。逆にキュヴィエは生物の変遷を否定して、地球の時間の断絶と生物の入れ替わりの歴史を描いたのである。

　この異なる二つの考え方を結びつけていくのがダーウィン（Charles Robert Darwin）の進化論であった。生物の探究とは、その親子関係や地理的条件を知り、それが変異や拡大、消失に与えた影響を考えることになる。また自然の時間とともに生物は膨大な数の異なる子孫を産出してきたことが想定された。これらの変異は、互いに著しく異なっていき、ついには新種となる。こうした進化論において、新種の出現を支配するのは、第一に、集団の大きさである。大きな群がより多く増殖するので変異を起こしやすい。第二に、ある群の構成員の性質や習慣が多様であればあるほど、群のある部分が新たな環境に適応して、変種となる可能性が高くなる。これらはすべて分岐や多様性などの言葉で表象されていく。こうして一つのものが他のものへ複数に変化する「進化論」的な思考が生まれた。

　そしてこれは、かつての博物学と生物学を分かつものでもある。すべてを一覧表のなかに位置づけようとする水平的な博物学の「分類」に代わって、生物の分岐を示す垂直的な「系統」という考え方が重要になった。生物群の多様化を記述するのに最適な図は「系統樹」となる。

> 共通の祖先に由来するが、ちがった群に分かれた一つの科の中で、漸進的に変更するような、ある種の形質が伝播して行く。こうして、この科のすべての種は、「多数の先祖を通して過去にさかのぼっているいろいろな長さの、迂回したつながりの線」で、互いに結びついているのである。このように一歩一歩進めてゆくと、生物界全体が同じ系統樹の枝にそって配列される。こうして、かつて生きた、あるいは今日生きているすべての生物は、ごく少数の先祖、ただ一つの先祖に由来することにさえなる。(9)

一般的にダーウィン以降の進化論は、系統樹に見られる漸次的な生物の分岐を想定する。そして生物の変異の偶然性を支持した。これにより進化論は先験的な考えを排して、観察、分析、実験ができるようになった。

そしてダーウィン以降の生物学は個々の生体ではなく大きな集団を考察するようになる。それまでの生物学は突発的な変異や変異した個体に注目していたが、ダーウィン以降は大集団の緩やかな変異を考察するようになる。これは生物の変異が、集団の大きさや集団が増殖する能力と結びついているからである。そしてこの考え方は大数を基本とする点で、のちの統計学的な考えを先取りしている。

そして変異した種は、「生存競争」に参加する。変種と、変種を生んだ従来の種のどちらが増殖し繁栄するか、あるいは滅びるかは、種ごとのあいだにある差異が増殖に寄与するか否かで決まる。「結局のところ、生物界の進化に特有な唯一の力は、生物に特有な増殖の力である」[10]。このような集団間の生存競争の考え方は、マルサスの『人口論』に根差す考え方である。進化論的な生物学はマルサス人口論からその骨組みを借用している。マルサスにおいては、生物は等比級数的な増加を見せ、生存手段である食料は等差級数的な増加しか見せないと考える。そのため人間集団にとって限られた生存手段をめぐって生存競争が起こることになる。この原理を生物の集団間に応用したのがダーウィンの進化論における生存競争であった。

さらにダーウィンは自然界に起こる生存競争である自然淘汰（自然選択）の手本を、家畜や植物栽培での人為淘汰（改良）に見出している。ダーウィンのなかで自然淘汰と人為淘汰の互換が成立したのは、変異を生み出すのが飼育家・園芸家の意図ではなく、あくまでも集団のなかで偶然現れる変化に過ぎないからであった。そして自然が偶然に与える変異は母集団が大きいほど観察される傾向があった。その意味で自然淘汰と人為淘汰は互換可能となったのである。そしてこの変異と淘汰は世代間を通して起こるため、「世代」が生物の変異をめぐる時間設定の単位となった。

ここでこれまでの生物学に至る認識の枠組みを整理しておこう。一九世紀初頭までの理解では、有機体（有機構成）とは生体の全体性をあらわし、有機構成された生物の形は常に連続していると考えられていた。また生物界の構造は自然神学的なものであれ、生命力という生物に固有の力であれ、必然性を表現していた。そして生物の形象が現在の状況とは異なることは想定されていなかった。

一九世紀中盤以降の進化論（ダーウィン）と、それ以前の生物変遷論（ビュフォン、ラマルク）では認識の枠組みが一変する。必然性は偶然性へと転換された。かつての生物界は、その形象において現在の状態とは完全に異なる可能性を帯び、今いる生物の表面的な形象はかつては存在せず、かつて存在した生物はすでに絶滅している可能性があると考えていた。だが今では生体の表面が偶然変わった生物は、外部条件に適合し、生存競争を生き延びることで新種になる。ある生物の形象、性質、特徴などは、自然界に存在するすべてのものから影響を受け、その相互作用のなかで存在するものになる。

さらに生物集団に対する学問的アプローチも変わっていく。生物変遷論までは、ある群は「同一の物体の集合」であり、そこから群の構成員はすべて同一のひな型に合致したコピーとして考えられていた。生物は、世代を通して、その構造の永続性を付与されていた。この場合、知的対象となるのは、対象それ自体ではなく、それが参照される「型」となる。ある個体がその型から離れていてもその偏りは無視してもよかった。しかし進化論においては、「全く逆に、われわれは対象の同じ集合内に、正確には決して同一ではない個体の群をみることができる。こうして、群の各員は独自の性質をもっている。すべての個体が照合できるようなひな型はもうなくて、各個体の性質の平均を要約するだけのモンタージュ写真があるだけである。したがって、知る必要があるのは、分布を通しての全体としての集団だけである。平均された型はもう抽象にすぎない。その特殊性、差異、変異をもった個体だけが実在性をもっている」(11)。

そして一九世紀中盤以降の進化論のなかでは、生物集団の増殖が進化を促す。また細胞説と進化論以降では、増殖とは二つのことを意味することになる。第一に、増殖は両親に似た子を生み出すことを意味する。第二に、増殖はその偶然性によって新しいものを生み出すことを意味する。この二面性が生物学における増殖の規則性であり、端的に言えば、それは集団内部に「同質性」と「異質性」という異なる現象を同時に生み出す規則性ということになる。「同質性」と「異質性」の産出は、細胞の核内に潜む性質へと知的関心を移動させた。同質なものの形成とは「記憶」の問題である。一八世紀以降、再生産や世代を経ての同質なものの再構成はそれを可能にする記憶が必要だと考えられていた。この記憶をめぐる考えはさまざまな説を生み出す。例えばダーウィンは「パンゲン説」(パンゲネシス)という形質遺伝に関する説を唱えた。これは、生物の細胞には自己増殖する粒子(ジェミュール、gemmule)が含まれており、この粒子が各器官で新たに獲得した形質の情報を内部に貯蔵し、その後血管などを通してその情報が生殖細胞に凝集し、それが次世代に伝えられるという説である。いわゆる獲得形質遺伝である。これに対して、クロード・ベルナール(Claude Bernard)は卵には伝播される設計図がすでに含まれていると考えた。のちの染色体、DNAを彷彿とさせる考え方だが、この時点で生理学の実験としては「増殖」や「遺伝」については確かめる方法がなかった。

ところでダーウィンが獲得形質遺伝を支持し、ベルナールが細胞内部に注目したのは偶然ではない。そこには「環境」概念をめぐる変遷がある。金森修によれば、一八世紀の百科全書では「環境」は「媒質」を表していた。媒質とは力学において力を伝える役割のある物質という意味である。「環境」概念は一九世紀前半、社会学者オーギュスト・コントによって、重さ、大気圧、水圧、運動、熱、電気、化学元素などを含む概念に変化していく。しかしコントにしても、それ以前の概念にしても、念頭にあるのは力学である。運動の法則を前提として、「それらはすべて数量的取り扱いが可能なものであり、環境は生物学に固有な概念として自律していそうでいて、自律できていない。コントはほとんど生態学に肉薄する学問構想を持ちながらも、その主導者になることはできなかった」[12]。「環境」は力学的な力を伝える役割を超えて生物に影響を与えるものとは考えられていなかった。本章のこれまでの記述でも「環境」ではなく、あえて「外部」や「外部条件」としたのもこうした理由からである。

「環境」概念を生態学と生理学のなかに位置づけたのはクロード・ベルナールである。ベルナールは一九世紀中盤から「内部環境」という言葉を血液や体液の意味で使用するが、徐々に内部環境を生物の自律性として捉えていく。それは生物の生体内部の中心的器官がその機能において可変性が著しく低く、外部と接触する頻度の高い生体の表面に高い可変性があることと関連する。つまり内部とは生体の基本的かつ重要な機能を持ち、それらは外部の変化に対して影響を受けない自律性がある。ベルナールはこうした自律性のある内部・深部を「内部環境」と呼んだ。

内部環境をもつおかげで、生物は、外部環境の直接的変化にもろに影響を受けるのではなく、内部環境というクッションの中で一定の安定性を確保することができる。内部環境は生物の自律性を保証することができる。内部環境は生物の自律性を保証する緩衝装置のようなものとして考えられるようになる。生体の組織は外界と直接交渉しながら生きていくのではなく、外界から必要なものを取り入れ必要でないものは通過するにまかせる内部環境の濾過と緩衝によって、間接的な交渉をして生きていく。生物は内部環境のおかげで自律的で安定的な生を勝ち取ることができる。そのような含意をもつものとして、徐々に把握し直されるようになるのである。[13]

こうした「内部環境」概念は、生命の「調節」機能として、のちに神経系、内分泌系（ホルモン）の発見を促し、二〇世紀にはホメオスタシス（恒常性）の概念へと行き着く。しかしながら内部環境や卵という細胞内部に着目したベルナールの生理学的研究においても、増殖や遺伝という現象を解明できなかった。仮説を実験で証明できなかったのである。

「遺伝」現象の考察は、まったく別の方向から見出される。それは一九世紀末、ボルツマン（Ludwig Eduard Boltzmann）らによって統計力学（熱力学）が広く知られるようになってからであった。それまで力学といえば運動の法則を意味していた。しかし次第に「熱」が重要性を帯び始める。物体の運動と熱が非常に密接な関係にあることが知られると、熱の変化の計測から物体の性質を分析するようになる。また運動、電気、磁気、光、熱、化学反応といった異なる分野で働く力を「エネルギー」という概念に集約し始める。エネルギーとは、仕事を生み出し、仕事から生まれるものすべてを意味する。同時に「当量」の概念も生まれる。自然界に起こるすべての変化を「エネルギーの変換」に置き換える概念の登場である(14)。当量の概念によって、エネルギーの違った形態――例えば電気と熱――を独立ではあるが、同じ価値をもつものと捉えるようになる。さらに熱の性質が考察される。熱は高いところから低いところへと移動するが、その逆はない。熱は最も低いところに達して初めて移動をやめる。それが「エントロピー」最大の状態と呼ばれるものである。

宇宙の物理的現象を支配している熱力学の第二法則とは、孤立した系では、エネルギーはその質を低める、つまりエントロピーが増大する傾向があること、運動はついには止まるだろうこと、電位差または化学ポテンシャルの差がなくなるだろうこと、温度が均等化するだろうことを述べているのである。外からエネルギーを供給しなければ、すべての物理系は崩壊し、全く動きのない状態に向って進んでいく(15)。

熱の考察からエネルギー、当量、エントロピーへと至る思考は、生物へと拡張された。つまり、動きがある――生きている――ということは、生物の活動にはエネルギーの変換があるということを意味する。すなわち「代謝」である。摂取した食物を燃焼することによる化学エネルギーの転換が生物のあらゆる活動を支えていると理解されるようになった。熱力学が、生物学と物理学をこれまでとはまったく異なる方法で結びつけたのである。こうして熱力学の法則は生物にも適用されていった。熱力学第一法則――エネルギー保存の法則――は、ある形態から他の形態へと変換されるエネルギーの総量は一定不変とする法則である。これは有機物・無機物の両方で元素が同一なので、エネルギー保存の法則も生物・無生物でも同様に適用可能であることを意味した。次に熱力学第二法則――エントロピー増大の法則――は、熱現象の不可逆性を意味する。熱は常に高いところから低いところへと拡散する。生物もまた食物によってエネルギーを外部から摂取するが、エネルギーは外部へと拡散する——エントロピーは増大する。したがって生物は外部からエネルギーを補給し続け、低いエントロピーを維持しなければならない。

また、熱は分子の運動によってもたらされるが、統計力学（熱力学）では個々の分子がどのように運動するかを考えることはない。「重要なことは、与えられたある瞬間に、どの分子が衝突を起こすかを知ることではなく、そのさい平均していくつの衝突が起こるか、一個の粒子が衝突に加わる確率はどれ位かを知ることである」[16]。統計力学では、個々の行動ではなく、大集団・大数における統計的な法則を導き出すことが重要になる。大集団への関心は、上述したようにダーウィン進化論につながる考え方である。

こうした統計力学と進化論との関係は、次の二つのことを意味する。第一に、統計力学でも進化論でも「偶然性」が自然の中心に置かれる。個々の分子や個々の生体の厳密な因果性としての運動法則ではなく、大規模な集団に見られる確率として考えられるようになる。一九世紀後半には自然の法則は統計学的な法則性へと軸を移し、偶然性は大集団のなかの確率的な法則性へと解釈されていく。第二に、この二つの知には、時間の不可逆性という類似性がある。古典的力学のなかでは、例えば光をプリズムでスペクトル拡散させたあと、そのスペクトルをもう一度プリズムのなかを通過させるともとの光になると考える。この場合、光の状態は時間の経過後にもかかわらず、時間経過前の状態に戻る。これが古典的力学における時間の可逆性である。しかし熱力学第二法則によって、熱現象の不可逆性が示された。例えば熱水は時間が経つにつれて空気中に熱を拡散して冷えるが、拡散された熱を帯びた空気を水の周りにいくら配置しても水は再び熱くなることはない。冷えた水はそれよりも高いエネルギーを加えない限り熱水にはならない。これがエントロピーの増大である。こうした熱現象の不可逆性は、時間経過に伴って現象がもとに戻らないという意味で時間の不可逆性を意味する。生物においても、自然淘汰、進化によって分岐していく現象では時間は戻ることはない。一度分岐を経た生物種はもとに戻ることはない。生物は、ある方向に分化を続けるか、または消滅するしかない。そして生物の進化が逆回転しないということは、先祖返りや退化といったそれまでの生物学の考えを棄却することを意味する。

また統計力学を経由した生物学は「遺伝」についての研究を発展させることになる。それまで遺伝に関する経験的知識は蓄積されてきたが、それを厳密に解明するには至っていなかった。しかしメンデル（Gregor Johann Mendel）による遺伝法則の発見が、園芸・畜産の知識と、生物学の理論的知識を結びつけた。メンデルの有名なエンドウマメの顕性（優性）と潜性（劣性）の遺伝に関する研究は一八六五年に発表されたが、しかしその重要性が認識（再発見）されたのは一九〇〇年であった。その重要性は統計力学的な思考を待って再発見されたのである。

ボルツマンをして物体の性質をその内部構造に結びつけさせて物質の進化を支配する法則を引きださせた姿勢そのものが、メンデルに遺伝の分析とその法則の認識をさせる道を開いたのである。両者とも、不連続な要素が関与している。両者とも、偶然にゆだねられる単一な要素の行動を予見することはできない。両者とも最後に、大集団を統計的に処理して、偶然から秩序を抽出することができる。遺伝の因子に関しようと、気体分子に関しようと、個々の単位の行動は重要ではない。メンデルにとって、特殊な植物の中に実現される形質の組合せがもはや興味がないのは、ボルツマンの場合の特殊な分子の軌道と同じである。このようにして遺伝は分析の対象となったのである。(17)

先述したように、ダーウィンはパンゲン説（パンゲネシス）を唱えていた。それは各器官で獲得された情報がジェミュール（微粒子）として生殖細胞に集まって次世代に伝達されるというものであった。しかしメンデルの遺伝法則はそれとはまったく異なる考え方であった。

遺伝が伝播するものは、個体の全体的な表象でもなく、また、モザイクの石のように子供に再配列されるための親の体のすべての点からやって来た一連の密使でもない。それは、ある形質をそれぞれ支配しているような不連続な単位の一つの集合である。それぞれの単位はちがった状態で存在することができ、これが対応する形質のちがった形を決定している。すべての生体は単位からなる完全なセットをそれぞれの親から受けとるので、これらの単位は世代の過程で偶然に配列しなおされる(18)。

メンデルによる遺伝法則の発見、および後年のメンデル説の再発見は、細胞の研究に結びつく。細胞説では、細胞は細胞から分裂することで構成され、そこから遺伝の「記憶」、つまり子孫がなぜ祖先に似るのかが理解されるようになる。子孫は細胞分裂における断片なのである。そして単細胞生物でも多細胞生物でも、遺伝は細胞の連続性の結果として生ずることが知られていた。したがって記憶は、細胞のなかに宿っていなければならない。

メンデル説の再発見以前の一八八三年にヴァイスマン（Friedrich Leopold August Weismarn）は「生殖質説」を提唱していた。生殖質説は、遺伝は生殖細胞――精子や卵子――によってのみ引き起こされ、それ以外の体細胞は遺伝には関与しないという説である。ヴァイスマンの生殖質説で重要なのは、ラマルクやダーウィンのパンゲン説に見られる獲得形質遺伝を否定したことである。生殖細胞はその他の体細胞を作り出すが、生殖細胞は体細胞が獲得したいかなる影響や変化からも影響を受けない。いかなる遺伝に関する情報も、体細胞から生殖細胞に受け継がれることはない。そして生体の記憶である遺伝物質は細胞核にあるのではないかという予測がされた。

ここから染色体が注目されていく。染色体となる物体は一八四二年にネーゲリ（Karl Wilhelm von Nägeli）により発見されていたが、それが塩基性色素によく染まることから一八八八年にヴァルデヤー（Heinrich Wilhelm Waldeyer）によって「染色体」（クロモゾーム）と命名された。そして一九〇二年、サットン（Walter Stanborough Sutton）により染色体説が提唱され、一九二〇年代になってようやく確立される。染色体説では、生殖細胞内での半減した染色体は受精卵内で融合する。それにより、父方と母方から染色体を半分ずつ受け取る。こうして遺伝の記憶を伝播できるものは染色体という物質だけとなり、それは両親の性質だけでなく、先祖の性質も含むものとなる。父親の染色体は子どもの核の半分を構成し、祖父の染色体は四分の一だけを、十世代前では一〇二四分の一だけを構成する。以下同様である。遺伝の問題は単純な数字で処理できるようになる。各世代において父親に由来する染色体と母親に由来する染色体とが釣り合う。統計的に解析すると、ちがった先祖が個体の遺伝物質に与える貢献を評価することができる。……生きていようといなかろうと、すべての物体は統計の法則に従うのである。[19]

こうして二〇世紀になってようやく細胞説、進化論、メンデルの遺伝法則の再発見、統計力学（熱力学）の考え方が相互参照できるようになる。

先述したように、一九世紀中盤以降の進化論では、生物の増殖が進化を促し、集団内部に「同質性」と「異質性」を生み出すという進化の規則性が見出されていた。遺伝によって同質性が担保されるにしても、同じ進化の規則は「異なるもの」も生み出すのである。それが「突然変異」である。ラマルクやダーウィンの獲得形質遺伝でも、それらを否定したヴァイスマンの生殖質説にしても、変異は目に見えないような微小の変化の蓄積と考えられていた。しかし二〇世紀の幕開けとともにユーゴー・ド・フリース（Hugo Marie de Vries）が提唱したのは、進化をもたらす変異が微小な変化の蓄積ではなく、急激な質的変異とされた。それが突然変異説である。突然変異もまた統計力学的な思考であった。第一に突然変異は稀にしか起こらず、大部分の個体は変化しない。第二に変異は突然起こり、正常な個体と突然変異型の個体には推移がない。第三に突然変異型が安定した子孫をもつと、その新しい型は世代を通して継承される。第四に突然変型からもとの型に戻ることはない。第五に突然変異は一度ではなく、規則的に出現する。第六に突然変異とその有効性のあいだには相関関係がない。突然変異説は個別の変異の因果を解明するのではなく、大集団のなかで偶然起こる突発的な変異の規則性を考察する。

こうして遺伝現象における「同質性」も「異質性」も偶然に支配される確率の法則に従うことが理解されるようになった。そして遺伝現象についての知は、大集団を基盤に、そのなかの遺伝因子の分布や移動、組み合わせを計測し、組み合わせの出現確率や突然変異の出現確率を計算するようになる。

5　コント社会学

生物学へと至る探究で求められたものとは、生命現象における隠れた「自然法則」であった。古典的物理法則から始まり、それとは異なる法則として未知の「生命力」を設定する生気説、そして細胞とその分裂メカニズムの発見と統計力学、こうしたすべてが生物や生物集団の背後にある自然法則の探究であった。そして、その過程で出てきた「有機体」とは、生体の全体性を最も重視し諸部分を相対的な重要性で判断する生気説的有機体論と、細胞という最小構成部分を最も重視してそこから全体と外部環境とを考える細胞説的有機体論の二つがあった。そして集団に観察される発生と再生産は「同質的なもの」と「異質的なもの」を生み出し、その考察は統計的規則性へと向かう。

こうした生物学の変遷に随伴して発展したのが社会学であった。社会学（sociology）の語は一八三九年のオーギュスト・コントの『実証主義哲学』にも現れるが、周知のようにコント社会学は生物学の知見からもたらされている。しかしこの年はシュヴァンとシュライデンが細胞説を発表した年であり、またレマクの二分裂やそれを受けてフィルヒョウが「すべての細胞は細胞から」という主張を受け入れるのは一八四〇年代から一八五〇年代であることからもわかるように、コント社会学は細胞説以前の生物学を参照していた。またモランジュが指摘するようにコントは顕微鏡の使用や細胞説にも反対していた[20]。したがってコントの社会学において参照されていたのは、生命力を基盤にする生気説的な生物学であった。

コントが社会を、当時の生物学に基づいて生気説的な「有機体」として考える意味を探ろう。先述したように、有機構成の概念は、次の三つのことを意味していた。第一に「生体の全体性」である。生物において重要なのは、分離した各部分ではなく、その全体との関係である。第二に、生体と自然（外部条件）との調和。第三に、内在的原理の有無による有機物と無機物との区別であった。それ以前の生物機械論とは異なり、一九世紀初頭の生気説は、生体の内在的原理を「生命・生命力」と呼んでいた。コントが生物学や生理学に言及するときには、この生気説的生物学の生命を基盤にして社会を考えていた。生気説的有機体論が末端の部分として器官や細胞ではなく、生体全体を重視するように、コントも末端の諸個人ではなく、それが結合した社会全体を重視する。コントは次のように述べている。

一握りの人のためのものであろうと、数百万人のためのものであろうと、社会組織というものはすべて個々の力を全部、総合的活動目的のほうに向けることを究極の目標とする。総合的な、結び合わされた活動が行われるところにしか、「社会」は存在しないからである。それ以外のどんな仮説でも、同一地点に、ある数の人間がただ集まっているにすぎない。人間の社会と他の群居動物の社会との違いはここにある。(21)

「結び合わされた」社会全体の重視から、コントの生気説的社会有機体論は、必然的にケトレ的な平均人を忌避する。(22)ケトレは一八三五年に『人間に就いて』で「平均人」という概念を提示しているが、これはジャコブが進化論について述べた個所で「モンタージュ写真」の比喩で語ったものと同じことを意味している。平均人とは、「各個体の平均の性質」であり、それは個体という基本単位の集積、すなわち細胞説的な発想なのである。そしてモンタージュは、ロンブローゾやゴルトン、日本では坪井正五郎の重ね撮り写真のように、実在する個人の集積から全体を導き出す考えである。こうした視点では、全体の優越性、総合された観点からその構成員たる個人を見ることはない。それとは反対に、コントの考えは生体の全体性と同じ発想で社会の全体性を有機体として考えており、個人や細胞といった社会や生体の最小単位の集合から有機体を考えているわけではない。

それでは、コントにとっての人間の社会全体に適用される「法則」とは何だろうか。それは人間の文明的発展段階を示す「あらゆる個々の人間的差異を越えた不変の自然法則」[23]とされる。そしてそれは「人間の支配を越えている」[24]ものであった。こうした考えは、コントが述べているように「すでに実証的段階に入っている四つの基礎科学、すなわち天文学、物理学、化学、生理学」と同一の方法であり、それを政治哲学にも導入することを意味した[25]。

コントによれば、政治を実証科学として扱おうと最初に努力したのはモンテスキューであり[26]、その試みは『法の精神』の冒頭「法律一般ついて」にあるという[27]。モンテスキューはそこで、政治的事実の探究に「自然法則」を導入しているが、しかしコントはモンテスキューの試みが実証科学の域にほど遠いとも述べている。それはモンテスキューが政治現象を支配する自然な文明の発達という法則性に気づいていないからだと考えていた。

コントにとって社会を有機体論的に考えることは、生物学が示した有機体の自然法則に沿って文明社会の発展法則を示すことであった。その文明発展の法則は、神学的・軍事的な時代、その後の形而上学的・法制的時代を経て、最終的に科学と産業の時代へと向かうものであった。この方向性は、文明社会が王権神授説から社会契約説を経て、生物学を基盤とする社会学――「種の生理学」や「社会物理学」――という実証科学に基づく秩序形成に向かうことを意味した[28]。次の文章はそのことを端的に述べている。

> 科学的政治においては、人類は自然の発展法則に従っているものと理解される。この法則は、観察によって確認できるし、そして、各時期について、どのような政治的行動を行うべきかを極めて明確に指示してくれる。したがって、専制は必然的にやむことになる。人の支配に代わって、物の支配が始まる。有名なモンテスキューが法という語に与えた現実的・哲学的意味において、法が政治に現われるのはこの時である。政治においては、法がどのような形態をとろうとも、少なくとも根本においては、専制が再登場することはあり得ない。細部においてすべてが真に最高の法によって定められる。この法は究極的にはいかなる影響も受けつけない人間性から出たも

のであるから、あらゆる人間の力を越えるものと認められる。要するに、この法は、神学的専制すなわち国王神権説と、形而上的専制すなわち人民主権説とを、等しく効果的に排除するものである。[29]

自然法則に依拠する社会学では、王（天皇）から人民（国民）への主権の継承性――法権利的連続性――も排除される。ここにも比較言語学、形質人類学、人種交替説における主権論の対立と同じ構図が見て取れる。社会という全体性の背後にある隠れた法則としての文明発展の法則は、王権神授説と天賦人権説的な主権論という「法」とはまったく異なる原理として提示されている。生物学を経由したコント社会学は、こうした一般的な「法」概念を科学的実証性の観点から排除する。

では、コント社会学の科学的実証性とは何か。何度もいうようにその背景には生物学の成立がある。コントは人間社会の科学的実証には、政治現象の観察と分類が不可欠だという。これは政治現象の複雑さに対する数学的分析の不毛さを指摘した部分であり、同時に幾何学者が生理学者による「無機物研究と有機物研究」という「二大区分」に注意を払っていないことへの批判であった。ジャコブが指摘するように「十八世紀の終わりまでは、生物と物との間に判然とした境界がなかった」[30]のである。コントは数学的法則を現象に適用するには観察対象の量的変動が一定で、単純であることが必要だが、有機体の生理現象は可変性が大きすぎて、数学・幾何学的な法則は適用できないという。そしてそれは人間の道徳的・政治的現象についても同様であると述べる。[31]そのために、まずは有機体の複雑さを観察し、分類し、そこから一般的法則性を導き出すことを主張するのである。

では、生理学・生物学と、社会学を分かつものは何か。コントは「社会物理学の中で直接的・生理学的考察」が適用できるのは、「人間の最初の集団形成を解明し、人類の幼年期の歴史を、言語の創造によって、文明が飛躍的に発展した時期」までであり、社会学は人類進歩の直接的観察だけを基礎にするべきだという。[32]つまり社会学は言語の成立以後の文明の進歩の直接的データを用いるという意味であり、文字による文献的データに基づく科学を標榜することになる。生理学・生物学による人類の考察は言語成立以前までであり、その後の文明発達と複雑な社会の考察は社会学の領分であるというのがコントの主張であった。

コント社会学では、有史以前を生物学が、有史以後を社会学が担当する。生物学と社会学は、科学的実証の態度として結びつき、自然法則を念頭にそれ以前の「歴史」記述とは異なる〈歴史〉を提示しようとする。

> 今日までに書かれた歴史的著述は、最も優れたものも含めて、すべて本質的に年代記的性格しか持たず、また必然的にそうした性格しか持ち得なかった。年代記的性格というのは、重要さや正確さに多少の差はあっても、いずれにせよ、相互に無関係な一連の事実の記述、年代順の配列という性格のことである。おそらく、政治現象の関連や組み立てに関する考察も、特にここ半世紀来、全く無視されていたとは言いきれないかもしれない。しかし、この混合物も、こうした種類の著述の性格をまだ少しも変えていないし、こうした著述は依然として文学的なままである。現在まで、科学的精神で書かれた本当の歴史、すなわち、人類の社会的発展を支配する法則の探究——それこそ、本章で考察された第一系列の作業の目的なのであるが——を目的とする歴史は全く存在しない。[33]

法則に基づく歴史の記述が、コントにとって、社会学による複雑な社会の観察となる。これは人間の主体性を排除した〈歴史〉を構成した比較言語学や形質人類学の考え方とも近い。

次にコント社会学のなかで社会秩序を維持する「統治」はどのように考えられていただろうか。コントは家族を社会の基本単位とするが、家族内の結合に見られる共感的本能に代わって、多くの家族が集合する場合には「分業と専門化による協力の原理」[34]が重要であるという。コントにとって、分業は工業的発展にとって不可欠だが、同時に人々のつながりが「分散」してしまうことを意味した。そこで重要となるのが「同じように自然発生的で、分散傾向の増大に比例して強くなり得るもの」として「社会そのものの内部」から現れる「政府」であった[35]。のちの議論のために言い換えると、社会有機体は分業によって発展すると同時に、専門分化してそれぞれが「異なるもの」を内部に発生させるために、政府という統治機関（全体を統合する機関）が必要になるということである。全体の変化が個の分散を生み、そして分散を防止するために政府が必要とされる。統治のための政府の生成も文明の自然法則として理解されている。

コント社会学とは、生気説的な社会有機体論として社会全体の重要性を説き、社会の自然な発展に伴って部分である家族や個人が「異なる」ものへと分化することを抑制するために「統治」が重要になるということを示している。「統治する」ことについても、王権神授説や社会契約論を基盤にするのではなく、生物学を基礎とする社会有機体の「自然法則」が導く「異質性」への対処として説明する。

6　スペンサー社会学

スペンサーの社会学もまた生物学を参照しているが、しかしコントが生気説的な生物学を踏まえたのに対して、スペンサーは細胞説に基づいた生物学を参照し次のように記している。

現在知られているように、動物植物を問わずいかなる胚〔germ〕も、将来の有機体のごく幽かな兆（きざし）、手掛かりないし兆候すら含んでいない。また、顕微鏡により明らかにされているところでは、受精した胚において最初に始まる過程は必ず自発的分裂の反復の過程で、その結果生ずるものは、何ら特別な性格を示さぬ多くの細胞〔cells〕である。それゆえ、成長途上の胚のうちに常に存在する不完全な生物体が、これに作用する力によって次の段階の生物体、またさらに次の生物体に変えられ、複雑さを増して行き、ついに最終的な形態に至る、と想定せざるを得ないように思われるからである。したがって、すべての胚が通過する異質性増大の諸段階が一つの力による多くの変化の産出に起因することは、力が微細で結果の発現が遅いために直接的には示せないけれども、間接的にはその有力な証拠が存在することになる。(36)

ダーウィンの『種の起源』が刊行される二年前に書かれたスペンサーの「進歩について」の一文である。ここで「胚」(germ)とは生殖細胞を意味しており、またレマク以降の細胞分裂についても言及されている。そして有機体の将来の手がかりや兆候さえ細胞には含まれないという主張は、前成説の否定を意味している。

先述したように前成説を否定した細胞説に基づく生物学は、次の四つの特徴をもっていた。第一に、生物は外部条件に適したものだけが生存し増殖するという生態学的特徴。第二に、生体内の主要器官は深部にあり可変性が低く、付帯的なものは生体表面に広がり可変性が高いという生理学的特徴。第三に、生物は常に細胞から構成されるという細胞説。第四に、生物の再生産は細胞からなされるので、発生と増殖とは与えられた構造・形象の永続ではなく、次々と起こる有機構成の循環に基礎を置くこと。そしてこの四つの特徴から生物の変遷論、そして進化論が生まれるのである、と。スペンサーの議論もまさにこの変異による「異質性」の増大に向けられる。有機体が細胞という基礎単位から再構成されるという「一つの力」が「多くの変化」を産出するのである。

実際、この「進歩について」の論文は、ありとあらゆる現象についての「異質性」(heterogeneity)の増大を「進歩」と規定する。生物の変遷と進化が、スペンサーにとっては進歩であり、それを生物学だけでなく他の領域にも敷衍する。

有機体の進歩が同質から異質への変化であることは議論の余地がない。／……辿り得る限り最も古い宇宙の変化から文明の最新の成果に至るまで、同質から異質への変化が根本であることがわかるであろう。(37)

異質性の増大は、「人種」にも適用される。

地球に人間が誕生して以来、人類の開化した部分では人体がより異質的になり、人種〔races〕の増加、種族〔races〕相互の分化を通じて、人類が全体としていっそう異質的になっているということも同様に真実である。[38]

そして人種の異質性の増大を、スペンサーは身体的特徴である形質と、言語に見出そうとする。形質的特徴については四肢の相対的発達を挙げ、未開人は手足が四足歩行のように同じ長さだが、それに比べてヨーロッパ人は脚の方が長く強いと主張している。また「一般に脊椎動物においては、脊柱、特に頭蓋骨を構成する脊椎の異質性の増大が進歩の印である。すなわち、高級な形態というのは、脳を被う比較的大きな骨と、顎その他を形成する比較的小さな骨によって見分けられる」[39]と述べて、骨相学や頭指示数（頭蓋指数）に通じる考えを披瀝している。そして「人類がいくつかの別々の株から生じたという仮説を承認するとしても、そうした株の各々から現在では非常に異なっている多くの種族が生じ、それらが共通の起源を有することが言語学的に確かめられている以上、人類全体が、以前に比べて遥かに異質的である、という主張はやはり正しい」[40]と述べて、人類単一起源説であれ人類多起源説であれ、人種の異質性、新種族の誕生は言語学的に立証されていると述べる。ここでも生物学から社会学を通じて、形質人類学と比較言語学が結びつくのである。

特にスペンサーは言語の異質性の増大について三つの特徴を挙げている。第一に叫び声のような単一の音から、品詞が生まれ拡大したこと、第二に類似の意味をもつ単語が分化したこと、そして第三に言語の系統を挙げる。

或る言語学者たちは、それ〔言語〕が二つないし三つの幹から育ったと言うが、いずれにしても、インド・ヨーロッパ語族のような大語族が同系統のものである以上、言語が不断の分化過程を経て別個のものになったことは明らかであろう。地球上の全域にわたる人間の拡散は人種の分化を生じ、同時に言語の分化ももたらしたのである。この事実は、各国の各地方に見られる方言の特殊性によっていっそう良く証明される[11]。

スペンサーによる言語の異質性の増大の考えの背後には、一八二〇年代のグリムの法則の確立、一八五〇年のシュライヒャーによる言語の系統樹的な考えが垣間見える。形質・言語の異質性から人種の異質性を引き出す議論は、それら異質性の増大が、同じ人種をついにはまったく異なる人種へと仕立て上げることを意味している。つまり生物学における新種の形成と同じ議論を人種についても行っているのである。その場合、「人種」概念は互いに相容れないものとして一覧表のマス目にはめ込むことを意味する「分類」だけではなく、祖先からの「分岐」を示す系統樹的なものとなる。

スペンサーは、異質性の増大という「一般的法則」は、人間の社会的形態にも当てはまるとして、統治形態における異質性にも言及している。

人間の個的形態から人間の社会的形態に移ると、この一般的法則がさらにいっそう多様に現われていることがわかる。同質から異質への変化は、文明全体の進歩のうちにも、各種族あるいは各国民の進歩のうちにも等しく見られ、現在なお加速度的に進行している。……最初の、そして最低の社会形態は、同じような力と同じような機能を持つ個人の同質的集合体であった。……しかし種族の進歩につれて、次第に支配者と被支配者の差は決定的になって行く。最高権力は一家族の世襲となり、その家族の長は自分の必要を賄うことをやめて他の人々の奉仕を受け、統治という役目だけを引き受けるようになる。／同じ時に、これと並ぶ統治形態——宗教という統治形態——が生じた。……王が最高の聖職者を兼ね、僧侶が王族のメンバー、という状態が何代も続く。……そして最も進んだ諸国民においても、これら二つの支配機関は決して完全には相互に分化していない。／……さらに

> もう一つの支配力がある。すなわち、作法あるいは儀式的慣例である。……あらゆる形式の儀礼的呼びかけは、最初は征服者に対する捕虜の、あるいは統治者――人であれ神であれ――に対する臣民の服従の表現であったが、後には下位の権威相互の融和のために用いられ、次第に日常の社交にまで及んだ。……挨拶は次第にすべての人々の義務となったのである。こうして、初めは同質的な社会的集団が被支配的部分と支配的部分に分化するや否や、支配的部分においては宗教的なものと世俗的なもの――教会と国家――の初期的分化が見られ、また同時に、これら二つから、人間の日常的交際を規定するやや不分明な支配が分化し始める。……時とともに、極めて複雑な政治組織が生ずる。すなわち、例えばイギリスにおけるように君主、大臣、貴族、平民から成り、行政部門、裁判所、財務部などを具え、地方においては、市政府、州政府、行政教区または連合教区政府――これらはすべて或る程度精密に出来ている――に補佐される政治組織である。政治組織と並んで、非常に複雑な宗教組織も成長する。これは、大主教から寺男に至るさまざまな等級の役職、僧団、聖職者会議、教会裁判所などを具えている。また別に独立の諸宗派があり、絶えず数を増やしているが、各宗派には全体の権威者と各地区の権威者がある。同時に、社会全体の習慣、作法、一時的流行の極めて複雑な集合体も発達する。それは、世俗法によっても宗教法によっても規制されない人間相互の小さな交渉のコントロールに役立つ。加えて、各国の統治機構の異質性増大に伴って、他の国々の統治機構も異質性を増したという事実、すべての国は政治体制、法律制度、主義、宗教的制度、習慣、儀礼的慣例に関して多かれ少なかれ相違する、という事実も見落としてはならない。(42)

スペンサー社会学では、まず、支配者・被支配者という分化が現れ、支配はさらに宗教的と世俗的な国家に分化し、また日常的交際の分野では身分的差異が現れる。他方で被支配者側では労働の細分化すなわち「分業」が進む。個人間の分業、地域間の分業、そして生産機能から流通機能・販売機能の分化等々。こうしてスペンサー社会学では、単純から複雑へ、同質から異質へと「進歩」することになる。

スペンサーの軍事型社会から産業型社会への進歩、個人主義に依拠した社会進化論には、同質性から異質性へという一般法則が内在している。すべてのものが分岐し、変異する。最初から全体であるような工の存在も、常に同質的であるような人民も想定されない。人々も政治組織も異なるものになっていくことが進歩なのである。その背後には細胞からの循環と外部環境との関係であらゆるものに変異が起きるという細胞説に依拠した生物学の考え方があった。

7 「法」と「社会有機体論」

コントとスペンサーの相違は、生気説と細胞説との違いにあったが、ここではコントとスペンサーの共通点を考えてみたい。第一に、彼らの社会学は生物学に基づく自然法則を基礎として社会の発展法則を考える社会有機体論である。その自然法則は、無謬の方向性をもっている——この点でダーウィン進化論の偶然性と異なる。この方向性とは、軍事型社会——征服と服従——から、法律的な支配を経て、産業型社会——分業と統治——へと至る必然性である。

第二の共通点として、「法」の忌避が挙げられる。スペンサーは、個人の「自由」は認めるものの、不適格なものは自然法則により死をもって排除されると考えており、人間一般を同質的で普遍性をもつもの——自然権をもつもの——とは考えていない。[43] スペンサーは個を国家より上位に位置づけるが、しかしすべての個人に同じ自然権を与えてはいない。

社会有機体論が「法」を排除することについて、特に社会契約論との関係を述べておこう。社会有機体論は生物学という自然法則に依拠していたが、社会契約論の始祖者であるホッブズが依拠したのは古典物理学的な「運動」であった。ホッブズはそれに基づいて、人間の感情や社会秩序を「運動」のイメージで捉える。その点では物理科学の「自然法則」を纏っている。しかしホッブズは古典物理学的「運動」のイメージから、人間の「意志」を導き出す。ホッブズによれば、外部からの刺激という作用と、それへの反作用として人間に「感情」が生まれ、繰り返される感情の蓄積が「経験」となり、その経験の蓄積を背景に「熟考」された結果として、人間の「意志」に基づく行為が生まれる。こうしてホッブズは人間の「意志」に基づいて契約論を立ち上げる。ホッブズにとって自然状態（戦争状態）では、人間は「意志」に基づくあらゆる選択肢を取りうる自然権がある。したがって、ホッブズにおいては、侵略や征服などの「戦争」も人間の「意志」に基づく「契約」と理解され、同様に恐怖からであっても権力者に隷従することも人間の「意志」とみなされる。自発的隷従は自由意志による、というのがホッブズの契約論の根幹である。これは人間の「意志」を介さない言語学、形質人類学、生物学や社会学の「自然法則」とは異なる考え方である。

同様に、ルソーの社会契約論においても「意志」が重要である。ルソーにおいても自由意志に基づいて行為する個人が、全面的に国家へと権利を委譲する。こうして全体としての政治体が「一般意志」を持ち、「法」を作り、人々はその「法」に服従する。人間の「自由意志」のみが、法を生成する「一般意志」を生み出すのである(44)。

この違いは、次章の人種交替説についても当てはまる。社会契約論においても人種交替説においても、「征服」や「戦争」という現象を考察するが、人種交替説が生物進化論的な「生存競争」から説明される限りでは、それはホッブズやルソーのいう「自由意志」ではなく、あくまでも生物という集合的生命に課せられた「自然法則」と理解される。こうしたことが重要なのは、後述するように、「自由意志」は優生学が依拠する生物学的遺伝とも社会環境論とも対立するからである(45)。また「法」と「自然法則」の関係でいうと、第七章で論じるように植民地統治は生物学的な「自然法則」――遺伝と生態学的環境の作用――に、人間の意志による「法」を従属させようとする。これは明らかに「法」にすべてを従属させるルソー的な社会契約論とは相容れない(46)。

第三の共通点は「統治」についての考え方である。コントは全体を維持するために分散を抑制する必要から政府による「統治」を考えていた。一方でスペンサーは、あらゆる場面での異質性の増大を想定し、それを肯定的に見ており、各々の異質性に見合った「統治」テクノロジーの拡張を考えていた。一見して相反する考え方だが、「統治する」ことの必要性については両者に共通している。

先ほども述べたように両者の相違点は、スペンサーが個人から有機体を構想するのに対して、コントは全体から有機体を考えていたことである。この違いは、細胞説か、生気説かの違いからくるものであった。ただし、有機体論が細胞から出発しても全体的なものへと回収される可能性は排除できない。実際、明治期の天皇と国民の関係は、スペンサー的な個から出発して、コント的な全体へ反転していき、さらに両者の社会有機体論が排除したはずの法権利として措定されていく議論が主流になる。そうした主流のなかに伏在するように伊波の議論は法権利とは異なる社会有機体論として現れることになる。

8　まとめ

長々と二〇世紀初頭までの生物学と社会学を振り返ってきたが、これを見ると、一九世紀後半から二〇世紀初頭に日本に輸入された生物学や社会学の内実が新規かつ複雑であったことがわかる。一九世紀後半の日本へのダーウィン進化論の紹介をもって社会を生物学的に捉える思考が始まったとしても、その内容は一様には定義できない。またフェノロサや外山正一によるスペンサーの紹介、その後の建部遯吾によるコント社会学の導入などを含め、生物学も社会学もその思考自体が新規であり変動の只中にあった。例えば、各論者が想定する有機体は生気説のように生体全体から各部分の機能へと広がるように階層化されているのか、それとも細胞説に見られるように部分・個人こそが生体全体を支配しているのかでは異なる思考になる。「社会有機体」という言葉一つとっても、どの時点の、どの説による生物学を参照しているのかでは、それが指示しているものがまったく異なる。環境や生殖、分類、系統、獲得形質、偶然性、統計、同質性と異質性などの諸概念は世紀転換期において生物学と社会学を参照しているのであるが、その場合も参照する論者ごとに異なった生物学・社会学を参照している可能性がある。

他方で、生物学と社会学には、「自然法則」の導入によって、「法」の根拠である王権神授説と社会契約論を排除する。つまり王から人民へという法権利的連続性を排除するという思考の共通性があった。そして、生物と人種の変異による「異質性」の増大が考察の対象になっていた。

つまり、社会構成員においては社会契約論による同質的な主権主体と、社会有機体論による異質的な性質をもつ生物学的・社会学的集合体の二つの極が考えられ、さらに社会有機体論には全体と個人という二つの出発点が想定されている。

それと同時に、生物学の認識論的枠組みが、比較言語学や形質人類学のそれと極めて近いことも了解できる。表面的な相似から、現象の背後にある不可視の生物学的法則性へ。マルサスの人口論を介したダーウィンの生存競争・自然淘汰と、人種交替説の枠組みの関係。さらに細胞説と種の発生から「時間」に注目が集まり、生物の時間、地球の時間が注目され、すべてが自然の時間として現れ、人間の主体性とはまったく関係のない時間として〈歴史〉が発見される。そして進化論と統計学では個人よりも大集団という水準が重視される。

こうしたことすべてが、近代日本の人間諸科学を、そして伊波の〈沖縄学〉を読み解く上で不可欠な認識論的枠組みになっている。例えば次のような生命科学の指摘は、伊波の論考を理解するのに役立つ。

現代の生命科学が前提としている重要な基礎的な考え方である生命の統一性という見方は、さまざまな試みの後に、細胞説と進化論によって一九世紀に確立されたと言える。あえて対比的に述べるならば、前者は空間的に、後者は時間的に生物の統一性を保証したと言うことができるだろう。(47)

こうした生物学的な認識の枠組みは、『琉球人種論』の次のような記述を解読するのに有用である。

（祖語）──古代日本語──近代日本語
（祖語）──（古代琉球語）──近代琉球語

琉球群島には記紀萬葉にある様な日本上古のことばが夥しく残つてゐる。思ふに島或は山の如き交通不便のところには言語も亦その他のものと共に其原形に近い形式を以て殘留せるは爭ふべからざる事實である。この點に於て琉球群島は天然(ネーチユア)が時間(タイム)を場所(スペース)に現はして吾人に與へた恩恵の一例である。(48)

第一章でも言及した引用個所であるが、生物学と社会学を経由したいま、そこに新たな意味が見出せる。「祖語」から、古代日本語と古代琉球語への「分岐」が記され、さらに分岐したそれぞれが近代日本語、近代琉球語になったことが記されていることからもわかるように、伊波は言語を「分岐」する「系統樹」として表している。言語学と進化論的生物学の親和性が現れている部分だが、それを踏まえて、引用文最後の「琉球群島は、天然(ネーチユア)が時間(タイム)を場所(スペース)に現はして」からも進化論的生物学と同じ認識論的枠組みを見出すことができる。それ以前の日琉間の言語の「似寄」から脱却した音韻変化という言語の法則性の発見は、日琉間の言語に単一の起源——祖語——があるという言語の統一性を示している。この文章は、単に記紀万葉と近代琉球語に同じ単語が残っていること——古形保存——だけを示しているのではない。伊波の比較言語学的な日琉同祖論は、音韻というミクロな要素の空間化と、その法則性に基づく変化を時間化した上で、言語そのものの同祖性が古形として現在の琉球群島に現れていることを示している。これは言語の進化論的痕跡——言語的な生きた「化石」、古形保存——を意味している。相似、同一性と差異に基づく分類の思考からでは、こうした生物や言語の分岐や古形保存、変遷、進化という思想は出てこない。

上に挙げた例は比較言語学や形質人類学との関連だが、他にも生物学の用語を援用した政治学、社会学、帝国論のそれぞれの内部に異なる考え方を見出せる。次章では、比較言語学、形質人類学、生物学の影響を受けた「人種交替説」が、それとは異なる天皇論や人民主権などの政治思想とどのように交渉したのかを見ていく。議論を先取りすれば、例えば自由民権運動はダーウィン進化論やスペンサーの社会進化論を取り入れてはいるが、それが行き着くのはコント的な生気説的有機体論に近い。さらに大集団である国民を細胞のように差異のない単位と考えることで有機体論を形成しているが、他方で生物進化や社会進化における「異質性」への言及がなく、反対に国民内部の「同質性」を想定している。

そうした政治思想に対して、伊波は進化論的な思考を取り入れ、新たな歴史主体としての〈民族〉という集団に依拠しながら、その「異質性」に言及することになる。ただし、伊波のこのような記述にもかかわらず、彼の認識が全面的に現代生物学に基づいているかといえば、そうではない。伊波や彼に影響を与えた当時の生物学・社会学には、熱力学やメンデルの遺伝法則に見られる時間の不可逆性は認識されていない。それにより〈民族〉に「退化」が起こることが自明視されることになる。

他方で、伊波をはじめとした「異質性」に言及する論理において重要なのは、それが「社会防衛」につながる思考になることである。集団構成員は「同質」な人間主体ではなく、その内部に「異質なもの」、すなわち異なる性質や性格をもつものが——その原因が遺伝であれ、社会環境であれ——存在するという想定が、異質な彼らを排除、矯正、処罰するための介入を可能にする。社会防衛としての「統治」はこうした議論のなかから生まれることになる。そしてそれを通じて、伊波の「統治」思想の特徴として優生学と帝国主義という二つの側面が露わになるだろう。

注

(1)　ジャコブ（一九七七）。モランジュ（二〇一七）。廣野ほか編（二〇〇二）。

(2) リンネにはさらに「リンネ式階級分類法」がある。フーコーは古典主義時代の「比較」の方法として、「計量的比較」と「秩序の比較」を挙げている。計量的比較は「まず分割、ついで共通な単位の適用」によって数と量を比較することであり、秩序の比較は「見いだしうるかぎりでもっとも単純な要素を設定したうえで、相違を可能なかぎりこまかい段階にしたがって配列する」ものだと述べる。リンネによる雌雄蕊分類法は「計量的比較」に相当し、階級分類法は「秩序の比較」に相当する。フーコー(一九七四)、七八頁。

(3) モランジュ(二〇一七)、一〇九頁。

(4) 一六六八年、フランチェスコ・レディ『昆虫の発生についての実験』による。モランジュ(二〇一七)、七五頁。

(5) 一八世紀前半においても、「再生産」概念は、前成説との関連で、動物生体の一部が切断後に再生されることを意味していた。それが一七四八年のビュフォンの『動物の博物誌』では、切断された部分の再形成だけでなく、動物の発生も意味するようになる。ビュフォンの「再生産」は当時の前成説とは異なる「発生」の原理を求めるものであった。ジャコブ(一九七七)、七三—七四頁。

(6) ビシャの著作は一七九九年に刊行された『膜一般と種々の個別の膜についての考察』。モランジュ(二〇一七)、一一八—一一九頁。モランジュは、その後の細胞説に基づく生物学の発見のなかにフランス人生物学者が少ないことを指摘する。その理由にビシャの影響が大きいのではないかと推察している。ビシャをはじめ、社会学者のオーギュスト・コント、生理学者のクロード・ベルナールも細胞説を否定的に扱っていたという。モランジュ(二〇一七)、一二〇頁および一二八頁。

(7) ロバート・フックが『ミクログラフィア』(一六六五年)のなかで、顕微鏡でコルクのなかに規則的な構造があることを観察し、それを修道院の個室になぞらえて「細胞(cell)」と名づけた。モランジュ(二〇一七)、七二頁。

(8) ジャコブ(一九七七)、一五一—一五二頁。

(9) 同上、一六四頁。

(10) 同上、一六八頁。

(11) 同上、一七二—一七三頁。

(12) 金森(二〇〇二)、三四七頁。

(13) 同上、三四八—三四九頁。

(14) 湯川・井上編(一九七三)の第一章「十九世紀の科学思想」を参照。またエネルギー概念は、一九世紀末に生物学界に現れたヤコープ・フォン・ユクスキュル（Jakob von Uexküll）の「環世界」概念の基礎ともなっている。ユクスキュルの「環世界」概念を支えているのは、ヨハンネス・ミュラー（Johannes Muller）の「特殊神経エネルギー説」である。もともと「エネルギー」という概念は、ヘルムホルツが一八二二年に提唱した概念である。例えば、電気（エネルギー）は電球を介して光（エネルギー）になり、電熱線を介して熱（エネルギー）になる、というように現象としては異なるかもとが同じ「エネルギー」であることを表現している。ミュラーの「特殊神経エネルギー説」は、一八三三年の『人間生理学教本』に出てくる。これは、例えば、視神経に与えられる電気エネルギーが「映像」を現象させ、聴覚の神経に流れる電気エネルギーが「音」を現象させ、筋肉に与えられる電気エネルギーが「動作」を現象させることを意味する。同じエネルギーが別の現象を引き起こす。まさにエネルギー概念の応用である。この概念のさらなる応用がユクスキュルの「環世界」である。そこでは多様な生物の生理学的器官の受け取る刺激如何で「観る世界」が異なるものになる。つまり、生物によっては、酸の刺激、熱、可視光線や紫外線などによるエネルギーが視覚を構成することも可能だということを意味する。したがって各々の動植物にはそれぞれの世界があることになる。ユクスキュル（二〇〇五）。「特殊神経エネルギー説」については、クレーリー（二〇〇五）を参照。

(15) ジャコブ（一九七七）、一九二頁。

(16) 同上、一九五頁。

(17) 同上、二〇六頁。

(18) 同上、二〇五頁。

(19) 同上、二一六頁。

(20) モランジュ（二〇一七）、一二〇頁。

(21) コント（一九七〇a）、六七頁。原著は一八二二年に書かれている。

(22) コントとケトレについては、市野川（二〇一二）も参照。

(23) コント（一九七〇a）、九五頁。

(24) 同上、九六頁。

(25) 同上、八一頁。

(26) 同上、一一〇頁。

(27) モンテスキュー（一九八九）、三九―五〇頁。訳者による凡例でも、フランス語の法律を意味する「loi」について、「民会において構成員の合意によって成立する法規範」という意味と、「自然法則」の意味にも使われるようになり、モンテスキューは「loisを事物の本性（nature）から生ずる必然的な関係（rapports）とした」と指摘している。同、一〇頁。

（28）コントはフランス革命後の社会の再建について、「社会再組織の構想において人民が犯した重要な誤り」は「元来理論的なものである社会再組織を、純然たる実践的作業と考えてしまった」ことだとし、「社会再組織」を「理論と実践という二系列に分け」、前者を優先すべきとした。そして理論的作用を行うためには「観察科学の研究に従事する学者の勢力」が適任であるとして学者の重要性を説いている。コント（一九七〇a）、八〇頁。

（29）同上、一〇六頁。

（30）ジャコブ（一九七七）、三三二頁。

（31）コント（一九七〇a）、一二四頁。

（32）同上、一三二頁。

（33）同上、一三七―一三八頁。

（34）コント（一九七〇b）、二七〇頁。原著は一八三九年に書かれた『実証主義哲学』である。

（35）同上、二七四頁。

（36）スペンサー（一九七〇）、四三一頁。原著は一八五七年に書かれている。

（37）同上、四〇〇頁。

（38）同上、四〇五頁。

（39）同上。

（40）同上、四〇六頁。

（41）同上、四一一頁。

（42）同上、四〇六―四〇八頁。

（43）例えば次のような記述。"Nature just as much insists on fitness between mental character and circumstances, as between physical character and circumstance; and radical defects are as much causes of death in the one case as in the other. …… Beings thus imperfect are nature's failures, and are recalled by her laws when found to be such. Along with the rest they are put upon trial. If they are sufficiently complete to live, they do live, and it is well they should live. If they are not sufficiently complete to live, they die, and it is best they should die." Spencer, Herbert. 1851. *Social Statics: Or the Conditions essential to Happiness specified, and the First of them Developed.* London: John Chapman., p.380.（自然は、精神的性質と外的状況の間にも、肉体的性質と外的状況との間にも、同程度に適応度を強く要求する。そしてそれらの根本的欠陥は死の原因となる。……このように不完全な存在は自然の失敗作であり、そうであることが判明すれば自然法則によって呼び戻されるのである。残りの構成員とともに、彼らは自然法則に裁かれる。もし彼らが生きるに十分完全であるなら、彼らは生き延びるし、生き延びるべきである。もし彼らが生きるに十分に完全でないのなら、彼らは死ぬし、死ぬ方が最良なのである。）

(44) ホッブズ（二〇一四・二〇一八）。ルソー（二〇〇八）。重田（二〇一三）。

(45) 詳しくは第六章を参照。

(46) 詳しくは第七章を参照。

(47) 林・廣野（二〇〇二）、一四頁。

(48) 伊波（一九一一a）、九―一〇頁。傍点原文。ただし句点は追加した。

第四章　人種交替説

1　はじめに

第一章と第二章では、人間の生体を通じて現れながら、しかし人間の主体性と結びつかない〈言語そのものの歴史〉と〈身体そのものの歴史〉という二つの特異な〈歴史〉を通じて、〈民族〉が規定されると述べてきた。これらが比較言語学と形質人類学という近代の人間諸科学の基本的な認識枠組みであることも述べてきた。さらに第三章では生物学と社会学を検討して、生物有機体論と、それを基盤とする社会有機体論の構造を見てきた。こうした議論を踏まえ、本章では明治期の日本の思想を考えていきたい。

本章では次の三つの考え方を想定している。第一に、いかなる民族も認めない立場である。それは天皇にのみ歴史性・主体性を認める立場である。第二に、比較言語学、形質人類学、生物学、社会学などに影響されながらも、それらがもたらした認識枠組みを改変し、それらとは異なる「民族」の主体性を構築する立場である。君主権力（天皇）と併走させることで、「民族」を主権主体である「国民」へと生成させる枠組みである。近代日本のこの認識枠組みにおいては、「民族」の「歴史」は、不可視の言語・身体を通じた〈歴史〉ではなく、天皇と国民の「歴史」として表象される。要するに天皇と国民という二つの主権主体をめぐる、「民族」と「歴史」についての認識枠組みである。そして第三に、歴史主体としての〈民族〉に依拠する立場である。前二者とは違い、第三の立場は歴史の起点に生存競争としての「人種交替説」を置き、〈民族〉の内部に「異質性」を読み込むことになる。

近代日本の学問的な認識においては、民族と歴史をめぐる相容れない三つの認識枠組みが同時に存在しているということである。そしてこの三つの認識枠組みは、民族と歴史という同じ言葉をめぐって主導権を競うことになる。本章で見ていくように、この三つの歴史認識の枠組みは、最終的に「人種交替説」をめぐるせめぎ合いへと発展する。「起源の神話」に依拠する天皇の王権神授的な君主権力と、天賦人権論を基盤にした契約関係に基づく民権論や国民主権は、どちらも根源的な法権利である主権性についての議論であり、その意味で法権利的連続性――天皇主権と国民主権の連続性――を形作るものである。ところがそれに反する比較言語学、形質人類学、生物学的生存競争が交差する「人種交替説」が現れる。第二章でも検討した有史以前や日本人の祖先とされる集団が、先住民族アイヌを駆逐・征服したという「戦争」[1]の語彙で語られた人種交替説である。人種交替説は、アイヌから日本人の祖先へと支配集団が交替したことだけでなく、「開闢の神話」から人種交替説へと歴史の起点が交替したことをも意味する。人種交替説が、根源的法としての神話に代わって、支配・被支配の関係に「力」を与える。人種交替説が、歴史〈起源〉の遡及可能な起点とされるのである。そして人種交替説は、〈民族〉の複数性・異質性をめぐる考え方の違いもあらわにすることになる。

歴史や主体性の認識のための根源的な法が、人種交替説に取って代わられようとするとき、どのような学問的な闘争があったのか、それが近代の歴史認識にどのような意味を付加させているのか、それが本章での課題である。

2　旧来的な「歴史」の機能

まずは生物学や社会学、比較言語学、形質人類学といった近代人間諸科学、そして「人種交替説」とも相容れない天皇を絶対視する立場から検討していく。こうした立場の違いにとって重要なのは「時間・歴史」をめぐる問題である。近代の人間諸科学はそれまでとは異なる新たな時間軸を設定し、神話とも人間の主体性とも関係のない時間の流れとして〈歴史〉を生み出したが、それに対して天皇を絶対視する思想は、神話の「歴史」を奪還しようと試みたことになる。

歴史を語るという実践は、生物学、比較言語学や形質人類学、先史・有史以前を設定した考古学が導入されるまで、長い間変わることがなかった。歴史を語ること、それは王権の儀式であった。フーコーは旧来的な歴史とそれに対抗する歴史を述べるなかで、旧来的な歴史について次のように述べている。

……歴史を、王たちの歴史、権力者たちの歴史、君主たちと彼らの勝利の（あるいは、場合によっては彼らの一時的な敗北の）歴史を語ることによって、法の連続性によって、人びとを法的に権力に縛りつけることが行われる。権力の内部および権力の作用には、法の連続性があるのだと見えるようになるのです。したがって、権力の連続によって、法的に人びとを権力の連続性に結びつけるということが行われるわけです。他方、栄光の手本と勲の目も眩むばかりの強さによって、人びとを魅了するということも歴史の役割なのです。法の枷と栄光の輝き、この二つの面によって、歴史の言説とは、権力の強化の一定の効果をめざすものなのです。歴史とは、典礼や聖別式や葬儀や伝説的逸話と同様に、権力の操作具であり、強化具であるのです[2]。

歴史とは権力者たちが次々とその権力の座に座ること、その連続性を意味していた。そしてフーコーは、こうした歴史の機能に三つの軸を見出している。第一に系譜的な軸として、王国の古さを語り、過去の出来事や偉大な人物を通じて現在の価値を保証すること。第二に、記憶化としての年代記の編集。君主や王の行為は語られるに値し、永久に記憶し続けるべきものとして表象される[3]。第三に「実例＝手本」を普及させること。手本を示すことで人々を法に従わせることを可能にするということである。

フーコーはヨーロッパにおける歴史を念頭に置いているが、こうした歴史の機能は成立しつつあった近代日本にも見出せる。例えば、明治期の「修史事業」である。結局は頓挫することになる明治の修史事業は、旧来的な「歴史」の特徴を十分に含んでいた。

一八六九年四月、明治天皇が三条実美に修史を命じた「御沙汰書」は次のように書かれていた。

修史ハ萬世不朽ノ大典、祖宗ノ盛挙ナルニ三代実録以後絶テ続ナキハ豈大闕典ニ非スヤ、今ヤ鎌倉已降武門専権ノ弊ヲ革除シ政務ヲ振興セリ、故ニ史局ヲ開キ祖宗ノ芳躅ヲ継キ、大ニ文教ヲ天下ニ施サント欲シ総裁ノ職ニ任ス、須ク速ニ君臣名分ノ誼ヲ正シ、華夷内外ノ辨ヲ明ニシ以テ天下ノ綱常ヲ扶養セヨ(4)。

この「修史御沙汰書」は、律令制への言及による王政復古と修史事業の関係性の確立、君主と臣民の関係についての教育の推進などを目論んでいた。修史は、明治になる以前から長い歴史を有し、それらは「天皇の支配を正当化するために編纂され、支配者の統治の話が中心だった(5)」。また当初修史事業が参照した水戸学による『大日本史』は、「家臣の君主に対する忠誠に道を導くべき道徳の原則」を描き、さらに「皇統の正統性を明確にすると同時に、将軍家の正統性を示す」狙いがあった。なぜなら「将軍家は天皇家から政治権力を委任されていた」からであった(6)。

こうした修史事業の特徴は上述したフーコーが指摘した旧来的な歴史の三つの軸を彷彿とさせる。天皇の古さが現在の権力の価値を正当化していること。さらに修史という編纂事業自体が天皇の行為を語られるに値するものとして記憶化していること。そうした記録を通じて、君臣の名分という道徳原則が流布されることを目的としていることなどである。君主や王権の「歴史」が指し示すのは、君主主権の正当性と臣民の服従の正当化であり、そうした正当性の流布により実際の支配・被支配関係の事実を、あたかもそれ以外の可能性がないかのごとく矮小化する効果をもつ。結局のところ、旧来的な「歴史とは権力の言説であって、権力が服従させる義務の言説(7)」であった。人々はそれにより、君臣間の支配関係を当然だと受け止める。旧来的な歴史の言説はそうした効果をもっていた。明治期の修史事業のなかで、国学者らと修史事業を担った歴史学者の考証学的な論争と対立がいかなるものであれ、そこでは「歴史」は君主主権に結びつけられて開始されていた[8]。

3 国学者と主権論

先述したように、チェンバレンは、彼自身の比較言語学の知を基盤にベルツの人種交替説に賛同した。この賛同の背景には、ベルツの生体計測に「現在の身体」を介した〈身体そのもの〉という水準があったからであると論じた。こうしたチェンバレンとベルツの議論は、必然的に旧来的な君主主権論とその歴史認識と対決せざるを得なくなる。なぜなら〈言語そのもの〉や〈身体そのもの〉が指し示す〈歴史〉は、王権――天皇であれ琉球国王であれ――の神聖性の核心である「起源の神話」（開闢の神話）がなくても成立する〈歴史〉であり、その意味で君主の権威を低下させ、あるいはその神聖性を破壊してしまうからである。〈言語そのもの〉や〈身体そのもの〉の痕跡を示すものとしての〈民族〉の〈歴史〉によって、神と王にまつわる神話の内容は、〈民族〉が生み出した解釈可能な物語やエピソード、創作物へと変換される。〈言語そのもの〉や〈身体そのもの〉を基盤とする〈歴史〉においては、その痕跡としての〈民族〉が歴史化され、主体となる。ここに歴史主体としての〈民族〉が登場する。そこでは、神も王もその至高性・神聖性をもって登場することはない。先に上田万年の「有機的言語観」でも述べたように、国体は人民から生まれるのであって、国体から人民が生まれるのではない。そのような意味で、新たに〈歴史〉の主体であり客体となったのは〈民族〉であった。比較言語学と形質人類学と、彼らが論じた「人種交替説」は、必然的に〈民族〉を歴史主体へと生成させるのである。

歴史主体が王や天皇から〈民族〉へと移行することは、当然ながら国学者による反発を生んだ。チェンバレンが

『日本事物誌』で指摘した久米邦武や井上哲次郎の筆禍事件やその影響以外にも、記紀神話に対する批判を許さない当時の国学者らの文章が散見される。例えば、水戸学系の国学者で、一八八六年に帝国大学文科大学教授となり史学を教えた内藤耻叟（ちそう）は、一八八九年に出版した『國體發輝』のなかで、他国にはない「国体」の特徴を四つ挙げ（「土地所有ノ主」「人民ノ祖先」「教化ノ本」「衣食ノ原」）、それぞれに天皇とのつながりを論じている。同書の記述には、ヨーロッパ諸国との比較によって日本の「国体」を称揚する記述が多く、ヨーロッパからの知識や思想の流入に対する危機感が随所に現れている。

第一の「土地所有」の説明で、内藤は、開闢以来日本のすべての土地は天皇のものであることを述べ、ヨーロッパ諸国にはこうした考えがないために他国の土地や人民を盗み取ろうとして争いが起こると主張した。そしてこうした考えを理解しない人々が、日本と諸外国を同一視して次のように考えると批判する。

我國体ヲモ、他ノ虎狼ノ國ト同視シテ、齋シク禽獸ノ態ヲ学バントス、其甚シキニ至リテハ、天祖ノ天降シ玉ヘル、神武天皇ノ東幸シ玉ヘル古事ヲモ、誣言シテ、他ノ國々ヨリ遷リ来リ玉ヘルガ如キノ想像ヲ逞クスルモノナキニ非ズ、其學術ノ險陂邪慝ナルヨリ、偏ニ彼ガ強盛ナルニ眩惑シ、其蠅鳴蛙叫スルヲキ、ナレテ、シラズシラズ、如レ此ノ邪説ヲ唱フルニ至ル、其無識無知ナルハ憫ムベキガ如クナルモ、國體ヲ汚辱シ、皇威ヲ輕蔑スルノ大罪ニ至リテハ、斬裂尚タラズトイツテ可ナリ矣、(9)

この内藤の文章で示されているのは、天孫降臨と神武東征の物語を日本人種の祖先が他の地域から渡来して勢力を拡大してきた証拠とする学説への批判である。つまり内藤は「記紀神話」を当時の日本人による実際の歴史だと主張し、反対に日本人の祖先が大陸から日本に渡来した証拠と解釈する「人種交替説」への強い拒絶を表明しているのである。

こうした国学系の学者による「人種交替説」への批判は、当然、初期の考古学・人類学にも及んでいた。坪井正五郎について地理学者の山崎直方は、坪井が大学院時代に某教授から次のような忠告を受けたことを紹介している。山崎によると、その某教授は「日本の此大和民族の祖先の事に付て或意見を發表された處が意外にも此保守思想の側から壓迫を受けられた、それで深く研究をしても之を發表することに付ては餘程愼重な態度を取らなければならぬといふような注意を〔坪井〕博士」に忠告した。[10] 記紀神話に逆らって民族の起源を問うことは、危険な行為だったのである。

坪井が大学院生であり、内藤が「国体論」を書いた一八八〇年代における保守思想とはどのようなものだったのか。宮地正人によれば、水戸学者と国体論者は一八八三年に発足した史学協会に結集し、彼らの「国体史観」の理論化は『史学協会雑誌』を中心になされた。また、史学協会の幹事長は、自由民権運動に対抗してできた立憲帝政党の代表者であった丸山作楽であり、両者は深い関係にあった。さらに皇典講究所とも関係が深く、最終号（第三四号）の発行所は皇典講究所文学部助教矢野万太郎宅となっている。[11]

この『史学協会雑誌』で展開された「国体史観」の理論化は、次の三つが基本となっている。第一に、神話から歴史を導出し、国民を一切関与させることなく、神話のなかに天皇の正統性を求めること。第二に、天皇と国民の関係は、君臣間の契約関係ではなく、神話による結びつきにおいて天皇と国民の関係が捉えられること。第三に、国体史観には、天皇を主権者とする日本の国家・国民としての優越意識が強烈に貫かれており、ここから人種交替説に基づく「日鮮同祖論」などが厳しく批判されることである。「以上のような特徴を有する国体史観は一見古くさい外見を呈しながらも、実は天皇を中核とした国民（＝臣民）国家を自由民権運動に対抗しつつ形成しようとする際、はじめて具体化される新たな歴史認識の枠組み」であった。[12] 宮地が指摘するように、国体史観は、天皇と神話から歴史と時間を紡ぎだす。そして天賦人権に基づいた自由民権運動、社会契約説に対する忌避感をもっていた。さらに日本人の祖先が大陸から朝鮮半島を伝って渡来し、先住民族アイヌを征服したという人種交替説に基づく民族観（日鮮同祖論）

への反発でもあった。国体史観にとってはすべての起点は神話と天皇であって民族でも人民でもない。したがって当然この反発は、自由民権運動だけでなく、近代人間諸科学に対する反発にもなった。

久米邦武筆禍事件にも触れておこう。明治政府は、一八六九年に正史編纂の方針を掲げ、一八七二年に太政官正院に歴史課を設置した。これが修史局、修史館、臨時修史局を経て、一八八八年に東京帝国大学に移管され、臨時編年史編纂掛となった。同時に、重野安繹、久米邦武、星野恒といった修史館で修史事業に関わった学者が文科大学教授となっている。この前年には、東京帝国大学に史学科の再設置が決まり、ランケ（Leopold von Ranke）の歴史学を学んだルートヴィッヒ・リース（Ludwig Riess）が招聘教授として着任している。よく知られているように、重野や久米、星野といった学者は、修史事業のなかで、水戸学系国史学が正史としていた『大日本史』を批判し、『大日本史』を継承していくという修史館の方針を転換していく。

こうしたなか転機となったのは、一八九一年に『史学会雑誌』に掲載され、翌年に田口卯吉が主宰する『史海』に転載された久米の「神道は祭天の古俗」という論文の発表であった。その内容は、古代の未開社会の人々が天神を想像するのは世界的な共通性があるという普遍的な宗教発生論であり、また日本の神道は仏教に比べてより未開な段階の宗教であることなどを論じていた[13]。同論文は『史海』への転載をきっかけに神道家や国体論者から激しい批判に晒される。これが久米邦武筆禍事件である。その結果、一八九二年に久米は文科大学を休職させられ、同論文を掲載した二誌は発行停止の処分となった。さらに翌年には修史事業自体が停止となり、重野安繹は史誌編纂委員長を解任され、文科大学教授を辞職することになった。これにより修史事業は未完のままとなった。

重野が辞任した同じ年には、水戸学系の国学者である栗田寛が、翌年には黒川真頼が東京帝国大学文科大学教授に就任している。近代史学のなかで、重野や久米は意図的に天皇の神聖性を侵したわけではなかったが、結果として国学者とのあいだに亀裂を生み、歴史学の主流となったのは国体論者の側であった。

人種交替説の登場に加え、実証主義的な近代史学が天皇の神聖性の根幹である記紀神話を部分的に否定し、歴史主体に「民族」を措定する道を開いた。それへの反発として、国体論者が再び歴史認識の主導権を奪還するために「新たな歴史認識の枠組み」として国体史観を構築したということになる。

4　国民論と天皇論

国体史観が人種交替説への反発をもっていたことを概観したところで、今度は明治期の「国民」と「民族」の関係を見ていきたい。

安田浩による明治期の「民族」観念の形成史研究[14]では、明治初期においてはまだ「民族」という用語は見られない。王政復古であった明治維新は、対外的には「朕と万国」という構図で、国内的には「神と朕／群臣—億兆」の関係であった。億兆とは一般の人民を意味するが、この「人民」にネーションの意味は含まれず、「朕—臣—民」という儒教的身分編成のなかでの「民」でしかなかった。こうした支配構造が変化し始めるのは明治一四年の政変からである。一八八一年一〇月に出された「国会開設の勅諭」に「臣民」の文字が現れ、「臣」と「民」は一体化し、「臣民」が公的用語になる。この「臣民」は当初、自由民権運動のなかで使われていた「人民」や「国民」という語への対抗概念という意味を多分に含んでいた。

しかし「臣民」は「国民」という用語と接近する。「国民」は一八八〇年代から広く使用されるようになり、一八八九年の憲法制定やその翌年の国会開設を経て常用されるようになる。そして二〇世紀初頭までには政府のなかでも「国民」が基本用語として定着する。このように「国民」概念が、政府内部や一般的用語として定着していく背景には、「民族」という語の成立があった。こうした安田の指摘を検討しつつ、この二つの用語の出現と、それらが絡まり合っていく様子を概観しながら、その二つの語の内実を検討してみたい。そしてそこから比較言語学、形質人類学が導き出した歴史主体としての〈民族〉との同異を探ることにする。

はじめに福沢諭吉による「国体（ナショナリチ）」と「国民（ネーション）」の概念の関係を検討しよう。福沢は『文明論之概略』のなかで日本の「国体」を「言語風俗ヲ共ニスル日本人ニテ日本ノ政ヲ行ヒ外國ノ人ヘ秋毫ノ政權ヲモ假シタルコト」[15]のない点に求めている。このように述べた福沢は、同じ『文明論之概略』のなかで「日本ニハ政府アリテ國民（子ーション）ナシ」[16]と述べている。つまり、「国体」はあっても、国家を担うべき「国民」はこれから形成されるべきものとして捉えられていた。そして国家とそれを担う国民について、「國トハ人ノ集リタルモノニテ日本國ハ日本人ノ集リタルモノナリ英國ハ英國人ノ集リタルモノナリ日本人モ英國人モ等シク天地ノ間ノ人ナレバ互ニ其權義ヲ妨ルノ理ナシ」と述べて、同質的な諸個人の結合として国民と国家を見据えていた[17]。

この福沢の有名な「国体」と「国民」の規定は、次の三つのことを表している。第一に「国民」は古来よりあるものではなく、これから形成されるものであるということ。第二に、国体や国民は言語風俗が同じであるという「同質性」を基盤にするという意味で「相似」の認識枠組みであるということ。第三に「国民」は国家を担うという主権権力の枠組みで理解されているということである。この福沢の議論は、同質的な国民から全体としての「国体」を構築するものであり、さらに「法」の水準――国民主権――に限定している。

上述したように史学協会系の国体論者による「新たな歴史認識の枠組み」は、自由民権運動と人種交替説への反発として生まれたという側面があった。しかしこの史学協会系の国体論は、明治憲法発布から世紀転換期にかけて大きな変化を被ることになった。天皇を中心とする思想が発展すると同時に、そこに「国民」という新しい法権利的主体が介入するからである。こうした主権論の内部で、主権主体として「国民」が表象されるということは、もう一方の主権主体である天皇との関係性が問題となる。つまり天皇主権と国民主権を結びつける第二の立場を考えなければならない。

神話を基礎にしつつ天皇と国民を結びつけた最初期の主要人物として再び福沢諭吉を取り上げよう。ここでは主権主体論の観点から福沢の主張を検討する。福沢は『帝室論』において、天皇が「君臨すれども統治せず」の原則に立って人心統一の機能を果たすことを論じ、さらに『尊王論』のなかで、天皇の威厳の源泉は、第一に開闢の神話に基づいて家系が最も古いことと、第二にそれが周知されていること、第三にすべての国民が天皇につながっていることにあると説いた。福沢が「帝室論・尊王論」を執筆するきっかけとなったのは、自由民権運動に対抗する形で政府の庇護のもとに先述した史学協会と関係の深い立憲帝政党が結成されたからであった。国会開設をにらんで立憲帝政党は天皇の権威を背景に民権派を抑えこもうとしたが、それに反応したのが福沢の『帝室論』であった[18]。

福沢は、文明論の立場から西洋文明の流入は止まらないとし、民権論の立場から国会開設に賛成し、民権の伸長は立憲君主制と国会開設で達成されると説いた。それを踏まえて福沢は民権論者と保守論者の両者に苦言を呈する。民権論者は人民の安寧が天皇によるものだという認識が不足しており、また民権運動に敵対する保守論者は明治以前の古い専制政治に囚われていると批判した。そして留意すべきは、文明化のなかで天皇が「人心収攬」という機能を果たしていることだと力説している。天皇とは「人心収攬」という機能を持っているという意味で別格な存在なのであり、民権派と対立する目的――国民を分断する目的――を持って天皇を意味する「帝」を政党名に入れることに対して福沢は批判した。その上で先に述べたように、福沢は、「人心収攬」の根幹となる天皇の威厳はその古さと国民との関係にあると『尊王論』で説いた[19]。

> 此帝室は日本國内無数の家族の中に就て最も古く其起源を國の開闢と共にして帝室以前日本に家族なく、以後今日に至るまで國中に生々する國民は悉皆その支流に属するものにして如何なる舊家と雖も帝室に對しては新古の年代を争ふを得ず國中の衆家族はおのおの固有の家名族姓なるものを作りて相互に自他を區別すれども獨り帝室に於ては其要を見す何姓とも云はす何族とも唱へす單に日本の帝室と稱するの外なし[20]

福沢は「君臨すれども統治せず」という天皇の非政治化と、「人心収攬」という政治的機能を主張するために、天皇の古さとそこから日本のすべての家族がはじまるという宗家的な帝室・天皇観を述べている。この福沢の立論の特徴は、天皇という全体の神聖性を中心にその下位に「同質な国民」を置いていることである。その意味で、ここでの福沢の主張は生気説的な社会有機体論に近いが、同時にその起源を開闢の神話に依拠する点で〈歴史〉の否定を内包しているといえる。

次に一八九〇年前後に次第に使用され始める「民族」[21]について、再び安田の議論を援用しながら考察してみたい[22]。安田によれば、「民族」の使用が広がるきっかけは、雑誌『日本人』と新聞『日本』によるものであるという。つまり「民族」が成立する背景には、国粋主義、国民主義の台頭があったということだ。

国粋主義はそれまでの国体論・保守思想とは異なる。その特徴は、第一に、国粋主義を担った多くは、文明開化の洗礼を受けた知識人であったこと。第二に明治政府の極端な欧化主義に反対して、多方面で伝統を見直そうとする新たな思想であったということである。こうした新たな思想運動は、新たな天皇制国家の基礎が固まり始めた一八九〇年前後から出現した。よく言われるように、天皇制国家が制度上確立するのは、一八八八年の市町村制、一八八九年の帝国憲法の発布、一八九〇年の教育勅語によってであり、それらの制度が定着するのが日清戦争前後である[23]。

ここではまず、雑誌『日本人』に掲載された国粋主義者・志賀重昂の「『日本人』が懐抱する処の旨義を告白す」から考えてみたい。志賀は、富士山による「美的の観念」の発揮と、温帯圏に属する風土などを称賛して次のように続ける。

而して又日本の海島を環繞せる天文、地文、風土、氣象、寒温、燥濕、地質、水陸の配置、山系、河系、動物、植物、景色等の萬般なる圍外物の感化と、化學的の反應と、千年万年の習慣、視聽、經歴とは、蓋し這裡に生息し這際に來往し這般を觀聞せる大和民族をして、冥々隠約の間に一種特殊なる國粋（Nationality）を剏成發達せしめたるをならん、蓋し這般の所謂國粋なるものは、日本國土に存在する万般なる圍外物の感化と、化學的反應とに適應順從し、以て胚胎し生産し、成長し發達したるものにして、且つや大和民族の間に千古萬古より遺傳し來り化醇し來り、終に當代に致るまで保存しけるものにしあれば、是が發育成長を愈よ促致奬勵し、以て大和民族が現在未來の間に進化改良するの標準となし基本となすは、正しく是れ生物學の大原則に順適するものなり。／……／然れば眼前目今に際し日本國民が護國報國の義氣を發揮し「國粋保存」の大旨義を懐抱せる一大黨與の日本國裡に團結せざるに非ざれば、堂々たる大日本國の運命は眞個に旦にして夕を計らざるものと云ふべし、起きん哉三千八百萬の兄弟姉妹よ、日本の大氣を呼吸し、日本の井水を飲み、日本の土壤に棲息しながら、日本士女の本分を盡さず本職を爲さず、恬として顧みざるものは、豈に卿等が本心に愧ぢざらんや、人世五十、酔生夢死豈に卿等が期する處ならん哉、豈に卿等が期する處ならん哉。(24)

ここで志賀の立論において重要なのは、第一に「国粋」（Nationality）としての「大和民族」は、「千古万古」から存在するということである。つまり「民族」には歴史があることが示されている。第二に「大和民族」が一つの民族であるのは、地理・風土、習慣などの「囲外物」（環境）と「遺伝」に基づいていること。それに加えて、大和民族が「進化」するという「生物学の大原則」は、文字通り歴史の時間軸が生物学に依拠していることを意味している。しかも「国粋」は「三千八百万の兄弟姉妹」という最小単位から構成されるという意味で、諸個人を基礎とした細胞説的な有機体論であると解釈しうる。しかしそこから導き出されるのは、第三に「国粋保存」という国家を担う主体としての「国民」、主権主体としての国民の措定である。つまり生物学的時間軸によって〈歴史〉を示唆しながら、民族は「国民」という主権主体へと変換・生成される。生物学を標榜しながら、民族を国民という主権主体に生成させるのは、この民族に遺伝、保存といった「同質性」のみを見て、それがより純粋化していくことが進化だとされているからである。ここには「生物学の大原則」という宣言とは裏腹に、民族内部の分岐も変異も、スペンサー的な「異質性」も想定されていない。生物学的集団内部の同質性の措定によって、法権利的主体の同質性と共鳴することが可能になっているのである。

次に、新聞『日本』に掲載された国民主義者の陸羯南による「世界的理想と國民的観念」を見てみよう。陸もまた「民族」と「歴史」を接合して「国民」を語る。

同く人類は人類なれども既に白人と黒人との差あり、黒人と黄人の差あり、此等黄白黒の中に亦各々各種の邦國各種の民族あり、而して各種の民族と各種の邦國は各々特有の歴史を有し、特有の性格を有し、特有の習慣を有し、特有の利害を有し、特有の風俗、特有の境土を有せり、その關係は容易に混同すへからず、その關係既に容易に混同すへからさるときは、其交際も容易に混同すへからさるや固よりなり。是に於てか國民と國民との關係生ず、國民的観念の依りて成立する所なりとす。(25)

さらに陸は、こうした「民族」の統一が「国民的観念」、「国民的自負心」を形成し、「政治上の生活」の統一を強固にするという。

ここでも陸羯南の立論は次の三点にある。第一に「民族」は「歴史を有し」ているということ。第二にその「民族」特有の歴史、性格、風俗、境土などは、おそらく志賀重昂の生物学の枠組みと同様の観点から論じられていると考えられること。しかしながら、陸も志賀と同様に、第三の特徴として「民族」が政治を担う主体としての統一された「国民」となると主張する。国民とは主権主体として現れているのである。陸も志賀も、「民族」が過去から現在まで存在し、それを生物学的な自然性が支えていると主張しているわけだが、そうした「民族」内部を極めて同質性の高い集団として措定することで、同質的な「国民」という主権主体に接続するのである。それによって、憲法により生まれたばかりの「国民」を、「民族」の歴史によって肉づけしようとするのである。

では、国粋主義・国民主義が作り出した「国民」概念は天皇制国家といかなる関係にあるのか。ここでは国粋主義を標榜した志賀重昂や三宅雪嶺らが主宰した雑誌『日本人』に、大日本帝国憲法の発布直後に掲載された記事「日本國民は明治二十二年二月十一日を以て生れたり」[26]を見ていく。

記事は帝国憲法の制定の革新性を言祝ぐことから始める。明治維新によって天皇制国家になったことは「舊制に復し」ただけで「珍奇」ではないとし、それに対して今日の改革の特徴は、「參政の權利を惠與」せられたことだという。参政権の付与によって「開明社會の人民には適合せずと思考せらるる君主専治の制度」から、「世界各國擧て政体の最も優美なるものと稱道する所の立憲君主制」へと移行すると指摘する。そして日本におけるこうした君主専制から立憲君主制への移行は、次の二点で特徴的であると解釈されている。

第一に内戦、暴力、革命の否定である。通常、こうした体制の変革では「必ず鮮血滾々、死屍累々の慘澹たる境界」を経ると思われているが、「君主と臣民と其感情の一致投合すること猶ほ我帝室と余輩日本國民との間の如くなれば、敢て暴力を用ひざるも、敢て脅迫手段を要せざるも、善良なる改革は何時にても之を成就することを得るものなりとの貴重なる洪範を示し」たものだという。

第二に、帝国憲法によって「国民」が形成されたという点である。「只だ憲法の發布せらるると同時に日本國民の生れ出たることを讀者に告げざるを得ず。……人民と國民とは明瞭に之を區別せざるべからず。人民とは單に風俗、習慣、言語等を同しふする民族を總稱するものなり、國民とは國家旨義の上より云ふものにして、政治上固く結びて一体をなしたる人民を云ふなり」。ここでは「人民」と「国民」を明確に分離し、憲法によって形成される「国民」にのみ国家的・政治的な結合関係を付与している。また風俗・言語・習慣の同質性という「相似」の水準だけでは「民族」はいまだ「人民」であり、「国民」ではないとされている。先に記した個所では、開明社会と君主専制は適合しないと述べていることから、相似に基づく「人民」がいるだけでは開明社会とはいえず「国民」も存在しないということになる。開明社会では立憲君主制、つまり憲法に規定された法権利的主体としての「国民」が必要だということでもある。「国民」とはまさに「法」に規定される集合体ということであり、国民主権論では「法」が生物学的な

「民族」を従えることになる。

二つの特徴を合わせると、ヨーロッパにおける革命のように内戦や君主の首をはねるような行為を経由して、主権が君主から身分制を打破した国民へと移行するのとは異なり、日本では天皇（君主）の名のもとに身分制を解かれた「国民」という巨大な群れが誕生し、両者が一体化、あるいは全体化する。革命による君民の分断ではなく、立憲君主制による君主主権と国民主権の一体化である。

国粋主義のなかでは法権利的主体としての「国民」に天皇との国家的・政治的な結合関係を付与するのは、帝国憲法ということになるが、こうした考えは陸羯南の「国民主義」によっても同様の形で現れている。陸羯南の「国民主義」もまた明治政府の欧化主義に反対するなかで生まれ、さらに天賦人権説を個人主義に陥るものだと批判しながら、天皇と「国民」の継続性を強調する。先の雑誌『日本人』の記事と同様に帝国憲法発布の翌日に出された「國民的の観念」[27]で陸羯南は、「藩閥政治」という語が残っているのは国家が統一されているのではなく、「君主専制」を唱える者が「民意民力」を抑圧している証であるとして国体史観を批判している。そして、国家の基礎は、貴族や君権ではなく、「而して自ら君民の合同を意味する『國民』の上に坐することとなり」[28]と述べ、ヨーロッパのように君と民が衝突し軋轢を残すことではなく、「国民」とは天皇と人民の一体化であると力説している。ここでも革命などの力による関係は否認され、天皇と国民との一体性が説かれている。それが陸羯南の「国民主義」であった。

志賀・陸の立論に共通するのは、「国民」が憲法によって成形されながらも、民族の歴史により肉づけされ、さらに天皇と国民の一体化としての立憲君主制を通じて国民は天皇の歴史に接続されることである。天皇と国民は古来より「同質」なものとして措定されているがゆえに君民の間に革命・内戦は起こらない。したがって、彼らの思想は、細胞説的有機体論に基づく社会有機体を論じていたはずが、実は生気説的な社会有機体論から法権利的主体（主権）を論じるように変転しているのである。この場合、「生物学」は——それがもつ学問的可能性とは別に——神話以後の民族の同質性を保証する機能しか果たしていない。

最後に、「民族」と「国体論」を結合させた憲法学者の穂積八束の立論を検証してみよう。穂積は「家制及國體」と題した論文で「祖先教ハ我國體ノ基礎ナリ」と論じ、ヨーロッパも同様にキリスト教以前においては祖先教が国体であったが、世界各地で植民地を獲得したため、血縁関係で支配を正当化できずに、キリスト教的博愛主義に頼らざるをえなくなったと述べた。裏を返せば、志賀や陸と同様に、日本は支配者と被支配者が同質であるからこそ血縁関係のみで支配可能だという主張である。

穂積によれば、ヨーロッパのキリスト教的博愛主義は強固ではあるが、それは結局のところ「國體ノ如何ハ専ラ利益ノ念ニ依リテ維持」されていて、国体を「崇拝スルト云フ念ニ乏シ」と述べる。翻って日本は「萬世一系ノ不易ノ君主ヲ戴クト云フノミナラス、祖先教ヲ以テ社會ノ秩序ヲ正フシ祖先ヲ崇拝スルノ教ハ即民族ノ宗家タル皇室ヲ奉戴シテ一國一社會ヲ團結スルト云フノ歴史ニ稀ナルノ法則ヲ數千年間ノ下ニ維持シ得タリト云フ點ニ」あるという(29)。この穂積の「法則」とは血縁関係の継続性という程度であろう。つまり同質なものの全体性である。穂積八束においても、志賀や陸においても、生気説的社会有機体論を論じる根拠は、天皇と国民の「同質性」であった。

ここで再度指摘しておきたいのは、先に見た史学協会における国体史観においては、「民族」や「国民」には歴史主体としての地位は認められていなかった。史学協会的な国体史観において、歴史は天皇にのみ帰属していた。しかし穂積は「民族」に歴史があるとし、民族の歴史を「万世一系」の天皇の歴史（神話）と天皇を崇拝する祖先教の歴史に接続することで国体史観を再構築している。穂積の歴史観でも民族と天皇は不可分の関係にある。結局のところ穂積の歴史認識は、民族に歴史があることを甘受しつつ、その起源を「人種交替説」ではなく、民族を天皇との宗家関係、同質性に置き直すことにあった。その意味では、穂積の立論はおそらく史学協会の国体論者には受け入れがたいものだっただろう。だがもはや「民族」に「歴史」があるというのは否定しがたいものとして成立していた。そして最後に、同質的な天皇と民族が「一国一社会を団結する」という主権主体として表象されることになる。

安田はこれらの議論を「同祖同族的日本民族論」と形容するが(30)、第一章で論じたように比較言語学的「同祖性」を念頭に置けば、ここで論じられている「民族」は〈言語・身体そのものの歴史〉から導出されるような「同祖」の意味はなく、また生物進化論的な分岐以前という意味での「同祖」でもない。あくまで祖先教としての天皇を信仰してきたという経験的なものの敷衍に過ぎない。また安田は「歴史主体として」の「民族」とも形容しているが[31]、これまで見てきたように、生物学的な自然法則という神話を相対化できる視点を導入しているにもかかわらず、法権利的連続性における主権主体としての天皇と国民の「歴史」へと回帰してしまっている。つまり「法」における君主主権とその継承としての国民主権のあいだに同質性を当てはめた「歴史」と「民族」なのである。その意味で、これまで論じてきた言語と身体、そして生物学に基づく〈歴史〉や〈民族〉とは異なる認識枠組みであるといえよう。

これまでの議論を整理すると、一方で王権神授的な天皇の存在を絶対視する立場にとって、民族はいかなる点でも認められない。他方で憲法制定後の国民主権的な「法」を解釈する立場では、天皇と国民の関係を生物学的同質性——環境と遺伝の同質的連続性——をもつ「民族」と解釈し、天皇主権と国民主権を結びつけて主権主体を構築している。

そうした点からいえば、穂積が「家制及國體」で明示したのは、開闢の神話を起点にした万世一系の皇統に、同質的な血縁的「民族」を宗家関係として接合することで、君主主権と国民主権——法権利的連続性——を生気説的社会有機体として表象可能にしてみせたということになる。

結局のところ、一九世紀末における国民（ネーション）論を見ていくと、国体論が天皇による絶対君主制を標榜するために人種交替説を否定したのとは異なり、自由民権運動や政府の欧化主義に対する反発から生まれた国粋主義・国民主義の「国民主権論」は、絶対君主制を否定しながらも、彼らなりの立憲君主制のもとで、人種交替説の〈民族〉概念とは根本的に異なる概念としての「民族」を「国民」として論じたことが見えてくる。それは比較言語学・形質人類学が明らかにした痕跡としての〈民族〉の〈歴史〉ではなく、神話に基づく君主主権と、その君主主権により制定された憲法によって法権利的主体となった「国民」の「歴史」だった。

生物学的な生存競争としての人種交替説を否定するという意味では、神話に基づく天皇主権説も、天賦人権説も、根源的法から法権利的主体としての国民主権を求める自由民権運動や国粋・国民主義も外形的には大差がない。実際、中江兆民は「君民共治之説」において、イギリス立憲君主制を「共和制」であるとして、日本でも天皇と国民の一体化による共和政治を目指すと述べていた。[32] ここでも神話を根源的法とする王権神授説と、天賦人権説による契約論的国民論が主権をめぐって接合されている。

比較言語学や形質人類学によって〈歴史〉と〈民族〉が出現したことで、それに対する形で神話と天賦人権という法権利的な主権の「歴史」という異なる歴史観が、同時期に、同じ「民族・人種」という言葉をめぐって発展し、接合したのである。

そして「民族」概念を通じて、君主主権と国民主権を成立させた主権論的「歴史」では、革命が積極的に否定される。天皇との結びつきを前提にしているとはいえ、民族に歴史を認め、それを基盤に「国民」を立ち上げたため、その「国民」という主権主体が天皇の主権性を奪取する可能性を生んだからである。だからこそ革命は積極的に否定される必要があり、革命の可能性を消去するために天皇の政治的能力・政治的機能である「人心収攬」や「人心統一」が論じられたのである。

天皇の政治的機能である「人心収攬」の必要性をさらに詳しく見ていこう。主権論者による革命の積極的な否定は何を意味するのか。彼らにとって革命は、主権主体としての「国民」が天皇を打倒する出来事なのであり、国民主権のみが国家として全体化する瞬間である。主権論がはらむ革命のプロセスの積極的な否定が意味するのは、天皇と国民の統一の瞬間にもやはり君主に対する暴力の可能性が主権論の内部に残されていることを意味する。つまり革命は常に意識的・積極的に否定されなければならないという意味で弁証法的に残存し続ける。そうすると、革命を否定したい明治期の主権論者（君主主権・国民主権）にとっての歴史分析の課題は、いかにして主権者間の関係が、これまでの神話的支配の継続を別の方向にひっくり返しかねない形態を取ることのない「現在」へと至ったかを示すことになる。革命という力の行使によって主権の移譲が行われることを否定すること。革命の積極的否定とは、こうした力関係の枠組みを沈静化させるという主権論者の課題であった。

主権論とともに、「国民」のまったく別の定義、二重化された定義が得られる。一つは、憲法であった。一つの「国民」が存在するために、憲法が必要になる。仮に憲法をもつのが「国民」だという第一の定義だけに従えば、絶対君主制が要請する根源的法としての神話を前提とした定義を満たしていなくても、「国民」について語れるようになる。実際、用語のレベルでいえば、明治憲法に「国民」の文字はなく、「臣民」としか記されていなかった。極言すれば「国民」が存在するためには、憲法のなかで天皇による命名がなくてもよいことになる。むしろ憲法をもつという実践が「国民」の内実となる。例えば「開明社会」における立憲君主制との関係について言及することで、国粋主義は絶対君主制における天皇と立憲君主制における国民を一度は切断していた。したがって、「国民」は史学協会系の絶対君主論的国体論が要請するところを満たしていなくてもよい。また、国粋主義・国民主義における歴史認識には、比較言語学者や形質人類学者が導き出した、言語や身体の背後を基盤にした〈歴史〉性はない。仮にこの第一の定義による憲法制定という事実だけが「国民」の要件であるとするなら、「歴史」や〈歴史〉がなくても「国民」は成立可能であるということになる。

しかしこの第一の定義は、定義の最初の段階に過ぎない。憲法が制定され、「国民」が法的に存在するという形式的条件としてだけなく、「歴史」のなかで存在する「歴史」的条件として国民を定義することで革命という反転を未然に防ぐ必要がある。そうした条件に主権論者は留意する。福沢にとってそれは天皇による「人心収攬」であり、陸にとっては「君民の合同」であり、中江にとっては「君民共治」であった。重要なのは、国民を全体化する天皇の政治的能力である。こうした全体性が「国民」が「歴史」的に存在する条件として現れる。そしてこの全体性は天皇と国民の同質性、そして国民内部の同質性という二つの同質性を基盤とし「革命」を排除するのである。

このようにして「国民」の法的―形式的諸条件（立憲）に、歴史的―機能的諸条件（天皇による人心収攬）を付け加えながら、明治期の主権論者たちは、「歴史」についての認識を主権論の枠内で捉え、君主主権と国民主権を結合させ、革命を回避し、生気説的社会有機体論を取り込んでいるのである。

5 〈歴史〉の浸透

一九世紀末の史学協会的な国体論は「国民」に「歴史」を認めないための反動的な「新しい歴史認識」の運動であり、それを乗り越えつつ天皇と「民族＝国民」の統合から国民主権の「歴史」――法権利的連続性の歴史――を語ったのは福沢諭吉や国粋主義・国民主義の主権主体論であった。こうした歴史認識の変遷の背景には、明治憲法の制定などの近代化が挙げられる。ここまでは主権論者らの内部での歴史認識について見てきた。だが、世紀転換期における天皇と国民の主権論的展開と、その歴史解釈を見るとき、主権論者の背後にあったのは「人種交替説」の広がりであったことは見逃せない。

鳥居龍蔵は、『有史以前乃日本』のなかで、保守思想に浸透した〈歴史〉について次のように記している。

> 當時日本の國学者は日本にさういう時代の有るべき筈はないと云ふて大變反對しましたけれども、……今日は最早日本に石器を使つた人間が太古に居つたといふ事は疑ふ餘地が無いやうになつた、是は即ち科學が舊い學問を征伏した一の事實である、そこで今日では『古事記』『日本紀』に書いていなくてもさういう事實が存在して居たといふ事は何人も疑はない様になつて來たのであります。(33)

第一章でも言及した黒板勝美は「小愛国熱」（国体史観的ナショナリズム）が神代史研究の「障碍」となっていると指摘し、神代史に対する研究の自由は「我が国の学者よりも外国人が忌憚なく行い得る」と述べて、チェンバレンの名を挙げていた。加えて「人類學、土俗學、考古學等の方面より、或は言語學の方面より、比較的研究まづその前提として發表せらる丶もの少なくない」と述べて、日本における歴史研究の端緒について、歴史学以外の学問――人類学と言語学――からの影響を指摘していた(34)。

黒板と鳥居の指摘からは、人種交替説を批判するために生まれた国体史観によって歴史学が神代史や有史以前を正当に研究し損なってきたこと、神代史や有史以前という歴史認識が歴史学の本流以外からもたらされ、そこで発展したことなどがうかがえる。結果からいえば、チェンバレンや鳥居龍蔵のように記紀神話が渡来民族によって書かれた「物語」であるという解釈は、国体論者が固く信じていた記紀神話の神聖性を崩壊させた。人種交替説を基盤とする学知は、言語や身体の〈歴史〉から導出される〈民族〉を立ち上げたことで、旧来的な歴史――王権論的歴史――の中核である神話を侵食したのである。

ただし、本章でこれまで述べてきたことと、次節以降で詳述するように、注目すべきは、二〇世紀に入って「人種交替説」から歴史主体としての〈民族〉を提示されたときに、一般的な意味での「歴史」が〈歴史〉から何を受け入れて、反対に〈歴史〉の何を沈静化したのかということである。このことは翻って「人種交替説」を唱えた考古学や人類学が、主権論的な「歴史」から何を摂取したのかという問いも浮かび上がらせる。結論からいえば、主権論者が人種交替説から摂取したのは「民族」と「国民」を規定する〈歴史〉という考え方であり、しかし同時にそこで棄却したのは人種交替説の生存競争という自然法則の側面であった。そして人種交替説を唱えた学知が摂取したのは天皇の政治的能力の表象とその機能的な側面であったといえるだろう。結果的に、〈歴史〉は矮小化され、さらに生気説的な社会有機体論に取り込まれるようなる。ただし生物学に基づくスペンサー的な「異質性」の考え方は、〈民族〉の「雑種性」として生き延びることになる。

人種交替説に従って、日本人種の祖先が大陸から朝鮮半島を経由して渡来したとするなら、日本と朝鮮は共通の祖先をもつ人種であるということになる。これが人種交替説から導出される「日鮮同祖論」の核心である。そのため日鮮同祖論には重大な問題が発生する。日鮮同祖論に基づけば、朝鮮半島から渡来した「民族」が日本人の祖先ということになり、必然的に天皇の由来も大陸もしくは朝鮮半島ということになる。こうした記述からは、国体論者のように天皇の権威を「記紀神話」に求めることはできなくなる。そうであるなら、天皇の権威はどこに求めるのかという問題が出てくる。ここに天皇制と人種交替説との深い亀裂があった。

鳥居龍蔵の固有日本人説における天皇の位置を見てみよう。鳥居は『有史以前乃日本人』のなかで「帝室を中心としたる日本の雜民族種」という節を設けて次のように論じている。

要するに日本の古代は、これ等の民族が前後して分布して居たもので、これ等の民族中、或者は交雜して雜種となり、或者は群團を爲して其の固有のタイプを保存して居るのであらうと考へられるが、兎に角其文化は融合統一された形に於て一樣に漸進していつたことが認められる。／其後時代を經るに隨つて、雜種は更に復雜（ママ）な雜種となり、今日の日本人を形成したもので之に後に加はつた彼の高勾麗に支那の殖民地の帯方郡が瓦解せられ、こゝに漢民族十七縣の民を率ゐて應神仁德等の朝に歸化したものも交つて居る。此の歸化民は最初大和の高市郡に置かれたが、後に至つて各地に配合された。これ等は皆日本の文化を司る家の人になつて居る。其後又唐の兵に平壤を陥れられて、歸化した高勾麗もあり、其他百濟も歸化したらうし、新羅、任那等も歸化するという有様であつたから日本人中に種々の民族の血が混入して居るということは、後になつても認められたる所の事實である、即ち『姓氏録』の如きは、此間の消息詳らかに書いて居る。／要するに日本人は單純なる民族ではなく、以上の復雜（ママ）せる數種族が島帝國を集成して居るのである。只獨り此間に帝室のみは連綿として同一系統を續けて來て居らるゝのであつて、これは實に世界に類のない事である。而して斯く帝室を中心として、雜種民族が日本を組織して居る結果は、今日種々の特色ある思想を交へたる面白い國柄を爲して居るのである。(35)

鳥居が示すのは、万世一系の天皇が複雑に絡み合った雑種民族を統合しているという立論である。つまり鳥居の日本人種論のなかでは、天皇は記紀神話によってその権威が基礎づけられるのではなく、複数民族や雑種となった〈民族〉を統合するという、その政治的な能力と機能においてその権威が基礎づけられている[36]。ここに人類学者による天皇の政治的能力――人心収攬――という言説の摂取の典型があるといえる。

この立論の仕方は、史学協会や内藤耻叟といった国体論者とは異なるが、福沢諭吉や陸羯南、穂積八束における統合機能として天皇の政治的能力と論旨は同じである。先述したように、鳥居は記紀神話以前である「先史」や「有史以前」に遡ることが可能になったと述べ、また「當時日本の國学者は日本にさういふ時代の有るべき筈はないと云ふて大變反對しましたけれども……今日では『古事記』『日本紀』に書いていなくてもさういふ事實が存在して居たといふ事は何人も疑はない様になつて來た[37]」と述べており、自身の「人種交替説」における日本人種論がそれまでの天皇観や記紀神話など、国体論者の言説と対峙することに自覚的であった。しかし鳥居は近代天皇制を支える立場から、自らが破壊してしまう神話に代わって、雑種民族＝日本民族の統合原理として天皇の政治的な能力と機能に言及したのである。

ただし最も重要なのは、日本民族を「雑種」であり、複数であると措定していることである。要するに鳥居は、〈民族〉に異質性と複数性を見ている。異質かつ複数であるから天皇の「人心収攬」の機能が必要なのである。これは福沢のいう「人心収攬」とは異なる。福沢は同質な国民の党派的分断を回避するため、また天皇がすべての家族の根源であり、いわば生気説的社会有機体としての天皇を示すものとして「人心収攬」を提示していた。しかし鳥居の場合、「日本人」は複数の異なる〈民族〉から構成され、そのうちで最も古い家系であるという理由で諸民族を統制しうる権威が天皇家にあるとされているに過ぎない。

鳥居の主張には、〈言語・身体そのものの歴史〉から導出される歴史主体としての複数の異質な〈民族〉が内包されている。つまり天皇との宗家関係から導き出される「民族」ではなく、〈言語・身体そのものの歴史〉の痕跡であり、生存競争を勝ち残った歴史主体としての〈民族〉、移入してきた〈民族〉を統合する機能として天皇の政治的能力があるという立論になっている。これが意味するのは、鳥居の主張は、人心収攬という天皇の政治的能力に言及するものの、そこで統合される諸〈民族〉は、天皇と国民の法権利的連続性に基づく主権論的主体ではないということである。あくまで、その主体は、あの新たな歴史主体であり、人種交替説を経由して表象される歴史主体として出来している。しかし鳥居は天皇の古さと政治的能力を主張することで、渡来した複数で異質性のある「固有日本人」をあたかも君主主権から国民主権へと至る法権利的連続性を備えている「民族＝国民」であるかのように論述しているのである。

ここでの福沢と鳥居の関係は、コントとスペンサーの関係を想起させる。福沢の主張は、コントが家族的結合という本能的紐帯の分散を抑制するために「政府」を導入したような関係に近い。つまり本来同質であるものが分解しないように天皇の機能があるという意味になる。反対に鳥居の主張は、スペンサーが異質性とその増大を前提に統治機関を導入していることに近い。つまり異質性がありながら統治の必要性を語るために天皇という機能が、その古さという権威によって呼び出される。ただし第三章でも述べたように、コントとスペンサーにおいても「統治」することの必要性を主張する点では共通していた。福沢と鳥居の場合でも、互いの主張の違いはあっても天皇制、立憲君主制による「統治」の必要性は共通している。

鳥居と同様に台湾や朝鮮半島の植民地化のなかで社会有機体説を展開した政治学者に加藤弘之がいる。よく知られるように、加藤は明治初期には天賦人権論の立場であったが、進化論に触れたことで天賦人権論を放棄して、生存競争説へと論を展開させた人物である。そして加藤は明治後期になると、忠君愛国を理論的に基礎づける方向へと進んでいく。つまり国家の利益が、個人の利益に優越するという考え方になっていくのである。ただし、その理路は複雑である。というのも、この時期はすでに細胞説が定着し、また鳥居が述べたように記紀神話的な物語を〈民族〉の歴史が凌駕していたからである。

それを踏まえて加藤の天皇論を見ていこう。加藤は日本の天皇制について、西欧の立憲君主制とは異なる「立憲的族父統治」と位置づけるが、その内容は非常に独特である。「立憲的族父統治」となる国家の基盤は「細胞」である。加藤にとって国家の形成は、単細胞体から複細胞体である「個人」、そして個人（複細胞体）の結合としての「複複細胞体」という社会有機体へと進化するものである。そしてこの加藤の「複複細胞説」も天賦人権説、社会契約論を否定する。

吾吾人間の國家就中開明人民の國家に至ては此道理が最も明かに表現されて居る。前述の如くホッブス氏やルーソー氏を始め民約論者の如きは、凡そ國家なるものは全く人民の契約から出來たものである抔と考えたのである。けれども國家は決して左様なる人爲的なものでは無くして、矢張單細胞體の衆多の集合か、複細胞體の成立するのと全く同様なる道理で複細胞體たる吾吾人間の自然的集合で以て成立したものである。換言すれば單細胞體が全く無意識的に其固有性からして相集合して複細胞體を組成したと同様に、複細胞體たる人間が全く無識的に唯其固有性に依て相集合して國家を組成したのである。(38)

加藤にとって国家の形成は、社会契約論的な主権主体による理性的なものではなく、あくまでも人間の生物学的な自然性、無意識的な固有性に根ざしている。人間の自由意志を否定し、生物学的な人間に共通する自然性・普遍性・同質性のみを認めているのである。加藤は、天皇機関説を否定して、天皇主権説（君主主権説）の立場をとっているが、それは日本固有のものではなく西欧でも同様であるという。

余とても固より吾國體に於て統治權の天皇に存して決して國家其者に存せざる所以を主張するのは勿論であるけれども併し余の所見を以てすれば統治權が特に君主の固有にして決して國家に存せざるのは凡そ國家の本性に

出るものにして特に吾邦にのみに限るにあらず歐洲各國に於ても矢張同様であると信ずるのであるから余の統治權主義は專ら國家の「自然」的本性に論據を求めるのである。／けれども歐洲各國の如さは易姓革命の邦であれば統治權の所在論の如きは國家の利害に大なる關係はなきやうなれども特に皇統の萬世一系なる吾國體にあつては決して然らざるのみならず余は獨り吾國體が國家の「自然」的本性に最も適したものであると信ずることなれば余は啻に吾が歷史及び國體に論據を求むるのみならず更に溯て右國家の「自然」的本性上に確實なる論據を求めて研究せんと考ふるのである。(39)

加藤にとって、国家は細胞から作られ、その細胞の集合から生まれた天皇という統治者（族父）があり、その継続性が日本の特殊性になる。それを自然的本性というのである。

ところで、加藤の「族父国家」に対しては異論(40)があった。加藤は自身に向けられた批判を次のように要約している。

「吾邦と雖古來決して純然たる一民族の國體にあらずして數民族混同の形迹もあり又蕃別と稱する歸化人の子孫もあり加ふるに親近族中にも皇別神別の二種もあり又近頃は臺灣を吾が領土となし朝鮮をも併合したほどのことであるから今日に於ても仍吾邦を族父統治の國體である抔考へるのは甚だ間違つたことである」(41)と

これに対して、加藤は、「古來日本民族と認められた民族が吾が國民の中心心髓となつて居る以上は是れは全く一族中の父子兄弟が相團結して一國家を形成して之れに多少他の民族が加はつて居ると認めて何の妨げもなきことと余は信ずる」(42)と手短に反論している。

加藤の天皇主権説（君主主権論）は王権神授説ではなく、〈民族〉の族父としての天皇なのである。結局、この加藤への異論も、それに対する加藤の反論も、天皇論と融合した人種交替説や鳥居龍蔵の「固有日本人」説を援用しているように思われる。つまり形質人類学が、加藤の細胞説、族父（天皇）論を補強しているのである。また「立憲的族父統治」という言葉は、「法」と人種交替説の折衷的な表現になっている。つまりチェンバレンから上田、伊波という比較言語学を論拠にした形質人類学的思考が、加藤の天皇主権説、反天賦人権説、反社会契約論を支えているのである。加藤は細胞から出発して、全体へと至り、その全体の優位性を法権利――天皇主権――として措定するのである。

ただし加藤と鳥居では相容れない要素がある。加藤は集合する民族、複数の民族の存在は認めつつも、それら一つひとつの民族は変遷も変異もしないと考えている。古くから続く日本民族の内部に異質性はないのである。細胞説に基づく進化論を採用しながら、加藤はそこに異質なものの存在を見ることはない。

鳥居のような考古学・形質人類学者は、新たな歴史主体である〈民族〉を軸に、そこに天皇の古さと政治的能力を付加することで天皇制国家を擁護した。他方で政治学者の加藤は細胞説――自然法則――を取り入れながら、天皇と民族の同質性、民族内部の同質性、その中心性を根拠に天皇制国家を擁護した。彼らの認識は実際には両方とも法権利的主体――天皇主権と国民主権――を否定する可能性を十分に含んでおり、反国家的対抗史たり得た。しかし反国家的対抗史であることを天皇の機能によって糊塗したのである。しかしそうした表面的な糊塗では「天皇」の神聖性を保持することはできないと考える学者も現れる。次に同時期の歴史家である津田左右吉が「人種交替説」を棄却する過程から、彼が何を恐れたのかを探ることにする。

現在の日本人の祖先が朝鮮半島から渡来したという「日鮮同祖論」は、一九一〇年前後において日本による朝鮮半島の植民地支配を考古学・人類学によって裏づけるという政治的側面も伴っていた。しかし、考古学・形質人類学者らが、天皇に雑種民族を統合する機能と政治的能力が備わっていると論じたとはいえ、その天皇は被植民地となっている朝鮮半島から渡来してきたという歴史は抜きがたく存在する。こうした状況に反発したのが、白鳥庫吉や津田左右吉といったもともとは「人種交替説」を支持していた学者らであった。

白鳥庫吉は「支那の北部に拠った古民族の種類に就いて」において、日本人の祖先となった人々は朝鮮半島から渡来したと考えていた。しかしその後白鳥は、「記紀神話」は古代人の創作した物語であるとする所謂「作為説」を提唱し、「日本人種論に対する批評」で当時の日本人種論者が天孫民族などの名称を作り出したとし、天孫民族が日本国外から渡来したという人種交替説を批判している[43]。

また白鳥の影響下にあった津田左右吉は一九一三年の『神代史の新しい研究』をはじめとして、多くの「記紀神話」研究を残しているが、津田はこうした研究のなかで天皇や国家の起源の神話を「記紀」から読み取ることはできるが、それをもって〈民族〉の起源をうかがい知ることはできないと主張した。津田は歴史主体としての〈民族〉と、その〈民族〉による実際の戦争としての人種交替説を否定することで、天皇の起源を日本に固定させようと試みた。津田は渡来した日本人種の祖先が〈民族〉による戦争を記述したと解釈された「記紀神話」そのものを否定することで、人種交替説を否定したのである。

興味深いのは、『神代史の新しい研究』のなかでの津田の「記紀神話」の解釈である。津田は、神代史の骨子となる神話のなかに氏族の祖先についての物語はあるが、民神が民衆を生んだという物語がないのは、当時の国家では氏族が今日的な意味での「國民」であるとして、「理論上、皇室の氏族に對する關係は即ち皇室と國民との關係」であると述べ、「その意味を今日の語でいふと、皇室は國民の内部にあつて、民族的結合の中心點となり、國民的團結の核心となつてゐる」とする[44]。天皇と「国民」を同質的な宗家関係として解釈するものだが、同時に、天皇は国民から生まれることになる。そして国民的団結の核心としての天皇という位置づけは、福沢諭吉の帝室論に見られる「人心収攬」のための天皇に通じるものがある。こうした側面を見ると津田の思想は、「人種交替説」を否定しながらも、史学協会的な国体論・国体史観と対立し、むしろ主権論的・民権論的であるとさえいえる。

だが、こうした国体論との対立的な意見は、視点を変えると同じ土台を共有しているともいえる。神話のみを盲信した国体論者においても、また天皇と国民の同質性から国体を論じる福沢や穂積、国粋主義・国民主義においても、そして津田の立論においても、重要なのは法権利的連続性としての主権論の枠組みを維持しているということなのである。つまり、主権の発生原理として、王権神授説的説明のみを採用するのか、それとも天賦人権説を加えるのか、あるいは天皇と国民の有機的結びつきを主権に読み替えるのかという意味では、ともに法権利的連続性としての「主権」を思考する枠組みなのである。

それを踏まえると、次の一文は、津田が人種交替説の本質を鋭く抉り出し、主権論と人種交替説の和解しがたい亀裂を明らかにしていることがわかる。先の引用の続きは次のようになる。

……〔皇室は〕國民の外部から彼らに臨んでいるのでは無い、其の間の関係は血縁で維がれた一家の親みであって、威力から生ずる壓服と服従とではないというのである。皇室の萬世一系である根本的理由はこゝにあるので國民的團結の核心であるからこそ、國民と共に、國家と共に、永久なのである。さうして皇室の眞の威嚴がこゝにある。(45)

外部からの侵略を受けることなく血縁で表象された国民と天皇の関係において、天皇の真の威厳は「団結」から生じるというのが津田の主張であった。しかしこの津田の主張のなかで最も重要なのは、「団結」に対置された「威力から生ずる壓服と服従」という文言の方である。これが「人種交替説」と津田や主権論者とを分かつ切断線である。そもそも人種交替説の主張の核心は、大陸・朝鮮半島から渡来してきた集団が先住民族アイヌを征服・駆逐したことにあった。したがって、人種交替説において重要なのは、生存競争という語りの形式である。人種交替説によって、生物学の自然法則を背景に「征服・駆逐・戦争」などの語彙が〈歴史〉の説明原理として浮上したのである。しかもそれは、王や天皇といった主権者が行う戦争でもなく、神話という創作物語でもなく、また社会契約論的な自然状態〈戦争状態〉からの自由意志に基づく戦争と自発的隷従でもない。「人種交替説」は生物学的な自然法則として語られていた。津田の批判から逆説的に見出せるのは、日本において〈民族〉の〈歴史〉は、神でも自由意志とも関係のない自然法則の語彙で語られたということである。津田にしてみれば、記紀神話を否定しつつ天皇と「国民」の起源を奪還する試みは、人種交替説という枠組みから、「民族の歴史」を「天皇と国民の歴史」として奪還しなければならなかったことも意味する。あるいは「団結」という言葉で人種交替説を消去しようとしたともいえる(46)。

人種交替説は、力や戦争を、有史以前の生物学的関係のなかに見出していた。第一章、第二章で論じたように、相似、そして差異と同一性による類型でしかなかった人種や民族は、〈言語そのものの歴史〉や〈身体そのものの歴史〉という説明によって、それら〈そのものの歴史〉の痕跡としての〈歴史〉を新たに付与された。こうして出現した新たな歴史主体としての〈人種〉や〈民族〉は、誕生と同時に「人種交替説」という語りによって、その語りの主語となり同時にその語りの対象となった。人種交替説は、天賦人権説や王権神授的な天皇制、社会契約論的自由意志といった自然法的基盤からは生まれない。それらと関係がないというより、そもそも主権者として想定される天皇や国民という想定の背後には、自然法則に従う生物集団としての痕跡が逃れがたく染みついているというのが人種交替説の核心だったのである。人種交替説によって、神話による天皇制、あるいは天賦人権といった法権利的連続性の主張は、その神聖性・超越性を失い、生存競争で勝ち残った歴史主体としての〈民族〉の内部で読み解かれるものへと変換されるのである。

津田は人種交替説を否定し、天皇と国民の関係を法権利的連続性としての主権論によって捉え直そうとする。要するに天皇という君主の側から国民との主権権力を立て直そうとする。その特徴は、実際に駆動している天皇制が参照されていること、さらに天皇制を国民と並置し直すことで、天皇制を国民主権の側から制限するとも読めるが、しかし天皇が国民的団結の核心とされることで逆に天皇という君主主権を強化しているとも読みうるということである。

明治期の藩閥政府と自由民権運動がそうであったように、権威主義的な君主制を背後に持つ藩閥政府と、それに対抗して国会開設という議会主義的民主主義を対抗させる自由民権運動と国粋主義・国民主義の両方が依拠し、参照するのは主権の枠組みであった。天皇の神聖性であれ、天賦人権であれ、国民主権であれ、津田のように君民の合一体であれ、語られているのは、根源的な「法」の枠組みであり、そうした根源的法とその連続性に依拠した主権論であった。

だが、人種交替説の核心は、生物学的な生存競争である[47]。これによって、生存競争の勝利者という説明は、根源的な「法」の枠組みである主権に対抗する説明原理となる。そこには王の神聖性も、自由意志もない。初期の考古学者や人類学者が神話に描かれている出来事を実際の出来事の比喩的記述だと解釈したとしても、人種交替説が示すのは、根源的な「法」ではなく、生物学的自然法則である。人種交替説は、のちに日本列島に勢力を拡大する日本人種の祖先について、彼らが作り出す根源的な「法」――開闢の神話――よりもさらに根源的な生物学的自然法則を提示してしまう。したがって、そこから導き出される〈歴史〉は、反法権利的・反主権論的な形態をとる〈歴史〉となり、法権利的な意味で主権を基盤とする「国家」に抗する〈歴史〉となるのである。

繰り返しになるが、人種交替説から出てきた〈歴史〉の特徴は、第一に語る主体が新しく措定されたことであった。第二に、それによって、より古く、より深い要素として生存競争での勝利が、その後の権利、制度、君主制、領土を規定する。明治期に出現する「日鮮同祖論」であれ、伊波の「日琉同祖論」であれ、そこに現れているのは生存競争の勝利者の名において、現在の権利、制度、君主制、領土への正当性が語られる形式なのである。そこにはすべてをつかさどる神や天皇の視点はないし、征服―被征服の両方に等しく認められる人間の意志や天賦の主権もない。この〈歴史〉のなかで語られるのは、〈民族〉という語で指し示されるものであり、権力の源泉は普遍法ではなく、自然法則によって表象されるものとなる。

史学協会的な国体論者は神話的な「法」による君主主権論的な歴史を奪還するために「新しい歴史認識」を形成した。また福沢諭吉や津田左右吉は天皇と国民の同一性から主権を再解釈する歴史認識を形成した。比較言語学や形質人類学、生物学によって提示された〈歴史〉に対抗して、法権利的連続性によって規定された主権論が「歴史」を再び管理しようとしたのである。津田による人種交替説への批判をそれ以前の主権論者の主張と同様なものとみなすならば、これら歴史を再び主権論によって管理することを目指す新たな思考の枠組みは、逆説的だが、「人種交替説」の産物であったということになる(48)。

この「人種交替説」によって〈民族〉の内容が完成したといってもよい。第一章、第二章で示した〈言語・身体そのものの歴史〉の痕跡としての〈民族〉が、人種交替説によってその主体でもあり、客体としても語られることになった。それと同時に、人種交替説において自然法則が、現在の言語、現在の身体の奥底に書き記されたものとして表象される。したがって人種交替説という認識枠組みは、結果的に、現在の人々を生物学的な生存競争によって語ることを可能にした。

人種交替説を唱えた比較言語学者や考古学者・人類学者と国体論者・主権論者との対立を、国体論者・主権論者の視点から見れば、人種交替説は普遍的な法権利の連続性を基盤とする天皇制国家――絶対君主制であれ、立憲君主制であれ――に反するという意味で「反国家」の思想である。なぜならば、人種交替説によって天皇以外の誰か、すなわち渡来民族としての複数の異質な日本人種が〈歴史〉の主体となるからであり、さらにそこでは神授的な法権利ではなく、生物学的自然法則が権力の主要な源泉となるからである。

津田による「威力から生ずる壓服と服従」への反発が示すように、人種交替説が「反国家」的であるのは、次の二つの特徴を有しているからである。第一に、君主や国民とは別に〈民族〉の〈歴史〉を論じる場所を準備したこと。第二に、あらゆる「力」は君主が占有するものではなく、自由意志との関係でもなく、生物集団としての諸〈民族〉のなかで考察されるということである。

しかしながら、政府に雇われた外国人教授や上田万年、鳥居龍蔵、そして伊波普猷らが「反国家・反天皇」的だと考えることはできない。むしろ彼らは近代日本の天皇制を支える立場である。そうした意味で、彼らはこの人種交替説の「反国家」的性格を糊塗しなければならなかった。主権論が革命を積極的に否定しなければならなかったように、今度は人種交替説の枠組みが、生物学的自然法則を糊塗しなければならなくなったのである。

すでに指摘したように、上田万年は〈民族〉から国体の生成を論じ、鳥居は雑種民族としての国民を統合する機能と政治的能力の保持者としての天皇を支持した。端的に言えば、人種交替説は、〈民族〉を天皇主権とその政治的能力に接続するという語りによってその反国家性・反天皇性を糊塗したのである。ここに主権論と人種交替説のいびつな接近がある。こうして人種交替説は〈民族〉論が主権論に接近することで後景化させられていった。

しかし表面的には後景化されたはずの〈民族〉についての諸概念は、比較言語学や形質人類学、生物学の言説を通じて、さまざまな科学的知識を吸収しながらより深いところで浸透し拡大していった。そこからいえるのは、神話と同時に人種交替説を否定した津田の『神代史の新しい研究』が日本政府によって発禁処分となったことを含め、一九四〇年代に至るまで、神話による天皇の神聖性を謳う国体論、人種交替説を論じた比較言語学と考古学・形質人類学、天皇と国民の有機的結合を企てた国粋主義・国民主義——主権論——という複数の思想は、互いに少しずつずれを伴いながら重なり合い、牽制し合い、影響を受け合っていたということである。近代日本の歴史の枠組みは、表面的には正統的国家を構成する説明原理を、君主主権だけなのか、それともそこに国民主権をも含めるのかという法的な議論にあった。しかしそうした議論の背後では、その議論を生起させた人種交替説の学問的探究の継続という伏流が存在し、〈民族〉の説明原理として〈言語・身体そのもの〉と生物学的自然法則の浮上と、その後景化があったのである。

6 「日琉同祖論」と「人種交替説」

次に伊波における人種交替説を検討しよう。伊波の日琉同祖論もまた、人種交替説を継承している[49]。その構成は次の二点である。第一に琉球人の祖先とされる人々——アマミキヨ族——は九州から奄美大島などを経由して琉球に渡来したこと。第二にその時にはすでに琉球列島にも先住民族アイヌがおり、そのアイヌを渡来したアマミキヨ族が駆逐したということであった。

伊波は「おもろそうし」や他の文献の読解から、「琉球開闢の神なるアマミキヨの名」は、アマミとキヨに分割でき、アマミは栗田寛による『姓氏録考證』において大化以前の品部(しなべ)[50]の一つであった海部(アマベ)（海人部）[51]に由来するとし[52]、「琉球人が昔ゐた故郷のことである。即ち海人部の家の義」であると解釈する。そして、キコは「ヒト（人）」という意味で、したがってアマミキヨは「海人部の人」の意味であると述べている。また琉球語では「メ（me）」は「ミ（mi）」と発音することがあり、mとbは入れ替わることがあることから、「部（べ）」は「ミ」へと入れ替わったとする。その上で、海見(アマミ)嶽や奄美(アマミ)大島の名称は、かつて琉球人の祖先が九州から沖縄島に渡来する過程で、彼らがその地にいたことの痕跡であると解釈した[53]。

さらにアマミキヨ族が沖縄島に渡来したときに、そこは無人島ではなく、すでに先住民族のアイヌがいたことを、鳥居龍蔵による研究「沖縄諸島に住居せし先住人民に就て」を引きながら論じている[54]。鳥居龍蔵が中城村の貝塚から発見した土器、石斧などの出土品が日本の石器時代のものと同一系統にあると述べていることを、伊波は沖縄にアイヌが存在した論拠としている。また、ドイツからの外国人教授で動物学・植物学者のドゥーダーライン（Ludwig H.P. Deoderlein）が奄美大島の住民には多毛の人が多いことを指摘したこと[55]、同様にベルツも小倉で兵士の生体計測から奄美大島出身の兵士には多毛が多いと指摘し、琉球人の血液にもアイヌの血が混じっていると述べたことなどを根拠に、伊波は沖縄に先住民族のアイヌがいたと結論づけている[56]。

こうした立論によって、伊波は先住民族アイヌの存在に加えて、琉球開闢の神話を天孫人種（アマミキヨ族）が沖縄入りしたことを書き残した「実際の歴史」だと解釈し、次のように述べて、琉球史に人種交替説を適用したのである。

以上述べ來つたところを總合してみると自然左の如き結論に到達する。白鳥博士の最近の説によれば、アイヌ人種の故郷は亜細亜の高原であつたといふことであるが彼等は漸次東方に向つて進み朝鮮半島及び黒龍江一帯の地域に下り一部はカムチヤツカを經て北海道に入り一部は朝鮮海峡を經て九州に入つたのであらう。思ふに紀元前三世紀頃に於ける天孫人種の大移住は實に九州に於けるアイヌの中堅を突いたのであらう。かくてアイヌの一部は道を東北に取つて中國に逃れたのであらう。神武天皇の一行がゆくゆく先住民族を征服して大和に入つたことは古史神話の語る所である。又チエムブレン氏の説をして眞ならしめば琉球人の祖先は暫らくの後海に浮んで沖繩群島に移住してアイヌを厭したことになる。新しい年代によれば神武の紀元元年は西暦紀元の初年に當るとのことなれば彼等が沖繩島に渡つたのは何れ紀元前後のことであらう[57]。

天孫人種（日本人の祖先）によるアイヌの「征服」に続いて、そこから分岐し琉球人の祖先となったアマミキヨ族もまた沖縄群島でもアイヌを「厭した」という。形質人類学者らが琉球人とアイヌの混血を示唆しても、伊波のなかでは人種交替説の枠組みは維持されている。アイヌとの混血は生存競争の実在を示すものとされている。

歴史認識をめぐる本質的な転換は、法権利的な主権の形式の内部での転換――君主主権から国民主権への転換――ではなく、歴史主体を〈民族〉へと練り上げることによって起こった転換であった。それにより歴史を認識する枠組みの起点が、根源的な「法」――神話であれ自由意志であれ――による主権の「歴史」から、〈民族〉の〈歴史〉へと変換された。かつて開闢の神話により天帝から琉球の統治を任された中世までの君主主権の正統性の歴史に代わって、それよりも遥かに古い「アマミキヨ族の渡来」と「アイヌの駆逐・征服」というまったく別の〈歴史〉が書き込まれる。歴史学の主流では、表面的には人種交替説は後景化を被りつつも、以後、歴史は鳥居がいうところの先史時代＝有史以前を起点に再起動される。固有日本人、先住民族アイヌ、天孫人種、アマミキヨ族、大和民族、琉球民族、琉球種族といった複数の登場人物が次々と〈歴史〉の舞台にあがり、〈歴史〉の主要な主体となる。こうして〈歴史〉の内部に征服者と被征服者、勝者と敗者が現れる。〈歴史〉はそれまで語られることのなかった記憶や祖先の名で溢れかえる。そして琉球史は、それまでの易姓革命的な主権の変遷史ではなく、伊波によって〈民族〉の〈歴史〉、人種交替として語り直されることになった。

新たに歴史主体となった〈民族〉を主人公にして〈歴史〉は紡ぎ直される。アマミキヨ族による渡来とアイヌ征服を語ったのち、伊波は琉球史を次のようにまとめ上げる。まず、沖縄島で三つの勢力に分裂して争った時代——三山時代——に、宮古八重山の人々と沖縄本島の人々がつながり「琉球種族の統一」が成し遂げられたとして、王統の物語を複数の「種族」の物語へと置き換えている。そして尚真王の頃（一三～一四世紀）に「彼等〈琉球種族〉は能く日本及び支那の文明を消化して自家獨特の文化を發輝させた」として具体的に中央集権体制の構築、「おもろそうし」の編纂、東アジア地域との交易を挙げる。その後「アマミキヨ種族の海上王國は島津氏の南下と葡萄牙人の東漸とによつて次第に衰運」に傾き、「慶長十四年の琉球征伐」によって日琉関係は経済的関係から政治的関係へと変化し、「南洋の津々浦々を遍歴せし波濤の健兒はいつしか石原小石原の陸生動物と化し去つた」。しかし明治の「琉球処分」によって「國民的統一の結果半死の琉球王國は滅亡したが琉球種族は蘇生して端なくも二千年の昔手を別つた同胞と邂逅して同一の政治の下に幸福なる生活を送るやうになつた」というのである。[58]

こうしてチェンバレンから伊波普猷まで続く系譜を見てみると、人種交替説を基盤にした〈民族〉の歴史主体化は、いくつかの特徴を備えていることがわかる。第一に、〈歴史〉は、勝者・征服者だけでなく、敗者の側・被征服者が自らを語る枠組みにもなっている。かつて先住民族アイヌを征服したアマミキヨ族＝琉球種族は、のちに薩摩藩に支配され、さらには「琉球処分」で解放された人々として歴史に登場する。[59] また後述するように、伊波が琉球人を日本人と同列に扱うためにアイヌや生蛮（台湾の先住民に対する蔑称）が劣っているとする主張も可能にした。要するに、〈民族〉の歴史主体化は、異なる〈民族〉がそれ自身の立場から敵対的関係と支配と抵抗の正当性を導出するための手段となる。

第二に、第二章で形質人類学と比較言語学の循環論法として示したように、形質の基盤に言語が据えられていた。『琉球人種論』の扉部分には、「この書を坪井正五郎先生並に鳥居龍蔵先生にさゝぐ」とあり、陰に陽に国体論と戦った二人の人類学者の名前が挙げられている。また冒頭部分では伊平屋島を日本人種の故郷とした藤貞幹とそれを批判した本居宣長の論争、それに加えて久米邦武による日本人の祖先が中国南部から琉球を経由して渡来したという学説への批判的言及があった(60)。つまり、当時の近代科学的な知識の裏づけにより日本人種の祖先が朝鮮半島から九州に渡来したという人種交替説を採用することは、チェンバレンや坪井・鳥居からの学問的影響だけでなく、当然ながら神話に基づき天皇の絶対性・神聖性を主張する国体論と、神話を史実として解釈する初期の近代史学に対抗する言論という意味も含む。国体論や神話の基盤に対抗するためには、形質人類学の生体計測、生物学を基盤にした「科学的」な論拠を提示することが必要不可欠であった。比較言語学がことさら言語は人種を規定できないと注意を促したにもかかわらず、比較言語学と形質人類学は相互に自説の根拠として互いを組み込み、〈民族〉に〈歴史〉を与えた。そしてその〈民族〉は人種交替説により異質性も持ちながらも、政治的な統一体として表象されたのである。

第三に、歴史を語る枠組みにおいては、根源的な「法」の継承性を備えた法権利的主権の「歴史」——天皇と国民の歴史——と、その主権の歴史とは異なる〈民族〉の〈歴史〉という二つの歴史形態が誕生した。しかも史学協会系の国体論や国粋主義・国民主義による主権の「歴史」を生み出した、少なくともその一つのきっかけとなったのは、人種交替説による〈民族〉の〈歴史〉の登場であった。つまり「主権の歴史」と人種交替説の相反する二つの説明原理の衝突こそが、近代日本の歴史認識の大きな枠組みを形成したのである。

第四に、津田左右吉が懸念したように、人種交替説とは、現在の〈民族〉を力関係として分析する道を開くものであった。君主主権の否定を通じた国民主権への移行という主権性に胚胎する革命の危機だけでなく、主権性——神話や自由意志——を超える〈歴史〉の背後に見出される生物学的自然法則としての力関係である。それは根源的な

「法」の正統性とは別の仕方で、〈民族〉を力の論理に組み入れた。だからこそ、人種交替説は、津田のなかで主権論の基礎となる神話を否定してでも、沈静化されなければならなかったのである。

そして最後に「異質性」の想定である。生物学の「変異」による進化と、スペンサーの異質性に見られるように、生物も社会も分岐を経て異質なものを内部に含みこむ。そして鳥居龍蔵の「固有日本人」も「雑種民族」であり、〈民族〉は異質性をもつのである。単一民族か複数民族かというより、同質か異質か、そこに固有の性質があるのか、それが重要なのである。その異質性の否定として、天皇と国民は同質性をもつものとして表象され、国民内部の同質性は生気説的社会有機体論へと反転し、権力の問題は主権の問題に置き換えられた。

だが、異質なものの想定においてはまったく別の原理が発生することになる。異質なものの想定においては、コントやスペンサーが示したように、主権とは異なる課題として「統治」が本質的な課題となるのである。

では、こうした潮流のなかで、伊波の〈歴史〉としての琉球史はいかなる論理展開を見せるのか。次章の結論を先取りすれば、歴史主体としての〈民族〉は、開闢の神話を基盤にした「国家の歴史」を超出したにもかかわらず、再び「国家」という問題を導入する。〈民族〉の〈歴史〉を語ることがそのまま国民国家の歴史を語ることとして理解可能になったということである。この議論は、国粋主義・国民主義が主権論のなかで展開した「人民」と「国民」の弁別に非常に似通ったものに見えるが、そこでは「歴史」と〈歴史〉の亀裂と同様に、本質的にそれとは異なる道筋を辿ることになる。なぜなら、国家はもはや均質で同質的な国民を想定できないからである。国家は異質な複数の〈民族〉を前提とする。そして第三章で示したように、コントやスペンサーが生物学に基づいた「異質性」を前提に、その制御のために「統治」を持ち込んだように、生物学や社会有機体論は、それまでとは異なる「統治」を持ち込むことになるのである。

注

(1) 重田園江は、フーコーが主権理論と対立させる「戦争」の分析を、フーコー自身が「見限った理由」として、フーコーが「戦争」を「歴史を通じて法の連続性に敵対性と断絶をもたらす『歴史―政治的』言説ではなく、原初の法、始原の権利に依拠する『法的』言説の一変種」と考え、「戦争」を「権力分析の理論枠とすることを断念した」からだと指摘する。そしてその後、権力関係の分析を「戦争」から「統治」へと進むことになるという。しかしながら、日本においては、根源的法としての天皇や人民主権に対して生物学的生存競争として説明される「人種交替説」が対抗的な関係をもったことは揺るがない。重田が指摘するように、結局のところ「戦争」は「法の連続性」を原始の戦争という形で提示する「法的言説の一変種」だとしても、変種であることがむしろ考察の必要性を示しているともいえる。それが近代日本のなかでどのような提示のされ方をしたのか、その機能はどのようなものだったのかは考察すべき課題であると考える。また付言しておくと、本書での「戦争」はフーコーが提示したような一七世紀以降の王に対する貴族やブルジョア階級を「民族」とし、その民族の歴史言説の母体としての戦争ではない。ここでの「戦争」は進化論的生物学の自然法則である「生存競争」として説明される「人種交替説」であり、その主体は比較言語学と形質人類学に基づく〈言語・身体そのものの歴史〉の痕跡としての〈民族〉である。重田(二〇〇七)、二八―三〇頁。フーコー(二〇〇七a)。

(2) フーコー(二〇〇七a)、六八頁。

(3) 同上、六八―六九頁。

(4) この沙汰書(「修史の詔」)については、大久保(一九八八)、長谷川(二〇〇八)、メール(二〇一七)などを参照。

(5) メール(二〇一七)、八頁。

(6) 同上、一〇頁。

(7) フーコー(二〇〇七a)、七〇頁。

(8) 大久保(一九八八)および長谷川(二〇〇八)もこの修史事業の開始を「王政復古」であると指摘している。

(9) 内藤(一八八九)、二三―二四頁。

(10) 山崎(一九一三)、六七〇頁。工藤(一九七九)、一二六頁。坂野(二〇〇五)、九一頁。

(11) 宮地(一九九一)、五五二頁。

(12) 同上、五五二―五五三頁。傍点追加。
(13) 久米（一九九一）、四四五―四六六頁。
(14) 安田（一九九二）。
(15) 福沢（一八七五a）、四六頁。
(16) 福沢（一八七五b）、一七頁。
(17) 福沢（一八八〇）、三三頁。
(18) 吉馴（二〇〇九）。
(19) 福沢（一八八二）。福沢（一八八八）。
(20) 福沢（一八八八）、二六頁。
(21) 山室信一は、日本で「民族」という語が使用されはじめるのは一八八〇年代後半からで、「民種」と「種族（属）」または「人民」と「種族」の縮約として成立した可能性を指摘している。山室（二〇〇一）、一一二―一一三頁。
(22) 福沢諭吉が『文明論之概略』を書いた一八七〇年代に「民族」の語はない。このころには「種属」「種族」の語がtirbeやstemの訳語として用いられていた。
(23) 植手（一九七六）、三六〇―三六三頁。
(24) 志賀（一八八八）、一頁。『日本人』第二号、政教社。大渕編（一八八九）、八一―九〇頁。
(25) 陸（一八九〇）。『日本』一八九〇（明治二三）年一月四日。
(26) 無署名記事「日本國民ハ明治二十二年二月十一日を以て生れたり」『日本人』第二二号、政教社、一八八九年二月一八日、一―四頁。
(27) 陸（一九一〇）、九―一三頁。『日本』一八八九（明治二二）年二月一二日。
(28) 同上、一〇頁。
(29) 穂積（一九一三）、二八五頁。傍点原文。初出は『法学新報』第一三号、一八九二年。
(30) 安田（一九九二）、七〇頁。
(31) 同上、六六頁。
(32) 中江（一八八一）。この論説のなかで中江は「共和政治」を目指すというが、模範とすべきはイギリスの立憲君主制だという。

イギリスの立憲君主制では「独裁専制」が起こっていないこと、また議会や世論の動向を無視して国王が宰相を指名することはできないことを挙げ、本質的にイギリス立憲君主制は共和制であるという。また中江自身が「共和制」という言葉を使わないのは、君主制を標榜する側が「共和」の言葉を嫌うからで、どの名称を使うかを論点にすると混乱を招くだけであると主張し、「君民共治」という言葉を使うと主張している。

(33) 鳥居（一九一八）、七―八頁。
(34) 黒板（一九〇八）、二二五―二三二頁。
(35) 鳥居（一九一八）、二一五―二一七頁。
(36) 金（二〇〇〇）によれば、日本人種論を通して天皇家を中心とする古代支配層の優秀性、権威をその政治力に求める論調は、鳥居龍蔵の他に山路愛山や喜田定吉、田口卯吉らに見られると指摘している。第一章で言及した田口卯吉が、措辞論から日本人種をアーリア人種に接続させたのも古代人の優秀性を示すものであった。
(37) 鳥居（一九一八）、七―八頁。
(38) 加藤（一九一二）、一二八頁。句読点を追加した。
(39) 加藤（一九一五）、三―四頁。
(40) この異論は、浮田和民らのもの。
(41) 加藤（一九一五）、五一頁。
(42) 同上、五一―五二頁。
(43) 白鳥（一九七〇）。初出は一九〇〇年。白鳥（一九一五）、六四―七三頁。
(44) 津田（一九一三）、一九七―一九八頁。
(45) 同上、一九八―一九九頁。
(46) 金（二〇〇〇）によれば白鳥や津田以外にも、和辻哲郎などが同様の主張をしていた。また坂野（二〇一二）によれば、和辻は一九三九年には清野謙次の議論を援用しながら、人種交替説を否定している。（一七九頁）
(47) 第二章の注20を参照。
(48) 鳥居龍蔵による人種交替説（アイヌ先住説）に対しては、白鳥や津田だけではなく、一九一六年頃から濱田耕作、清野謙次、長谷部言人、松本彦七郎といった人類学者や考古学者らが批判を展開しはじめる。当初、こうした批判は、ヨーロッパの先史考古学の手法や、当時としては先進的な人骨計測の統計処理などに依拠していた。しかし坂野（二〇二二）によれば、一九三〇年代になると人類学者や考古学者らは再び記紀神話に依拠して日本人種起源論を語り出すという。このとき語られたのは、人種交替説ではなく、日本という地にはもともと日本人種が居住していたという説であった。そしてそこではかつて津田らが主張したように、日本人種の独自性の主張、そして人種交替説における征服戦争・圧制の抹消と、人種の起源の曖昧化が行われていた。

(49) ただし、一九三〇年代末の伊波の議論からは、アイヌ先住民説は消えていく。これは当時の学説に依拠した変更だが、これらの学説に対しては当時の皇国史観や大東亜共栄圏との思想的な連関が指摘されている。坂野（二〇二二）。

(50) 一般的に「品部」とは「大化前、大和政権に貢納・奉仕した部集団の総称。特定の職能をもって宮に奉仕する人民集団」とされる。日本国語大辞典第二版第六巻（小学館、二〇〇一年）、九一二頁。

(51) 「海部」（海人部）は「品部」の一つで、「大化前代、阿曇連（あずみのむらじ＝海人の長）の領有支配をうけて、海産物を大和政権に貢納した集団。淡路、阿波、吉備、紀伊などに分布した」とされる。日本国語大辞典第二版第一巻（小学館、二〇〇〇年）、五五〇頁。

(52) 栗田（一九〇〇）、四〇九―四一一頁。

(53) 伊波（一九一一a）、三〇―三二頁。崎濱（二〇二二）は、「後期日琉同祖論」における伊波の主張は、「『琉球民族』の祖先である『アマミキヨ』とは『海部』を母氏族とする集団であり、『天孫』から逃れるために故郷を亡って南へと移動してきた人びとである」としている（二一〇頁）。ただし崎濱（二〇二二）には人種交替説への言及がない。そのため、人種交替説で現れる先住民であるアイヌの駆逐・圧制に関連する言説が、『沖縄考』など伊波の「後期」の議論から消えていることへの言及がない。注48、49も参照。

(54) 伊波は雑誌『太陽』一一―一、一九〇五年一月に掲載された論文を参照している。その論文の増補版が『東京人類学雑誌』第二二七号、一九〇五年二月二〇日に同名で掲載されている。しかし伊波（一九四二）には、「アマミ族」が「辿り着いた島々は殆ど無人の境」だとし、先住民であるアイヌの存在は消えている（二〇六頁）。

(55) ドゥーダーライン（一九八一）を参照。このドゥーダーラインによる奄美大島の多毛については、Chamberlain（1895）のなかでも言及している。

(56) 伊波（一九一一a）、三〇―三五頁。

（57）同上、三五―三六頁。最終部分である「新しい年代によれば神武の紀元元年は西暦紀元の初年に當る」がどの研究を指しているかを特定するのは困難だが、例えば久米（一九〇二）では、神武誕生を紀元前六三年、即位を紀元前一九年と論じており、こうした研究が背景にあると思われる。
（58）伊波（一九一一a）、三八―四〇頁。傍点原文。
（59）ただし琉球処分による解放は主権論における解放を意味し、それに対して生権力論的な解放が対置されることになる。詳しくは第五章。
（60）批判的な言及だが、どちらも初期の「日鮮同祖論」につながる。藤貞幹と本居宣長の論争は、星野（一八九〇）で論じられていた。

第五章　新式の統治法

1　はじめに

人種交替説によって開闢の神話が否定され、〈民族〉が歴史主体として登場したとき、その反対側では法権利的連続性として語られる主権者としての「民族＝国民」が生み出され、その「民族＝国民」が行使しうる革命を積極的に否定すると同時に、もう一方の主権者とされた天皇の役割が、政治的能力と統合機能として表象された。

君主主権論の枠組みで重要なのは、主権者としての君主は、神的な存在であると同時に、実質的・実際的な統治を行うことが要請されていることである。つまり主権者は単に主権者であること以上の役割が期待されたのである。福沢が『帝室論』のなかで国会開設と憲法の制定という立憲君主制への移行を念頭に、現在の天皇による「人心収攬」の重要性を説いたことは、天皇の非政治化――君臨すれども統治せず――とは裏腹に、主権者たる天皇の政治的能力・政治的機能への言及であり、また天皇と被治者の同質性を想定したものだった。これは、コント的な生気説的有機体論に基づく統治機関の必要性ではあったが、それが機能する根拠は「万世一系」という神話的な古さと君臣の宗家関係であった。

他方で、鳥居龍蔵が「雑種民族」を統合する能力と機能を有する者として天皇を捉えたことは、神的なものとして表象されていた天皇に対して、複数性・異質性を念頭に統治を行う政治的行為者という像を新たに与えたといえる。

これは福沢とは違い、スペンサー的な複数性・異質性のための統治機関の必要性というものだが、しかしそれが機能する根拠は福沢と同じように「万世一系」という古さであった。

こうした主権者——「万世一系」の天皇——による政治的能力という考えを踏まえつつ、君主主権でも国民主権でもない、歴史主体としての〈民族〉に重心を置く伊波は、「統治」をどのように考えていたのか。

それについて、白鳥庫吉や津田左右吉が人種交替説を批判する直前の一九一二年に伊波が発表した「古琉球の政教一致を論じて經世家の宗教に對する態度に及ぶ」[1]と題された論文から探ってみたい。同論文は崇神天皇や、琉球王国の第一尚氏王統、第二尚氏王統に言及することから、一見して君主主権について述べているように見える。しかし実際には君主主権ではなく、また法権利的な国民主権の枠組みを中核にすることもなく、いかにして〈民族〉を政治的に主体化するかという論考になっている。また伊波は天皇や王権に言及するが、それは王権の基盤に神話を見るからではない。そうではなく、伊波は王権の基盤に新たな「統治」の技術(テクノロジー)を見るからである。伊波は、この新たな統治テクノロジーを通じて、歴史主体としての〈民族〉に政治的能力を付与し、〈民族〉が行う「統治」について論じる。そして〈民族〉の統治テクノロジーの内部に「国家」を出現させる。本章では、伊波が同論文で言及する「新式の統治法」の内実を確かめながら、主権論とは異なるタイプの合理性としての「統治」が、君主主権の政治的能力から〈民族〉の政治的能力へと変換されていく過程を見ていくことにする。それによって、対抗的反国家的な人種交替説の歴史記述から、〈民族〉の統治能力こそ「国家」であるという、「国家の再導入」の過程を検証する。

2 「古琉球の政教一致」

伊波の論文は、まず、自身の立論と同様の構造をもつ河上肇の論文「崇神天皇の朝神宮皇居の別新たに起りし事實を以て國家統一の一大時期を劃すものなりと云ふの私見」[2]に言及する。河上の立論は次のようなものだ。崇神天皇の時代に天皇の氏神を祀った神宮と、天皇氏の住居（皇居）が分離したのは、政教の分離を意味するのではなく、まったく反対に祭政の一致の証拠だという。神宮と皇居の分離は、崇神天皇の時代に天皇氏の勢力が拡大し、それによってその他の氏族・種族が統一され、天皇氏の氏神に過ぎなかった皇祖の神霊が、被征服者を含む全体にとっての共同の神になった証拠である。そのため、従来は氏族の内部に祀られていた氏神が、その家を離れて共同の神として神社に祀られるようになった。河上は「これ即ち天照大神が吾が大和民族共同の祖神たるに至つた發端である」[3]と主張する。

加えて重要なのは、河上の次のような指摘だ。「たとひ種族の神を生ずと雖も従前の氏族の神は依然として同時に其れ其れの氏族に依りて其の崇拝を継続せられ、又たとひ種族共同の神を生ずと雖も従前の種族の神は亦た依然として同時に其れ其れの種族に依りて其の崇拝を継続せらる」[4]。つまり被征服者は、征服者の氏神を共同の神として信仰しながらも、被征服者はそれぞれ自分の氏神を信仰することも許された。これが天皇氏という征服者による、被征服者に対する統治の一つの特徴であった。

この崇神天皇の神宮皇居の分離と被征服者の信仰の維持と同様の出来事が、琉球王国の形成の際にもあったというのが伊波の主張である。尚巴志王（一三七二～一四三九年）が一四二九年に沖縄島の諸侯を統一して琉球王国を形成した時点では、諸侯はそれぞれの土地に住んでいた。その後、尚真王（一四六五～一五二七年）の時代に中央集権化が進み、諸侯は首里に集められた。伊波は、信仰する神を異にする諸侯や離島の人々を尚真王がどのように統一融合したのかを問う。

そもそもこの征服によつて異なつた種族等は密接な接觸をする事になる。けれども彼等を同化することは至つて困難なことである。征服者は常に彼等被征服者を蔑視し、あらゆる方法を以て彼等を奴隷化しようとする。被征服者は仕方なしに服従はするもの丶、征服者の武力以外の一切のものを認めないのが常である。尚眞王はこの難事中の難事を如何にして仕遂げたであらうか。彼は前王朝が自分の權威に反對する反逆者を見つけ次第一人々々やつつけていくという舊式の統治法を棄てゝ、制度といふ新式の統治法を發明して、三山の遺民に臨んだのである。(5)

上記の河上や伊波からの引用で特徴的なのは、「天皇氏の勢力が拡大し」(河上)、「氏族・種族が統一され」(河上)、「この征服によつて」(伊波)、「異なつた種族等」(伊波)、「征服者・被征服者」(伊波)といった表現である。ここで言及されている天皇氏や尚家は、神話や王権神授説を基盤として論じられてはいない。天皇氏や尚家は周囲の他氏族・他種族と戦い、勢力を拡大し、征服者となったのである。アイヌとの生存競争に勝利し、征服者となった〈民族〉が、今度はその内部の諸氏族間――「異なった種族」――で相争う、同一集団内での勢力争いを展開したのである。つまりこの認識は人種交替説の延長線上に据えられているが、この論文では、集団内での勢力争いを制した征服者・統治者による内部の「異なった種族」に対する統治法が考察されている。ここでも基本的な考え方は、〈民族〉は君主や王権から生まれるのではなく、〈民族〉が君主や王権を生み出したということである。そして複数の異なる〈民族〉の統一は、王権の神聖性や宗家関係から導き出されるのではなく、人種交替説の延長としての「力関係」によって説明される。ここでは、河上も伊波も、一九世紀末以降の国体論や国粋主義・国民主義に見られる主権論の立場には立っていない。

さらに重要なのは、君主主権がもつ生殺与奪、圧政、奴隷化、強制的な同化などが「前王朝」(第一尚氏王統)による「旧式の統治法」として否定されていることである。では、征服による奴隷化や王権による生殺与奪ではない「新式の統治法」とは何か。主権論ではなく、〈民族〉の水準で「新式の統治法」を語ることは何を意味するのか。伊波の記述からそれを探ってみたい。

どのようにして「新式の統治法」は作られたのか。まず伊波の論文は、琉球の歴史を一四世紀の「三山鼎立」の時代から始める。三山とは、北山・中山・南山を指し、それぞれ沖縄島の南部、中部、北部地域に王国を築いたとされる諸勢力のことである。伊波の説明では、アイヌとの生存競争に勝利したアマミキヨ種族は二つに分岐して、異種族となり、その勢力を争うようになった。

伊波は、諸勢力の特徴を次のように述べる。南山は漁業中心に暮らし、中山は農業中心、北山は狩猟中心である。そして強固な社会を形成しやすい農業中心の中山が他に先駆けて、国家のような形態の社会を築いた[6]。その後、九〇年ほど続いた三山鼎立時代は、一四二九年の尚巴志による三山統一によって終わりを告げ、第一尚氏王統が成立する。しかし尚巴志王のあとに優れた継承者が現れず、統一王朝の内部では三山の諸侯が勢力争いを繰り広げることになった。

そうしたなか、一四六九年、第一尚氏王統を転覆させた尚円王が第二尚氏王統を成立させた。そして尚円王の息子である尚真王の時代になると琉球王朝の中央集権化が開始された。尚真王は三山の諸侯を首里に集めるが、しかし首里に集めただけでは三山の諸侯は調和しないことを悟る。ここで、先ほどの引用にあった「新式の統治法」が出てくる。では、尚真王の発明した「新式の統治法」とはどのようなものなのか。

伊波は、尚真王の晩年にあたる一五〇九年に首里城内に建てられた百浦添之欄干之銘に記されたこの時代の特徴から、尚真王による諸侯の統一のための十一の政策を書き出している。この十一の政策は、尚真王が三山の諸侯を首里に集める前に実行した政策を示している。

第一に、寺院の建設、仏教の導入。「王が之〔仏教〕に帰依したことである。これは何でもないようなことであるが、血液を異にし、神を異にするところの異氏族を統一する上に必要な問題ではあるまいか。これやがて舊道徳を棄て、、新道徳を採用したことを意味する。四海同胞という教義を信ずる時に、吾々ははじめて異種族の人格を尊重することが出來るのである」[7]と述べている。第二に、租税の軽減による征服者と被征服者の和解。第三に、領土の所有権の確定。第四に風俗改良として、帯刀の禁止。第五に、階級制度による秩序の確立。第六と第七はともに都市の公園化に言及し、垣根の造成、内園や寺院に築山（つきやま）を造成し、遊覧の佳境にすることを記している。第八に、宮中に絵画を掲げ、音楽を響かせ、酒宴を設けて客をもてなし、社交を円滑化する。第九に、中国との朝貢貿易を三年に一回から一年に一回に変更すること。第十に、中国からの物品の輸入。第十一に、宮室を中国の宮室に似せて改造すること、である。

もともとは同じだが三山という複数性・異質性をもつに至った民族の内部における勢力争いを念頭に、尚真王がとった政策は、生殺与奪による直接的な暴力と威嚇ではなく、仏教を用いた「異種族の人格」の統一、減税や社会制度の整備による人心収攬の試みであり、そして都市の公園化と宮廷を豪華にすることで、王都である首里への三山の諸侯の羨望を惹起することであったと伊波は指摘する。

こうして諸侯を首里へ永住させる準備を整え、尚真王はさらなる政策を打ち出す。まず、諸侯は容易に打ち解けないので、首里への移住に際して、三地区を用意し、そこに別々に三山の諸侯を住まわせた。次に、その地区のあいだに在来の首里人を住まわせ、諸侯の漸次的な首里化を画策した[8]。さらに機会あるごとに、尚家の王子を按司家（大名）の養子とすることで「何れも尚家とは姓を異にしてゐたが、四百年も經つ間に、いつしか向姓即ち尚家と同姓になつて了つたのである[9]」。尚真王の政策の特徴は、異なる諸勢力・諸侯の統一であり、そのために宗教を刷新し、家系的紐帯を構築し、都市化を推進することなどであり、何よりも圧政の忌避であった。伊波はこのように、〈民族〉の複数性・異質性、各諸侯に固有の性質に基づく「新式の統治法」を語っている。ここでの「統治」とは、「異種族の人格を尊重する」ことに基づく統治なのである。

伊波はさらに次のように続ける。

> 以上私は金石文によつて尚真王時代を研究したが、これから更に一歩を進めて、これら三つの種族が相合してわが琉球民族が形成された時、所謂宗教の関係が如何に變じたかといふことを、即ち三種族が相合して一民族を形

> 成するに至つた時、其の中で最も勢力のあつた尚家の神が一歩を進めて、新たに發生した民族全體の神となり、そうして相合した數多の種族が皆之を以て共同の祭神と爲すに至つた經緯を述べなければならぬ。(10)

こうして三山の諸侯——異質性・複数性——が合わさって今日の「琉球民族」が形成されたと伊波は主張する。その結果、尚家の氏神が〈民族〉全体の神になるわけだが、その後伊波は、崇神天皇による統治と同じように被征服者の宗教的自由を保障する経緯について詳細に語る。

尚真王による政策のなかに琉球人の精神的統一として宗教思想の問題が出てくる。伊波は日本の古神道と琉球人の宗教観は「殆ど同じ様なもの」だとした上で、その特徴はキリスト教的な神ではなく、祖先神や自然界の現象を神とすることであると指摘する。共同の神として祀られたのは、「御前」(祖先の霊)、「御火鉢」(火の神)、「金之美御すじの御前」(金属の神)であり、その三つの神体へ奉仕し、祭祀に携わった神官は、未婚の女王である聞得大君(きこえのおおきみ)(琉球神道の最高祝女(のろ))であった。

> 琉球諸島の住民は同一な神話傳説を有してゐたので、所謂三十六島を政治的に統一したところの政治家はこの共通點を利用して、之を宗教的に即ち精神的に統一したのである。……そして尚家の氏神は民族共同の神として一般に崇拝されるやうになり、時の經つにつれて、其の神威はますます高まり、遂に一定の場所を選んで其處に鎮坐するに至つたのであろう。(11)

三山だけでなく各離島の諸侯も、同じ言語、同じ神話を共有していたため尚真王による「新式の統治法」はうまくいき、尚家の氏神は共同の神として祀られるようになった。さらに伊波によれば、尚家の氏神が民族共同の神になったとしても、首里に移住した三山の諸侯は、彼ら自身の祖先神を崇拝することを許されたという。その際、諸侯をその墳墓の地に帰還させるのは、復古的な考えを惹起させるという理由から、三山の諸侯が各々の祖先神を拝むための遥拝所を首里に設置した。[12] そこでは、聞得大君に似せて、遥拝所の神官には名家の未婚の女子を任命し、彼女らを「大あむしられ」と呼んだ。[13] そして三人の大あむしられは、各地方の神官（女性）である「のろくもい」を支配した。伊波は、「民族的宗教の宣傳者としての女子」の存在から、「上古における琉球民族の女子の地位が低くなかつた」[14] と主張する。加えて、こうした一連の「新式の統治法」は、琉球王朝による離島の支配にも利用された。

世に琉球諸島の住民ほど其の祖先を知りたがる人民は居まい。この心的傾向はやがて琉球諸島の住民は皆同胞であることを意識させて、琉球王國の統一を容易ならしめたのである。實に宗教の統一が國民的生活に如何に重大な意味を有するかを認めたところの爲政者は、其の屬島を統治するに當つて、大屋子という知事を派遣すると同時に、其の地の豪族の女を神官に任命して、民族的宗教の宣傳に腐心したのである。かくの如くにして險悪な波濤と戰いつゝ、所謂三十六島の民衆を率ゐて、一個の王國を建設したことは、彼等が政治的人民たることを證明して餘りあるのである。[15]

一つ前の引用文では「政治的」や「政治家」という語を使い、この引用では「爲政者」や「政治的人民」という語を使うことからいえるのは、ここでも君主・王権の神話・神授説的な神聖性は歴史の出発点にはなっていないということである。国家を形成したのは、君主の特別な神的能力ではなく、〈民族〉が行ってきた諸々の統治実践であるというわけだ。しかもそこには複数の異質な〈民族〉の圧制や同化とは異なる統治実践が語られている。

また伊波の説明では、複数性・異質性を帯びた〈民族〉の統一は、勢力争いにおける勝敗が直線的に導いたものではない。ある勢力――天皇氏や尚家――が勝利したことで自動的に〈民族〉が統一されたとは考えない。争いによる勝敗ではなく、その後の内部における統治実践の内容によって、ある勢力は玉座を失い、ある勢力はそれを維持し続けたという分析である。つまり、人種交替説の枠組みは、根本的な変化を遂げている。征服・被征服の関係、実際に剣を交える戦争がいつ起こり、そこでの勝敗がどうであったかや、どの勢力が最終的に玉座に就いたのかということは重要ではなくなる。〈民族〉の「統治実践」において重要性を帯びるのは、ある勢力（第一尚氏王統）がどのような理由で弱化したのか、それに代わってある勢力（第二尚氏王統）がどのように自らを強化し、異なるものたちを統一し、強固な体制を築いたのか、という諸勢力間の力関係の動態を知ることなのである。伊波の分析は、生存競争としての人種交替説から「力関係」や「統治」の方法にシフトしている。

こうした伊波の分析では、君主は主要な登場人物ではあるものの、それ以外の登場人物の重要性が格段に増す。「民族的宗教の宣傳者としての女子」、「上古における琉球民族の女子の地位が低くなかつた」というように、伊波が琉球王国における女性の地位に言及するのは、諸勢力間の力関係の動態や統治の方法を知るためには宗教政策における主要な登場人物である「女性」への言及が必要不可欠だったからである。そして第二尚氏王統という一つの勢力の隆盛にこの「女性」という登場人物が深く関わると同時に、歴史主体としての〈民族〉の衰退にも「女性」が深く関わることになる。第二尚氏王統という一つの勢力の強化と弱化の過程、力関係こそが〈歴史〉の主要な関心事となり、その原因を追求するなかで「女性」が浮上してきたのである。加えて、島津氏という別の勢力が琉球史の主要な登場人物として現れることになる。

伊波によれば、民族的宗教を用いた第二尚氏王統の「新式の統治法」は、二つの理由から衰えたという。第一に、一六〇九年に薩摩藩・島津氏が琉球に侵攻し、その後島津氏が実質的に琉球王国を支配したこと。第二に、琉球への儒教の浸透を挙げている。順番に説明していこう。

まず、島津氏による琉球侵攻の時点で、すでに征服者である第二尚氏王統は三十六の島々を支配し、被征服者であるその島々の諸侯は「新式の統治法」により、実質的に統一されていた。そのため民族的宗教の重要性は、尚真王の時代に比べて低下していた。それに加えて、琉球王朝の背後に島津氏という強力な支配者ができたことで、逆説的に第二尚氏王統の地位は強固になり、「新式の統治法」による諸侯の紐帯を構築する必要性が低下したというのが伊波の説明である。

第二の理由である儒教については次のように説明されている。琉球では首里や那覇といった都会の男子は儒教教育を受け、その結果、彼らの思考が「科學的哲學的」になり、次第に迷信を打破し、「男子は其の民族的宗教を記念祭的のものとし、……政治家は宗教を政治以外に驅逐せんとして、茲に政教分離が始まるやうになつた[16]」。しかしその一方で、民族内部の統一と島津支配により、「この民族的宗教はますます手持ち無沙汰になり、女子はとうとう宗教的遊戯なる巫道に耽るやうになつた。……女子には全く學問をさせなかつた爲に、……女子は儒教とは全く沒交渉であつた。……女子は少しも之〔迷信〕を脱することが出來なかつた[17]」と指摘し、かつての「新式の統治法」で重視された女性の民族的宗教が非科学的盲信となり、それによって琉球の民族的発展が阻害されたと伊波は主張する。

琉球婦人の迷信は、この通り根柢が深い。いはゞその迷信は社會的遺傳となつて、深く深くその潜在意識に潜んでゐるから、近代科學の教育の下で教育された女子でさへ、やゝもすると逆戻りして、ユタ道樂をやるといふ有様である。／……しかしかういう心理を有する者は獨り婦女子ばかりではない。數百年間學問をさせられなかつた地方の男子の最大多數も亦迷信の奴隷といつて差支えない[18]。

この記述には「社会的遺伝」や「逆戻り」といった語彙が並び、当時の優生学や「変質」「退化」の理論の浸透が見て取れる[19]。そのことについては次章で考察するが、それと関連して、伊波は女性による強固な民族的宗教の維持により、男性の民族的伸長が阻害され、「迷信の奴隷」となっていると指摘している[20]。

同論文で特徴的なのは、まさにこうした女性の民族的宗教への耽溺と、それを排撃しようとした琉球の役人との攻防である。例えば、一七一七年に聞得大君による「あおらおり」(21)という儀式の挙行に際して、儀式を執り行いたい聞得大君側と、財政難から尚敬王の冊封を優先したい王府の役人とのあいだに衝突が起こったというエピソードを挙げている。伊波は、「政治上における巫覡の勢力」、「巫覡の跋扈」といった節題をつけ、明治初年まで何度か行われたユタ（巫女）征伐についても言及している。

また第二尚氏王統による「新式の統治法」が廃れた原因の一つとして挙げられた島津氏の支配については、上述した説明以外にはほとんど言及していない。島津氏についての言及は、慶長一四年以降、奄美大島、鬼界島（ママ）、徳之島、沖永良部島が薩摩の直轄領になり、その後、こうした地域の住民が琉球から「冠簪衣服階品」を受け取ることを禁じたこと。さらに琉球とこれらの地域の紐帯を断ち切るために、系図や旧記を破棄したこと。そして、脚註のなかで「琉球人は慶長十四年以後、無理矢理に日支密貿易の機関にされ、其の民族的生長は著しく阻害されるやうになつた」(22)と言及される程度である。その反面、第二尚氏王統時代以降に関する歴史分析の記述の大半は、先に述べたように、「女性」と「宗教」の問題となっている。第二尚氏王統による「新式の統治法」により統一された〈民族〉の弱化は、島津支配よりもむしろ自民族内部の「女性」の宗教的荒廃に原因がある。「巫覡の跋扈」、つまり女性が迷信から脱却できなかったことが、第二尚氏王統時代の〈民族〉の弱化を引き起こしたというのが伊波の主張である。

3　伊波の歴史分析の特徴

ここまでの伊波の歴史分析の特徴の一つは、すでに指摘してきたように、人種交替という他人種との争いから出発し、その後の同一種族の分岐と勢力争いへとシフトしたことである。伊波の歴史記述においては、国家（王国）の基盤は「神話」ではなく、人種交替説とその後の勢力争いといった力関係となる。

第二に、勢力争いの再来を防ぐための統治の技法が問題になる。国家の基盤は力関係であるにもかかわらず、実際の戦闘行為や勢力争いの経緯はほとんど記述されない。記述されるのは、農業、漁業、狩猟という三山に分岐した「異種族の人格」であり、生殺与奪に基づく統治の賛否、仏教の導入、課税の軽減、所有権の設定、階級制度の確立、都市の整備、宮室の改良、そして中央集権化とそれに伴う宗教制度である。複数性・異質性をもつ「種族」内部の争いからはじまり、その争いを回避して統一するための「統治」につながる諸要素・諸制度が記述と分析の対象となっている。換言すれば、戦争の回避としての「統治」の分析が可能になっている。

第三に、その統治法がどのように衰退・崩壊したのかが分析の対象となる。ある時代に成立した「統治法」の成立と衰退の分析を通じて、その統治法を用いた勢力の強化と弱化の過程が考察可能となっている。「異種族」を統治するための諸制度、政治的・経済的な出来事が、〈歴史〉記述の重要な要素になる。

最後にそうした諸制度・諸要素による力の移行の内的メカニズムの分析によって、その都度、君主以外の「誰か」が〈歴史〉の主体、主題として浮上する。その誰かとは、〈歴史主体としての民族〉の内部における「誰か」ということになる。島津氏や琉球国王に加えて、政治家、宗教の担い手としての女性、地方の一般民衆が、〈歴史〉の主体としても、主題としても浮上する。

4 〈民族〉の政治的本能

伊波の「新式の統治法」に関する記述から、勢力争いの再来を回避するための「統治法」、その統治法の盛衰をめぐる諸関係、そして歴史分析の新たな主体の導入が見えてきた。さらにこれらの要素に続いて、伊波の記述から見えてくるのは、統治の対象であり、〈民族〉の統治能力を示す〈民族性〉とその現在性である。ここではそれを詳述していく。

伊波は、いかに美しい制度であっても、その使命がまっとうされれば、その制度は新しい制度に取って代わられるという。そして「既に人心の統一融合が出來て了ふと、これまで政治上必要な機關であり、制度であつた琉球の神道が、目出度其の使命を全うして衰へたのは、むしろ當然のこと」[23]であると指摘する。つまり尚真王の主導した「新式の統治法」は状況や時代の変化とともに、その変化に見合った、別の「新式の統治法」に取って代わられる必要があるというわけだ。

尚真王の「新式の統治法」は、中央集権的国家の形成において、複数性・異質性のある〈民族〉(諸侯)の自立的秩序——諸侯の祖先崇拝——を認めながら、最終的にはそうした〈民族〉を統一することを目指すものであった。複数性・異質性のある〈民族〉が統一され融合すれば、第二尚氏王統が行った諸侯の首里移住と、それに伴う諸侯の祖先崇拝の容認という「新式の統治法」は役目を果たして忘れ去られるのは当然である。しかしながら、尚真王が作り出した「新式の統治法」によって形成された宗教制度は「女性」に残存し、王政を内部から蝕んだというのが伊波の主張であった。ここに第二尚氏王統の盛衰が「統治法」を軸に記述されていることが理解できよう。伊波が示すのは、政治的能力をもつ〈民族〉は、複数性と異質性のある自己自身を統治しなければならないが、その統治の方法は、その時々の現在時に最適なものへと組み換えなければ、強固となったはずの勢力もいずれは弱化するということを意味する。

加えて伊波は、「琉球の歴史は大日本の歴史の縮圖」であり、「大和民族の特長は統一性の強いこと」であるとして、「その一支族なる琉球種族が、琉球群島に移植されても、やはり同一の個性」としての統一性を発揮したのだと主張した。前章で指摘したように、例えば福沢諭吉は天皇の政治的能力・機能として「人心収攬」を語っているけれども、福沢と伊波では統一がなされる根拠が異なる。福沢の主張のなかでは、党派的対立を回避するため、天皇と他の人々が家族的関係をもっていることが人心収攬として示されていた。つまり人心収攬は同質性を基盤にした天皇の政治的能力と機能として解釈されていた。それに対して、伊波は王権の古さや家族的関係からではなく「異種族の人格」、つまり異質性を前提に、彼らの民族的宗教信仰という心的傾向を利用することが、争いを回避して〈民族〉を統合強化する統治のためには重要であり、そうした統治実践を生み出した〈民族〉を「政治的人民」と形容する。政治的人民による「統一性」を生み出した統治実践が〈民族〉の「個性」の一つなのである。そしてその「個性」を河上肇の天皇論を媒介にして大和と琉球の両〈民族〉に配分している。政治的能力を持って政治的機能を表現するのは、〈民族〉なのである。

　そしてこうした政治的人民による統一性という政治的能力が「雑種國民」である日本人を「大國民」へと押し上げた要素であり、琉球人が「ピープル」ではなく「ネーション」である根拠になると、伊波は続ける。

> 彼等〔琉球民族〕の政治的本能は、この不便な住地を物ともせず、北方の宗家のまねをして、小奇麗な王國を建設した。マレイ人やアイヌがピープルとして存在してゐる間に、彼等はネーションとして發達した。[24]

　王国・国家の形成とは、〈民族〉に備わる「政治的本能」の発露であり、そうした政治的本能によって〈民族〉をピープルからネーションへと昇華させるものこそ、「統一」を目指して練り上げられる統治の合理性である。その合理性が「新式の統治法」と呼ばれるものの本質である。伊波にとっては「新式の統治法」とは、氏神を民族共同の神に据えたという具体的行為だけを指し示すのではなく、〈歴史〉に規定された〈民族〉が自身の統一によって「ネーション」を形成することであり、そのための統治の合理性のことなのである。

　しかしそれは先述したように、それが用いられる時代に適合的でなければならない。したがって「新式の統治法」を考察することは、ある特定の時代の歴史的事実を述べること以上に、現在の「統治」においても異なるものの統一のための合理性が探究されなければならないことを導く。伊波は次のように現在時における日本帝国の「統治」の合理性の模索を課題とする。

　私は日本民族及びその一支族なる琉球種族の歴史を研究して、端なくも一教訓を得たのである。いふまでもなく、現今の日本の状態は崇神天皇の時代及び尚眞王の時代のそれ髣髴たるものがあるのである。半世紀前までは、日本の國家は血族的の國家であつた。すなわち血液を同じうし、神を同じうするところの人民の團體であつた。ところが明治になつてから、二千年前南島に移住して、變種になつた琉球人が、其の團體の中に這入つて來た。それればかりではない、これから少し前に、全く人種を異にするアイヌも這入つて來た。それから近年になつては、馬來人も、支那人も、朝鮮人も這入つて來た。そして日本の政治家は、今やこれらの素性の全く異なつた異民族を包容して、一大國民を造らうとしてゐる。これ實に國史あつて以来の一大時期である。そして政治的に之を統一しようとした日本人は、一歩進んで之を精神的に統一しようとしてゐる。然るに日本の教育家の中には、この前代未聞の境遇に置かれながら、唯過去の社會に必要であつた道德を講ずることを知つて、新時代に必要な道德を説くことの出來ない人が澤山ある。これ日本國のために憂ふべきものゝ一つである。日本に獨特な道德が出來たといふことは、過去に於て日本が獨特な境遇にとりかこまれてゐた結果であつて、皆其の當時に於て國民的生活を持續する必要から來たのである。武士道の如きも、封建時代には最も必要な道德であつたが、大正の今日では最も必要な道德ではない。もしそれを最も必要な道德であるといひ得る人があつたら、之を臺灣人や朝鮮人に教へて、國家の統一上好都合であるという理由を教へて貰ひたい。兎に角前代未聞の境遇に置かれてゐる日本人に取つて最も必要なことは、これから來るところの刺激を支配して、國民の生活を持續して行くことである。これ國史の立派に證明するところである。古代日本人は血族以外の種族が其の國家に這入つて來る場合や外來の思想が這入つて來る場合に、當時にあつては最も適當であつたと思はれる手段方法を以て之に對してゐる。今や日本は舊道德から新道德へ、舊制度から新制度へ移らなければならない時期に遭遇している。(25)

日清・日露戦争から台湾・朝鮮半島を植民地として獲得した日本は、「前代未聞の境遇」に置かれ、「これから来るところの刺激を支配」しなければならない。つまり、琉球を含む日本は、東アジアに進出し、新しい帝国となり、多くの異民族を抱えることになる。その試練に直面するというのである。そのとき、「新制度」が必要となる。長い年月をかけて統一し、異質なものを統合してきた歴史主体としての〈民族〉のなかに、再び多くの異民族が流入するという歴史の転換点を迎えた「現在」において、新たに加わる異民族を統一するための新道徳、新制度、新たな合理性、「新式の統治法」が必要なのだと伊波は主張する。

5 「新式の統治法」

「新式の統治法」が意味する新たな合理性とは何なのか。それは帝国や国家統一の生成と維持のために不可欠な合理性であり、そのための手段ということになる。いまいちど、伊波の歴史分析から導き出された新たな統治の合理性の特徴を確認しておこう。第一に、被征服者の奴隷化や殺害といった生殺与奪のための主権の行使の否定、殺す権力の否定であった。生殺与奪とは反対に、一つの集合体の内部にある諸氏族・諸種族、諸〈民族〉という異質なものの統合を目的とし、それらに共通する制度を作り出すことが統治の合理性となる。

第二に、複数性・異質性のある〈民族〉を統合するための「制度」とその「機能」のみが重視される。天皇や国王といった君主の人心収攬は、その主権の神聖性によっては参照されず、帝国や国家統一ための〈民族〉の政治的本能・政治的能力が発現したものとしてのみ参照される。これは本章の冒頭で述べた福沢や鳥居が統治機関として天皇という君主主権に言及したこととと関連する。両者とも天皇の「万世一系」に基づく上からの統治機能を想定したのに対して、伊波はむしろ〈民族〉という下からの集合的な政治的身体に備わる統治能力とその実践に着目している。

第三に、統合される側の〈民族〉は、必ずしもその独自性を捨てさり同化するわけではなく、〈民族〉もまたそれ自身を内的に統合する機能——それぞれの自立的秩序——を維持しながら統一に参加できる。

第四に、「統治」は一回で完結するものではなく、歴史の各場面で、つまりその時々という現在の状況に応じて変容する絶え間ない「統治」の更新を意味する。この無制限の、現在の「統治」によって、複数性・異質性のある〈民族〉を統合しネーションを形成し維持することが目指される。こうして現在の「統治」が考察の対象となる。

最後に、諸々の統合機能・統治実践を理解し、それを制度化し実行する政治的能力・政治的本能が、〈民族〉に求められる。〈民族〉の現在時に求められるのは、この政治的能力・政治的本能の発揮であり、そうした能力や本能は為政者や役人などを通じて現れる。伊波が国家を形成した「政治的人民」を「ネーション」と形容するとき、そこには、法律と制度の形成と、そのための政治的な理解能力・実行能力という意味が含まれている。

換言すれば、伊波の「政治的人民」や「ネーション」、そしてその「個性」といった用語は、異なる複数の〈民族〉を統治するという政治的合理性とその能力の観点から定義される。歴史主体としての〈民族〉が「ネーション」であるには、共通の法律、制度、共通の習慣（祖先信仰）の利用などによる国家の統一という統治実践の歴史が必要になる。これが「ネーション」を構成する法的かつ制度的な条件となる。さらに伊波はこの法的・制度的条件（形式的諸条件）を生み出した〈民族〉の政治的能力・政治的本能を措定することでネーションであることの条件を示している。つまり、国体論的な絶対君主制や社会契約的な民権論が依拠する法的根拠としての主権論（王権神授説・天賦人権説）ではなく、歴史主体としての〈民族〉に備わる本質、すなわち〈民族性〉を「統治の合理性」の説明原理として浮かび上がらせている。そしてこの〈民族性〉に備わる能力・本能の外形的な証拠は、実際の国家形成――琉球王国の歴史――という事実に裏打ちされる。

伊波が繰り返し主張するように、琉球王国が滅亡して以後、〈琉球民族〉という歴史主体が、日本帝国という新しい国家制度へ「ネーション」として参入することが〈民族〉の蘇生であった。こうしたことが可能なのは、「二千年前南島に移住して、變種になつた琉球人」が言語や身体の〈歴史〉において大和民族と「同祖」であり、さらにマレー人やアイヌとは異なり、かつて「北方の宗家のまねをして、小奇麗な王国を建設」した統治能力・国家形成能力

――政治的人民――という〈民族性〉を備えているからである。国家建設＝統治実践という政治的能力の歴史的・外形的特徴がなければ、同一の言語や習俗を共有した集団であっても、その〈民族〉は「ピープル」でしかなく、「ネーション」とはならない。

前章で述べたように、この「ピープル」と「ネーション」の定義は、国粋主義・国民主義でも似たような主張があった。帝国憲法の発布を受けて雑誌『日本人』に掲載された無署名記事「日本國民ハ明治二十二年二月十一日を以て生れたり」のなかの次の記述である。

只だ憲法の發布せらるると同時に日本國民の生れ出たることを讀者に告げざるを得ず。斯く云へば人或ハ怪みて難ぜんとす、日本國民ハ神武天皇建國以来業に已に存立せる國民にあらずや、何と以て今日新に生出したりとし、妄りに奇言を吐きて世人を惑ハさんとするやと。然りと雖とも余輩熟ら思ふに、人民と國民とは明瞭にこれを區別せざるべからず。人民とハ風俗、言語等を同しふする民族を總稱するものなり、國民とは国家旨義の上より云ふものにして、政治上固く結びて一体をなしたる人民を云ふなり。(26)

国粋主義・国民主義にとって、憲法発布以前の人々の集合は「人民」でしかなかった。また憲法内に明記されたのは、天皇により命名された「臣民」であり、「国民」ではなかった。彼らにとって「国民」とは、立憲君主制のもとで一体化された人民、すなわち憲法――それが欽定憲法であっても――により君主主権から国民主権へ移行するという法権利的連続性によって説明され、主権論の内部で現れる法的主体としての「国民」――主権論的ネーション――なのであった。相似により認識される同質的な「人民」は、憲法によって法的に均質化された「国民」となる。

こうした素朴な同質性と「法」による主権論に対して、「新式の統治法」によって統一され、政治的能力を発揮する主体である伊波の「ネーション」は、主権論的主体としての「国民」とは異なっている。人種交替と勢力争いを経て現れた内部に複数性と異質性をもつ歴史主体としての〈民族〉が、彼ら自身に備わる政治的能力を発揮し、統治の合理性に基づいて国家を建設したことが「ネーション」の基盤となる。伊波の「ネーション」は、天賦人権や憲法制定などの「法」によっては規定されない。「ネーション」であることは、〈民族〉自身の政治的能力――異質なものを統治する能力――という〈民族性〉によって規定される。この政治的能力を有する「ネーション」として現れた〈民族〉が「国家」や「帝国」を引き受けるのである。

繰り返すように、この伊波の「ネーション」概念は、歴史の各瞬間における諸々の変化に絶えず敏感に反応しなければならない。政治的能力とはそのような鋭敏な反応に他ならない。歴史の各瞬間における諸々の変化に応じて、そのときどきの現在時における統治の合理性、「新式の統治法」を模索し続けなければならない。政治的人民としての「ネーション」を定義するのは、福沢諭吉や穂積八束が主張したような天皇家の古さや万世一系に見られる神話に描かれた祖先まで遡及できるという関係でも、憲法制定という歴史の一点によって生まれる国民主権でもない。「ネーション」は、〈歴史〉の各瞬間における統治のあり方としての「現在の国家」との関係を絶えず再考することのなかで定位する。

これまでの議論から新たに「ネーション」について以下のことが導き出された。伊波の「ネーション」の特徴は、自民族中心や異なる民族の排除を意味してはいない。つまり他の集団を鏡像とするような関係ではない。「ネーション」を特徴づけるのは、異質なものの統合を経て、国家を現実的な存在にまで練り上げる諸々の統治実践である。いまや「ネーション」を構成するのは、自らを現在の統治の合理性と国家に合わせて調整していく諸々の能力や性質、潜在性、そして実践となる。それは、人種交替説が表象したような、他の集団を征服・駆逐・支配するといった対外的な戦争関係ではなくなる。「ネーション」はその内部の異質性、抱え込んだ諸人格を統治することにおいて意味をなす。異なる〈民族〉においてさえ国家になろうとし、あらゆる現在時においてそのような国家を維持しようとする間断のない努力と能力の発揮としての「国家化」。それが伊波の「ネーション」概念が指し示すものである。

「〈民族〉の国家化」、あるいは複数の異質なものとしての〈民族〉の国家化。これが伊波から見えてきた〈民族〉概念の理論的帰結となる。史学協会系の国体論では、「歴史」は君主制国家を語るものであり、「民族」は君主の身体による効果でしかなかった。それに対して、明治の主権論が国民（ネーション）という法権利的主体を君主主権に対置することになった。ところが、伊波が示す論理は君主主権や国民主権を脇に追いやる。また、〈言語そのものの歴史〉と〈身体そのものの歴史〉、そして人種交替説において現れた〈民族〉の歴史主体化は、君主と王国で語る歴史――修史事業――の否定であり、その意味で反国家的な対抗史であった。しかしいまや〈民族〉の反国家的関係は反転し、国家を形成し維持する能力を示す「統治」の合理性という観点から〈民族〉が考察される。異質なものの政治的合理的統合という能力を〈民族〉自身が示し続けることの重要性が現れ、主権論とは異なる回路によって、〈民族〉にとって「国家」という問題が再び重要な要素となる。

伊波の立論には、一九世紀末から二〇世紀初頭に機能していた歴史認識の枠組みがはっきりと見て取れる。一方には、現在の言語・現在の身体から過去へと遡及し、〈民族〉という概念を構成する歴史認識の枠組みである。それは人種・民族間を中心とする認識の枠組みでもあった。他方には、人種内の勢力争いから出発して、複数性・異質性をもつ〈民族〉が自分自身を統一するための「新式の統治法」の継続的更新とその能力の表象としての「国家化」の枠組みが提示されている。それは〈民族〉の内部へと思考のベクトルを向ける枠組みであり、自分自身にやどる内なる能力としての〈民族性〉に向かう枠組みである。そしてこの二つの歴史認識の枠組みは、相補的である。

すべては各瞬間における現在の力関係から、現在の言語から、現在の形質から出発して、過去は解明される。それが伊波の思考であり、近代知の枠組みである。現在に発現している〈民族〉の〈歴史〉の痕跡があり、そこから〈民族〉による国家の生成と維持という「国家化」が問われなければならない。こうして琉球民族なるものは、歴史的にも政治的にも主体化された〈民族〉となり、「統治」の主体として「ネーション」となり、〈民族〉の能力に由来する統治法によって構成された政治体制である「国家」という主題に再結合される。(27)

全体としての国家、国体というものから〈民族〉が生まれるのではない。〈民族〉が〈民族〉を統治するために「国家」が、「国家を形成する能力」が要請される。重要なのは、〈民族〉が「国家」を使って、どのように異質なものを合理的に統治するか、その「能力」があるのか、そうした関係なのである。

6　統治法の現在性

尚真王によって統一された「この平和の小天地は一世紀の後薩軍に蹂躙されて、三百年間の奴隷的平和[28]」へと付け替えられた。伊波にとって薩摩・島津氏の支配による琉球の奴隷化は当然、「新式の統治法」でもなければ、統治の合理性の発現でもなかった。後述するように、伊波がいう「琉球処分」が「奴隷解放」であるというのは二重の意味をもつことになるが、しかしどちらにしても「国家化」という統治の合理性に向けて行われたものであることを意味する。島津氏による〈琉球民族〉の主体性の抑圧が「奴隷化」であり、「琉球処分」はそれを基盤にした長期にわたる日支両属関係の最後のエピソードとなる。伊波にとって「琉球処分」に対する歴史分析とは、島津氏と琉球王国の支配・隷属の関係が統治の合理性という特徴を備えず、それに反していたということ、そうした統治の合理性に反した状況にとどめ置かれた〈琉球民族〉は奴隷であり、その解放のために島津氏と〈琉球民族〉の非対称的な関係を断ち切り、再び日本帝国という現在の「統治の合理性」を共に構築することを意味した。

伊波の「日琉同祖論」の根幹には、人種交替説が存在した。それは起源における大和民族と琉球民族という二つの民族の戦争ではなく、先住民族アイヌと日本人の祖先——天孫人種・アマミキヨ種族——との生存競争であった。この人種交替説が、「日琉同祖論」の基盤であった。次に考察されたのは、大和民族と琉球民族の「分岐」であった。かつて一つであった〈民族〉の分岐は、戦争によるものでもなく、諸制度を通じて対立してきたからでもなかった。日琉間の人種の分岐、「變種になつた琉球人」とは、生物進化論的な異質性の増大を意味していた。伊波の「日琉同祖論」において第三の基盤となるのは、同祖的〈民族〉内部の関係である。〈民族〉の政治的能力を示す統治の合理性についての関係、一度「分岐」した二つの〈民族〉がその〈民族性〉――それぞれの国家形成能力・政治的能力――を発揮しながら再結合し、現在時における国家・帝国を担うこと、すなわち「〈民族〉の国家化」となる。これが「日琉同祖論」のもう一つの歴史分析の核心となる。

こうした「〈民族〉の国家化」の分析では、人種交替説は後景化される。日本と琉球の関係の本質的な要素は、生存競争ではないからである。さらに日琉関係において、薩摩藩と琉球王国の支配・隷属関係は「統治の合理性」から逸脱した例外的なエピソードでしかない。こうした伊波の立論において次に考察されるべき根本的な問題は、「〈民族〉の国家化」を示す新式の統治法、統治の合理性は現在においていかなる形態をとるのかということになる。

もちろんこの「現在」とは、日清・日露戦争を経て新たに統合された台湾や朝鮮に対する「統治の合理性」を含む。その思考は、最初に「新式の統治法」を提示してから十年後の伊波の文章のなかでも変わることはなかった。伊波は、一九一二年に新聞へ投稿した論文「古琉球の政教一致を論じて經世家の宗教に對する態度に及ぶ」を一九二二年に『古琉球の政治』として書籍化する際に、米大統領ウッドロー・ウィルソンの「民族自決」について追記している。かつて中国やインドの文化を吸収し、古代において諸民族と統合した「同化力」――崇神天皇に見られた「新式の統治法」という合理性――は、鎖国により失われ、日本は排他的、自国中心的となってしまった。伊波はそうした日本の状況を「島国根性」と名づけている。そして、いまや朝鮮ではウィルソンの民族自決宣言の方が、「日韓同祖論」やキリスト教の同胞主義よりも説得力があると述べている。これは、一九一九年の朝鮮三・一独立運動についての言及であるが、ただしここで伊波は朝鮮の独立を称揚してはいない。むしろウィルソンの民族自決宣言の方に、日本が失ってしまったかつての「同化力」――新たな統治の合理性――を見ているのである。[29]「民族自決」については章を改めて論じることにするが、伊波が「民族自決」に言及するのは、異なる〈民族〉を統治するという合理性のなかに、帝国的統治の真の姿を見出しているからである。そしてこれは日本帝国による諸〈民族〉の統合へ向けた政治制度の流れへと合流する考えの端緒でもあった(30)。

一九一二年時点での伊波の議論に戻ろう。歴史主体が〈民族〉に代わるとはどういうことなのか。主権論とは異なる「〈民族〉の国家化」は、伊波の思考をどのように規定しているのか。それは伊波の「権力」に対する思考に関わる。結論から言えば、伊波は、主権権力と、生権力（規律権力と生政治）の二つの権力関係に言及し、後者をより重視することになる。

こうしたことを小論「琉球人の解放」から探ってみよう。先述したように、同文は一八七九年の「琉球処分」の際に琉球王国に仕えていた喜舎場朝賢が「琉球処分」について書き記し、一九一四年に出版した『琉球見聞録』の序文「琉球処分とは一種の奴隷解放也」として書かれた。そしてこの序文は、本章で取り上げている「古琉球の政教一致を論じて經世家の宗教に對する態度に及ぶ」を『古琉球の政治』として出版する際に付録として収録される。つまり伊波の「新式の統治法」と「権力論」は関連性があることを示している。

以下、伊波の権力論について述べていくが、はじめに琉球史における主権権力について、伊波がどのように扱っているかを分析する。

實に島津氏は琉球の人民よりもヨリ多く琉球の土地を愛した。これがやがて殖民政策である。奴隷制度である。／……所謂琉球王國は、慶長役以後は日本の一大名島津氏が名に於ては支那に、實に於ては自國に隷屬させて、ひそかに日支貿易を營むために設けた機關に過ぎないのであるから、その存在の理由が無くなるや否や、動搖を來たすのは當然のことである。御維新になつた結果、この琉球王國は最早島津氏の機關でないやうになつて、當然日本帝國の一県なる鹿兒島の管轄になつたのであるから、琉球處分といふ問題は當然起らざるを得なかつたのである。／私は琉球處分は一種の奴隷解放と思つてゐる(31)。

「主権」についていえば、引用からもわかるように、中国との貿易による利益を得るための薩摩藩と琉球王国の関係を規定するものは、土地、財、富の所有化であり、こうした土地や財物に対する所有権を所有する関係が「殖民政策」や「奴隷制度」だとされる。この引用個所のみで判断すれば、伊波の統治に関する権力関係についての考えは、権力とは土地や財物に対する所有権を「所有する」あるいは「獲得する」関係として示されている。封建領主である島津氏と、君主である琉球王による所有を通じた君主主権、主権権力について論じている。

次に国民主権についてはどうだろうか。

> 琉球史の眞相を知つてゐる人は、琉球處分の結果、所謂琉球王國は滅亡したが、琉球民族は日本帝國の中に入つて復活したことを了解するであらう。／當時の琉球人がもし第三者の位地に立つて、自分の立場を觀察する事が出來たら、彼等は廃藩置縣によつて他府縣同様　明治天皇の仁政に浴し、その上三百年間取上げられた個人の自由や權利を獲得し、個人の生命や財産の安全を保證されたことを心ひそかに喜んだであらう。『琉球見聞録』の著者喜舍場朝賢氏の如きは、確かに第三者の位地に立つて時勢を達觀した識者の一人である。しかし彼と同時代人の人々は飽くまでも破壊された『王國のかざり』を夢みて泣叫び、復活した琉球民族の大飛躍に想到らなかつたのである。(32)

第一章で、〈言語そのものの歴史〉を参照軸に歴史主体としての〈民族〉について述べた部分である。歴史主体としての「琉球民族・琉球人」が所有する主権権力は、天皇と日本帝国に委譲されるものであることが示唆されている。ここでも「権力」は、諸個人の生命、土地、財物に対して、当人が主権をもっているという意味での「所有」をめぐって説明されている。ある集合を形成する個々人がもつ原初的な「主権」の委譲・譲渡（社会契約的関係）が、国家を形成するということである。したがって、主権主体である「国民」による社会契約こそが、本来あるべき姿、あるべき制度的根幹であるにもかかわらず、そこから逸脱した不当な関係、社会契約を介さない関係こそ「殖民政策」であり「奴隷制度」だということになる。批判されるべきは、社会契約的関係が反故にされた状態であり、それは逸脱であり、抑圧であり、植民地化であり、奴隷化である、ということだ。こうして不当な「奴隷制度」からの「奴隷解放」、「抑圧」からの「解放」という関係が主権権力をめぐって形成されている。したがって、ここでの「植民地からの解放」、「抑圧解放」や「奴隷解放」が意味することは、王権から奪還し、〈民族〉を形成する諸個人が所有する「主権」を社会契約的に天皇制国民国家に委譲することとなる。ここで示した伊波の権力に対する思考様式は、最終的に歴史主体である〈民族〉に従属するとはいえ、社会契約的関係に基づく国民主権、つまり法権利的関係について述べている。

こうした諸個人における主権の法権利的関係を、薩摩藩と琉球王国の主従関係や植民地関係に対して、「主権の民主化」[33]と位置づけることができる。「主権の民主化」は、君主の身体とその周りに権力を基礎づけるような主権論とは異なり、諸個人という君主の身体とは直接的には無関係な主体、自然権をもつ個々の身体のなかに主権を位置づけることで、君主と諸個人のあいだに切断線を引くことを意味する。〈琉球民族〉を抑圧し、傀儡的王制を維持した薩摩・琉球がもつ君主権的権力に対して、〈民族〉に帰属する自然権・法権利が対置されている。主権論の立場から薩摩支配の不当性を告発しているともいえる。

すべての権利は天皇や国王から出現するわけではない。すべての権利、すべての所有関係は君主主権に帰属しない。個人の自由、個人の権利、個人の財産、個人の生命、個人の安全、すなわち諸個人に帰属する主権が諸個人の意志によって天皇制国家へと委譲される。そうした諸個人による集合的な主権と結びついた法権利的枠組みが、明治の天皇制国家、立憲君主制を成立させているという認識がここに示されている。こうした「主権の民主化」によって、「天皇の仁政に浴する」ことが社会契約的関係として、歴史主体である〈民族〉のうちに位置づけられている。この「主権の民主化」が、伊波の権力に対する思考様式の一つの特徴である。

ところが伊波は、この「主権の民主化」とは異なる権力についても述べている。それは次の文章に現れている。

兎に角沖縄に於ける奴隷解放は明治十二年に施行された譯であるが、それはほんの形式上のことで、大正三年の今日に至つてもなほ沖縄人は精神的には解放されてゐない。吾人はブーカー・ワシントンが、個性を沒却し模倣をこれ事とするその同胞のために、精神的の奴隷解放を絶叫する所を學ばなくてはならぬ。近来沖縄青年の一部に、自己に對し、父兄に對し、先輩に對し、社會に對し、反抗的精神の高調しつゝあるは、やがて彼等が自己の解放を要求する内心の叫びに外ならない。これむしろ喜ぶべき現象である。願くは沖縄青年の心から自己生存の為には金力や權力の前に容易く膝を屈して、全民族を犠牲に供して顧みないような奴隷根性を取去りたい。この根性を取去るのでなければ、沖縄人は近い將來に於いて今一度悲しむ可き運命——奴隷的生活——に陥るであらう。而してこれに次ぐものは社會の滅亡である。(34)

歴史主体である〈民族〉に基づき民主化された主権論においては、自然権を回復し、それを国家へと委譲することで「奴隷解放」は達成される。それが主権論から見た「琉球処分＝奴隷解放」の意味であった。しかし、ここでは一転して「奴隷解放」はなされていないと主張される。というのも、ここではそもそも言及されている権力の質が異なっているからだ。伊波は、薩摩藩と琉球王国がもつ君主主権が、「琉球処分」による形式的な「奴隷解放」によって、歴史主体かつ法権利的主体である「琉球人・沖縄人」に移行した——「主権の民主化」——だけでは不十分であり、さらに精神的な奴隷解放、自己の解放が必要だと指摘する。

それではこの精神的な解放とは何なのか。この解放は、権力は所有され、委譲されるものという水準とは異なる。問題とされるのは、忘れ去られてしまった〈民族〉の「個性」——〈民族性〉——に向けて精神や身体を矯め直すことである。ここには「主権の民主化」とは異なる権力関係が捉えられている。こうした〈民族〉の精神と身体の矯正に関わる権力を「生権力」[35]と呼んでおこう。生権力は「主権の民主化」を背景としつつも、君主ではなく、民主化された人々が彼ら自身の生命を請け負う関係のなかで出現する。君主が臣民の生命に関与するのではなく、人民が人民自身の生命を気遣うという関係である。その意味で国民主権と関連している。しかし生権力が要請するのは、国民主権や社会契約関係が要請する法権利的関係とは異なる規範である。あるべき規範がどのようなものかは次節以降に説明するとして、ここでは伊波の論理構成を見ていく。

先の引用文は、形式的な解放とは異なる生権力的な規範に適合する精神的な奴隷解放がなければ、〈民族〉が構成してきた「社会」は「滅亡」すると主張する。この「社会の滅亡」は、上述した「〈民族〉の国家化」と密接な関係にある。この「社会」における主体は、君主や王権ではなく、歴史主体としての〈民族〉だからである。この「社会」は〈民族〉が統治の合理性に基づいて形成してきた国家を包含する概念である。なぜなら国家は君主ではなく〈民族〉が形成し維持してきたものだからである。

さらにこれまでの議論では、〈民族〉による国家形成能力を示す歴史が前景化し、人種交替は後景化すると述べた。そうしたなかで〈民族〉はそのときどきの現在時において統治の合理性を実践するというのが、「〈民族〉の国家化」であった。人種交替の後景化のなかで、この「社会の滅亡」という言葉が意味するのは、「滅亡」は他の民族との対外的な戦争によるものではなく、本質的に〈民族〉内部で生じるものとなる。実際の戦争における勝敗が重要なのではなく、〈民族〉が構成する社会の内部において、当該社会がどのように強固になるのか、あるいは反対にどのように弱化して滅亡するのかが考慮の対象となっている。異質な複数の〈民族〉の統合が国家であり、そして諸〈民族〉がそれ自身の能力において生み出した「統治法」によりその国家を形成し維持してきたという〈民族性〉を示せるか否かが、その社会の存亡、強弱を左右する。したがって、精神的な解放とは、国家を形成・維持し続ける「統治の合理性」という意味での〈民族〉の「個性」――〈民族性〉――を、琉球人・沖縄人が示せないならば、そのとき〈民族〉が構成する「社会」は「滅亡」するという意味になる。こうした「生権力」と「国家化」への言及が伊波の権力に対する思考様式の第二の、最大の特徴である。

生命や土地、財、富の所有に対するものではなく、社会の存亡に関わる〈民族〉の性質に向けられる権力関係の内容について、伊波はこの短文では具体的に語っていない。しかしこの文章から伊波の権力観――「生権力」――についていくつかのことがいえる。第一に主権権力による形式的な奴隷解放がなされたからといって、精神的な奴隷解放がなされるわけではない。精神的解放は、いわば法権利的な解放、他府県同様の権利獲得のように「法」に記載される権利や義務によってなされるものではない。第二に、精神的な奴隷解放では、権利や義務の付与といった「法」への記載が起こらないため、「解放」への確証は曖昧なものとなる。そのため〈民族性〉への継続的・恒常的な配慮や監視が必要になる。第三にそうした配慮や監視は、法権利とは異なる「規範」、法律的な知とは異なる知に準拠する「規範」を必要とし、すでにそうした「規範」が流通し、配分されていることを意味する。そして第四に、生権力的なメカニズムが作用する前提として、法権利的な「主権の民主化」との相互依存的な関係がある。そもそも君主主権であれば王の身体とその周囲が問題になるが、主権が民主化されれば王以外の諸個人の身体が集団的主権を担う人々として主体化され、彼らが彼ら自身の生命に配慮しなければならないからだ。この短文での伊波の主張が「主権の民主化」と「生権力」を並置していることからも、それが看取される。

〈民族〉の「個性」としての〈民族性〉への絶えざる配慮と監視としての生権力的メカニズムが、新たに歴史の主体とされた〈民族〉を新たな「規範」に準拠して一定の方向へと矯正・唱導していくとき、伊波が措定している〈民族〉はここでも別の人種や民族との関係で成立しているのではなく、自分自身との関係、〈民族〉自身が向かうべき「規範」との関係のなかで規定される。

こうして日本帝国に法権利的な国民主権として書き込まれる主権権力の水準と、それと重なる新たな歴史主体としての〈民族〉の個性――〈民族性〉――を標的とする「生権力」のなかで、同時に、そして二重に、本来的とされる「規範」が設定され、そこからの逸脱が問題視され、逸脱から「規範」への回復として「奴隷解放」、「抑圧からの解放」の枠組みが用意されることになる。

この短文における伊波の主張についてまとめると以下のようになる。第一に主権論の水準では、君主主権から国民主権へ。そして国民主権の委譲による国民国家へ。第二に歴史主体の水準では、王という主体から〈民族〉という集合的主体へ。そして歴史記述においても、王国の歴史から〈民族〉が構成する「社会」の歴史へ。そして第三に権力の水準では、主権権力に加えて、新たに「生権力」が設定されているということだ。

本書で次に重要性を帯びるのは、この三番目の「権力の水準」における生権力の設定である。なぜならそこにこそ伊波にとっては、外形的・形式的ではない実質的な〈民族〉の「奴隷解放」がかけられているからである。主権論では捉えられない歴史主体としての〈民族〉内部の弱化と強化の歴史と現在が、それによって考察の対象となるからである。

したがって、伊波の主張する精神的な「奴隷解放」を分析することは、王や国家という中心から放射される上からの権力関係や天賦人権的な国民主権論の分析ではない。歴史主体としての〈民族〉の〈民族性〉を担う精神と身体を矯め直すという実践のレベルでの権力関係を分析する必要があるということ。〈民族〉を強固にし、あるいは弱化させる身体と精神のレベルでの関係を考察する必要があるということ。下からの権力関係を分析する必要があるということを示している。

7 「現在性」と「規範」

こうして見てくると、君主主権でも国民主権でもない歴史主体としての〈民族〉を主体にして考察された「新式の統治法」の歴史分析から導出される「統治」には二つの「現在性」があることがわかる。そしてこの現在性に関連して、国際政治的な「規範」と、それと不可分な形で生権力的な「規範」が設定されていることがわかる。

第一の現在性は、東アジアで帝国化する日本の多民族統治に向けての「統治の合理性」の模索である。「現今の日本の状態は崇神天皇の時代及び尚眞王の時代のそれ髣髴たるものがある」という伊波の言葉からもわかるように、一九一〇年代の帝国化する日本の統治において、暴力と圧政による同化という武断統治を伊波は基本的に認めていない。また、各国民主権の「法」的な統合だけではなく、「政治的に之を統一しようとした日本人は、一歩進んで之を精神的に統一しようとしてゐる」と述べるように、形式的な統一と同時に精神的な統一が目指される。つまり主権論と生権力に基づく統合が含意されている。沖縄を含め各植民地の帝国内への主権論的な統合を認めつつ、さらにその統合は「精神的」なもの、生権力的関係に基づくものでなければならないのだ。これは一九二一年の追記での「民族自決」に言及したことからも理解できよう。ここに伊波の「帝国」に求める「規範」の複層性が垣間見える。この規範の複層性は同時代の民族的自立による植民地統合という帝国論につながるものである。そしてこの複層的な「規範」は、特別自治制度や英連邦的なドミニオンの思想につながるものとして、当時の植民政策学と極めて近い議論となっていく。

第二の現在性は、新たに日本帝国に参入していく近代沖縄が日本帝国の一員である「ネーション」として力を発揮することに関わる。つまり日本と同じ「政治的人民」としての〈民族性〉の証明と発展を目指すものである。国家形成能力という〈民族性〉を持ったネーションとして日本帝国に参入する〈琉球民族〉を志向するとき、その〈民族性〉は〈日本民族〉と共通するものでもあり、また同時に帝国の参入のための精神的な奴隷解放として復活・維持されるべき特殊性でもある。〈民族性〉が弱まればネーションとしての参入は不可能となり、〈民族〉は滅亡へと向かう。そう反対に〈民族性〉が改善・強化されれば、〈琉球民族〉はネーションの資格を維持したまま帝国に参加できる。そうした〈民族性〉の改善・強化のためには、〈琉球民族〉の肉体的・精神的な矯め直しが必要とされる。これが主権権力とは異なる生権力的関係におけるもう一つの「規範」となる。そしてこの規範は「優生学」と「精神分析」の名で呼ばれることになる。民族論と帝国統治としての「優生学」と「精神分析」が伊波から看取されることになるのである。

次章では第二の現在性である伊波と優生学と精神分析を論じ、その次に帝国統治制度へ向けての同時代的な動向について考えていきたい。

注

(1) 同論文は一九一二年三月一七日に行われた講演の筆記で、一九一二年三月二〇日から三〇日にかけて全一〇回にわたって『沖縄毎日新聞』に連載され、一九二二年に『古琉球の政治』と題して出版された。
(2) 河上(一九一一a)。
(3) 伊波(一九二二)、七頁。
(4) 河上(一九八二)、三一三頁。
(5) 伊波(一九二二)、一一頁。ここでは「新式の統治法」だけでなく、「奴隷化」という言葉も重要である。旧式の統治法は、奴隷化であり、それは薩摩藩による琉球支配にも見られることを意味している。つまり薩摩藩による琉球王朝の傀儡化は、旧式の統治法への回帰であり、それは奴隷化として認識されている。
(6) 中山には、それ以前の王統である英祖王統を継承したとされる察度と、その息子の武寧がいたとされ、特に察度は一三七二年に初めて中国の明朝に朝貢したといわれている。
(7) 伊波(一九二二)、一三頁。
(8) 同上、二〇頁。
(9) 同上、二六頁。
(10) 同上、二九頁。
(11) 同上、三一頁。
(12) 同上、三五頁。「あむ」は母を意味し、「しられ」は治めるという意味であるという。
(13) 同上、節のタイトルとして書かれたもの。

(14) 同上、四五頁。
(15) 同上、五六頁。
(16) 同上、八三頁。
(17) 同上、八二―八三頁。
(18) 同上、一〇四―一〇五頁。
(19) ここでは熱力学以降の進化論が時間の不可逆性を述べたことを想起する必要がある。伊波のこのような主張は、明らかに熱力学以前の思考である。
(20) 本章の注5で述べたように、「奴隷化」は第一尚氏王統が行った「旧式の統治法」についても出てきていた。伊波の「奴隷」がもつ意味は、王権の生殺与奪にさらされた被征服者であり、また時代の変化に対応できない状況に置かれた人々をも意味する。
(21) 新しい聞得大君が就任後、聖地である斎場御嶽に参詣する儀式のこと。伊波(一九二二)、九九頁。
(22) 同上、一〇九頁。
(23) 同上、一〇七頁。
(24) 同上、一一〇頁。傍点原文。
(25) 同上、一一四―一一六頁。
(26) 無署名記事(一八八九)「日本國民ハ明治二十二年二月十一日を以て生れたり」『日本人』第二二号、一八八九年二月一八日。傍点原文。
(27) この「国家」は統治能力を意味する。そしてこれは当時の国際関係や、のちのヴェルサイユ=ワシントン体制における「国家」とも関連する。それについては第七章で詳述するが、ウィルソン米大統領の「十四カ条の平和原則」やそれに基づく「民族自決」や「委任統治制度」では、民族が自ら「国家」を統治する「能力」を示すことを求められることになるからである。「民族自決」も「独立」も、権利ではなく「能力」なのである。
(28) 伊波(一九二二)、一四頁。
(29) 同上、一一七―一一八頁。
(30) 第七章で言及する広域秩序論を参照。

(31) 伊波(一九一四)、二一―二三頁。傍点原文。
(32) 同上、四頁。傍点原文。
(33) フーコー(二〇〇七a)、三九頁。
(34) 伊波(一九一四)、五一―六頁。傍点原文。
(35) 通常、規律権力は、個々の身体に働きかけ、労働や生産を可能にする「訓練」やそのための監視 記録などを意味するが、ここではのちの議論との関係から、精神的な解放は身体への働きかけによりなされるという意味を込めて、身体の管理と矯正を主に示している。

第六章　優生学と精神分析――「民族衛生」と「郷土史」

1　はじめに

前章を通じて、伊波の「新式の統治法」とは、法権利的連続性としての主権者の統治ではなく、その背後にある〈民族〉という新たな歴史主体がその統治の主体であり客体であることを確認した。「統治」の対象とは、王権や国民主権が対象とする法的主権者とは異なる〈民族〉の質としての〈民族性〉なのである。そしてその〈民族性〉とは、複数性と異質性という〈民族〉の特徴に基づいて、その〈民族〉を統治する政治的な能力であると述べた。その政治的能力である〈民族性〉は主権権力的関係によって把握されるのではなく、生権力的関係によって把握されるものであるとも述べてきた。またその場合、生権力は主権のような法権利的関係とは異なる「規範」に従うとも述べてきた。そしてその規範は〈民族〉の身体と精神の矯正に関わるものであり、それは「優生学」と「精神分析」の名で呼ばれるものであるとも予告した。

政治的能力、統治能力として〈民族性〉を強化し、維持し、できるかぎり劣化させないこと、すなわち〈民族性〉の正常性という規範に沿って〈民族性〉に介入することが、統治能力という〈民族性〉そのものの存在を遡及的に証明することになる。そのためには〈民族〉の身体や精神に介入する必要があるということになる。

〈民族〉の身体や精神――〈民族性〉――とは、言い換えれば比較言語学、形質人類学、生物学とそれに基づく社会有機体論などが論じる固有の法則によって基礎づけられた集合的生命・身体の性質である。さらにその〈民族〉は「統治」の対象としても浮上してくる。そして従来、「国家」とは「主権」という法権利的関係によって論じられてきたが、主権者ではなく歴史主体である〈民族〉と、その〈民族〉に宿る国家形成能力という〈民族性〉が重要性を帯びることで、それを標的とした統治とその表象のために「国家」は再導入された。

伊波の〈民族〉概念と「統治」の関係からいえば、〈民族〉の諸関係とそれにより表象される「能力」に基づいて「法」（主権）は形成されるべきだということになる。このとき、〈民族〉は非常に特異な領域であることがわかる。〈民族〉は法権利的な意味での主権者ではない。それと同時に〈民族〉は個人でもない。公的領域にも私的領域にも還元不可能な領域として〈民族〉は存在することになる。この領域にいかにして介入するのか、どのようにすれば介入可能となるのか。それが〈民族性〉に基づいて「統治」することの根本的な問題となる。つまり「法」に基づくはずの国家は、どのようにして〈民族性〉に基づく「統治」に従い、その〈民族性〉にアプローチするのか。

本章ではまず、明治期の日本の優生学の展開を概観し、それが個人の問題ではなく、集合的生命・身体としての〈民族〉に接続されていくことを見る。さらに、医学や公衆衛生、社会衛生といった実学の実践を通じて「人口」という固有性を持った統治の対象の出現を考察する。そして「衛生」によって把握される「人口」が、〈民族〉と重ね合わされることで「民族衛生」が可能になっていることを論証する。後半では、〈民族性〉と「人口」に基づく統治実践として、伊波の「民族衛生講話」と「琉球民族の精神分析」を取り上げることにする。

その前に、伊波の議論から導き出せる〈民族〉や〈民族性〉についての議論の特徴を記し、議論の導きの糸としておきたい。第一に、〈民族〉の肉体的・精神的な危険性、矯正可能性の可否は諸個人の身体と集合的生命・身体を通じてしか知覚できない。第二に、〈民族性〉は本質的に法律的なものの対象ではない。第三に、〈民族性〉の危険性を察知し、それを矯正し、逓減し、あるいは削除しようとするときに参照されるべき正常性を担保する規範として現れるのは、人種改良・優生学、公衆衛生学・社会衛生学であり、そして最終的には郷土史を通じて精神分析と唯物史観などが加わる。これから見ていくように、伊波が〈民族性〉を正常にするために矯正や改良に関心をもつことは、法権利や主権論からは導き出せない。そこには〈民族〉に働きかける近代の人間諸科学の介入が現れる。優生学や精神分析などが「法」の外部に現れた〈民族〉をいかにして統治の対象として見出すのか。それを探る必要がある。

まず近代人間諸科学が〈民族〉に介入するためには〈民族〉に現れる危険性や矯正可能性を因果論的に説明する必要がある。その危険性は一体どこからくるのか、それが矯正可能なのか否か。それを同定する必要がある。それについて伊波は二つの仕方で危険性の同定を試みる。第一に〈民族〉それ自身の身体的・精神的な内部を問題にする方法である。生理学的アプローチである。第二に〈民族〉の外部にある社会環境を問題にする方法である。生態学的アプローチである。またこの二つの方法による〈民族〉自身の危険性の同定の作業は、社会防衛論へと接続される。〈民族〉自身の危険性、〈民族〉を取り巻く環境の危険性から〈民族〉自身が構成する社会を防衛する必要性が高まるからである。そして〈民族〉の危険性の因果論的説明を経ることで、社会防衛としての危険性除去のための「法」的・政策的介入との接合が可能になる。〈民族性〉と「法」をつなぐ通路がこうして開けてくる。

こうした〈民族〉の危険性は、退化、能力の欠如、遺伝などの次世代への身体的影響として、またトラウマ（心的外傷）として現れる。〈民族〉の質を高めようとするなかで浮上する危険性、その危険性を同定し制御するために生物学を経由した優生学と精神分析などの近代の人間諸科学が統治テクノロジーとして浮上してくるのである。

こうした議論を展開するために、まず〈民族〉の危険性とその矯正と治療を語る学問的、技術的発展のプロセスを述べたのち、その学問の摂取と技術の普及過程とを伊波普猷を通して考察する。

なお本章では、明治・大正期の学者を多く挙げているが、特に優生学者のチャールズ・B・ダヴェンポート（Charles B. Davenport）、心理学者のギュスターヴ・ル・ボン（Gustave Le Bon）、生物学者の丘浅次郎、社会学者の建部遯吾、経済学者の河上肇、精神分析学のジーグムント・フロイト（Sigmund Freud）は伊波の著作のなかに登場する学者であることを申し添えておく。

2　人種改良と優生学

フランシス・ゴルトンは一八八三年に『人間の能力とその発達の研究』のなかで「優生学」(eugenics) という言葉を初めて使った。ゴルトンによれば「優生学とはある人種 (race) の生得的質の改善に影響するすべてのもの、およびこれによってその質を最高位にまで発展させることを扱う学問である」[1]。これ以降、優生学の知が世界中に流布していく。

アメリカでは、二〇世紀に入って遺伝学者のダヴェンポートを所長とする実験進化論研究所、優生学記録局が設立され、家系・血統に関する膨大なデータの収集分析が開始された。これらはのちに断種法と移民制限法として現れる。特にカリフォルニア州で制定された断種法（一九〇九年／一九一三年改正）はその適用範囲を精神病者から犯罪者、性病患者まで拡大し、断種の実施件数も膨大であった。一九三三年に制定されたナチスドイツの断種法もカリフォルニア州断種法を検討した上で制定された[2]。一九四〇年に制定された日本の国民優生法はそのナチスドイツの断種法を参照して成立した[3]。また一九二四年のアメリカの移民制限法は、移民制限の理由を賃金低下など経済的な問題から、優生学的な理由にシフトしていた。優生学者により東欧や南欧地域の人々が、生物学的に劣った人々だと主張されたからである[4]。

優生学は日本でも独自の展開を見せた。東京帝国大学のエドワード・モースによりダーウィンの進化論が日本に紹介され、生物学的な進化論としてだけでなく、社会進化論としても受容されていった。日本は欧米諸国との生存競争に生き残るために自らを生物学的に改良することが必要だと認識するようになっていく。

例えば優生学は、福沢諭吉にも見られる。福沢は、「人の能力には天賦遺伝の際限ありて決して其以上に上る可らず」[5]と述べながら、遺伝した能力を最大限に引き出すのが教育であると説く。また福沢は『日本婦人論』で男女同権を主張するが、それは女性の身体を介した日本人の「人種改良」を促進するためであった。彼は日本人の身体の改良につながるものとして「内外雑婚」（欧米人との結婚）に賛成しつつも、それは「他力の改良法」だとして、それ以外にも「自力の法」として国内の「男女の體質を改良して完全なる子孫を求むる法」の必要性を説いた[6]。そこで重視されたのが女性の教育と境遇改善であった。「責任なく又快樂なくして迚も其心身の發達強壮を望む可らず母體強壮ならざればその子も亦強壮ならず」[7]。つまり次世代の生得的質を良化するために、現在の女性身体の質の改善が挙げられたのである[8]。

この時期、日本の重要案件は不平等条約撤廃に向けた治外法権の問題であった。治外法権の撤廃は、居留地制度を廃して外国人の「内地雑居」を容認することを意味した。こうして「内地雑居論争」が起こった。内地雑居尚早論によれば、欧米人との雑居を容認すると日本人と欧米人とのあいだに競争が生まれ、「優勝劣敗」の法則により、日本は敗北し欧米の支配下に置かれてしまうことになる。つまり日本人の自然淘汰を恐れたのである。他方で雑居を容認する側もそのような危惧を共有し、優秀な欧米人との「雑婚」により日本人を「改良」することで進化論的法則を生き延びようと主張した。

「尚早論」の強力なイデオローグであった東京帝国大学の井上哲次郎は、欧米人との雑婚に反対しつつ、日本人による日本人の「改良」について次のように述べている。

> 日本人民を改良するに付てはそんな愚策で無くして、最う少し確實な事がある、即ち婦人の事を段々改良するのが第一着で御座います[9]。

井上は、女性の結婚時期を先延ばし、教育期間を延長することで女子を肉体的・精神的に成長させ、そうして改良された母親による出産によって生まれてくる子どもをも改良できると考えた。近代日本において、女性教育も女性解放も優生学に基づいて語られた。井上と福沢では、内地雑居に対する考え方は異なるが、女子教育や女性の妊産婦としての主体化により日本人の人種改良が可能となるという点では一致していた。また内地雑居はその賛否にかかわらず、欧米人による日本人の「淘汰」として捉えられていた。

では伊波が優生学を展開した一九一〇年代はどのような雰囲気だったのか。生物学者の丘浅次郎は、一九一一年の論文のなかでかつての「内地雑居論争」を振り返りながら次のように述べている。

人種を改良しやうと云ふことは、今から二十數年前に我國でも一度唱へられたことがあつたが、其時の人種改良は日本人よりも優つた西洋人と雜婚して、西洋人の血を日本人に加へて、人種を良くしやうといふ考えであつた。之は西洋風の舞蹈が奨勵せられ、日本語の發音にも西洋人を眞似る程に、萬事西洋を崇拝した心醉時代であつた故で、其後は最早斯様なことを論ずる人は無くなつた。此度唱えらるゝ民種改善學も、人間を改良することを目的とするのであるが、昔の人種改良論とは全く違ふて、外國から良い人種を連れて來て雜種を造るのではなく、在來の人間の中から、身體、精神ともに優良で、次代の國民を造るに最も適當なりと認められる人々だけに生殖せしめ、身體、精神ともに劣等で、必ず劣等な子孫を遺すに相違ないと思はれる人々には生殖をさせぬ様にして、一代毎に漸々人間の種族を改善して行かうと云ふ考えに基いたもので、一言で云へば、生物學上の理を人類社會に應用しようと企てるのである。[10]

丘のいう「民種改善学」（優生学）は、身体と精神が優良な人間にのみ生殖・次代再生産を認めるという「積極的優生学」と、劣等とされた人間には生殖を認めないという「消極的優生学」を意味している。[11]「改善」とは生殖による世代を通じた漸進的な改良である。その点で優生学は「遺伝」について強く意識する。

民種改善學は、此根本の理窟を基として、實際の社會に此理を應用すべき途を講究する學問であるが、之には先づ遺傳の現象を研究して、其法則を採り求めることが必要である。それ故今日、民種改善に關する研究と云へば大部分は遺傳の研究である。(12)

また丘浅次郎は、ヴァイスマンにより否定されていた獲得形質遺伝について肯定していた。丘はダーウィンの進化論を論じた『進化論講話』で次のように述べている。

ヴァイスマンなどに言はせると、親が一生涯の間に新に得た性質は決して子に傳はらぬものの様であるが、斯様な性質が幾分か子に傳はつた確な例が幾つもある故、最早彼の説は倒れたものと見做さねばならぬ。(13)

ヴァイスマンに対する辛辣な批判をした丘の「遺伝」に関する考えは次のようなものだった。

生まれる子は、遺傳によつて親の性質を受け繼ぎながら、親とは必ず多少異なつて居ることは我々の日々を見る事實であるが、子に遺傳する性質には唯親が先祖代々から受け繼いで來たものもあれば、親が其一代の間に新に得たものもある。又親にも先祖にも無い思ひがけぬ性質が、突然子に現れることもある。(14)

ここでは特にヴァイスマンが否定した「獲得形質遺伝」が遺伝現象の一つとして取り入れられている。連綿と受け継がれる性質だけでなく、その世代にとっての「環境」の影響から得られた性質が「次世代」に遺伝することが肯定的に述べられている。

こうした「獲得形質遺伝」は当時の社会学にも見出せる。コント社会学を日本に導入した東京帝国大学の建部遯吾は『理論普通社会学綱領』のなかで進化と遺伝現象について次のように語っていた。

萬象の進化は、不滅なる恒力の効果たる一定の加速度を以てす。是れ加速度の理法なり。抵抗によりて、二個以上の事象は、相互に制し殺ぎ、あるいは減退、あるいは絶滅す。萬象はかかる關係によりて次第に複雑を減し行く。これ自然淘汰の理法なり。個體の享有する仕事即ち經驗は有限なる個體の生存に殘存し、生殖の連鎖によりて關鏈する種族の全體に寓して、恒久不滅の生存を有す。これ遺傳の理法なり。生物の意識は生存上及生殖上に行動して淘汰を成し、生物種族の數及性に於ける無限の増減を調攝す。これ意識的淘汰の理法なり。社會は個人若くは種族の結合に於いて、是等の有限なる存立に拘らず、社會の仕事を制度に於いて恒久不滅に保存す。是れ制度の理法なり。社會に在りて意識的淘汰は更に進んで、人格の判斷能力によりて理想の示命に隨う淘汰を成す。これが理想的淘汰の理法なり(15)。

建部によれば、すべての「進化」現象には「増進的」なものと「減退的」な法則があり、またすべての進化（「宇宙進化」）には、「天体進化」「生物進化」「社会進化」の三段階がある。その三段階のすべてに増進的なものと、減退的なものの二つが現れるために「進化」には全部で六つの法則があるという。重要なのは、建部が経験的なものが個体とその生殖行動を通じて集合的生命・身体である種族全体に波及し、種族の性質になっていくことを認めている点である。コント社会学が依拠する生物学がそうであったように、これは獲得形質遺伝を認めたものである。そして建部はそれを生物の「個体」だけでなく、「社会進化」にも適用し、社会そのものが蓄積した「仕事」は「制度」として保存されると述べている。コント流の生気説的社会有機体と同様に、社会という全体にとっての獲得形質遺伝である。

また建部のいう生物における「意識的淘汰」は一般的な意味での「性淘汰」（自然淘汰）を意味し、「理想的淘汰」

は生物学に基づきながら、人間の理性的判断で「性淘汰」を推進するという意味である。したがって、生物としての人間に対しては優生学（人為淘汰）を意味する。当然これは「社会」にも適用され、社会の進歩に伴って不必要な「制度」を理性に従って廃止するという意味ももつ。これは「統治法」が時代状況の変化に伴って廃止され新たに生み出されるとする伊波の議論とも共通する。

次に〈民族〉の肉体的な性質だけでなく、〈民族〉の精神的な性質の獲得形質遺伝を、生物学に依拠しながら、独特の論理として展開したフランスの社会心理学者のギュスターヴ・ル・ボンを検討しよう。彼は『民族発展の心理』のなかで、〈民族〉の心理的性格を「種族魂」（l'âme de la race）と呼び、「国民」を構成する「種族」の特徴を研究すると宣言する。[16] 明治期に日本に紹介されたル・ボンの研究の論旨を抜き出すと次のようになる。

歴史的種族即ち有史以來征服、移住若くは政變等の偶有的出來事によりて組成せられたる人爲種族の心的構造及び組織を研究して、この心的組織よりしてその歴史の胚胎し來ることを説明せんと欲す。[17]

同一種族中の個人に在りても甚だ變化し易きが如くなれども、吾人の觀察によれば、この種族中に於ける個人の多數は、種の分類を立てしむる解剖的性格の如く固定せる數種の共通的心理性格を必ず具有するものなり。心理的性格も亦解剖的性格の如く、遺傳によりて正規的に且つ恒久的に更生するものとす。[18]

今茲に個人を支配して、その行爲を指導する影響を約言すれば、蓋し三種ありと云はざるべからず。第一は祖先の影響、こは最も重要なるものなり。第二は父母の影響、第三は境遇の影響、人は常にこれを以て最も有力なりと思惟すと雖、然れどもその力甚だ微弱なり。第二と第三の影響には人の一生の間、就中その教育を受けつゝある間、これを司配する各種の物質的及び道徳的影響を加ふると雖、その之に變化を來すことは極めて微々たり。實際その之に影響を及ぼすときは、遺傳が之を多年同一の方面に蓄積せしめたる時に限るものなり。[19]

抑種族は生物を組織する細胞の總合にこれを比することを得べし。かの千萬無量の細胞は、これを個々として考ふればその生存期間甚だ短けれども、その總合によりて組織せらるゝ生物としてこれを考察すれば、その生存期間は比較的に長久なりとす。さすれば細胞は個性的生命を有すると同時に集合的生命をも有するものにして、前者は自己の生命にして、後者は細胞によりてその實質を組織せられたる生物の生命なりとす。一種族に屬する各個人も亦斯くの如く極めて短期なる個人的生命と極めて長久なる集團的生命とを有す。後者は即ちこれ種族の生命にして、各個人は之より生れでゝ、之が繼續に寄貢しつゝ、始終これに從屬するものなり。(20)

ル・ボンは、〈民族〉の「心的組織」に歴史が宿るとし、また生物分類である「種」に同じ形質的特徴があるように、〈民族〉という同質集団には固有の心理・性格があると主張している。そしてこうした性質は次の世代に遺伝するとも主張している。

第三章で述べたように、同質なものの遺伝による形成とは「記憶」の問題であった。世代を経ての同質的なものの「記憶」は、ダーウィンでは「パンゲン説」、ヴァイズマンでは「生殖質説」、その後の「染色体説」と変遷が見られる。生物学の変遷を背景にした「形質」における同じものの遺伝である「記憶」のアナロジーから、ル・ボンは〈民族〉の同質的な心理も「遺伝」すると主張しているわけである。

またル・ボンのいう遺伝現象は、細胞説に依拠しながら集合的生命としての〈民族〉を主体に据えている。ル・ボンの説明は、ダーウィンの進化論から統計力学に至るなかでの大集団・大数における統計的な規則性に依拠した立論にもなっている。

しかし最も特徴的なのは、同質的なものの遺伝における三つの要素を取り上げながら、第一の「祖先の影響」を認めつつ、第二「父母の影響」と第三の「境遇の影響」を認めていない点である。ここだけで判断すると、ル・ボンの遺伝論はヴァイスマンのように「獲得形質遺伝」を否定しているように思われる。だがしかし、次の文章はさらに注目に値する。

心理的種族は解剖的種族の如く、極めて僅少なる不可還元的根本性格を以て組成せられ、此性格の周邊には可變的なる附屬的性格ありて之を圍繞せること即ち是なり。牧畜は動物の外形構造を變更し、橐駝師は植物の形状を變更して、素人の眼には殆ど之を認識すること能はざるまでに至らしむるも、種の根本的性格に對しては未だ一手をも觸れたるものにあらざるなり。彼等の影響を及ぼしたるものは、唯その附屬的性格にのみ止まれるなり。如何なる人工を施すと雖、根本性格は新時代毎に必ず再顯すべし。／心的組織も亦種の解剖的性格の如く永久不變の根本的性格を示すものなれども、なお又可變的なる附屬的性格をも附帶す。境遇、事情、教育及び各種の要因によりて變ずることある性格は即ちこの附屬的性格なりとす。(21)

これも第三章で論じたように一九世紀の生物有機体論がもっていた特徴である。生物の変異において、生体の主要な器官は身体深部にあって可変性が低く、付帯的なものは生体の表面に広がっていて可変性が高いというのが生物学の主張であった。生体は細胞という最小単位から再構成され、その都度、外部環境や教育などに適応した表面が新たな変異として残存する可能性があるということ、それが生物学の基本的な考え方の一つになっていた。ル・ボンはそうした考えを〈民族〉の心理に持ち込んでいる。〈民族〉の心理には「不変的」深部と、環境や教育の影響を通じて変化する「付属的」な性格があるというわけだ。生物学に基づいて、同質的なものの連続性である「遺伝」と「記憶」と、環境に適合する形で「変異」する異質性・不連続性の両方が「民族心理・種族魂」に持ち込まれている。細胞説と進化論の特徴を踏まえた環境との相互作用による心理・精神の獲得形質遺伝ということになる。

さらに、ル・ボンの翻訳本では「歴史的種族」という言葉を使って、人種交替説や伊波の〈民族〉と同じように「種族」を語っているが、このときル・ボンは「種族」の雑種性について次のように述べている。

吾人は既に言へり、文明國民中には最早科學的の意味に於ける眞正なる種族を認むること能はずして、たゞ歴史的種族即ち征服、移住、政治等偶然の出來事によりて成立したる種族のみ。随つて各々その出所を異にせる個人の混合によりて成り立ちたるものなりと。／これ等の異種的種族が如何にして相鎔鑄して以て共通の生理的性格を具する歴史的種族を成立するに至りしか、これ吾人の特に研究せむと欲する所なり。／先ず吾人の第一着に注意すべきは、偶然に相交らしめられたる要素は必ずしも鎔鑄すと云ふべかざる事これなり。墺國〔オーストリア〕の領土に棲息する獨逸人、匈牙利〔ハンガリー〕人、スラヴ人等は劃然相異る種族を成して、決して相融合せず。英人の司配の下に在る愛耳蘭〔アイルランド〕人もまた英人と混化せず。若し夫れ全然劣等なる種族即ち亞米利加土人、濠太剌利亞〔オーストラリア〕人、タスマニー人等の如きに至りては、啻に高き種族と混化せざるのみならず、混化すれば忽ち消滅に歸するなり。實驗上の證明に據れば、凡て劣等種族は高等種族と接觸すれば、遠からずして宿命的に消滅に歸すると云ふ。[22]

ル・ボンは、複数の「種族」の混血によって現在の「種族」ができたと述べる。それと同時に、場合によっては複数の種族は混合しないとも述べる。ル・ボンはこの引用文の直後に種族が混合する三つの条件を挙げている。第一に混合する種族の成員数に大差がないこと。第二に混合する種族の性格に差がないこと。第三に混合後に長期間、同一の環境条件下にあることとしている。ル・ボンは白人と黒人との混血を例に、少数の白人が多数の黒人のなかに入っても消滅するだけだといい、また性格の著しい格差がある白人と黒人の混血では劣等な「雑種兒」しか生まれず文明の創造や継承が不可能になるという。そして第三の条件では、混血によって新しく造られた民族は、新しい心理的性格を構築し固定するが、それは「多年の遺傳的蓄積」によって定まるものであり、そのため「境遇」（環境条件）は新しく混合した種族に対しては影響を及ぼすが、そうでない種族に対しては影響がないとされている。[23]

こうしたことから、ル・ボンの「民族心理」における〈民族〉とは、非常に似通った種族同士の雑種性を意味し、同じ環境の影響のもと長期間の遺伝的蓄積によって民族心理の深部的性格が固定され、また教育や社会制度によって付属的性格は改良可能であるという二段構えになっていることがわかる。

伊波との影響関係にあった河上肇も当時優生学に傾倒していた。河上は、ヒューストン・スチュアート・チェンバレン（Houston Stewart Chamberlain）[24]の著作で、ナチスに最も影響を与えた著作の一つ『一九世紀の基礎』を参照しながら、日本の国民的統一は日本人の「血液の純潔」によるものだと主張した[25]。

要するに吾々は嘗て人種の大混合を行つた。而して一旦其混合を終へた後は、今日に至るまで既に二千餘年の久しきに亙って永く其血液の純潔を維持し來つたのである。されば日本人位優等人種成立の條件を完全に具備した者は、東洋は勿論全世界に於て其例を見ぬのである。髪の色、眼の色、皮膚の色に於ては、吾々は新附の朝鮮人に酷似して居る、又隣国の支那人とも大差は無い、乍併過去二千年の歴史に於て彼我の間には雲泥の差異がある[26]。

この河上の主張はル・ボンの民族論にも通じる。もともと日本人は多くの民族が結合した雑種民族だったが、それが長期間、同一環境下にいることで、新たに日本民族の性質が形成され、純化してきた。そうした純潔なる性質を獲得した日本人は、朝鮮人や中国人とは異質であり、容易には結びつかないということを主張している。河上は民族を血液の雑種性と純化によって表象し、ル・ボンに見られるような生物学的関係を民族の結合条件として持ち込んでいる。河上が「血液の純潔」を保ってきた日本人の「優等」さを劣化させないために朝鮮人との混血忌避を訴えたことは、〈民族〉の質の優劣を論じる優生学なのである[27]。

また河上は戦争を「大キナ人食イ鬼（The great ogre）」と批判して反戦論を展開するが、それは巨額な軍備費のみならず、白人種の「強壮ニシテ勇敢ナル人々」が戦争の犠牲になることで、「善イ種子ヲ間引イテ悪イ種子バカリ残ス」からだとする。これもいわゆる優生学における「逆淘汰」論による反戦であった[28]。

河上の優生学への傾倒がかなり深いものであったことは、彼の講演録である「遺傳と教育」[29]に顕著に現れている。この講演は、前半にヘンリー・H・ゴダード（Henry H. Goddard）による「カリカック家」の家系調査から遺伝の恐ろしさを述べ、後半ではジョン・スチュワート・ミルの自叙伝から教育の重要性を述べている。河上はこの二つの事例が人間の遺伝する内部の不変性と、教育による可変性とを示すものであると考えていた。ここでは遺伝による内部の不変性の例としての「カリカック家」について言及しておこう。

アメリカの心理学者であるゴダードは、彼自身が所長を務めたニュージャージー州ヴァインランドの「精神薄弱者」の訓練施設の入居者の家系調査をもとに一九一二年に『カリカック家――精神薄弱の遺伝学的研究』を発表した。それによれば、ある男性が「正常な女性」とのあいだに「正常家系」を形成し、同じ男性が「精神薄弱の女性」とのあいだに「変質家系」を形成したという[30]。注目すべきは家系における女性の影響と、「精神薄弱」という心理的な病の遺伝が述べられていることである。ゴダードはフランスのアルフレッド・ビネ（Alfred Binet）よって考案された知能水準を測定するテスト――IQテストと呼ばれる――を用いて、精神薄弱の分類を提起した人物でもあった[31]。

河上肇はこのゴダードの著作に言及しながら、次のように述べている。

> 遺傳の力は此の如く恐るべきものがあります。されば先づ之を個人の立場から言へば、吾々は結婚に際し最も能く相手方の血統を調べ、妄りに祖先傳來の血を濁さぬやうにしなければならぬ。世間各家の子孫に往々にして殆ど低能者に類するものを出すことのあるのは、何時の間にか低能者の血が流れ込んだ爲めで有りませう。……次に之を國民の立場から言へば、我々は妄りに劣等なる他の人種と婚を通じて、数千年間傳へ來つた我が日本民族の血を溷してはならぬと思ひます。國が盛になると段々他の民族を征服し、領土を擴張することに爲る。さう

するとと何時の間にか優等民族たる征服者は、劣等民族たる被征服者と血を混ぜ合ふことに爲り勝ちのものであるが、之は最も警戒せねばならぬ點であります。[32]

河上は個人と国民の両方の立場から「低能者」という遺伝的要素の排除を訴えている。生物学的要素に基づいて人間集団を「優」と「劣」に弁別しているのである。そして優秀なものが劣等なものを征服する植民地化をも生物学的に正当化し、その上で「劣等・低能」な民族、国民との混血を警戒しているのである。

3 「衛生」という思想

次に今後の議論にも深く関わるため、学問でもあり、技術的な実践でもある「衛生」について述べておきたい。「衛生」という言葉は、長与専斎によるものである。岩倉使節団に随行し欧米の医療制度を見聞した長与は、sanitaryやhealthといった言葉に健康保護という意味だけでなく、健康保護を担当する行政組織の存在を見出した。そして一八七五年に文部省医務局が内務省に移管される際に、長与がその名称を「衛生局」と改称したのが「衛生」の始まりである。[33]「衛生」という新たな行政組織が担うのは、伝染病予防、貧困救済、土地の清潔、上下水道から薬品などの取り締まりまで多岐にわたる。そして「衛生」は特に伝染病流行を契機として認知されていく。

この時期の「衛生」の特徴は、（一）行政による制度化（医制、伝染病予防法）、（二）消毒による予防、（三）隔離（避病院、刑法二四八条）、（四）統計（一八八〇年「衛生事務年報並衛生統計様式」制定）と国・県・市町村という境界線（防疫線）による把握、（五）健康の国民的経済的価値、（六）地方自治の称揚、（七）不平等条約によって検疫自主権が行使できないこと、（八）植民地（台湾）への適用、などが挙げられる。

「衛生」は「養生」論に接ぎ木される形で広まるが、「衛生」が重要なのは、個々の治癒ではなく、能動的に病気の拡大を防ぐことにある。集団として病気に罹らない身体と、病を伝染させないことが重視される。こうして人々は伝染病予防言説とともに「公衆」として集合的生命・身体として捕捉される。また「衛生統計」が発達し、出生率・死亡数・病名別の患者数などが、県や市町村の段階で把握される[34]。こうした把握の技術によって、県境や市町村境が防疫線として設定される[35]。さらに衛生には個人では対処できない領域がある。排気・排水の管理指導や街の清掃、飲料水の改善などの公的な領域である。そこで、それら公的な衛生事業を担う主体として、地方自治が必要となる。同時に、健康の国民的経済的価値も語られる。長与専斎はこうした費用対効果の算出によって「公衆衛生」を推進した[36]。

医学との関係でも公衆衛生は特徴的な展開を見せる。従来の医学が「病者・病」のみに介入するのに対して、衛生は健康者を含めた「人口」全体に介入する。そのため公衆衛生は従来の医学とは異なる医学・医師を必要とする。一九世紀末の日本の開業医の大部分は漢方医であり、内務省の医師会開業試験も衛生学や法医学の試験は課されていなかった。医科大教授で法医学者の片山国嘉は「市区郡医制度論」のなかで、各地に専門の衛生医と裁判医（法医学）を置くことを提案している。この背景には、不平等条約により日本に検疫自主権がなかったことがある。欧米の船舶や居留地で検疫ができない日本にとって、治外法権の撤廃は急務であった。不平等条約撤廃は、衛生行政を国境線に拡大すると同時に、外国人裁判へ向けての近代的な制度（法医学）の必要性も認識させた[37]。

不平等条約撤廃後、片山は近衛篤麿、北里柴三郎らとともに、一九〇一年に「東亜同文医会」を設立した（翌年「同仁会」と改称）。その目的は「支那其他亞細亞諸國に對し、醫學、藥學及び之れに附随する技術を普及し、依て以て衆庶の健康を保護し、病苦を救濟し併せて彼我の交誼を敦うし、進んでは是等諸國の文化に貢献せんとするにある[38]」として、アジア各地での病院や医学校の開設を推進した。衛生は日本の海外進出を正当化する「使命」としても重要性を帯びはじめた。

この使命観は植民地統治においても語られる。新渡戸稲造は「殖民と云ふ事業は其目的は國家若くは民族の發展であるけれども其理想とする處は人道である、そして其基とする處は醫學であり衛生である」と指摘している[39]。一九世紀末から二〇世紀初頭に日本の「衛生」思想は欧米並みの国家化、植民地統治の基盤としても現れた。

「衛生」は殖産興業と富国強兵としても語られる。福原義柄の『社会衛生学』を例にとってみよう。ドイツに留学し衛生学、細菌学を学んだ福原は、従来の個人衛生学に対置された「社会衛生学」を日本に紹介した。(40) 福原によれば「抑國運ノ發展ハ其國民ノ元氣ニ期待セザル可カラズ」として、内的には「労働者保全」、外的には「防禦力増進」をなすことが「社会的衛生策」であるとする。(41) 福原は人口統計に始まり、急性・慢性伝染病や各種疾患、社会的衛生（上下水道、児童・労働者の保護など）について述べた後、最後に「生殖衛生、民族衛生」の章を設けている。福原によれば、人間は社会や国家の一員として生存しているため「個人ヨリモ團體ノ利益幸福ヲ考ヘネバ」ならず、そのためには人口減退を防いで人口増殖を促す「量別的民族衛生」と、「低格者ヲ排除淘汰シ、良種優種ヲ保存蕃殖スル」ための「形質的民族衛生」が必要だとする。後者は「積極的優生学」と「消極的優生学」のことを指している。(42)

こうして「衛生」観念は、人口統計、各種の病、諸種の社会衛生、民族衛生というように、それが設定する領域を「把握」するものとして立ち現れ、そうした領域内部の人々を「救済」するものとしても語られる。

例へバ社會衛生ハ活人劍ニシテ人種衛生ハ殺人劍デアル、二劍合セ用キラレテコソ活善殺醜ノ目的ヲ達シ得ルノデアル、殺人劍ハ無頼漢、飲癖者、犯罪者、賣淫常習者、其他遺傳的病者、不具者ヲンテ子孫ナカラシメント企圖スルノデアルカラ、斯ル人種變質豫防策ハ隨分野蠻ニシテ非人道的ノ觀アレドモ、其實行方法ニシテ其宜キヲ得ンカ、却テ社會救濟ノ妙法トシテ謳歌セラル、ニ至ルノデアル。(43)

フーコーのいう「生きさせるか死の中に廃棄する」という生権力が文字通りあらわになっている個所である。(44) 社会にとって生きるに値するものを「活かす」ための「活人剣」と、変質し不要とされた人間を死のなかに廃棄する「殺人剣」という二刀流が「救済」を意味する。のちに見るように、伊波の「民族衛生講話」もこうした生権力の表れであった。

ちなみに日本で「社会衛生」として労働環境の問題が本格的に議論されるのは、一九一九年の大原社会問題研究所の設立、一九二一年の暉峻義等らの倉敷労働科学研究所の活動からであり[45]、また具体的な「民族衛生」が国家の政策として検討されるのは、一九三〇年前後の政府内での議論と、一九三〇年の日本民族衛生学会の設立を待たねばならなかった[46]。だが見てきたように伊波が一九一九年の時点で「民族衛生」の語を選択した必然性はある。衛生思想による集団的生命としての「人口」の把握は、伝染病に対する「衛生」だけでなく、「社会衛生」と同時に「民族衛生」として「人種」や「民族」を設定し積極的に優生学的な思想を導入していた。こうして、矯正され、救済され、防衛されるべき「人口」（集合的身体・生命）が出現する。この「人口」が、伊波のいう〈民族〉に重なるのである。

4 社会主義と優生学

次に明治期の社会主義者やアナキストらと優生学の関係を見ておこう。彼らの議論は、先に紹介した生物学者の丘浅次郎に対する批判として現れる。まずは丘の議論を再考することから始めよう。

丘浅次郎は『進化論講話』のなかで、優生学と死刑制度を並べて次のように論じている。

> 今日の所で必要なことは競争を止めることではなく、寧ろ自然淘汰の妨害となる様な制度を改めることであらう。人種生存の點からいへば、腦力・健康ともに劣等なものを人爲的に生存せしめて、人種全體の負擔を重くする様な仕組を成るべく減じ、腦力・健康ともに優等なものが、孰れの方面にも主として働ける様な制度を成るべく完全にして、個人間の競争の結果、人種全體が速に進歩する方法を取ることが最も必要である。斯様な世の中に生まれて來た人間は、唯生存即競争と心得て、力のあらん限り競争に勝つことを心がけるより外には致し方はない。

／尚人道を唱えたり、人權を重んずるとか、人格を尊ぶとかいうて、紙上の空論を基とした誤つた説の出ることが屢ある。例えば死刑を全廢すべしという如きは即ち其類で、人種維持の點から見れば毫も根據のない論であるのみならず、明に有害なものである。雜草を苅り取らねば庭園の花が枯れて仕舞ふ通り、有害な分子を除くことは人種の進歩改良にも最も必要なことで、之を廢しては到底改良の實は擧げられぬ。單に人種維持の上からいへば、尚一層死刑を盛んにして、再三刑罰を加えても、改心せぬ様な悪人は容赦なく除いて仕舞うた方が遙に利益である。(47)

丘はいわゆる生存競争・自然淘汰の推進によって、集団的生物が「優等」なものに進化すると主張していた。こうした主張から、丘の進化論では、文明の発達によって集団内部で生存競争が起こらなくなると、人間社会は「退化」へと向かう。これは優生学に特有の「逆淘汰」という考え方をも含むものであるが、それについては後述する。ここでは丘が「生存競争」を基礎に進化を論じている点と、さらに自らの集団内部で「脳力・健康ともに劣等なもの」や「有害な分子」、「改心せぬ様な悪人」を排除するものとして死刑制度を挙げている点に注目しよう。福原の議論と同じく、丘もまた「生きさせる」と同時に「死の中に廃棄する」という生権力を主張しながら、それを死刑という法制度に結びつけている。

また丘は、人間社会における「生存競争」を推奨しながら、同時に「衛生」も推奨していた。彼の立論の起点は集団や団体なので、それを支える諸個人の「強壮」のための「衛生」政策は不可欠であるという立場であった。(48)ただし丘が理想とする「団体」とは近代的な国家とはほど遠い。彼は理想の国家を「獨裁の王國」、「初期の王國時代」と述べており、専制的な国家が丘のイメージする理想の「団体」であった。したがって、生物集団が生存するためには劣等者・有害分子を排除し、衛生による集団の強壮という優生学、そして絶対的な主従関係――「服従心」――が重要だという。(49)丘の議論は、生物学を介して生権力を呼び込みながら、最終的に君主権力へと回帰する。

この丘の進化論・優生学、特に「生存競争」に対して、当時、北一輝や石川三四郎、大杉栄などのアナキスト・社会主義者からの批判があった[50]。これらの批判に共通する特徴は、クロポトキンの「相互扶助」を人種内の「生存競争」に対置していることである。しかし彼らの相互扶助論は優生学に対する根本的な批判にはなっていない。例えば石川三四郎は、果樹を例に、果実になる花に対して果実にならずに落ちる花や成熟せずに落ちる幼果は、優勝劣敗で落下するのではなく、果樹全体の利害の一致として落下するのであり、それは生存競争ではなく相互扶助の現れだとする[51]。全体の利益のために、ある部分が自ら犠牲となることが「相互扶助」と解されている。これは生存競争を相互扶助に言い換えただけで、根本的な部分である優生学的思想は両者ともに共有している。

またダーウィンの『種の起源』を邦訳した大杉栄は「丘博士の生物学的人生社会観を論ず[52]」で、自らを丘浅次郎の「忠実な弟子」と評しながら、丘に対する批判をぶつけている。その評論のなかで大杉は、丘が私有財産制を批判していることを取り上げ、「博士の説は、大ぶ社会主義者のそれと似て来る[53]」と評しつつ、しかし丘の生存競争説については「観察の粗漏と推論の誤謬[54]」があるとする。ではその誤謬とは何か。

大杉は、丘が人類の内部で自然淘汰が発生しないことによって人類が滅亡するという論説に異議を唱えている。

これを要するに、博士が切り(しき)に詳説し強調する人類勃興の原因そのものが直ちに其の滅亡の原因となると云ふ謂はゆる博士独特の発見は、博士自身の暗示する他の一面即ち社会制度の変革と云ふ事によつて、殆んど全く若しくは少なくとも著しく其の価値を減ぜられる。／……／博士の生存競争説には相異なつた二つの方面がある。其の一つは、従来の殆んど総ての進化論者が主張する如く、個人対万人の容赦のない生存競争である。もう一つは、同一種族の各個体が相互扶助によつて結合しつつ、他の種族に当る矢張り容赦のない生存競争である。生存競争は利己心と排他心とを生み、相互扶助は愛他心と団結心とを生む。そして此の相互扶助は種族の繁栄と優越との重要な一要素である。そして博士の社会的理想は此の相互扶助が完全に行はれ得べき社会制度の実現にある[55]。

丘が人類文明の「滅亡」の原因としたのは、人間社会の発展が「自然淘汰」の機会を減少させる「逆淘汰」につながるからであった。大杉は、丘が危惧する「逆淘汰」は丘自身が主張する「社会制度」の改良によって乗り越えられるという。そしてそれが「相互扶助」の完全な履行だと指摘しているのである。つまり「自然淘汰」の代替としての「社会制度」が「相互扶助」ということになる。そうすると、丘が「自然淘汰」の補完として述べている「人工淘汰」（優生学）が代替的社会制度としての「相互扶助」となってしまう。そうだとすると、丘が理想とする社会を「相互扶助」の社会制度――優生学――の導入だと述べるとき、大杉のいう社会制度の実現は、石川三四郎のいう優生学的相互扶助――生存競争の言い換え――の実現とほとんど変わるところがない[56]。

この時期のアナキスト、社会主義者、マルキシストらが生物学的な法則性や優生学に傾倒するのは、進化論的生物学の隆盛というだけではなく、彼らの認識の枠組みとの関係がある。一つには、生物学的な自然法則性と「経済」という法則性との関係である。法権利とは切り離された別の秩序を提示するという意味で、両者は共通している。また第四章で述べたように、〈歴史〉を獲得した集団的生命としての人間集団においては、その〈歴史〉は人種交替説によって枠づけられていた。それが生物の生存競争であれ、社会集団の生存競争であれ、〈歴史〉の分析は集団間の力のせめぎ合いとなる。フーコーがいうように、この認識の枠組みによって、一方で生物学的断片化による優勝劣敗の生存競争が可能になり、他方で階級闘争が思考可能になるのである[57]。

結果的に優生学の主張は生物学を通じて、また社会有機体論を通じて、「法」の超越に対抗するすべての議論に浸透したといっても過言ではない。こうした優生学は、その後、ハンセン病者への断種政策、国民優生法（一九四〇年）、優生保護法（一九四八年）などを制定する基礎として浸透していくのである[58]。

これまでの議論では「変質」や「退化」といった語彙を使ってきたが、それらもまた近代のなかで特異な変遷史をもっている。そこで本節では集団的な人間の性質が遺伝現象を介して次世代に現れる、「変質」や「退化」といった理論の歴史を概観していこう。

一八世紀の博物学のなかで「退化」とは、神の恩寵を受けた完全な状態からの「堕落」と考えられていた[59]。しかし一九世紀後半、ベネディクト・モレル（Bénédict Augustin Morel）によって「変質」の概念が確立される[60]。モレルは、身体的なものだけでなく、精神的なものの遺伝を論じ、そして精神疾患と逸脱行動（犯罪）を結びつけて論じた。それ以前、一八世紀末にはフィリップ・ピネル（Philippe Pinel）によって精神障害と犯罪は区別されていたが[61]、モレルによって両者は再び同一に論じられるようになる。例えばモレルの「変質」には、「神経質、道徳的不適応、放埒といった兆候が見られ、次の世代には卒中発作、重度の神経症、アルコール中毒、さらに次の世代には精神障害、殺人、精神的（知的）無能力が見られ、そして最後には、先天的な知的障害、さまざまな奇型、発育不全が生じ、その家系は死滅することになる」[62]。

またダーウィンも『人間の由来』（一八七一年）で人間の心身の「変質」について言及していた。それについて松原洋子は次のように指摘している。「身体の虚弱化や精神異常といった変質の兆候は正常から逸脱した人間の心身に見出すことができ、それは遺伝的に受け継がれて子孫を衰弱させ、ついには家系ないしは人種の滅亡にいたると考えられた。また、変質は飲酒や性病、また劣悪な生活環境などによっても引き起こされるとみなされた」[63]。

優生学（eugenics）の語を発明したゴルトンの思想にも同様の「変質」や「退化」の考え方が見られる。それは文明の発達や医療の進歩で本来なら自然淘汰によって人間集団から廃棄されるはずだった不適者が多く生存するという「逆淘汰」を危惧したからであった。「逆淘汰」による人間の変質は、人間の「退化」を意味した。したがって優生学は人間集団の人為的改良、すなわち「人為淘汰」へと行き着く。そのゴルトンは四つの主要な淘汰を挙げている[64]。第一に戦争による逆淘汰。壮健な若者が戦争で死傷することで集団の質が低下し人類の衰退を招くとされる。第二に疾病による淘汰。病気により虚弱な人間が死滅することで集団の質を高める。第三にアルコールによる淘汰。ゴルトンの場合、アルコールは必ずしも有害ではなく、アルコールに強い人種が生き残ることを意味した。第四に色欲による淘汰（性淘汰）である。

「混血」の問題も植民地獲得との関係で欧米では「変質」の問題になっていた。例えば、一九世紀半ばまでは、白人種とアボリジニーでは人種間格差が大きく、混血が身を結ぶことはないとされていたが、現実世界ではそうした想定は崩壊していく。二〇世紀になると問題は「混血」の生殖能力の有無ではなく、混血による白人の「変質」の問題に変容していた(65)。

福祉国家を目指す思想のなかでも同様の考え方が基礎になっていく(66)。ドイツでは貧困問題など資本主義の歪みを解決するための「社会政策」を推進するにあたり、ヴェルヘルム・シャルマイヤー（Wilhelm Schallmayer）は文明の発展に伴う「逆淘汰」による人間の「変質」を危惧した。シャルマイヤーは私有財産制の拡大が壮健な労働者の再生産を阻害し、虚弱な資本家の再生産を可能にしていることなどを問題視して、婚姻による淘汰（性淘汰）を促進し、予防中心の医療によって精神病者らの婚姻を禁止することを主張した。彼にとっての社会主義とはそうした側面をもっていたのである。同様に社会主義者のカール・カウツキー（Karl Johann Kautsky）も生活改善や技術進歩、資本主義の進展による人間の「変質」を危惧した。彼らにとっての資本主義批判には、社会環境によって本来遺伝されるべきでない不良な人間の性質が残存し、それによって集団的生命・身体が変質し、劣化するという考えが含まれていた。

遺伝や環境の変化によって人間の性質が「変質」あるいは「退化」することで、最終的に民族や人類が衰亡するという議論は日本でも受容された。例えば、第二章で論じたように、坪井正五郎が言及したロンブローゾの「犯罪人類学」には「舊態再發」、つまり「先祖返り／隔世遺伝」（atavism）についての言及があった。ロンブローゾは「先祖返り」という原始時代の性質が遺伝され発現し変種となった人間は、退行した人間であり、こうした人々は、原始社会のなかでは正常な行動とされる行為でも現代社会では反社会的行動とされる行為、つまり犯罪を行ってしまうと主張した。そしてそれは心身の性質の遺伝として語られていた。このロンブローゾの生来性犯罪者説は犯罪傾向の遺伝であり、またその性質と社会環境との齟齬を同時に論じていることが特徴的で、こうした議論を下地にして、坪井の重ね撮り写真による犯罪傾向のあぶり出しがあったわけである。

先述したように、丘浅次郎の生物学も逆淘汰から変質、退化、そして人類の滅亡を危惧したものであった。例えば丘は「自然淘汰は生物進化の一大原因であって、之を妨げることは即ち進歩を妨げ退化を促すことに当たる」と逆淘汰を警戒し、「斯様な場合には單に人權を重んずると云ふが如き空論には構はず、少なくとも子孫を後に遺さしめぬだけの取締りは必要であると思ふ」と劣等視された人々の生殖を制限しようとした(67)。そして退化に陥ることを防いで「團體の健康を増進せしめる」ことを研究するのが「近頃漸く始まった人種衛生學、社會衛生學」であると述べていた(68)。

また本章で論じたように、河上肇の「朝鮮人」との「雑婚」の拒否は、自民族の質の低下としての「変質」論であった。ル・ボンが述べたように、性格に著しい相異のある民族同士の混血は劣等な「雑種兒」しか生み出さず、消滅する傾向にあると述べたのも、こうした系譜に位置づけられる。社会衛生学を論じた福原義柄もその著作のなかで、遺伝性疾患と犯罪性向を同列に論じて「衛生」を「人種変質予防策」と称していた。

見てきたように、劣性の体質、劣性の精神の遺伝、劣等ゆえの滅亡、それらが犯罪の傾向性と結びつきながら、集団的生命に対する脅威となり、脅威ゆえに廃棄の対象として表象される。これらは本来ならば自然淘汰により廃棄されるものであったが、文明の発展や資本制の進展で「変質」として社会のなかに現れるとされた。ここで重要なのは「変質」の「廃棄」は社会防衛として語られているということである。生物学的危険性、劣等性、生来性の犯罪者、こうした諸々の「変質」からの社会防衛である。彼らは社会にとっての危険な人種であり、彼らを生きるままに放置することは社会の、人類の「退化」を引き起こし、われわれを「滅亡」へと導く。こうして生物学的に断片化された「社会にとって危険な人々」が人間集団の内部で「種族化」されていく。

5 人種主義

「生きさせる」ことが重要ななかで、「死の中に廃棄する」とはどういうことか。なぜ「死の中に廃棄」するために「優生学」が必要なのか。フーコーの「生権力」と「人種主義」の議論を確認することで、それを押さえておきたい。まずはフーコーに倣って生権力を君主権力との対比から考える。

君主を至上の主権者・統治者とする君主権力では統治者（君主）と被統治者（人民）は交わることがない。統治者は被統治者を積極的に「生かす」ことで自らの権力を位置づけるのではなく、「死なせること、生きるに任せる」ことにおいて自らの権力を示した。君主権力を特徴づけるのは本質的に殺す権利であった。しかし近代以降の多くの国家は、統治者と被統治者は同じ「国民」となる。そのため、統治者は被統治者である自分自身との関係で統治関係を成立させなければならない。つまり主権者は自分自身を「殺す」ことはできず、積極的に「生きさせ」なければならない。それがフーコーのいう「死なせること、生きるに任せる」権力から、「生きさせる」権力への移行、すなわち生権力の発生であった。

生権力はまず、一七世紀から一八世紀に「規律権力」として現れる。これは個々の身体をより有用でより従順なものとして生きさせることを目指す権力である。規律権力とは別に、一八世紀後半からは「生政治」と呼ばれる権力テクノロジーが現れる。それは集合的生命・身体である「人口」を標的にする。「人口」という水準では、統計——出生率や死亡率、罹患率など——を通じて把握される集合的生命・身体に現れる傾向性を介入の対象とする。そうした傾向性に介入するために医療や公衆衛生、社会保険、都市環境の整備などが現れ、それらを通じて人々を「人口」という水準で積極的に「生かそう」とするのが生政治であった。

フーコーは、こうした本質的に人間を「生かす」ことを目標とする権力である「生権力」のなかで、なぜ戦争や死刑といった自分自身を死に晒すことが可能なのかを問う。つまり生きさせなければならないのに、どのようにして自分自身の一部を「死の中に廃棄する」ことを正当化できるのかという問いである。この問いに対して、フーコーは「人種主義」を国家のなかに組み込んだからだと述べる。そして「人種主義」の二つの特徴を指摘する。(69) 一つ目は、人口における生物学的な領域の断片化である。つまり人口の内部において生物学的に「優れた者」と「劣った者」との分割である。生物学的連続体（集団）の内部に「優劣」の区切りを設けることが断片化となる。二つ目は、「生物学的な関係」の設定である。「生きるためには敵を殺戮しなければならない」という戦争型の関係ではなく、同人種内の劣等者の排除が生命一般をより健全にしていくという生物学的な関係が設定される。軍事・政治的な敵ではなく、生物学的に「劣ったもの」として断片化された集合が、生物学的に「優れたもの」にとっての生物学上の「敵」――危険性――として表象される。

　別の言い方をすれば、国民主権という水準で同質な人々の存在を想定した場合、主権者である同質な国民が、生きさせなければならない被統治者である同質な国民の内部に「死んでもいい国民」という切り取り線を引くことは原理的にできない。なぜなら本来そこに差異はないからである。同質な国民を想定する主権論からはそうした切り取り線の正当性は導き出せない。したがって集団内の一部を危険視し、その危険が矯正不可能であるなら「死」をもって排除する、あるいは全体のために一部が戦争などで死ぬことを正当化するといった、集団内に「死んでもいい・死ぬべき」という切り取り線を引くためには、「生物学」や「優生学」という集団を複数性と異質性で把握する学知を、その切り取り線の根拠にしなければならない。

　例えば、生物学者として丘浅次郎が優生学と死刑制度を同時に論じていたように、主権論的には「国民」として現れる同質的集団を、生物学的優劣を内包する集団的生物として表象することで、集団内部に切り取り線を引き、集団を断片化し、その断片の一方を生物学的・進化論的な危険性として除去すること、つまり「死」を課すことを正当化しているのである。丘を批判しながら石川三四郎が主張したように、未成熟の果実の落下が果樹全体の利益になるとして生存競争を相互扶助と言い換えたことも「生物学的な関係」の設定であった。そこでは劣ったものの消滅が残った全体の優生性を高めるとされる。

そしてこうした「人種主義」は、福沢諭吉にも、井上哲次郎にも、福原義柄にも、建部遯吾にも、ギュスターヴ・ル・ボンにも、河上肇にも、そして彼らを援用した伊波普猷にも見出せる。

6 「人口」と「旧慣」

伊波の具体的な啓蒙活動の分析に入る前に、「琉球処分」から二〇世紀直前における沖縄の「人口」統治を振り返っておきたい。それは次のような理由からである。生政治は「人口」を標的とし、その「人口」とは統計を通じて把握される集合的生命・身体に現れる傾向性を意味していた。そうした傾向性に介入するのが、医療や公衆衛生など人々を積極的に生かそうとするテクノロジーであるとも述べた。「人口」と〈民族性〉はまさにここで重なる。〈民族性〉を標的とした民族衛生と、「人口」の傾向性を標的とする公衆衛生がともに、同じ集合的生命・身体の傾向性を標的としているということである。生政治は「人口」がもつ規則性、法則性、固有性に基づいて統治機関である国家の介入を可能にする。つまり「人口」を標的とすることは〈民族性〉という諸法則に基づく集合的生命・身体に対する統治機関として、伊波が「国家」を再導入したこととも重なる。

また生政治による生きさせるための「人口」の把握の背後では、「死の中に廃棄する」ための「優生学」（人種主義）が現れていた。ここでも「人口」にとっての危険性の矯正や排除と、〈民族性〉の危険性の矯正と排除が同じ「優生学」として重なる。

こうした場合、近代の人間諸科学の内部に現れた〈民族性〉とともに、それに重ねられるための医学や公衆衛生などが実践レベルで対処している「人口」の把握が沖縄ですでに存在していると考えられる。そしてこうした「人口」

の把握は、明治期の「旧慣」といわれる「法」の基盤になっていることも併せて確認しておきたい。

そのために、医学、公衆衛生、警察、監獄、学校といった実際の個別的かつ集合的生命・身体を把握するテクノロジーの沖縄での展開を先に述べておく。伊波の諸実践が、彼の学問的想像力からのみ発せられたのではなく、すでに人々を個別的かつ集合的生命・身体として捉える諸々のテクノロジーがその背後にあったことを示すためである。「琉球処分」直後のこうした生政治的なテクノロジーの実践について当時の状況を詳述している真境名安興の『沖縄現代史――沖縄一千年史姉妹編』をもとに議論を進めていく[70]。

まず、医療制度について。沖縄の医療制度は、一八七四年に琉球藩の管轄が外務省から内務省に移管され、その出張所が那覇に設置された際に、その所長を陸軍分遣隊医官に委嘱して住民に西洋医療を施したことに始まる。当時はまだ民間には漢方医しかいない時代であった。「琉球処分」のあった一八七九年の七月に内務省出張所の医局を引き継ぐ形で那覇医局へ、さらに同年一二月にそれが那覇医院に改称される。一八八〇年には与那城、今帰仁の診療所を廃止して、島尻、中頭、国頭、久米島、宮古、八重山の六診療所へと再編される。それが翌年一月には、首里、島尻、中頭、国頭の診療所を廃止後に、同年九月に再設置され、医局分局と改称される。一八八三年六月には、島尻、中頭の分局を廃止するが、久米島、宮古島、八重山の分局を診療所として復活させている。さらに一八八五年六月、西表島、与那国島にも八重山診療所出張所を設置。一八八九年四月、医院と病院に分局、および各診療所を病院出張所に改称。そして病院宮古出張所、八重山、西表島、与那国島の三島病院出張所を廃止している。一八九三年三月、病院久米島出張所が廃止。一八九四年三月には、病院首里、名護（国頭）出張所などもすべて廃止される。

興味深いのは、こうした出張所の廃止の理由である。真境名は次のように廃止の理由を述べている。


是れ、県民衛生思想の向上と共に、各地方にも開業医続出し、従前の如く甚だしき不便を感ぜさりしのみならず、其施設に多額の費用を要せしを以て、漸次自治体の発達と共に之を間切に一任し、後年間切傭医の設置を促すに至れり。[71]

真境名は、一八七九年の開業医数を五十六人、一八九四年にはそれが九十三人になっていることを記している。この開業医数には漢方医も含まれるが、一八九四年における内訳は西洋医が四十九人、漢方医が四十四人で、「琉球処分」以前には存在しなかった西洋医がかなり増えていることがわかる。真境名が指摘するように、出張所廃止の理由には、近代的な「衛生思想」の普及と、西洋医療の普及があった。

西洋医の増加は開業医や医師の養成についての制度とも関わっている。一八八〇年には旧藩時に開業していた医師に対して免状が下附され、免状のないものの開業を禁止し、売薬、製薬も許可制になっていた。さらに一八八四年には太政官布告医師免許規則により、内務省医術開業免許状が付与されている。翌年には医師取締規則が制定され、違反者の罰則を旧刑法の違警罪として追加している[72]。また医師養成については、一八八五年二月に医院付属医生講習仮規則が制定され、医生教習所がスタートしている。真境名は「初めて三十余名の志願者を募集入学せしめ、速成を旨として教授し、成業の上は之を各地方に配置するを目的とせり」と述べている。一八八九年には医生教習所規則を改正、一八九一年には予科を設置している。一八九四年までには、医術開業試験に合格して、免状を取得した者が二十一人に達した[73]。

では公衆衛生についての政策はどうなっていたのか。一八八〇年三月に道路清掃下水疎通心得が仮定され、一八八二年五月からは警官による各戸検査が開始、一八八五年にはそれに対する違反が違警罪に追加されている。また養豚・畜犬を那覇で禁止したものの苦情が多く寄せられたため一八八四年に一度は解禁するも、一八八七年に養豚規則を制定し取締りを再開している。さらに那覇では一八八〇年に初めて辻便所（公衆便所）が十ヶ所設置されたが、しかし「当時の民度と習慣に」適合しなかったとの理由で一八八七年に廃止された。真境名はこうした政策を「清潔法の整備」と呼んでいるが、それに加えて、もう一つの政策として「伝染病予防と検疫」を挙げている。

真境名は一八七九年と一八八六年のコレラ流行について次のように書き記している。

虎列剌病の被害は、最も悲惨を極めたり。之れ万事草創の際にて、検疫防禦等不充分を極めしのみならず、人民も亦新制度を喜はざりしを以て、病者を隠匿する者多く、遂に之か伝播を速かにし、猖獗を極めしなるべし。当時〔一八七九年〕の虎列剌疫は五月、六月、炎暑の候に、名護間切宮里村に発生し、夫より各間切村を襲ひ、七月十一日に至り、初めて那覇に隣接せる小禄間切儀間村に伝播せしにより、忽ち熾烈の勢を以て四周に蔓延し、初発より三日間に七十二人の新患者を生じ、一週間には三百九十五人、次週には七百六十一三人の新患者を出すに至れり。爾来八月十二日を絶頂とし、病勢最も激烈にして一週間に九百七十八人の新患者を見るに至れり。而して十一月末日より漸く衰退の徴を現はしつゝも、尚一週間の罹病者百五十人を下らざりしが、漸次屏息して、十二月上旬には一週間漸く一名の患者を出すに至り、同二十五日全く撲滅を告げたり。実に、発熄の日数二百三十四日に渉り、患者一万千二百六人にして、死亡六千四百二十二人を算し、防疫費六千八十四円を要せりといふ。……虎疫は亦、明治十九年にも流行し九月九日那覇久米村に発生せしより、各地に伝播し、十二月末日に至り終熄せり。発熄日数百十四日の間に、千五百八十九人の患者を出し、死亡千三十四人。防疫費二千五百五十余円を要せり。又翌二十年には天然痘流行し、二千四百四十七人の患者を出し、七百十三名の死亡者ありき。此外にも悪疫流行の年あり、且つ他の伝染病もありしと雖も、甚たしき惨害を及ぼさざりしなり(74)。

ここで注目すべきは、コレラ患者数の詳細な把握である。日本本土では一八七四年の「医制」によって東京、大阪、京都で死亡数と死因の調査報告が開始され、一八七六年にはそれが全国に拡大していた。また内務省衛生局は一八七七年から『衛生年報』によって統計を公表していた。そして一八七五年の「虎列剌病予防法心得」では、医師などによってコレラ患者発生の届出を義務づけていた(75)。また成田龍一は「一八八〇年に『衛生事務年報並衛生統計様式』が定められ、出生数・死亡数をはじめ病気別の伝染病患者数、病院数・医師数・売薬業者数から家畜伝染病数までが、国・県・群・市町村段階でそれぞれ把握されるようになっている」と指摘している。[76] 一八七九年の「琉球処分」直後に、コレラ患者数が詳細に把握されていることから、沖縄でも「虎列刺病予防法心得」などの考えに則った衛生統計がすでに行われていたといえる。

真境名によれば、一八七九年に「検疫事務取締規則」が制定され、翌年に諸種の衛生施設とそれらについての規則が制定された。屠獣場及飲料品の販売規則、飲料水販売営業者の取締り、墓地の設定、海湾検疫の励行、避病院の設立などがそれに当たる。[77]

関連して、性感染症の取締りとしては、一八九四年に娼妓身体検査規則が施行され、それによって性病患者が仕事場で「赤札」を掲げさせられ隔離されていた。その後、一九〇〇年に「駆梅院」として沖縄県立若狭病院が設立され、娼妓らに対する性病検査・収容・治療が本格的に開始される。検査は警察の通知によって毎月二回行われたという。また伝染病予防法に則り、伝染病発生時に備えて一八九九年から各地に「隔離病舎」が設置された。[78] 沖縄でもかなり早い段階から、伝染病対策として「衛生」観念の浸透と諸実践があったことがわかる。

次に警察制度を見ておこう。沖縄における警察制度の創設は一八七六年五月、琉球藩時代に内務省出張所に附設されたのが始まりである。警視庁より十五名の警部巡査が派遣され、その主な任務は琉球藩に滞在していた他府県人に対する警察事務であった。「琉球処分」後の一八七九年七月に内務省出張所の廃止に伴って、沖縄県警察本署が設置されている。

警察が重要なのは、この時期の警察は伝染病予防をはじめとした衛生関係の権限も付与されていたからである。真境名も「警察と衛生」という章題をつけて、それについて書き記している。

本県の衛生警察に関する事故も、前篇に述べしが、日清戦役後、凱旋軍人の帰来に際しては、全国に伝染病の流行を見るに至りしを以て、県は諭告訓令を発して之を警戒せしも、同年〔一八九五年〕八月に御用船より齎せし処の疫患者のために伝播し、蔓延の懲ありしにより、臨時検疫部を設け、首里、名護、宮古には出張所を設け、検査官吏を派遣し、予防撲滅に従事せしめたりしも、遂に患者二百四十七名と死亡百二十九名を出すに至れり。(79)

この他にも、一八九六年に御用船から天然痘が初めて八重山にもたらされ、そこから首里に感染が拡大したが、その際に種痘の励行と台瀬避病院を開設するという伝染病対策が行われたことが記されている。天然痘は翌年にも流行し、その際に内務省は予防費を四〇五八円増額し、臨時検疫部を設置して種痘を強制したとある。

次に司法制度について見てみよう。明治初期の日本の刑法は、明清の律書に倣って編纂され、「新律綱領」として一八七〇年一二月に完成していた。その後、西洋の近代刑法を取り入れた改正律令が一八七三年六月に発布されていた。琉球王国の場合、日本の新律綱領と同じく明清の律書を参照して編纂された「琉球科律」が一七八六年から存在していた。一八七五年九月になると、明治政府は地方裁判所を東京外の二十二ヶ所に設置するが、このとき沖縄の裁判権は内務省出張所に委任され、琉球藩と共同して処理するようになった。裁判所の管轄は大阪上等裁判所に置かれていた。一八七九年の「琉球処分」にあたっても、裁判事務は特別に県庁で取り扱っていた。一八九〇年の帝国憲法発布後は、裁判所構成法の実施のため一八九一年の法律第五号をもって、那覇地方裁判所および同区裁判所を設置し同年六月一日より運用を開始している。

また興味深いのは、司法制度に関連して、真境名が監獄制度について詳述していることである。それによれば、明治政府は一八八〇年七月、フランス刑法を模範にして新刑法を制定し、それに関連して、監獄則、在監人給与規則も改定している。監獄の種類は当初、留置場、監倉、懲治場、拘留場、懲役場、集治場の六種だったが、一八八九年の監獄則改正により、それが集治場、仮留獄、地方監獄、拘留場、懲役場となった。さらに一八九七年八月、内務省に監獄局を再設置するも、一九〇〇年七月、内務省主管の監獄局を司法省に移管している。真境名はこの移管を注目に値するという。

即ち、往時の監獄は地方官々制中に、典獄、監獄書記、看守長等を置きて、監獄に関する事務を掌らしめたりしが、之を司法省の下に移して、犯罪予防事業の上に専心注意を払はしむるに至れり。其の事業の主なるものは、社会制度の改善、矯風救貧及孤児貧児の救養、不良少年の感化、警察制度の改良〔一〕出獄人の保護等、多端に渉れりと雖も、最も直接関係を有するものは不良少年の感化事業なり。仍て、政府は明治三十三年に感化法を発布し、民間の篤志家も亦之に呼応するに至れり。感化事業と併行して、犯罪の予防に必要なるは、免囚保護の事業なり[80]。

真境名は、監獄が「犯罪予防事業」としての性格を獲得したことを取り上げ、不良少年の感化とあるように、応報的処罰ではなく「矯正」による「予防」が目的とされていることを指摘している。これは監獄や感化院への収容がすでに行われた「犯罪行為」に対する懲罰ではなく、犯罪者が後悔し態度を変え、再び犯罪を犯すことを未然に防ぐことを意味する。監禁の標的となる犯罪予防とは、過去の「法」への侵犯ではなく、その標的が諸個人の未来の「性質」に移行することを意味する。だからこそ「免囚」（釈放された人）の保護が必要になる。そして犯罪者の性質の矯正には社会制度の改良や貧困救済といった社会環境の改良が必要になる。法令違反者という「法」的主体への応報ではなく、社会防衛が目的であることを記している。矯正と社会防衛については後述するが、これらが意味するのは、処罰や矯正とはすでに行われた犯罪行為に対するものではなく、犯罪者それぞれの内面や個性、環境に働きかけることであり、それによって彼らが構成する「社会」を防衛することを意味した。そしてそれは当時、「衛生」（社会衛生）の範疇でもあったということである。

教育制度についても述べておこう。一八八〇年二月に県庁舎内に「会話伝習所」が設置され、旧藩の学生から選抜された学生が、普通語と小学校の過程を学習した。同年六月には「師範学校」が設立されている。一八八六年には師範学校令、中学校令、小学校令の改正に合わせて、「尋常師範学校」と改称し、修業年限を四年としている。小学校は、一八八〇年に設立されたが、当初は全県で十八校しかなかった。それが一八八二年には五十三校に増えている。しかし真境名によれば、「当時は新旧思想推移の過渡時期にして、新教育を喜ばざる父兄多かりしを以て、児童の就学勧誘上にも非常の困難」があった[81]。そのため学齢児童百人中、就学者は五人ほどだった。一八八六年の小学校令改正によって尋常小学校が義務化されると僻地にも簡易小学校が建てられた。中学校は旧藩時代の「国学」を引き継ぐ形で一八八〇年一二月に首里中学校として開校している。旧来の生徒二百四十名から三十八名を選抜し、修業年限は三年だった。一八八四年には「漸く県民の向学心を誘致し、入学志願者も漸次増加」してきた[82]。一八八六年には中学校令に基づいて沖縄尋常中学校と改称し、一八八八年に初めて卒業生三名を輩出している。そして一八九〇年には生徒の定員も百五十名に増えていた。女子教育もこの頃から始まっている。一八八七年、文部大臣の森有礼が来県した際に女子教育の必要性を説いているが、当時の就学割合は男子十一人に対して女子一人であった。一八九二年前後では、男子二十人に対して女子六人となっていた。

「琉球処分」前後の個別的かつ集合的身体に対するテクノロジーとしての医学、公衆衛生、警察、監獄、学校を見てきた。ここに現れているのは、〈民族〉に重ね合わされる「人口」の徹底した把握と、その「人口」を構成する諸個人の身体の教育および矯正的アプローチである。つまり生権力の特徴である個別の身体を有用かつ従順にする規律権力と、集合的生命・身体の傾向性に働きかける生政治の両方が見て取れる。端的に、徹底した近代化である。

沖縄の近代史のなかでは、この時期のことを「旧慣温存」または「旧慣存置」と呼ぶことが通例である。廃藩置県後、明治政府は全国的な秩禄処分や地租改正を行っていたが、「琉球処分」後の沖縄ではこうした改革を回避して、旧慣制度に沿った統治となったというのが一般的な理解である。旧慣とは、旧慣土地制度（石高制や地割制度など）、旧慣租税制度（現物納や村が納税主体であることなど）、旧慣地方制度（「間切」や「島」、「村」といった行政単位の存続）

を指し、一九〇三年の土地整理事業の完成まで継続した諸制度を指す[83]。したがって新たに施行される法律や規則について、旧慣の諸制度と抵触するものに関しては、施行が保留されることもあった。

旧慣諸制度の法的根拠は、一八七九年六月二五日の沖縄県甲第三号布達であり、さらに政府は従来の慣習法の利用のため、一八八五年には県乙第七十七号により内法（村落慣習法）を収集し、成文化を行っていた。ただし上地一郎は「旧慣存置政策の下で、奨励される旧慣と改革される旧慣があった」として、糖業に関する規則や内法違反者に対する身体刑が改革されたことを指摘している[84]。

この指摘で重要なのは、当時の沖縄県が旧慣である内法の身体刑を排除する過程である。内法は旧来的な村落共同体の秩序を維持するものであり、近代法とは相容れない身体刑が含まれる。そのため内法を旧慣法として利用するにあたり、沖縄県は「内法を『一個ノ私約』とみなすことによって、認可という統制（実質的改正）を加え、『身売日晒科鞭ノ類』を内法から排除しようとした。一八九〇年に県の臨時調査員によって編纂された『内法取調書（琉球内法取調書）』を見ると、県下の各間切内法と村内法の大部分が刑法と官吏懲戒例を根拠に改廃されていることが分かる」と上地は指摘している[85]。つまり新たな近代的なシステムに統合される人々を統治する際に、近世的な秩序を活用することになるが、しかしその際に、身体刑が除外され、近代刑法である旧刑法（一八八〇年制定）が規定する自由刑へと移行している。自由刑とは一定期間の身体拘束を意味し、そのためには監獄システムが整備されていることが必須である。真境名が書き記した監獄制度についての個所で指摘したように、監獄への収監は応報ではなく「矯正」を目的とする。個別の性質と社会環境への介入によって犯罪を予防し、社会を防衛するという考え方でもあった。つまり、内法（村落慣習法）の承認――旧慣温存・存置――とは、集合的生命・身体に基づく近代的な統治――生政治――を補完するために、新たに再構成された「法」的統治でもあった。

もう一つ、「旧慣」には別の側面もある。近世以来の地方制度の活用について、松沢裕作は、内務省を代表する松田道之――後に「琉球処分」を担当する――と、法制局を代表する井上毅による地方制度改革案（一八七六年）について検討している。[86] そのなかで、近世的な地縁的・職業的身分に基づく共同体である「町村」を排除してより画一的な行政区画を構想した松田とは異なり、井上がそうした近世的秩序である「町村」――「旧慣」――を近代的な法制度への移行を支えるものとして利用しようとしたと指摘している。この二人の思想が混合することで区画、地方議会、地方財政を定めた「地方三新法」（一八七八年）が制定された。つまり君主主権に基づかない土地、議会政治、徴税という近代的な「法」権利（主権性）への移行のために、君主主権から切り離された新しい「旧慣」が合理的なものとして発明されている。これは沖縄の「旧慣温存・存置」の政策――旧慣土地制度・旧慣租税制度・旧慣地方制度――とも共通する。

まとめると、明治期の沖縄は「旧慣温存・存置」によって近世に留めおかれ、土地整理事業でようやく近代化したのではない。この時期に見られるのは、第一に近代の人間諸科学の諸実践による徹底した個別的・集合的身体の近代化であり、第二にそうした近代化に適合的な「旧慣」（内法）の改変であり、第三に「旧慣」とは法権利（主権性）の近代化のために新たに導入されたものなのである。このとき、「法」は「人口」の規則性・固有性、個別の身体の複数性・異質性に基づいて構築されている。「法」は生権力に従属するのである。

第五章で述べたように、伊波が法権利的な解放と生権力的な解放の両方に言及したとき、そこでは近代の人間諸科学の学知と、それに基づく諸実践によって〈民族〉に重ねられる生政治的な「人口」の把握がすでにあったことが理解される。また同時期に、法権利的主権は近世的な君主主権から、近代的な国民主権へと移行していた。〈民族〉と「人口」と「主権」が生権力のもとで重なるのである。そして伊波は、〈民族〉と「人口」の水準での生政治的な統治がより本質的な統治であると見做していた。

7 「進化論より観たる琉球の廃藩置県」

では「人口」と重ね合わされる〈民族〉に対する人種改良、優生学は伊波によってどのように援用されたのか。一九〇九年に書かれた「進化論より観たる琉球の廃藩置県」は、その題からもわかるように生物学を基盤に政治制度を論じている。

伊波は、豚の品種改良を例に生物には「多少の相違」、つまり「変異」があるという[87]。そして沖縄の豚は品種改良に失敗して味が不味くなったと述べる。豚の品種改良の失敗を枕にして伊波は、鳥居龍蔵による沖縄人の生体計測により示された沖縄県の男子の平均身長（一五八センチメートル）と他府県男子の平均身長（一五九センチメートル）の差を論じる。ジャコブが述べたように、平均とは「分布を通しての全体としての集団」という抽象表現であり、照合されるべき「ひな型」ではなく「平均を要約するだけのモンタージュ写真」でしかない[88]。ゴルトンや坪井正五郎の合成肖像写真のように、そこには複数個体の集合から類的存在の原像が抽出されることになる。現在の身体に対する生体計測によって導き出された「平均」による類的原像が歴史主体である〈民族〉ということになる。

伊波はわずか一センチメートルの平均身長の差を問題にして、沖縄男子の身長における劣位の原因を、混血の少なさ、血族結婚が多いこと、制度・習慣によるものと推測している。さらに沖縄のなかでも首里や那覇といった場所では、多人種との交流から「雌雄淘汰」（性淘汰）が起こり、比較的「立派な体格」になったとも述べている。そこから「廃藩置県」に話は移行する。廃藩置県の結果、他地域から多くの人々が流れ込み、また沖縄内部の人々の移動性も高まり、雌雄淘汰が頻繁になるにつれ、体格も改善してきたと主張する。つまり、それ以前の島津氏の支配によって沖縄は移動性のない状態になり、自然淘汰が滞ったために〈琉球民族〉は「退化の途」へと入っていたが、「琉球処分」によって移動性が増して進化の途へと反転したことが主張されている。社会環境の変化、移動性の増大が、生物学的身体を改良するきっかけになったというわけだ。

伊波はこうした〈民族〉の肉体的強化を、生物学、特に細胞説に依拠して説明している。その細胞説的説明は、インド文化史の研究者である松本文三郎の議論[89]に依拠して次のような構成になっている。伊波の議論を非常に単純化して説明すると、細胞は分裂により増殖するが、次第にそれらの細胞は弱化していく。そのため弱った細胞を再活性化するには「他種異性」との結合が必要である。「兎に角他種のものと合するということが勢力の微弱なる細胞に取つて其勢力を恢復せしむる原因となるのであると言はれてゐる」[90]。つまり他種異性との生殖による次代再生産により細胞は再び分裂して増殖するということである。

伊波はこの細胞説に基づく生理学的説明を、「郷土史」と〈民族〉にも当てはめる。

> 思想上に於ても亦同じ現象が見られる。數百年來朱子學に中毒してゐた沖縄人は、急に多くの思想に接した。即ち活きた佛教に接し、陽明學に接し、基督教に接し、自然主義に接し、其他幾多の新思想に接した。これまた賀すべき現象ではあるまいか。かく多くの思想に接して、今後の沖縄が今迄に見ることの出來なかつた個人を産出すべきは、わかりきつたことである。今日となつて考へて見ると、舊琉球王國は確に、營養不良であつた。して見ると、半死の琉球王國が破壊されて、琉球民族が蘇生したのは、寧ろ喜ぶべきことである。我々は此點に於て廃藩置縣を歓迎し、明治政府を謳歌する[91]。

第一章で論じたように、「王国の歴史」は〈民族の歴史〉に従属するので、〈民族〉が〈歴史主体〉であり、ここでもそのようになっている。また「蘇生」は細胞説に基づいて、日本と沖縄の「他種」の結合が細胞的再生として考えられていることがわかる。生物学的自然法則に基づいて、異なる〈種〉を導入することが、思想的に新たな個人を誕生させるためにも有益だという主張である。そして制度的変更や社会環境の変化——廃藩置県・琉球処分——は、

〈民族〉の質にとっての自然法則を促進させるための有益性のもとに判断されるのである。

当然、「他種異性」との結合は、「混血」や「雑婚」の問題である。河上肇などがそうであったように、「混血」は忌避されるべきものであった。ただしここでは河上の雑婚忌避と、伊波の雑婚は、同じ考え方の表裏となっている。伊波は日本人が「大國民」となった理由について、日本人はもともと「澤山の種族の血液を吸収し、世界の澤山の思想を吸収した」雑種的な人種であったが、そこから「現今の日本の状態は崇神天皇の時代及び尚真王の時代」と同様に血液の純化した「血族的の國家」として存在してきたと述べていた。そして明治になって「二千年前に手を別って、南島に於て多少變種となつている所の沖縄人」と再結合したとするのが伊波の考えであった[92]。伊波の場合、想定される混血・雑婚とは、かつて分岐した同じ系統に属する〈民族〉同士の再統合という意味になるのである。伊波はまた「二千年前に手を別った兄弟と邂逅して同一の政治の元に生活するやうになつた[93]」と、その人種の同系統・同祖性を主張して次のように述べていた。

余は常に沖縄の言語風俗習慣等を内地のソレに同化させる外に双方の血を混ずるということは國民的統一の点から見ても沖縄人の幸福の点から見ても然るべき手段と思ふ。是れ二千年といふキレメをつなぐ唯一の手段である[94]。

伊波の「双方の血を混ずる」という「混血」は、日本人と沖縄人の「國民的統一」にとって重要であると同時に、内地雑居論争のような優勝劣敗の法則による民族の淘汰や独立性が問題にされることはない。伊波は、「沖縄人は大和民族」であることから「兩民族の間に精神上のわたりをつけようとして」いた[95]。この場合の「混血」は、他人種による淘汰にはならず、従来の雑婚論・人種改良論が抱えた問題とは根本的に異なる。

これは二重の意味でル・ボンがいうような雑種性を意味している。第一に鳥居龍蔵の「固有日本人」論に見られるように、「固有日本人」とは、大陸・朝鮮半島からの複数回の渡来によって形成された複雑な雑種国民を、長い期間をかけて天皇が統治することで生み出されていた。その意味で日琉「双方の血」がそもそも雑種性を帯びていた。第二に日琉双方の民族的な資質・性格が同じであれば、それが混合して現在の状況に適合的な新たな民族になることはむしろ容易である。ル・ボンが混合する諸種族の性格に差異がないことが新たな雑種民族の生成の条件であると述べていたことが想起される。

実際、伊波は『古琉球の政治』のなかで、ル・ボンの『民族発展の心理』を引用していた[96]。伊波は、ル・ボンを援用しながら、第二尚氏王統による宗教制度がその役割を終え破棄されて刷新されるように、「新文明」は「新信仰」に基づいて勃興すると述べている。そしてル・ボンの引用に続いて次のように述べている。

> 兎に角、廃藩置縣の結果、琉球王國という舊制度は無くなつたが、琉球人は日本帝國という新制度の中に収容されて、漸く蘇生したことを知らねばならぬ[97]。

「廃藩置県」が進化論と結びつき、雑種的な〈民族〉の性質や改良が述べられると同時に、日本と琉球という共通性の高い〈民族〉が想定されることで〈琉球民族〉の「帝国」への参入による「蘇生」が可能となっている。つまりル・ボンのいう〈民族性〉の深部における不変的性格という共通性が日琉間に措定されることで〈琉球民族〉は日本帝国に参入し、それによって「蘇生」する[98]。

細胞説を経由した生理学的な説明と「人種交替説」を論拠とした混血論に加えて、伊波は「環境」という生態学的な説明も〈民族〉のなかに取り込んでいる。それが生物学者の丘浅次郎の『進化論講話』を参照した「フヂツボ論」である。岩に付着し荒波にあらわれる「フヂツボ」について、足も眼もなく、同じ甲殻類のエビやカニと比較すれば「通例フヂツボを退化したものと見做すが、其境遇に於ける生存に適する[99]」という点では、エビやカニに劣らないとする。フジツボは環境に適応して岩肌でじっとしている。伊波は廃藩置県以前の沖縄人をこのフジツボにたとえる。伊波によれば沖縄人は、島津氏の圧政のもとでは「安全に生存するために、その天稟の性質を失つて、意氣地のない者と成り了つたのである」[100]。つまり環境上の変化への対応と同じく、政治的環境の変化に対応して生存してきたというわけだ。つまり沖縄人の「天稟の性質」の喪失は適者生存ということになる。実際に伊波は優勝劣敗を否定して「生存に適する者が生存する」[101]と記している。「廃藩置県」により、島津氏の「政治的圧迫」が除去されたことで、再び環境の変化が訪れた。ところが沖縄人は長い間「フヂツボ」の境遇に慣れたため、その改善には「意思の教育」が必要だという[102]。

ル・ボンが主張した環境に左右されて変化する性質、また教育により改良可能な付属的性格を想起させる。すなわち、「廃藩置県」〈琉球処分〉は生理学的にも生態学的にも〈民族性〉にとって画期となるが、そこでは細胞説的・生理学的には「微弱となった沖縄人を改造する」必要があり、また生態学的には政治的環境の変化に対応する「意思の教育」が必要となる。後者の「教育」が重要なのは、〈民族〉にとってフジツボ的境遇〈政治的環境〉による〈民族〉の性格の変化は、改良可能な付属的性格だからである。そしてその改良方法は、前者が優生学・民族衛生講話に、後者が郷土史になる。

8　民族衛生講話

伊波の優生学的啓蒙は「血液と文化の負債」と題された一九一九年の「民族衛生講話」に顕著である。この講話は「沖縄県内各地を巡訪し、三六〇余回に及ぶ講演を多くの人に理解してもらうためにわざわざ琉球方言でした」とされる[103]。残念ながら講演の詳しい内容は残されていないが、講演を暗記するほど聞いたという金城芳子の回顧によれば、「老若男女がいっぱいつめかけ」るほどの盛況ぶりだったという。金城の回顧は講演内容の一端も記している。例えば、酒を飲むと「ズームッコー（尻尾のない精虫の意）」になるので飲酒中の亭主との性交渉を避けるようにと伊波が説教したエピソードを紹介している[104]。

伊波の民族衛生講話については、渡口真清の記述にも言及がある[105]。それによると、伊波はメソジスト教会を拠点に西洋医の大久保孝三郎[106]とともに民族衛生講話を行っていた。渡口は島袋全章の手稿本「大久保孝三郎伝」をもとに次のように論じている。第一次世界大戦の影響により黒糖の価格が高騰したことで好景気となった沖縄[107]では、「辻」（遊郭）で享楽する若い男性が多くなり、その「悪風を今に矯正阻止せねば大事になる」という懸念があった。そこで大久保医師と牧師の値賀虎之助らが計画したのが「禁酒廃酒運動」であった。その運動に伊波が協力したのである。当初、廃酒運動は教会内で行われていたが、のちに「沖縄廃酒期成会」が発足し大衆運動へ発展した。渡口によればその背景には「飲酒の風俗や性病蔓延の情況」があったようである。

この禁酒廃酒運動のなかでも伊波の優生学的見解が現れている。以下孫引きだが、同運動の幹事でもあった島袋全章による伊波の説話を見てみよう。

沖縄人は南洋貿易をする以前は、至って健康な清い血液を持っていた。その後外国から持帰った病毒と、中国から習ってきた造酒のアルコールを身体に流しこんでカクテル状態になった血液をもっている。そういう人間から清い血を持つ子が生れる筈はない。これは常識でもわかることで、優生学の立場から考えると由々しい問題である。沖縄には精神病者や白痴が多い。或る医者の話によると、病毒をもった大酒飲みの人には大概子供がいない。あってもその子は低脳児が多いとのことである。この病毒を持つ人の子種（精子）を顕微鏡下に照してみると、実に恐ろしい事実が発見された。即ち精子の頭は大きくて尻尾は切れている。これを私はズームッカーと云いたい。その反対に清い血液の人の子種は完全で活々と活動している。尻尾のないものは、受胎する時に泳ぐ力がないために、途中で泳ぎつかれて胎内に届かないことが多い。うまくとどいてもその生れる子は大頭で精神薄弱児か白痴が多いし、胎内で異常をおこし流産することもあるといわれる[108]。

ここにはモレルにまで遡れる飲酒・性病と精神障害の連結による「変質」の議論が見て取れる。ゴルトンはアルコールを自然淘汰として解釈したが、ダーウィンは家系や人類の滅亡を引き起こす「変質」の原因に飲酒、性病、劣悪な生活環境を挙げていた[109]。

また同時期の日本での議論では先に紹介した福原義柄の『社会衛生学』にアルコール（酒精）と子孫の「変質」の関連についての記述がある。福原は「胚種毒トシテノ酒精、子孫變質」と小見出しをつけた文章で次のように記述している。

慢性中毒ニヨリ胚腫腺即チ睾丸卵巣ノ實質變性シ、甚キハ萎縮消耗ストハ解屍上ノ所見ヂアルカラ、酒客ノ子ガ病的胚種腺ヨリ製造セラレタル低格胚種ヨリ發育スルモノ多カルベク、假令尋常胚種ヨリ發育ストモ、妊娠中又ハ哺乳中母ノ飲酒ニヨリ酒精ノ中毒作用ヲ受クル時ハ其結果知ル可キデアル、或ハ夭死ン或ハ虚弱、病身、成育不安或ハ低能兒トシテ成長スルノデアル[110]

このあと福原は Roesch なる人物によるフィンランドの家族調査を紹介し、酒客の子どもが胎内で発育不良になるだけでなく、出生後の死亡率も高くなると主張していた[111]。

ところで、第一章で論じたように、伊波は「方言」を使って民族衛生講話を行っていた。標準語政策の最中にもかかわらず、言語の伝達可能性の観点から、最も理解されやすい「方言」を使ってまで「民族衛生」を広めたかったのである。伊波は、「標準語励行」よりも「急務と思はれる民族の生命に関す〔る〕大問題に沒頭」していて、農民など標準語を解せない人々にとっては「方言の方が彼等の意志を動かすのに役立つ」と主張した。かつての民族衛生講話を振り返って伊波は次のように書き記している。再び「図書館にての対話」を見てみよう。

主　知らないでほつて置くと、尚更進歩の妨害になるのに気がつかないのか。それは兎に角私はかつて『沖縄時事』主催の婦人講演会で「血液と文化の負債」といふ講演をしたことがあるが、現今の沖縄人に取つては、この負債を償却するのが焦眉の急ではないか。沖縄の社会が滅亡して、県民が性格破産者になった暁には、普通語がどんなに普及しても、それは君アタビチガカークガーク〔蛙がガーガー鳴く〕するのと同じことだよ。だから私は沖縄の津々浦々を廻つて、「血液と文化の負債」を償却する方法を相談してゐる所だ。その結果近来彼等は血族結婚の害や早婚の弊を覚り酒害や梅毒の恐るべきことを知り始めた。私に取ってこれは今と此処の大問題だ。愚図々々してはゐられないのだ。[112]

伊波の民族衛生は「血族結婚の害」「早婚の弊」「酒害」「梅毒」といった問題を扱っている。先の金城芳子の回顧や島袋全章の記述にてらして「酒害」が男性の精子の質を悪化させることを意味するなら、これら伊波の民族衛生講話は、世代間の「性・生殖」を通じて、〈民族〉の質の漸進的な改良を目指していたということになる。

伊波の優生学は生殖だけを論じるものではない。一九一九年に出版された伊波の『沖縄女性史』は、琉球における女性の祭事参加の重要性、土地の私有制と女性の貞操観念、遊郭の発達などを指摘したのち、「沖縄の発達と女子教育」について論じている。そこで伊波が持ち出すのが「移住慾」という言葉である。本来沖縄人には、南島移住や海外貿易などを積極的に行う「移住慾」という性質があり、薩摩支配でそれが抑圧されていたが、琉球処分によって再び活発化し、今では各地に移住するようになったというのが伊波の主張である。[113]

しかし伊波はこの「移住慾」が、現在でも教養のある階級に欠乏しているとし、その理由を女性配偶者に教養がないことに求めている。その結果、男性が沖縄から出て行って立身出世できないと主張する。そうした状況は伊波自身をも含んでいた。同世代については沖縄の女子教育の遅れで「私等の友人はいずれも不幸な不釣合な結婚をなした」とし、自分自身については、県外への就職斡旋を断った理由として、「過渡時代の私達は、車の一方が廻らない輪を中心として、同じ場所をぐるぐる廻るように、動かない妻を中心として、郷里という狭い範囲で活動した」と回顧する。そうして次のように記している。

沖縄において何よりも急務なのは、言語・風俗・習慣を日本化させることだ。否女子教育をもつと盛んにして家計の改良を計ることだ。これやがて沖縄發展の出發點である。新時代に適當な配偶さえ與へたら、沖縄青年の「移住慾」は、自ら動き出すであろう。今や沖縄青年は教育ある妻を與へよと叫んで已まないのである。[114]

これは教育による女性解放でもなく、妊産婦としての女性の主体化でもない。配偶者男性の生活環境、男性〈民族〉の社会環境としての「女性」という認識である。

そしてこの「移住慾」なる言葉もまた優生学の一端を表している。「移住慾」は、先述したアメリカの優生学者ダヴェンポートの『人種改良学』から引かれている。[115] ダヴェンポートは、アメリカを建国したヨーロッパからの初代移住者の偉大さを示す語として、彼らに備わる性質を「移住慾」という言葉で表していた。そして優秀で強壮な移住者が去ったヨーロッパは、「堕落者と犯罪者の産地」となると断定し、ヨーロッパでは「最劣悪分子が自己と同じき劣等なる子女を繁殖する」[116]に任せるために、人種の劣化が起こると論じていた。こうしたことを論拠にダヴェンポートは、ヨーロッパからアメリカへの移民希望者の家系や閲歴を調査し、移民の選別を主張したのである。[117] 伊波はこうした議論を背後にもった「移住慾」という語を使用しながら、沖縄人男性から失われた優生性――「移住慾」――を「女子教育」によって改善、回復させようとする。しかし、教育される「女性」とは男性の生活環境の謂であった。

民族衛生講話も「移住慾」の喪失とその回復というテーマも、「女性」と「劣化・退化」とをテーマにしている。

どちらも「女性」の身体・精神を通じて、〈民族〉の質に危険性が及ぶことが主張されている。ここに伊波の優生学の大きな特徴の一つがある。例えば次のような記述もそうである。

琉球婦人の迷信は、この通り根柢が深い。いはゞその迷信は社會的遺傳となつて、深く深くその潜在意識に潜んでゐるから、近代科學の教育の下で教育された女子でさへ、やゝもすると逆戻りして、ユタ道樂をやるといふ有様である。……しかしかういふ心理を有する者は獨り婦女子ばかりではない。數百年間學問をさせられなかつた地方の男子の最大多數も亦迷信の奴隷といつて差支ない。(118)

「巫覡の跋扈」と小見出しのついたこの文章は、第二尚氏王統による統治実践だった女性神官による信仰体系を「迷信」と位置づけ、その迷信が「社会的遺伝」となり、教養のない地方男性にも影響を及ぼすとされている。伊波のなかでは「移住慾」の欠如、「迷信」の存続、民族衛生講話の主題である「血液と文化の負債」にしても、〈民族〉全体に影響を及ぼす「危険性」――変質、退化――は女性の身体・精神を通じて、つまり女性身体による次代再生産を通じて遺伝するとされている。これは福沢諭吉や井上哲次郎が女性の境遇改善によって次世代を改良しようとしたことや、河上肇が言及したゴダードの「カリカック家」で女性の影響を殊更に強調していたこととも連なる。

フーコーがいうように「性に関するテクノロジー」は、「身体の規律という目標と住民人口の調整という目標とをそれぞれ度合いを変えつつ結びつけている」(119)。つまり個別の女性の身体と生殖、次代再生産、教育に対する絶えざる監視と配慮――規律権力――が、集合的生命・身体である〈民族〉や「人口」の質という生政治的目標と一致するのである。規律権力と生政治の目的のために同時に標的とされるのが「女性の身体」なのである。個別の女性の身体の規律訓育・監視が、〈民族〉という集合的生命・身体にとっての危険性の排除とそれによる質の向上を担保するとされる。伊波はそうした生権力の標的として女性の身体を取り扱っている。

もう一つ、〈民族〉の性質として重要な議論は、国家を形成する能力、すなわち自治能力や統治能力である。本章の冒頭で述べたように、「国家」の形成は、法権利的連続性としての主権論に基づくものではなく、生物学的自然法則とそれに基づく統治であった。国家を形成することは、諸々の法則に基づいて規定された〈民族〉を生物学や進化論の法則に沿って統治する能力のことを意味する。そうした近代の人間諸科学の合理性に沿って、文明化の負の部分〈逆淘汰〉を克服し、〈民族〉にとっての危険性を除去できなければ、〈民族〉は自分自身をよりよく統治することはできず、その〈民族〉は衰退や滅亡に向かうことになる。こうした観点から伊波の自治論、国家論は形成されていた。

鳥居龍蔵は、沖縄調査の前年の一九〇三年に出版した『千島アイヌ』の「自序」で、アイヌは「適者生存、優勝劣敗の原則」により減少し、今や「憐れにも僅かに六十有餘名を殘すのみ、この形勢を以て進み行かば、汝の運命将に知るべきのみ」[120]と述べている。アイヌもまた生物学的進化論の法則によって語られ、滅亡の運命へと導かれている。こうした問題意識は伊波にも共有されている。「図書館にての対話」にあるように「血液と文化の負債」を償却するのは、「沖縄社会が滅亡して、県民が性格破産者」にならないようにするためであった。

こうして優生学により危険性の除去を課せられた〈沖縄人〉は、進化と同時に、統治能力を担った人々としても語られる。「アイヌや生蠻」を参照しながら導き出される統治能力は、次のようなものである。

世界の大勢日本の革命琉球の弊政は皆琉球の處分をたやすくさせた所の者で御座いますが向象賢や蔡温がつくつた歴史の趨勢は更に之を容易ならしむる者でありました。奈良原知事もおつしやつた通り琉球問題は實に能く朝鮮問題に似通つてゐます。是は歴史家がとうに氣がついてゐることで御座います。恐らくは現今日本の政治家は慶長以來琉球で得た所の經驗で以て朝鮮を經營しつゝあるので御座いませう。朝鮮の今後の■（「成」か？）も大方想像することが出來るので御座います。併し乍ら二者は現象の類似であつて實質は大に異なる所があるので御座います。歴史の趨勢ということを頻に申し上げる様ですがこれは能く味つて貰ひ度いのです。琉球征伐時代に出來た喜安日記を繙いて見るのに「古考人云唐を祖母の思をなし日本を祖父とせよと云り」ということが御座いますが明治初年頃の沖縄人は「唐を母の思をなし日本を父とする」といふ様にいつたので御座います。二三百年の間に祖父母の關係が父母の關係になつたのを見ても歴史の趨勢を見ることが出來ます。琉球處分は實に迷兒を父母の膝下に連れて來たやうなものです。ところが琉球民族という迷兒は二千年の間支那海中の島嶼に彷徨してゐたに拘はらずアイヌや生蠻みたやうにピープルとして存在しないでネーションとして共生したのです。……彼等は実に物質的にはた精神的に社會を形くる（ママ）べき能量を有していたので御座います。萬象の進化は不滅なる恒力の効果たる一定の加速度を以てするのである。沖縄民族の進歩が獨りどうしてこの加速度の法理にそむく事が出來ようか。前時代の制度文物なく又向象賢や蔡温の網細工なくしてどこに沖縄があらうか。嚴格なる意味に於て沖縄はアマミキヨ以來凡ての人の考へやはたらきが積もり來つたのである。……個體の亨有する仕事即ち經驗は有限なる個體の生存に殘存し生殖の連鏈によつて關鏈する種族の全體に寓して恒久不滅の存在を有するのである。これは遺傳の法理で御座います。加速度は段々つのつて來る。さうして過去に於ける如き抵抗といふことがまつたく絶滅或は減退したのである。今日以後の沖縄人に向象賢や蔡温以上の仕事が出來るのは火を賭るより明かで御座います。産業といはず文藝といはず今後沖縄人の向ふべき所は多方面で御座います。私は以上申し上げた理由によつて郷土史の偉人を尊敬するので御座います。決して崇敬するのではありません。畢竟之によつて吾が脳力を信ずるのであつて之を誇るのではないといふことになります。私は斷言します。沖縄人は過去に於てあれ丈の仕事でもなしたから他府縣の同胞と共に廿世紀の活舞台に立つことが出來るのである。アイヌを御覧なさい。名義に於ては沖縄人よりも長い長い以前に日本國民の仲間入りをしてゐます。併し乍ら諸君彼等の現状はどうです。矢張りピープルとして存生してゐるのではありませんか。私の寡聞なる未だアイヌが王國を建設したということを聞きません。實際に於てアイヌの故郷は沖縄人のそれよりも自由なる活動をなすに適してゐる所なるにも拘はらず彼等は熊を追うより外に活動をしておりません。彼等は一個の向象賢も一個の蔡温も有していなかったのである。若し働く範囲や仕事が小さ過ぎると云のなら首里城中にをつて經營をしてゐた所の向象賢は小さいかも知れぬ。併し乍ら江戸や北京の間を往來してゐた蔡温の活動は小さいのではなかつた。失禮ながら明治以前の日本の政治家よりも遙かに活動してゐる。若し彼を撿束してゐた運命の縄をゆるめたならば彼はいかに活動したかも知れない。諸君少しく同情の涙を以て沖縄の偉人の人格と事業とを見て被下。前にも申上げた通り蔡温は精神的に死んでゐない。彼は沖縄民族を理想の境に導かんが爲に生きてゐるのである。これから明治一三年以後に於て日本政府が如何に琉球を社會化したということを御話し致します[121]。

この伊波の文章は、非常に興味深い。まず、当時の奈良原沖縄県知事の言葉を受けて、琉球問題と朝鮮問題は似通っていると述べている。これは「琉球処分」による日本帝国への帰属の確定と、「韓国併合」による朝鮮半島の植民地化が似ているとの主張である。しかし伊波はその二つの地域には「大に異なる所がある」という。その差異とは、「琉球処分」によって迷子の沖縄が父である日本のもとへと帰ったことである。そうした関係が琉球と朝鮮との違いとされている。日本と琉球には親子関係による同質性を設定し、日本と朝鮮にはそのような関係を設定していない。つまり日琉の同祖性と、日鮮の同祖性には質的な差異があると主張している。これはル・ボンが述べたように、根源的な民族の雑種性（大陸・朝鮮半島からの渡来）を認めつつ、しかし日本列島という同一環境での長い年月の経過による〈民族性〉（種族魂）の形成があり、それが「日本人」となったということを意味する。さらにそこからの「分岐」によって同系統の日本人と琉球人とが設定されている。

しかしさらに重要なのは、そのあとの琉球民族は「アイヌや生蠻」のようにピープルではなくネーションだという主張である。前章でも指摘したように、〈琉球民族〉がネーションである理由は国家を統治するという実践であり、その歴史的実践が琉球王国の形成であった。上記の引用文でも〈琉球民族〉がネーションである根拠は「社会」を形成する能力が備わっているからであるとされている。この部分はのちに『琉球史の趨勢』として単行本にした際に

「国家」の語が追加され、「国家社会を形成すべき能量を有していた」と書き直されていた。[122] ネーションとは「国家社会」を形成していたことであり、それを形成しえなかった「アイヌや生蠻」がピープルでしかないという主張である。先に朝鮮との差異が問題にされているにもかかわらず、ここでは朝鮮との比較がないことからもネーションとピープルとを弁別するのは「国家社会」を形成する能力とその実績であることがわかる。

こうした「能量」は、沖縄人に「遺伝」された能力であることもこの文脈で理解される。『厳格なる意味』で「加速度」や「遺伝の法則」を語る伊波にとって、優生学は沖縄人を「性格破産者」にせず、遺伝された統治能力を進化させることに関わり、「沖縄人」を滅亡から回避し、国家を担う「政治的人民」として日本人と同じ地平にあることを証明するのである。引用元の明記はないが、伊波はこの文章の「萬象の進化」から始まるかなりの部分を建部遯吾の『理論普通社会学綱領』の第二十三章「社会進化とは何ぞや」から引用している。先に引用した建部の文章（本書二五〇頁）と見比べてもわかるように、建部の主張をそのままなぞっている。建部が示した進化の法則（理法）に則っているため、伊波がいう「国家社会」を形成する能力は獲得形質として遺伝することも了解される。実際に伊波が、個体の仕事・経験が種族全体に波及していくことを「遺伝の理法」と呼んでいることからもそれが示されている。

そして伊波は「向象賢」と「蔡温」という琉球王朝時代の政治家を引き合いに、彼らの内政と外交とが国家の形成と維持に寄与したと述べている。つまり国家社会の形成という〈民族〉の能力は「沖縄の偉人の人格と事業」によって理解される。これは当時としては奇抜な考えではなく、当時の生物学的な遺伝の理解とも解離していない。再びル・ボンの『民族発展の心理』を見てみると、第四篇「種族の心理的性格は如何にして變化するか」の第三章「國民の歴史における偉人の勢力」で次のように指摘されている。

然りと雖偉人の勢力は一國文明の進歩發展に於て偉なりとは云ふものゝ、通常世に稱する程まで偉なるもにはあらず。余は茲に繰返して言ふ、彼等の働くべき所のものは、種族一切の努力を綜合するに在り。彼等の發明したる所は前代發明の幾連續の結果なりとす(123)。

このル・ボンの主張は、「偉人」とは〈民族〉の歴史の代理表象だということを意味している。伊波は「偉人」をどう考えていたのか。真境名安興との共著である『琉球之五偉人』から見てみよう。伊波は向象賢、蔡温、宜湾朝保の三人を論じるにあたって、「偉人とは何であるか」ということについて次のように説明している。

史を案ずるに、世を擧つて偉人を思ふ時は、偉人はきつと世に現はれてゐる。さうして世人は是を以て天の賜である、偶然の幸いである、と看做すのである。しかし私達が忘れてはならぬことは、その偉人が社會に大なる勢力を有することが出來たのは、社會が偉人に共鳴したからである、という一事である。もし其社會が偉人に共鳴しなかつたならば、その蓋世の怪腕も施すに術なく、從つて偉人の尊稱も享くるに由なく、只だ徒に空想家若しくは失敗者を以て目せられることである。思ふに、社會の進歩は殆ど偉人の功に歸するやうに思はれることがある。しかしこゝに忘れてならないことは、彼の性質の大部分が、其の棲息する社會のそれと同一であるといふことである。そして彼が偉人と稱される所以は、畢竟するに彼がその棲息する社會の根本の大勢を觀破して、最能く之を世人に紹介し、その上最多く時代精神を一身に集中して、何人よりもヨリ善く時代精神を代表することにあることを忘れてはならぬ。手短にいへば、偉人は社会情調が熟した時に、誕生するところの人類の變種——即ち超人——である。然らばこの社會的史觀説を念頭に置いて、近代琉球の三偉人を研究してみたら、彼等がその生活した社會の事情と密接な關係を有することを知るであらう(124)。

「超人」というニーチェの言葉に、「變種」や「棲息」という生物学的語句を接合させているが、その言わんとするところは、ル・ボンが述べたように「偉人」とは〈民族〉の代理表象であるということに他ならない。偉大な政治家の歴史を挙げることが、その〈民族〉の精神性、ル・ボンのいう「種族魂」を明らかにすることなのである。ここでも第二尚氏王統による国家の建設は、政治的人民という能力の証明になっている。王朝の行為は〈民族〉の代理表象なのである。そして偉人とされる政治家による「統治実践」もまた〈民族〉の性質や能力、〈民族性〉を表象する。

ところで、ネーションとピープルという区別は、前章の「新式の統治法」のなかでも登場していた。そこでは国家の形成について、王国の建設は〈琉球民族〉が「政治的人民」であることの証明として述べられていた[125]。加えて、政治的人民が保有する国家社会を形成する性質は「政治的本能」とされ、それは「大和民族」とも共通する「同一の個性」と称されていた[126]。つまり、日琉両〈民族〉の「個性」でもある国家社会の形成という政治的人民の能力は、「政治的本能」として〈民族〉の中心部分に存在し、かつその実績と経験は獲得形質として遺伝するのである。ル・ボン流にいえば、雑種民族に備わる不変的深部の「魂」において国家形成の能力があり、経験の蓄積という付属的性質において統治実践の獲得形質遺伝が起こるのである。そしてそれを持ち合わせない政治的能力が「欠如」した〈民族〉はネーションになることは不可能であるということになる。

先に引用した伊波のピープルとネーションの弁別を述べた文章には、一見すると不可解な文言が差し挟まれている。それは「遺伝の理法」が進むにつれて「過去に於ける如き抵抗といふことがまつたく絶滅或は減退したのである」という個所と、最後の「明治一三年以後に於て日本政府が如何に琉球を社會化した」という個所である。ここで注目すべきは「抵抗」と「社会化」であるが、この引用は先に指摘した通り建部遯吾の『理論普通社会学綱領』から取られた語句であり、その意味を現代的な語彙に置換すると両方とも「植民地化」となる。そして植民地化は肯定的に使用されている。「植民地化」の問題については、帝国主義に関連するので次章で改めて論じることにするが、前章の最後でも述べたように、ここで示された〈民族〉の「個性」――〈民族性〉――が、帝国・植民地を可能にする掛け金となっているということだけ先に述べておこう。

9　精神分析

次に伊波の「精神分析」について考えたい。伊波は〈民族性〉についての考察を、それまでの優生学から精神分析へと拡張するからである。しかしこれまでの先行研究では一九二四年に記された「琉球民族の精神分析――県民性の新解釈」をもって、伊波は優生学や民族衛生講話に対して自己批判を行い質的な転換を図ったということが論じられてきた。伊波が民族衛生講話を行う一つの背景として、糖価格の高騰による好景気によって風紀の乱れが起こっているということがあったが、それから数年して同論文が執筆された時点では、糖価格が下落し、いわゆる「ソテツ地獄」と言われる大不況に陥っているという事情があった。猛烈な経済不況を前に、伊波は「今となつては、民族衛生の運動も手緩い、啓蒙運動もまぬるい、直ちに其の社会的救済の策を講ずべきである」[127]と述べている。こうしたことを言質にして先行研究では、伊波の自己批判、あるいは主張の質的な転換があったと論じている[128]。

しかしながら、先行研究の主張については次の三つの点で疑問が残る。第一に伊波は優生学を論じた「進化論より観たる廃藩置県」の論文を『古琉球』に収録しているが、一九四二年の改訂版の出版に際しても、同論文を削除していないことが挙げられる。

第二に伊波は一九二八年にハワイを訪問し、その見聞録として一九三一年に「布哇物語」を発表しているが、それによると、伊波は幼稚園やその他の学校での人種混淆からハワイの「米国化（アメリカナイゼーション）」を実感し、「布哇大学で、hybridization〔雑種形成〕の研究」が進んでいることに感心している。伊波は米国化を「人種的熔炉」と形容し、その「基礎的人種」が先住民の「カナカ土人」であるとし、その「カナカ土人」に「白人の活気及び能力」が結合して「前途有望な特徴」をあらわしているのがハワイの人種混交だと評価している。しかし伊波は、こうした「雑種形成」という「米国化」に日系移民が積極的でないことを嘆き、その消極性は日本の家父長制と民族的自負心が原因だとしている。そしてその消極性が薄れてきた若い世代では雑婚は進むだろうとも述べている。こうした伊波の議論の背景には、一九二四年の移民制限法がある。伊波は同文のなかで、日系移民に対して積極的に米国化することで、移民制限という「日米問題の解決は布哇から起こるに違ひない」と述べている。ダヴェンポートを読んでいた伊波にとって、移民制限法の背景に優生学があることは了解されていたと思われる。それでもなお「雑種形成」に参入せよと日系移民に促したのは、彼らに、ダヴェンポートの優生学がいう「移住慾」の証明を願ったともいえるのである[129]。

第三に先行研究には民族に対する「精神分析」とは何かという根本的な問いがない。伊波の「精神分析」の対象が〈民族〉の性格や精神、内面だとすれば、基本的な方針はこれまでの議論と何ら変わるところがない。そこで本節では同論文を検討しながら、それがこれまでの議論の延長であり、かつ独自の展開であることを示したい。

まず伊波は、フロイトの説明から始める。フロイトが精神医学の分野からヒステリー研究を行い、その後ヒステリーの原因が「心的外傷（プシヒッシェトラウマ）」であることを発見したと述べている。伊波の説明によれば、フロイトの精神分析ではトラウマの症状が「性欲」として現れる。その原因は患者の欲望がかつて「抑圧阻止」させられたことだとし、さらにその抑圧は患者の「無意識」あるいは「潜在意識」に残存していることでヒステリー症状が表出すると考える。したがってその治療法は、抑圧された欲望を自由にすることだという。さらに伊波は、精神分析と精神医学を区別し、前者は患者の心理から「社会」の問題まで解釈することを可能にしたと述べている。

伊波は精神分析がヒステリー患者を分析する方法と同じように「琉球民族の精神分析」を行うと宣言する。伊波によれば、琉球民族には重要な二つのトラウマがある。第一のトラウマとは「最初の抑圧」であり、それは日本人と同じ祖先だった民族が南島に移動し「孤島苦（インゼルシュメルツ）」を味わったことだという。定住後の食料不足などの不安定さから「ニライカナイ」（桃源郷）を求めたことにトラウマの一端が現れていると伊波は考えた。第二のトラウマは、明との貿易から豊かになった琉球王国が、島津氏の侵入によって自由が奪われたことだと伊波は主張する。そして島津氏による三百年間の抑圧が「潜在意識」として沈澱し、それによって自国を支配できない「悪民族性」を生んだという。

ここで思い返してほしいのは、伊波は、フロイトの精神分析が患者の心理から社会まで拡張されていると述べていることである。伊波のいうトラウマは〈民族〉という集団的なものを想定しており、個人ではない。したがって、〈民族〉が形成する「社会」全体にとってのトラウマということになる。それを伊波は、ジョサイア・ロイス（Josiah Royce）の「超個人的意識」という言葉で表している。個人を超える意識、それが「社会」である。

實際自分でも知らないが、その社會の風俗習慣となり、或は國民道徳となり、それが隠れた七分の性格を形づくり、そして私たちは知らず識らずそれに從つている。ロイスは「超個人的意識」についゝ人間は二つの全く異なる實在者によつて組織されてゐる、一は我々が普通に個人と稱する實在者であつて他は社會と稱する超個人的意識である。よく組織された社會は我々個人が人間である如く人間である。異なる點は個々別々の身体を持たぬ、また其の意識なるものは、個人の行爲の内に自覺的に現はれてはゐない。それでもちやんと超個人的な意識を宿してゐる。[130]

そして全体としての「社会」がトラウマを負い、そのために「悪民族性」が生じるのである。[131] ではこうした社会という全体に宿る「悪性」の意識はどのように観察可能なのか。伊波はシュライエルマッヘルを引用して次のように書いている。

「個人の内には社會的罪悪なるものが無意識的に宿る、そして同時に個人々の罪悪を構成しつゝある、この個人の内に宿る人類的（社會的と同義）罪悪は彼が屬する社會の特有の産物である。故に個人を見ても一個人の罪悪として認識することは出來ぬ。たゞ社會全体を觀察して正當な判斷を下し得るのみである。この原理たるや家庭、郷黨、種族、國家、民族を通じて通用することが出來る。同様にこの原理は祖先との關係や遺傳にも應用することが出來る。即ちある時代の罪惡は前時代の罪惡の遺傳であると同時に、次の時代にも傳はるものである。」といつてゐる。この社會心理の原理がわかつて、わが縣民性を觀察したら、思半ばに過ぐるものがあろう。[132]

社会全体に宿る「悪性」や「罪悪」とは、個人ではなく、家族、郷党、種族、国家、民族を分析対象にすることで理解可能であることが述べられている。そしてこの「社会」の有機体的関係は、祖先と関係し、遺伝もするという。これらの議論は、これまでの優生学の議論と何ら変わるところがない。そして最後に、沖縄の県民性を考えると思い当たることが多いというとき、伊波の議論に転換があったとは考えにくい。むしろこれまでの身体的な遺伝の議論の延長として社会の精神性も遺伝すると考えていると想定する方が妥当である。

先の引用文で伊波は、人間は自己の性格に現れる顕在意識の三割しか理解できず、七割は超個人的意識（社会）が占めると述べている。そして個人を教育しても、意識の背後に隠れた七割がトラウマの原因として残るとも述べている。そして伊波は、琉球民族の「悪民族性」を改善するためには「抑圧」の原因を認識することが必要であるという。その認識の過程が「郷土史」によって「真実を暴露」させることになるのである。

以上私は琉球民族の精神分析をして、ヒステリツクの症候があるとした。最初に述べた通り、フロイド一派は、ヒステリ患者に催眠術や談話法によつて、その苦悶の原因を出來るだけ自由解放的に語り盡させ、その抑壓を除去することによつて、病を治療するとのことだから、縣民性を矯正する爲に、郷土史の研究を盛んにして其の眞相を暴露することは、沖縄縣民を救濟する一方法でなければならぬ。[133]

つまり「郷土史」とは社会を構成する〈民族〉にとっての、精神分析における「告白」の実践なのである。[134] 諸個人を規定しつつも、個人には知覚できない社会全体の内に隠されたトラウマを告白すること、それが伊波の「郷土史」

である。

しかし伊波のこの論文が興味深いのは、症状の克服、トラウマの場所を見極めるための「郷土史」の必要性を語りながら、最終的な解決を経済的な社会制度に求めたことである。

伊波は仲吉朝助なる人物の「縣経済界の根本的改革策」[135]をもとに二つの提案をしている。一つ目は「航路」、つまり海運事業である。二つ目は金融機関の改革で、破綻だらけの金融機関では、わずかな資本しかなく県民の事業継続が困難であるという。そのため金融機関の合併と国庫の移管が必要だと指摘している。そして海運・金融の両方とも他府県人によって管理されているがゆえに沖縄県の経済は豊かにならないと述べている。そしてこのような経済の立て直しこそ沖縄の精神性を矯め直すためには重要だという。

> 經濟生活が豊かになるにつれて、今まで活動してゐた悪民族性は漸次影を隠して、超個人的意識のいゝ方面がそろそろ現はれて來るのだ。[136]

先述したように、この論文は一九二三年五月の掲載であり、その日付からも、沖縄がいわゆる「ソテツ地獄」という経済不況に陥っていることがわかる。経済的な疲弊を前にして、もはや「民族衛生」も「啓蒙運動」でもこの苦境は乗り越えられず、経済的な救済以外に沖縄県民を救う手立てはないという主張だが、しかしこの論文はあくまでも「精神分析」である。つまり「悪民族性」の解消としての「経済」なのである。

伊波は「唯物史観」を研究し、「人の意識が人の生活を決定するのではなく其の反対に人の社会生活が人の意識を決定する」[137]というが、しかし伊波の立論は生命体としての社会有機体のなかにあるトラウマを抉り出し、その上で経済的に救済するという道筋になっている。こうして、唯物史観は精神分析に結合され、「個人」を観察することでは見えない〈民族性〉を規定するものとして「社会」の制度や歴史を見ている。したがって、郷土史（精神分析）と経済的救済（唯物史観）が、「抑圧」に対する「解放」として並置される。〈民族〉の精神分析とは、社会の遺伝、郷土史、経済政策を考えることなのであり、それが社会、集団的生命という水準、〈民族〉の救済ということになる。

もし琉球と鹿兒島が地續きだつたら、本縣人も他府縣人同様に、國家の酒盛りに列なつて、思う存分に御馳走を戴けたに相違ないが、七島灘があるためにいつも孤島苦（インゼルシュメルツ）ばかり嘗めさせられている。氣の毒だと思つて高等學校の一ツ位は立て、貰へないものだらうか。困つたことに中央政府には沖繩の事情が能く知られてゐない。「沖繩縣人の性質はひねくつてゐる彼等のやる仕事はいつもこんなものだ」位な皮相的統計的事實しか知られてゐない。その民族性の由つて來たる所とその事業の失敗する所以とを知つて貰はなければ駄目だ。沖繩を代表する位な人は、この根本問題を提げて、中央の政治家に本縣を徹底的に了解せしめるやうに努力しなければなるまい。(138)

伊波は〈民族性〉に問題がないといっているわけではなく、〈民族性〉に問題があることを知った上で、さらに経済的支援を求めている。しかもその〈民族性〉は、環境、社会制度、歴史を総合したものであり、さらにそれは連綿と次世代に遺伝する。伊波はこうした〈民族性〉を踏まえた上で、その〈民族性〉に最適な経済的支援が必要であると主張している。

さらにもう一つ、この論文で気になるのは、伊波がかつて「優生学に没頭していた」と述べる個所である。

この頃〔一九一七年〕私は優生學の研究に没頭してゐたので遺傳に重きを置き過ぎた結果、肉體上の解放――馬手間（うまでま）の如き悪内法を全廢して、雑婚を奬勵し、吾人の重荷なる精神上肉体上の悪素質の復現を減じ、その上盛に善種を輸入して、本縣人の素質を上進させなければならないといふこと――を唱道して、一生懸命に民族衛生の運動をやつたが、私はこれに相當の効果があつたように思つてゐる。[139]

この文章に続いて「唯物史観」の研究についての記述があり「制度」へと関心が移ったことが記されている。しかし伊波は「さうかといつて私は遺傳をないがしろにするものではないが、環境も遺傳に劣らない力を有つてゐるといふことを認めるようになつた」[140]と述べていることからもわかるように、伊波の〈民族性〉における「抑圧と解放」の思考が、生物としての個人の肉体から社会有機体、そして環境、制度へと拡張されたことが見て取れる。また伊波は、自身の優生思想とその実践をまったく否定しておらず、むしろその活動を誇ってさえいる。

通常、対立的に語られる「遺伝」と「環境」とが並置可能となっていることについては後述するとして、伊波のこの文章にはかなりの疑問が残る。なぜなら、こうした議論は実際にはフロイト的ではないからである。むしろフロイトが否定したことである。

フロイトは、一八九二年の「防衛――神経精神病」以降、獲得性ヒステリーについて「遺伝」や「変質」という概念を排除していた。これはフロイトが師事したジャン＝マルタン・シャルコー（Jean-Martin Charcot）の「ヒステリーの遺伝論」、「神経症家系論」、「変質理論」をフロイトが完全否定したことを意味する。こうした「遺伝」や「変質」を否定することで、フロイトはヒステリー発症の原因が幼少期の性的経験の身体への置換であるという議論へと向かった。[141]これについてフーコーは次のように指摘している。

一九世紀末における精神分析学の特異な立場というのも、それが病的変質という大きなシステムに対して果たした断絶を考えないならば、よく理解されないだろう。確かにそれは、性的本能に固有の医学的テクノロジーという計画を取り返した。しかしそれは、性的本能を遺伝との相関性から切り離すこと、つまりすべての人種差別と優生学から切り離し自由にすることを企てたのだ。……キリスト教西洋世界の歴史においてかくも遠くまで遡ることのできる性のテクノロジーという大きな一族の内部で、また一九世紀において性の医学への組み込みを企てたテクノロジーの中では、精神分析学は、一九四〇年代までは、〈倒錯―遺伝―病的変質〉のシステムのもつ政治的・制度的な作用にはっきりと対抗したものだったのである。(142)

こうしたことからも、伊波がフロイトの名を出して精神分析を語りながら、同時にラマルク的な獲得形質遺伝を語ることの矛盾が明らかとなる。

しかしながら、他方で、伊波の言動は別の意味でフロイト的であるともいえる。フーコーが『言葉と物』のなかで指摘したように、「精神分析と文化人類学は、人間という概念なしですますことができるばかりか、人間を経ていくこともありえない。なぜなら、それらはつねに人間の外部の諸限界を構成するものを対象とするからだ」(143)。この指摘はまさに伊波の学問にも当てはまる。比較言語学においても、解剖学を経由した形質人類学においても、あるいは生物学や社会学・社会有機体論においても、問題となっていたのは、人間の主体性や意志の外部にある諸法則であった。フーコーがいうように、それらは「人間という概念なしですますことができる」。比較言語学においてさえ、人間は「音声の痕跡」という資格によって、わずかにその役割を付与されていたに過ぎなかった。精神分析が人間の意識の外部である「無意識」を見出し、文化人類学が人間の行動の基礎を人間の意識の外部である「構造」に見出すことそのものが、したがって近代の人間諸科学そのものが主体の外部を思考している。その意味で、伊波のなかで、遺伝、唯物史観、精神分析が並置されることそれ自体には、人間を人間の意識の外部に基礎づけるという共通点がある。

もう一つ伊波がフロイト的である理由がある。薩摩・島津氏の抑圧からの解放が〈琉球民族〉の蘇生であったように、伊波が〈民族性〉を語るときに重要なのは、「抑圧と解放」であった。フロイトにとってヒステリーの原因である性的抑圧は「無意識」との関係によって「遺伝」や「変質」とは切り離される。それによって本来なら「抑圧と解放」は「家系」や「家族」とは別の議論となる。ところがフロイトの精神分析は、エディプス・コンプレクスという親子関係を導入することで再び家族関係を「抑圧と解放」の基盤に据えてしまう。再びフーコーを引用しておこう。

精神分析は、この性的欲望というものを、神経学的モデルで覆うことなく、明るみに出した。それどころか、その分析の中で、家族関係そのものを問題にしたからである。ところがこの精神分析が、その技術的手続きにおいて、性的欲望の告白を家族という主権の外に置くかに見えたにもかかわらず、この性的欲望の核心において、その形成原理でありその解読可能性の暗証として、婚姻の法＝掟を、結婚と親族関係の入り混じったかけ引きを、近親相姦を再び発見したのであった。まさにそこに、つまり各人の性的欲望の底に、人は親と子という関係を再び見出すことになるという保証が、反対のプロセスをすべてが指し示しているかに見えた時点で、性的欲望の装置を婚姻のシステムの上に重ねて留める企てを保持させたのだ。性的欲望が、本性上、法に異質なものとして立ち現れるという危険がなくなった。それは法によってのみ成立するものなのだ。(144)

フーコーは、性現象を知の対象とするために西洋近代に現れた四つの特徴的な領域（女性の身体のヒステリー化、子どもの性の教育化、生殖行為の社会的管理化、倒錯的快楽の精神医学への組み込み）を挙げ、それらは性的欲望の抑圧や制御ではなく、性的欲望そのものの「産出」であると述べ、個別的身体と集合的身体に介入するためにセクシュアリティを産出する仕組みを「性的欲望の装置」と呼んでいた。要するにフーコーが述べているのは、優生学や民族衛生学といった生物学的身体の抑圧からの解放としてフロイトの精神分析が現れ「性的欲望」を否定するかに見えるが、実際にはそれをエディプス・コンプレクスという親子関係に回帰させることで、精神分析は「性的欲望の装置」の主要な標的である個別的身体と集合的身体の両方に介入できる「家族・婚姻」の現場に新たな特権性を与えているのである。そうなると生物学やシャルコーの精神医学の遺伝法則に加えて、精神分析という「人間の外部」――無意識や構造――を経由する学問もまた、結局は、家族・婚姻という法権利的という意味での「法」（主権）と結びつくことになる。

これも伊波の〈民族〉論に当てはまる。人種改良、迷信の打破、「移住慾」の喪失という女性身体の問題化、飲酒による次代再生産への不安、統治能力の有無といった生物学的かつ社会有機体的な遺伝が現れる根本的原因としての「抑圧」とは、薩摩・島津氏の支配によって日清両属関係（法権利的主権論）に留め置かれたことであり、それが〈琉球民族〉にとってのトラウマとされていた。そのトラウマを解決するには、身体的な改良だけではなく、郷土史——トラウマの告白——と唯物史観的な解決が必要だということになる。人間諸科学の諸法則に基づいて現れた〈民族〉は、精神分析を介して、領土的・主権的な「法」に重ねられ留め置かれる。〈民族〉が「法」に異質なものとして表象されなくなるのである。

前章では、「新式の統治法」が廃れた原因として薩摩・島津氏の支配は「女性」の危険性よりは比較的小さく扱われていた。また「奴隷解放」の文脈でも主権論的な奴隷解放よりも、精神的な解放を重視していた。しかしここでは、獲得形質遺伝の原因となる社会環境的要因として主権論的な「法」が呼び出され、生物学的な法則に従属しながら、その重要性を与えられている。これはフロイトに言及した論文「琉球民族の精神分析」にのみ特徴的であるというよりも、「郷土史に就いての卑見」や「琉球処分は奴隷解放也」といった初期論文の構造と、精神分析が抱え込んだ構造が同相性をもっていたからである。伊波の精神分析は、その方法論においてフロイト的でないにもかかわらず、結果としてフロイトと同様に人間諸科学の法則性に主権論的な「法」を接続するのである。

10　遺伝と環境

本章では矯正、排除すべき危険な〈民族性〉について述べてきた。つまり〈民族〉の性質のネガティブな側面を論じてきた。しかし伊波には〈民族〉のポジティブな側面として「個性」や「無雙絶倫（ユニークネス）」についての記述もあり、それは帝国・植民地関係における重要な論点となるが、それは次章で検討する。本節では、伊波が「私は遺傳をないがしろにするものではないが、環境も遺傳に劣らない力を有つてゐるといふことを認めるようになつた」と述べたこと、即ち「遺伝」と「環境」との並置という問題を取り上げたい。〈民族性〉を問題にする方法として、遺伝と環境が重要な介入点となっていることはこれまでにも述べてきたが、しかし伊波のいう「環境」には生態学的な環境以外にも、政策や国家主権的な要素が含まれていた。そうした「社会環境」の〈民族〉への影響が偉人などを通じて観察されるのであった。しかしこれを「社会環境の遺伝論」のように安易に規定することで事足れりとすると、一九世紀末から二〇世紀初頭の認識論の枠組みを見逃すことになる。生体の生理学的遺伝と、自然環境と、社会環境がセットになっていくには、それ自体がはらむ大きな問題がある。

第三章で論じたように、社会学におけるコントとスペンサーの違いとして、社会全体から出発するのか、個人から出発するのかというのは、彼らがそれぞれ依拠する有機体論が、生気説的なものか、細胞説的なものかによるという違いがあった。しかし両者とも「法」を超えた生物学的自然法則に依拠しているという共通性があることも述べた。

この生物学的自然法則への依拠がとりわけ重要で、コントにとって生気説的生物学に基づく自然法則への依拠は、王権神授説と人民主権論（国民主権論）という「法」をともに排除する。その意味で、コントにとっての実証主義とは生気説的な自然法則を意味した。他方、スペンサーにおいては、細胞説的生物学の自然法則によって、社会の細胞である個人から出発するが、その自然法則は変異を呼び込むためにすべてを同質性から異質性へと組み替える思考となっていた。そこから、人種の分岐による異質性、階級の異質性の増大も述べられ、それら異質性に基づく統治が必然的に現れていた。すべては個人という最小単位から出発しているにもかかわらず、諸個人の同質性よりも異質性に重点が置かれていたということである。それは生物進化における場合でも、統治形態や産業社会における支配・被支配、あるいは階級という社会的な場合でも「自然法則」としての「異質性の増大」が進歩を支えるという思考であった。

したがって、コントとスペンサーの見かけ上の対立とは異なり、両者の議論では、ともに生物学的自然法則が最重要で、その自然法則とは異なる王権神授説、人民主権論や国民主権論が依拠するような天賦人権説、社会契約論、すべての人間が生まれながらにもつ法権利的な主権性としての「法」が否定されていた。そのため、一九世紀の生物学・社会学によって導き出される対立とは、「法」と生物学的自然法則の対立だということになる。それゆえ、通常、一般的な対立軸として考えられる人種・民族を規定するものが「氏か育ちか」あるいは「遺伝なのか環境なのか」という対立は、ここでは対立軸になっていない。そして一九世紀末においても本質的な対立軸は、すべての人間に共通する法権利的なものとしての「法」から出発するのか、それとも人間についての思考を生物学的自然法則から出発すべきなのかという対立なのである。

こうしたことを傍証するために、フランスの心理学者であるアルフレッド・ビネと彼について考察した重田園江の論考と、[145] 次に同様の議論を示した福原義柄の『社会衛生学』について言及しておきたい。先述したように、ビネはIQテストの考案者として知られる人物である。[146] 彼はフランス政府の要請に応じて、児童集団の学習の習熟度を計測し、各個人の得意・不得意な領域を判別するテストを開発した。それがIQテストのはじまりである。重田も指摘するように、ビネの立場は、人間の知的能力は、教育や環境によって改善できるという「社会環境論」であった。しかしビネは一八八八年に発表した論文「道徳的責任」において、社会環境論とは相容れないはずの決定論である生来性犯罪者説・新派刑法学を擁護することになる。

生来性犯罪者説や新派刑法学とは、犯罪は「自由意志」に基づくものではなく、犯罪者の性格や非道徳性、非行性、要するに犯罪者の生まれもった個性に基づくものであると主張するもので、ロンブローゾの犯罪人類学などに見られるように、犯罪者は遺伝によって罪を犯すべく決定されていると考えていた。第二章で指摘したように犯罪人類学や、頭指示数はこうした遺伝決定論であった。人間の性質や個性を考える際に、今日的な感覚では「遺伝か環境か」が対立軸になるように思われるが、しかし一九世紀末の社会環境論者のビネはこの生来性犯罪者説・遺伝決定論を擁護したのである。その理由は、生来性犯罪者説・遺伝決定論と対立していたのが、カントやフォイエルバッハらの刑罰古典学派・古典的責任論と呼ばれる「自由意志」に基づく思想だったからである。

自由意志説（古典的責任論）では、犯罪の原因は犯罪者本人の自由な意志であるとされる。そこでは、自分自身の行為に責任をもつべき「自由意志をもった人間」という普遍性、人間に共通の「同質性」が想定されている。罪は個人の自由意志に帰されるため、そこから導き出されるのは、同じ罪には同じ罰を与えるという刑罰の応報原理と、一般人への威嚇により一般的予防の効果を得るという考え方であった。

これに対して一九世紀に登場した生来性犯罪者説・新派刑法学や社会環境論は、犯罪の原因を遺伝的特性に求めるのであれ、社会環境に求めるのであれ、犯罪者の性格や人格の個人差を問題にする。つまり諸個人に共通する「自由意志」という「同質性」ではなく、それぞれがもつ生得的あるいは環境による影響で生まれた「個性」、すなわち「異質性」を基盤に思考する。そこから個々の犯罪者に応じた「刑罰の個別化」が必要であるという主張が生まれる。また刑罰が個別の事情に配慮することになるので、刑罰は個人の来歴や性格を調査し、どこに犯罪の原因があるかを突き止めることが必要になる。そこから犯罪者の矯正と更生のための「治療的処罰」と、犯罪の原因を除去するための「予防的介入」が必要とされる。こうして刑罰の目的は、自由意志に基づいて犯罪を犯した者に対する応報や威嚇ではなく、犯罪者それぞれの個別の性質から社会を防衛することであるとされる。生来性犯罪者説や社会環境論とは「社会防衛」のはじまりでもあった。

古典学派と新学派との最大の相違は、人間を一般的な「human nature」を持った存在とみなすか、多様な個性、性格、バイオグラフィー、異常性、病的傾向を持った特定の個人と見なすかという、人間観の違いにある。……／ここでは、犯罪や非行といった行為そのものが問題なのではない。そうした行為の背後に存在するパーソナリティや人格、個体性を形づくり、他の人と区別されるあらゆる特徴を備えた特定の人間が重要なのである。犯罪者や精神異常者や非行者が、裁判において、精神鑑定において、処罰の過程で、治療の中で、終始投げかけられるのは、「あなたはいったい誰なのか」という問いである。こうした関心は遺伝決定論にも、社会環境論にも共有されている。何がある個人の特性を形づくるのか。それは遺伝なのか、生まれつきの知能なのか、気質なのか、それとも家庭環境なのか、教育なのか、経済的処遇なのか。それを特定するために、できるかぎり多様な観点から、さまざまな要素をくまなく調べ上げなければならない。どの要素がどの程度の影響を与えているのかを解明できれば、どうすれば現在の状態を変えられるのか、あるいは矯正不能なのか、またどうすればもっと幸福な人生をおくれるのかが分かるはずである。ビネの思想背景には、遺伝決定論と社会環境論とを共に成立させる、一九世紀の新しい「人間観」が存在していたのである[147]。

ビネが擁護したのは、古典理論が依拠する「人間の自由意志」という普遍性・同質性ではなく、古典理論からは導き出せない「個性・人格といった人間の個別性、異質性」であった。ビネのなかで「遺伝と環境」は対立していない。重要なのは人間を同質と見るか、遺伝や環境により異質になるものと見るかという対立なのである。しかもそうした個々の性質・異質性は、犯罪行為という経験的・表面的なものから直接には導き出せない、個体の背後の隠れた性質なのである。ビネにとってすべての人間が同質的な自由意志をもっているとは想定しがたく、個々人はそれぞれの「環境」によって異なる性格・性質をもつものとして想定されている。そしてビネが生来性犯罪者説・遺伝決定論を支持したのは、それが「自由意志説」とは異なり、「遺伝」によって諸個人の背後に「異質性」を想定したからに他ならない。

こうして一九世紀末には、自然法則、変異、異質性、人格や個性といった人間と人間集団に対する新しい価値観があり、それは普遍性・同質性を基盤とする自由意志説や天賦人権に基づく主権論、社会契約論とは異なる認識枠組みなのである。法権利的連続性としての主権主体からは乖離した、いわば個別性・異質性のある生物学的・社会学的な

〈主体〉が新たに立ち現れている。

同様の議論は、福原義柄の『社会衛生学』のなかにも見出せる。第五編「生殖衛生、民族衛生」のなかの第三十四章「民族衛生學ノ定義及其研究範圍」に書かれた次の文章である。

> 犯罪モ亦多クハ遺傳ト外圍事情トニヨリ形成サルモノデアツテ、自由ニ自己意志ニヨリ發生スト観ズルハ（犯罪ノ自由意志説）ハ正常デナイ、外圍事情ニヨル犯罪者ハ社會的保護或ハ懲治感化ニヨリ之ヲ豫防治療スルノ道アルベキモ、遺傳的低格者ノ犯罪ハ奈何トモスルコトガ出來ナイ、此場合ニハ唯犯罪者ヲ永久ニ隔離シ或ハ排除シテ、社會ニ対スル危險ヲ防グノ外ガナイ／又カノ貧困者モ多數ハ遺傳的ノ身神低格者デアツテ、外圍ノ事情即チ經濟上社會上ノ事情ノミニヨル産物タルハ少數ナリト説ク者スラアル、之ハ多少ノ眞理ヲ含ンデ居ル、一八九一年米國ニテ破産セシ者一萬二千三百九十四人ニツキ破産原因ヲ調査セシモノヲ見ルニ、左ノ如クデアツテ、少クトモ三四％ハ低格者ト見ルコトガ出來ル／外圍ノ事情ノミニヨリ發生スル貧困者ハ、所謂慈善救濟事業ニヨリ之ヲ救フコトヲ得ベキモ、遺傳的低格ニ因スルモノハ民族衛生ノ力ヲ藉リ其繁殖ヲ防止スルニアラズンバ、根本的救濟ノ實ヲ擧ゲ得ルモノデハナイ、若シ此類ノモノヲモ單純ナル慈善事業ノミニヨリ處置スルヲ以テ滿足センカ、寧ロ害アルモ益ナキ業デアル、遺傳低格者ニ對シテハ右ニ慈善ノ活人劍、左ニ絶産法ノ殺人劍ヲ執ラネバナラナイ(148)

犯罪や貧困とは「自由意志」による罪ではない。それは「遺伝と環境」に起因するというのが福原の主張である。これはビネと同じ立場である。それはまた法律に違反する者という法的主体、「法」の対象者が、自然権的な「自由意志」を前提とせず、遺伝や環境という生物学的な生理と生態によって形作られる個性、性質、内的傾向性として捉えられていることも意味する。矯正すべき主体、救済すべき主体とは、主権論的主体であるから実定的な「法」に捕捉されるのではなく、「遺伝と環境」により形成された内的傾向性によって「法」の前に現れる主体なのである。そのため犯罪者や貧困者への処置は、「法」への侵犯として現れるのではなく、福原もいうように「社會ニ対スル危険ヲ防グ」（社会防衛）ために「衛生」の範疇として現れるのである。

フーコーが指摘したように、フロイトの精神分析学が「無意識」を基盤にしながら、エディプス・コンプレクスにより「婚姻」関係を組み込むことで、性的欲望と法権利を結びつけたように、「社会衛生・民族衛生」は集合的身体としての〈民族〉の矯正・排除すべき性質――危険性――を「遺伝と環境」に基礎づけることで、「自由意志」という観念を排除しながら、危険性の矯正・排除の手続きとして処罰・救済の「法」的実践を取り込むのである。精神分析と社会衛生・民族衛生にはこのような同相性が見られる。

そこから見出せるのは、次のような認識の枠組みである。伊波の〈民族性〉への言及は、その性質を遺伝的特性に求めるのであれ、歴史・社会環境に求めるのであれ、それぞれの〈民族〉の固有の性質、異質性を問題にする。そのため、統治に関しても、個々の〈民族性〉に応じた統治の個別化が求められる。さらに統治の目的は、抑圧や排除・同化ではなく、〈民族性〉（遺伝・歴史・環境）に現れる危険性によって不利益を被る、その〈民族〉自身の社会防衛ということになる。

法権利的主権論と〈民族〉論との相違点は、〈民族〉を「一般的な human nature を持った存在」とみなすか、「多様な〈民族性〉をもった諸民族」とみなすかという「民族観」の違いにあるということだ。したがって〈民族〉を統治対象とする場合、その個別性に応じた統治実践が必要となる。それは〈民族〉の来歴や性質を詳細に調べ上げ、告白させ、矯正を目指す「治療的統治」となり、発揮すべき政治的人民の性質・能力を阻害する素因を取り去ろうとする「予防的介入」という新しいタイプの統治、「新式の統治法」となる。問われているのは〈民族性〉である。重田の論述を参照していえば、何が〈民族性〉を形作るのかということ。それは遺伝なのか、生まれつきの能力なのか、それとも自然環境や歴史的変遷なのか、教育なのか、経済的境遇なのか。それを特定するために、できるかぎり多様な観点から、〈民族〉に関するさまざまな要素をくまなく調べ上げなければならない。〈民族性〉に対して、どの要素がどの程度の影響を与えているかを解明できれば、どうすれば民族の心身が改良可能なのか、あるいは矯正不能なのか、またどうすればもっと幸福な〈民族〉になれるのか理解できるはずだ、と。伊波の「郷土史」の背景にも、遺伝決定論と社会環境論からなる新しい〈民族〉観が存在していた。

11　まとめ

前章では、〈民族〉が国家形成能力と現在時における統治の合理性を示すことがネーションとなり、それを明示できないことが「社会の滅亡」へと至る道であると伊波が思考していると述べた。「社会の滅亡」とは他集団との生存競争ではなく、自己の内部における統治の失敗を意味していた。そして統治の失敗を予防するためには、自己の内部である〈民族性〉を統治の標的にしなければならず、それは法権利的な記載と確証がないため不断の配慮と監視を伴っていた。またその配慮と監視は〈民族性〉の正常性という規範に基づいて行われるため、その規範はすでに流通しているとも述べてきた。本章ではその規範である「優生学」と「精神分析」、そして〈民族性〉に重ねられる「人口」に対する実践を考察してきた。伊波の実践は「民族衛生講話」（優生学）として、また「郷土史」（精神分析）として現れたのである。

伊波は〈民族〉に現れる危険性を、性淘汰が起こりにくくなることや「ズーモッコー」、「移住慾」の喪失などに求めた。それらは〈民族〉にとっての獲得形質遺伝であるため、そうしたものの蓄積を回避するという統治が適切になされなければ、それは「統治能力の欠如」とみなされ、またその「欠如」も獲得形質として〈民族〉に影響を及ぼし、その〈民族〉が形成する社会を滅亡へと導くものとされた。

そして伊波はその危険性を、〈民族〉が構成する社会に拡張し、精神分析のトラウマやヒステリーに連結させると同時に、精神に現れる危険性をも――フロイトとは反対に――獲得形質遺伝として考えたのである。そしてそのような危険因子を法権利的関係である薩摩・島津氏の支配に求め、解決法として「唯物史観」を持ち出すことで、「遺伝と環境」といった生物学的思考に、法権利を結びつけた。

最後に生物学的な「遺伝」と「環境」の並列から見えてきたのは、「統治することの個別性」である。つまり「統治する」とは、それぞれの個人の個性、個別性、異質性に応じて処方されるものであり、それは〈民族〉という集団的身体においても同様であった。複数性・異質性を持つそれぞれの〈民族性〉に応じた個別の統治が、前章の「新式の統治法」と重なるのである。

〈民族性〉に応じた統治――統治の個別性――が、前章で予告した帝国論・帝国統治制度へとつながっていく。そしてそれは伊波が「植民地化」をどのように考えていたのかという問いとも関連する。次章は、伊波と同時代の植民政策学の系譜と国際関係を論じ、それから伊波の議論における帝国と植民地化を論じて、それらの議論が前章での「新式の統治法」と本章での「優生学」と関連することを論証する。

注

(1) 米本ほか(二〇〇〇)、二二三頁。
(2) 同上、四四頁。
(3) 藤野(一九九八)。特に第四章「ナチズムへの憧憬と警戒」を参照。
(4) 吉田(一九八五)。
(5) 福沢(一九六三)、一五四―一五五頁。同じ文言は福沢の晩年の著作である福沢(一八九七)、二四六頁にもある。
(6) 福沢(一八八五―一八九八)、三頁。
(7) 同上、二六頁。

（8）福沢は一八八一年に『時々小言』でゴルトン『能力遺伝論』にも言及しており、また「脱亜論」でも日本と中国・朝鮮との相違を「遺伝教育」と論じている。藤野（一九九八）の「補論Ｉ　近代日本と優生思想の受容」を参照。鈴木（一九八三）も参照。
（9）井上（一八九四）、一〇一頁。
（10）丘（一九一一）、三九三―三九四頁。
（11）「積極的優生学」と「消極的優生学」については、松原（二〇〇二）参照。
（12）丘（一九一一）、三九五頁。
（13）丘（一九〇四）、六六二頁。
（14）同上、六六一―六六二頁。
（15）建部（一九〇四）、一一九―一二一頁。
（16）ル・ボン（一九一〇）、五頁。
（17）同上、六頁。
（18）同上、一三頁。
（19）同上、一六頁。
（20）同上、一七頁。
（21）同上、二五―二六頁。文中の「橐駝師（たくだし）」とは植木職人のこと。
（22）同上、五五―五六頁。
（23）同上、五六―六一頁。
（24）バジル・ホール・チェンバレンの実弟。
（25）原田（二〇〇六）、六一頁。原著 *Grundlagen des neunzehnten Jahrhunderts.* は一八九九年にドイツで出版され、一九一〇年に英訳が出版されている。
（26）河上（一九一五ａ）、九三―九四頁。
（27）瀧（一九一五）、一二六―一二九頁。このなかで河上肇の「人種問題」という報告が掲載されている。武藤（二〇〇六）、一七一頁。

(28) 河上(一九一五b)、二一八—二二〇頁。
(29) 河上(一九一七)。
(30) 松原(二〇〇二)、二一七—二一八頁。
(31) グールド(二〇〇八a)の第五章「IQ決定論——アメリカの発明」を参照。
(32) 河上(一九一七)、一一頁。
(33) 阪上(一九九五)。
(34) 成田(一九九五)。
(35) 阿部(二〇〇一)。
(36) 阪上(一九九五)、一四—二一頁。
(37) 片山(一八八九)。
(38) 同仁会編(一九三二)、一頁。飯島(二〇〇五)、一二三頁。
(39) 新渡戸(一九四三)、三五四頁。
(40) ドイツでの展開については、市野川(一九九二)。市野川(二〇〇〇a)。福原義柄については、川上・上林(一九七二b)。
(41) 福原(一九一五)、序一頁。
(42) 同上、四七二頁。
(43) 同上、五〇〇頁。
(44) フーコー(一九八六)、一七五頁。
(45) 川上・上林(一九七二a)。
(46) 藤野(一九九八)、一二一—一四四頁、および一六一—一七六頁。
(47) 丘(一九〇四)、七七九—七八〇頁。
(48) 丘(一九〇六)、一六一—一八二頁。
(49) 丘(一九二六)。
(50) 北(一九〇六)。石川(一九二五)。大杉(一九二三)。
(51) 石川(一九二五)、七二一—七三頁。

(52) 大杉（一九七四）。初出は『中央公論』一九一七年五月号。
(53) 同上、四二三頁。
(54) 同上、四二七頁。
(55) 同上、四二六頁。
(56) 大杉栄は「動物界の相互扶助――生存競争についての一新説」で、クロポトキンの「相互扶助説」こそが「ダーウィニズムの正解もしくは補充である」（七七頁）とも述べている。その論説から「相互扶助」を単純に「生存競争」の言い換えとは判断できないし、むしろ逆方向を向いているとも考えられる。しかし「丘博士の生物学的人生社会観を論ず」を読むかぎり、大杉に優生学的な思想を否定するだけの議論は見受けられない。大杉（一九六四）。初出は『新小説』一九一五年一〇月号、のちに『クロポトキン研究』に「クロポトキンの生物学」と改題して収録。
(57) フーコー（二〇〇七ａ）、二五九―二六一頁。フーコーは「社会主義も近代国家の機能と同様に人種主義を刻印されている」と指摘する。また大杉栄も「〔丘〕博士と社會主義との符合」を指摘している。大杉（一九二三）、一九九頁。一九世紀後半から二〇世紀前半のドイツでの社会主義と優生学の関係に言及したものとして、市野川（二〇〇〇ａ）を参照。その他にダイアン（一九九三）。
(58) ハンセン病問題に関する検証会議編（二〇〇五）の第七章「ハンセン病政策と優生政策の結合」を参照。
(59) 坂野（二〇〇二）、一八〇頁。
(60) 市野川（二〇〇〇ｂ）。梅澤（二〇一六）。坂野（二〇〇二）。
(61) ピネルの「狂人解放」（一七九二年）では、老人や身体障害者、売春婦、働かない者などを監禁施設から解放したが、「精神疾患」と認められた人々は解放されなかった。これにより「精神疾患」に分類された人々が新たに監禁の対象として区別された。フーコー（二〇〇〇）、六四―七一頁。
(62) 市野川（二〇〇〇ｂ）、九五―九六頁。
(63) 松原（二〇〇二）、二一五頁。
(64) 鈴木（一九八三）、五五―五六頁。
(65) 渡辺（二〇〇三）、二三三―二四七頁。
(66) 市野川（二〇〇〇ｃ）。

(67) 丘（一九一一）、三八二頁。
(68) 同上、三八五頁。
(69) フーコー（二〇〇七a）、二五三―二五五頁。
(70) 真境名（一九六七）。初出は一九三七年の沖縄日報の紙上。
(71) 同上、九七頁。「間切（まぎり）」は琉球王国時代の行政区分。
(72) 真境名はそれ以外にも産婆、鍼灸、医薬品などの規則や取締りにも言及している。
(73) 真境名（一九六七）、九八頁。
(74) 同上、一〇〇―一〇一頁。
(75) 中馬（二〇一一）、一五〇―一五一頁。
(76) 成田（一九九五）、三八五頁。
(77) 真境名（一九六七）、一〇一頁。
(78) 稲福（一九九八）、四七―五一頁。
(79) 真境名（一九六七）、四〇三―四〇四頁。
(80) 同上、一〇五頁。
(81) 同上、一二五頁。
(82) 同上、一二四―一二五頁。
(83) 土地整理事業の完了によって、地租条例、国税徴収法が施行されている。また徴兵制は、一八九八年に沖縄本島で、一九〇二年に宮古八重山で施行されている。参政権は、一九一二年に沖縄本島で衆院選が実施され、一九一八年に沖縄から多額納税者議員が貴族院に選出されている。
(84) 上地（二〇〇三）、一二三頁。
(85) 同上、一二九頁。
(86) 松沢（二〇一三）。特に第三章「制度改革の模索」と第四章「地方と中央」を参照。
(87) 第三章で論じたように、育種家による品種改良も、自然の変異も進化論にとっては差がない。
(88) ジャコブ（一九七七）、一七三頁。

(89) 松本（一九一四）の第一三章「思想發展の情件に就いて」にその記述がある。しかし、伊波の文章の初出が一九〇九年なので、同書とは別の論文を参照している可能性がある。国会図書館に所蔵されている同書の一九〇六年版には「思想發展の情件に就いて」の項目はない。

(90) 伊波（一九一一b）、一一五頁。

(91) 同上、一一五―一一六頁。

(92) 伊波（一九一二）。連載は三月二〇日から三月三〇日までの全一〇回。本書中の該当個所は、第九回（三月二九日）と第一〇回（三月三〇日）。また第九回では、「オックスフォード大学のアッシリア学の教授セース博士」の演説から「日本は雑種國民である」との説を紹介している。

(93) 伊波（一九〇六）「沖縄人の祖先に就て（5）」『琉球新報』一九〇六年一二月九日。

(94) 同上。

(95) 伊波（一九〇九）。

(96) ル・ボンを引用した個所は伊波（一九二二）、一〇七―一〇八頁で、次のように書かれている。「佛蘭西の碩學ギュスターヴ・ル・ボン氏は、其の名著『民族發展の心理』の中に、かういふことをいつてゐる、『今日舊社會の基礎に動搖を來して、そが一切の制度の深く震盪せるを見るのも、實はこれ舊社會が今日まで基き來つた舊時の信仰を日に月に失ふが爲である。其の全く之を失ふに至る時は、新文明は新信仰に基いて、必然その地位を占めるやうになる。歴史の證明する所によれば、國民はその神祇の遁散した後に於ては永く存命せないといふことである。其の神祇の權威の下に生まれた文明も亦彼等と共に滅亡するものである。世に死せる神の塵埃ほど破壞的なものはないである云々。』」ル・ボン（一九一〇）の引用個所は一九三頁。

(97) 伊波（一九二二）、一〇八頁。

(98) また「双方の血を混ずる」ことが性格の近い雑種的〈民族〉同士であると解釈すると、伊波の「混血」や「雑婚」は、井上哲次郎が主張したような「日本人が日本人を改良する」という意味での人種改良論であり、また福沢諭吉が述べた「自力の法」による人種改良論とも同じということになる。

(99) 伊波（一九一一b）、一一六頁。フジツボの研究はダーウィンの生物観察研究における重要な研究対象であるが、伊波の言及は本文でも言及した通り丘浅次郎の研究に沿っている。丘（一九〇四）、二一九頁。

(100) 伊波（一九一一b）、一一七頁。

(101) 同上、一一九頁。
(102) 同上、一一九頁。
(103) 外間(二〇〇〇)、四七五頁。ただし、三六〇余回というのは、帰郷以降に行われた「琉球史講演を行った時から数えて、この大正十年ごろまでの十五年間の講演回数ではないかとみるむきもある」。金城(一九七七)、一八一頁。
(104) 金城(一九七七)、一七四頁。
(105) 渡口(一九七六)。
(106) 大久保孝三郎については、椨原編(一九一六)、一〇〇頁。それによると、大久保は一八七五年福島県安積郡生まれ、一八九五年に済生学舎(のちの日本医科大学)を卒業し、翌年那覇で医院を開業している。
(107) 東京や大阪で分蜜糖・黒糖の市場価格が上昇するのが一九二〇年前後であることから、その頃を指していると思われる。
(108) 渡口(一九七六)、五頁。
(109) 松原(二〇〇二)、二一五頁。
(110) 福原(一九一五)、一八一―一八二頁。
(111) ちなみに、現在の医学では、妊娠中の過剰な飲酒は胎児に影響を及ぼすとされ(胎児性アルコール依存症など)、男性の睾丸も萎縮するなどの研究があるが、それによって優生学が正当化される根拠とはならない。アルコール依存の予防と、胎児への影響を可能な限り低減することと、それを「子孫」の「変質」と表象することとはまったく異なるからである。
(112) 伊波(一九七六c)、二七八頁。
(113) こうした「移民」という「民族性」の問題は、安里(一九四一)などによって、大東亜共栄圏の南進政策へとつながり、戦後の人口過剰論を背景とした移民の奨励まで連続する問題となる。戸邉(二〇〇三)。
(114) 伊波(一九一九)、一〇九―一一〇頁。
(115) ダヴェンポート(一九一三)、二三五頁。原著は一九一一年出版。
(116) 同上、二四〇頁。
(117) 米本ほか(二〇〇〇)、三三頁。
(118) 伊波(一九二二)、一〇四―一〇五頁。
(119) フーコー(一九八六)、一八四―一八五頁。

(120) 鳥居（一九〇三）、自序。また、坪井正五郎も同書に寄せた「序」で「千島土人は今や減少衰滅の傾向を示している」と記している。
(121) 三苫（二〇一一）、一七―一八頁。傍点原文。句点は追加した。
(122) 伊波（一九一一c）、二四頁。
(123) ル・ボン（一九一〇）、一九六頁。
(124) 伊波・真境名（一九一六）、七一―七二頁。
(125) 伊波（一九二二）、五六頁。
(126) 同上、一一〇頁。
(127) 伊波（一九二四）、一一頁。
(128) 先行研究とは、鹿野（一九九三）の第五章「転回と離郷」。またそのなかで鹿野が指摘している比屋根（一九七六）と、安良城（一九七八）。
(129) 伊波（一九七六d）、三二〇―三五六頁。
(130) 伊波（一九二四）、五頁。
(131) ドイツの神学者であるフリードリッヒ・シュライアマハー（Friedrich Daniel Ernst Schleiermacher）のこと。
(132) 伊波（一九二四）、五―六頁。
(133) 同上、七頁。
(134) 「告白」とは「そこから真理の産出が期待される主要な儀式の一つ」である。その意味で郷土史は〈民族〉の危険性と個性の産出の一翼を担っている。フーコー（一九八六）、七六頁。
(135) この記事は『沖縄日の出新聞』一九二五年三月二一日に掲載されたものとされるが未確認である。
(136) 伊波（一九二四）、一二頁。
(137) 同上、九頁。
(138) 同上、一二頁。
(139) 同上、九頁。
(140) 同上。

（141）渡辺（二〇〇三）の第六章「スフィンクスの問い――コンプレックス以前のエディプス、エディプス以前のフロイト」を参照。またフロイトは『集団心理学と自我の分析』（一九二一年）でル・ボンの民族心理を批判的に検討している。
（142）フーコー（一九八六）、一五一―一五二頁。
（143）フーコー（一九七四）、四〇一頁。
（144）フーコー（一九八六）、一四四頁。
（145）重田（二〇〇三a）の第五章「正しく測るとはどういうことか――知能多元論の起源と現在」を参照。
（146）ただしビネはIQテストを人間の尺度として用いることに強く反対した。それについてはグールド（二〇〇八a）を参照。
（147）重田（二〇〇三a）、一四四―一四五頁。
（148）福原（一九一五）、四八三―四八四頁。

第七章　帝国と植民地

1　はじめに

本章ではまず、一九世紀末から二〇世紀初頭の台湾統治の実務を担った後藤新平について論じる。次いでアメリカによる同時代の帝国・植民地関係の学問的背景をウィスコンシン大学で政治学・植民政策を講じたポール・S・ラインシュ（Paul Samuel Reinsch）の主張から考察する。それらを軸にして、日本の明治から大正期の植民政策学について言及するが、その場合以下の点に注目する。第一に、これまでの議論と同様に、生物学とそれに基づく社会有機体論が「法」を超越していること。第二に、植民政策学と「異質性」の関係について。植民政策学もまた生物学に基づいていることを確認することで、被統治者――集合的生命・身体――の多様性や特異性が植民地統治において重要であることが見えてくる。第三に「自治」について。後藤の生物学に基づく公衆衛生を通じて、地方の独自性や異質性に基づく国家統治が思考可能になった。しかしそれを帝国・植民地関係に適用すると、二つの異なる文脈が生まれてくる。一つ目は「内地」における「地方自治」制度を、植民地にも延長して統治しようという考え方、すなわち「内地延長主義」である。二つ目はそれに対して、同じ「自治」の語を冠しながら、「自治植民地」という植民地の異質性と将来的な独立と、独立による日本との連邦制によって日本帝国を再編しようという内地延長主義とは正反対の思考が国際関係の舞台に登場してくる。前者は特に政党内閣を実現した原敬に特徴的な議論であり、後者は後藤新平やラインシュらの植民政策学に特徴的な思考であった。

そしてこれらの議論でも最も重要なのは、植民地の領有も、そしてその「自治」や「独立」も、〈民族〉の「統治能力・自治能力」の有無という生物学的・優生学的な思考が政策の基盤として現れるということである。

2 「生物学の原則」

生物学の視点から国家、そして帝国と植民地を考察した重要人物として、後藤新平がいる。後藤は一八八九年に『国家衛生原理』を書いているが、この著作のなかで後藤が国家による統治の基礎としたのが「生物学」であった。後藤の議論は、彼がのちに「生物学の原則」を旗印に、児玉源太郎台湾総督のもとで台湾の植民地統治を行ったことと深く関係する。そしてそれは、日本帝国の最初期の帝国と植民地の関係をよく表すものとなっている。

後藤は「國家學ノ基礎モ亦生物學ニ取ラサルヲ得ス」[1]と述べて、国家を「人体」や「有機体」として語る。国家を生物としての人体として語ることによって、集合的生命・身体を把握し、それを管理・救済するものとして「衛生」が必要になるという立論である。

後藤は生物界における生存競争や適者生存という生物学的自然法則は、人類にも当てはまり、また人類は「競争ノ攻撃ニ抗抵」し、「適當ノ給養生殖ヲ營ミ得ル」ことがなければ生存することは困難であるとの基本的見解を示す[2]。そこから人類の目的は「生理的圓滿」（Physiologische Integrität）を得ることであり、それは「生理的動機」（Physiologischer Trieb）により生じると述べる。生理的円満とは、心身の感覚、肢体の動作、生殖、給養の機能が健全に機能し、外部からの危険要因を抑制して、生活上の不足が生じないことを意味する。そして生理的動機（または衛生的動機）とは、生理的円満を保持しようとする人間の本性を意味する。つまり生理的円満を得ようとする人間の本性としての動機が「衛生」を必要とする。そして後藤によれば「衛生」は「生存競争自然淘汰ノ理ニ照準シ人為淘汰ノ力ヲ加へ」たものを意味した[3]。自然法則に基づいて人為淘汰が行われることが「衛生」となるわけだが、それは人間の理性的意志に基づく行為ではなく、あくまでも生物の「生理的」な動機に基づく[4]。重要なのは国家の基礎である「衛生」は、「生理」であり生物の個体内部において個体を維持する現象として考えられているということである。その意味で後藤の「衛生」とは国家という人体の「内部環境」といってもよい[5]。そのため国家衛生という原理は、人間の主体性や理性によって了解されるものではない[6]。

そして後藤は、生物としての生理的円満を得るという動機から「主権」が発生すると述べる。後藤によれば、外敵からの防御、食料獲得、そして集団内での争いの回避など、集団の安全と幸福といった生理的円満の追求のために、動物集団は内部から先導者を選出し、その他構成員はそれに服従する。それが主権の発生だという[7]。後藤はこの主権の発生を人間社会にも適用する。人類もまた集団を形成する動物と同じ動機から、生得的な能力によって団結し「主権」を発生させる。後藤はこのような生理的で生得的な能力を「社會團結力（又社交力 Geselligkeitstrieb）」と呼ぶ[8]。そうして、生理的円満を得るための人間の「社会的団結力」を「第一生理的補充」と呼び、団結した集団内部で発生する「主権」を「第二生理的補充」と名づけている[9]。

重要なのは、「主権」の発生の根拠もまた、生物学的な「生理的」現象として説明していることである。そのため後藤のいう「主権」とは「法」（王権神授説や天賦人権説）を基盤にしておらず、「主権」は生物学的自然法則や生理現象に基づくことになる。こうしたことから、後藤は国家の起源からルソーの社会契約説を排除する。主権という「法」は、生物学的な自然法則に従属するのである[10]。

> 国家ハ其始メ必ス治者と被治者トノ契約ヲ以テ成立スヘキ者トナシルーソー氏ノ流レヲ酌ム人アリ然レトモ是國家創造ノ際得テ行ハルヘキコトニ非ラス抑一國ノ創立ハ人ノ体形ニ於テ單獨生存ヲ遂ルニ足ラサル所アルニ起因セルモノハナルコト已ニ述ル所ニテ明ナリ[11]

こうした生物学に基づいて、生理的な動機から主権と国家の発生を述べ、社会契約説を否定するとき、必然的に導かれるのが社会構成員の「異質性」である。なぜなら国家は同質な諸個人の権利の委譲による形成とは異なるからである。先のルソー批判に続いて、後藤は次のように述べている。

今人々相集マルトキハ假令人員小數ナルモ各自ノ体力及心性ニ於テ自カラ大小、長短、強弱、賢愚ノ差ナキ能ハス之ニ由テ人々ノ間ニ不同等ヲ生ス即社會是ナリ此社會ニ於テ自然ノ競争ヲ生シ劣者ハ自ラ優者ノ爲ニ制セラレ且其保護ヲ仰カサルヲ得サルニ至ル(12)

後藤にとって、生理的動機によって国家や社会を構成する人々は、「法のもとの平等」という観点から捉えられるものではなく、肉体的にも精神的にも「不同等」であることが大前提であった。集団構成員のあいだにある「不同等」が生存競争を誘発し、その結果「主権」(第二生理的補充)が発生し、国家が生まれる。ここでは同質性や均質性ではなく、異質性こそが国家や社会の基礎となる。

そしてこの異質性は、集団内部の「不同等」だけでなく、集団間の関係においても考察される。後藤は、国家ごとに異なる「慣習」を取り上げて次のように説明している。どの国においても、長年の慣習が法の前提とされ、そのために行政は純粋な理論にしたがって発展するわけではないので、行政を律する法を道理にしたがって改良するのは当然だが、しかし「急劇ノ變革」を起こすことはかえって「衛生上即生理上ノ危害恐ルベキモノ」があり、「一般政治上ノ急進ハ國家生活ニ於テモ其害無キヲ保セス」、「社會ノ人事國家ノ政治モ亦之ヲ進化ノ理ヨリ考究スルモ急進劇變ノ不可ナルコト明了ナリトス」と述べている(13)。つまり長年の慣習に基づく法を急変させることは衛生上有害である。集団がもつ慣習は、集団ごとに異なっており、それを一つの観点から性急に均一化、画一化することは進化の法則から見てもよろしくないというのが後藤の主張であった。

後藤は、各国家の慣習や風習が異なる要因として、第一に「地文學的關係」(自然地理学)、第二に「土地人民ノ沿革」、第三に「智識ノ發達」を挙げている。第一の自然地理学的関係では、例えば島嶼国家と大陸国家とでは同じ面積でも、島嶼国家の方が、海運によって生活需要を満し、気候や空気の浄化の点でも大陸に比べて三倍もの人口を抱えることが可能であると述べて、地理的条件の重要性を説いている。[14] 第二の「土地人民ノ沿革」は文明化の過程を意味している。住民の生活の変容、重工業の発達によって「熱毒」を醸成し、さらには資本家と労働者の乖離から過度な競争である「社會熱」の流行が起こるが、後藤はこれも「衛生」の対象であると述べる。[15] 第三の「智識ノ發達」では、無知なままでは人民は容易に弊習から脱せず、妄信のなかで「祈り」に貴重な生命を委ねてしまうと指摘する。適切な知識の有無が、集団の慣習や風習に影響するということである。[16]

こうして見ると、後藤の生物学に基礎づけられた「衛生」とは、集合的生命・身体の把握と救済であり、その必要性を語りながら、他方で急激な変化を避け、地域ごとの事情を考慮したものであった。こうした主張は各地域の特異性に基づいて統治する「地方自治」を称揚する。近代日本の公衆衛生の系譜を論じた阪上孝が指摘するように「公衆衛生は地方自治にもとづく社会的領域を生み出した」[17]。

後藤は生物学を基礎にした「衛生」を、実際の植民地統治にも適用する。彼は『国家衛生原理』のなかで「十九世紀ノ殖民法モ亦漸ク武断攻略ノ分子ヲ減シテ衛生政略ノ分子ヲ増加スルノ勢アルカ如キ」と述べて、武力に基づく威圧的な植民地統治ではなく、「衛生」を基盤にした植民地統治に取って代わるべきだと主張した。[18] 後藤にとって「武断」に対置されるのは「文治」や、のちの「内地延長主義」による「文化政治」でもなく、生物学に基づく「衛生」だったのである。

後藤は一八九八年に児玉源太郎台湾総督に請われて台湾総督府民政局長(のち民政長官)に就任する。このとき彼は三つの意見を児玉に述べている。第一に、総督の職務は、帝国の植民政策の確立のために総理大臣をはじめとした内地政治家の頭脳の開拓にあること。第二に現地の役人や住民に対して、統治の方針が生物学を基礎にするものであることを理解させること。第三に、生物学を基礎に統治するには「土俗旧慣」を尊重しつつ、「改善の精神」を維持することだとして、旧慣調査とその改善の促進を進言している[19]。

こうした考えを補強するために後藤もまた、ル・ボンの『民族發展の心理』を援用する。

彼の社會心理學の泰斗、ル・ボン氏は、其の著『民族發展の心理』に於て『言語、制度、思想、信仰、美術、文學等凡て一國の文明を組織する各種の要素は、是等を造つた國民精神の外的發現と見ることが出來る。けれども民族精神を發現する是等の要素は、時代と種族とに依つて大いに其の重要の程度を異にするものである』と言つてゐるではないか。若し此の遺傳的若しくは本能的に久しく固定された他の民族に對し、急激なる改革を行はんとするは生物進化の原則を無視したもので最も危險なる政策である[20]。

後藤にとって「衛生」は、生物学を基礎にした近代化であると同時に、その浸透のためには集合的生物である各民族集団の身体だけではなく、精神の遺伝と異質性、彼らの自然環境と社会環境の特性を前提にしたものでなければならない。後藤の思考は、普遍的とされる「法」の敷衍ではなく、その普遍的な「法」に代わって生物学を基礎にするが、しかしそれを進歩として絶対視し、それに適合的な制度を画一的に強要するという考えでもない。地理的条件やそこでの人々の生活の変遷、知識などによって、異なる形で発達してきたそれぞれの地域の人々に適合的な「衛生」形態を見出し、それを「植民地統治」として実践しようとする。コントの社会有機体論が社会の分化を抑制するために「統治」を志向したのに対して、スペンサーが社会の異質性を前提にそれに応じた「統治」を志向したことが想起される。

この場合、台湾統治は台湾の実情に適合的な植民地統治の必要があり、それが行える条件がなければならない。後藤が民政局長として台湾へ赴任する二年前の一八九六年にいわゆる「六三法」[21]と呼ばれる法律が公布されており、その第一条では「臺灣總督ハ其ノ管轄區域内ニ法律ノ効力ヲ有スル命令ヲ發スルコトヲ得」とされていた。つまり、帝国憲法や帝国議会の外部で、台湾総督が独自に台湾での立法が行えるようになっていた。まさに後藤が望んだように台湾に適合的な「衛生」、すなわち植民地統治が可能になっていた。台湾では後藤のいう「衛生」に「法」を従属させることが可能であった。こうした「衛生」に基づいて、現地の実情に合わせて法を整備し、統治することは、いわば後藤にとっての「新式の統治法」だったのである。

後藤が台湾に赴任したときの最大の課題は「土匪」と呼ばれた抗日武装集団の鎮圧であった。後藤はまず「土匪」について調査することから始める。それによって、「土匪」に参加した者のなかには政治的土張だけではなく、軍や警察によって親族を殺された者、鉱業や樟脳生産の従事者が総督府の政策変更などによってその収入源を喪失し困窮したことで「土匪」に参加した者などが含まれていることなどを突き止めた。このときの後藤の対処は、生活困窮により「土匪」となった者については、総督府に服従することで不問にし、生業につくための資金を与えるなどの懐柔策であった。児玉と後藤の植民地統治は、「土匪」の実体に即した対応をとり、懐柔し労働者として支配体制のなかに包摂することにあった。ただし、総督府は服従しない「土匪」や、服従後に「不良」とされた台湾原住民を虐殺している。後藤は後年そのことを次のように述懐している。

……帰順させた者の中には良民たるべきものと不良民にして到底ものにならぬ奴がある。先ず假歸順證を與へて若干月日監視し選び抜いて其悪い者を同日同時に殺したのであります[22]。

これも後藤新平における「新式の統治法」のなかの生権力の発露である。集合的生命の内部に矯正可能性と矯正不可能性との分割線を引くという生物学的断片化（種族化）であり、「生きさせるか、死の中に廃棄する」という生権力の現れであった[23]。こうして植民地における「生殺与奪」は、生物学的思考にしたがって行使可能となったのである。

さらに後藤は統治法の中核の一つに、一八九八年から始まる「保甲制度」の採用を位置づけている。「保甲制度」は「支那の舊制」であり、「大凡十戸を以て一甲」とし「十甲を以て一保」とする組合で、「組合内の犯罪及び非行に關しては、人民連帯責任を負ふの制」であった。また「保甲」には、「壮丁團」と呼ばれる火災や自然災害に対応する青年団があった。後藤は「保甲」と「壮丁團」について「壮丁團は保甲と相俟つて自治保安の上に多大の功ありしものである。斯くの如くして一般人民に、自治の何たるかを知らしめ、同時に統治上好成績を擧げ得たのは、明らかに成功であると信ずる」と述べている[24]。こうした現地の諸制度は、伝染病の感染者の特定と隔離、戸口調査や人口動態統計に対して基礎的情報を提供するものとしても用いられた[25]。

後藤は「旧慣」と近代的な公衆衛生を結びつけて、その地域に適合的な「地方自治」を作り出し、それを被統治者に浸透させようとしたのである。野村明宏が指摘するように「こうした統治の技法は、伝統や慣習を尊重する保守的傾向をもつが、……後藤はそれが長く存続してきた神聖な固有文化であるという理由によって、尊重したのではないということである。すなわち、後藤が従来の制度や慣習を考慮に入れたのは、統治課題の達成に現時点で最も有効な力をもつ限りに於いて活用するという冷徹な判断」からであった[26]。台湾での後藤の旧慣の活用もまた、生物学的な統治に基づく法制度の活用であり、「新式の統治法」であった。

後藤新平の台湾統治を皮切りに、日本の植民政策学が大きく変化していくことになるが、もう一つ重要な系譜がある。それはアメリカ経由の植民政策学の系譜である。ここではポール・S・ラインシュというウィスコンシン大学の政治学者で、一九一三年にウッドロー・ウィルソン大統領に請われて在華米大使として活躍した人物に焦点をあてる。

後藤は、一九〇二年にアメリカを視察した際にラインシュの著書である *World Politics At the End of the Nineteenth Century as influenced by the oriental situation* を持ち帰り、それを吉武源五郎という人物に邦訳するよう勧め、その後、同書は吉武訳で『世界政策』の名で出版された[27]。また一九一〇年に翻訳出版されたラインシュの『殖民政策』[28]では、同書の題字を後藤が、「序」を新渡戸稲造が書いている。ここではこの著作も併せて論じていく。

ラインシュは、この二つの著作で世紀転換期の帝国主義と植民地の関係を論じているが、まさにこの時期は、アメリカ自身が本格的に植民地統治に足を踏み入れ、それを通じて帝国化していく時期であった。

一八四二年にイギリスはアヘン戦争によって清国と南京条約を締結し、それによって香港を獲得し上海や福州など五港を開港させた。アメリカはこれに倣い一八四四年に清国とのあいだに望厦条約を締結していた。産業革命と交通の発達を背景に、中国は欧米諸国の一大市場とみなされていく。そして一八八〇年代に入るとイギリス、ロシア、フランスは中国の辺境地域を領有することで中国全土への進出の足場を築いていった。一八九四年に勃発した日清戦争に関連して、ヨーロッパ諸国による中国分割が現実味を帯びるようになるが、しかしこのとき、アメリカはこの分割競争に参加していなかった。その理由は、自国内とアメリカ大陸に市場拡大の余地があったからである。この状況が変わるのは、米西戦争によってフィリピンを獲得したことが大きい。将来的な余剰生産物のための市場拡大も見据えて、フィリピンは原料資源供給地としてだけでなく、対中国貿易の拠点として見出されていく。アメリカはヨーロッパ諸国に比べ、アジアへの進出に遅れをとっていたが、世紀転換期になってようやく、ハワイ併合、フィリピン群島、キューバ[29]、プエルト・リコ[30]などの獲得で帝国主義的な領土拡張に参画してきた。こうしてアメリカは太平洋の島々を足がかりに中国市場を目指すことになる。しかしすでにヨーロッパ各国や日本は中国に進出し、さらにその中国がこれらの国々によって分割される危機が迫っていた。遅れてきたアメリカにとって、もし列強により中国が分割されれば自国の通商と市場の拡大という国家的課題にとって致命的な事態となる。そこで出てきたのが「門戸開放政策」である。一八九九年、国務長官ジョン・ヘイ（John Milton Hay）によって、中国に利権をもつ各国に出された第一次門戸開放通牒は、中国分割による闘争の激化を防ぐには門戸開放、すなわち中国での商業活動に対する機会均等が不可欠であるとしていた。さらに、義和団事件と各国の軍事介入のさなかの一九〇〇年七月に出された第二次門戸開放通牒は、中国の領土的・政治的保全を明確にし、中国全土での商業機会の均等を求めるものだった。これによりアメリカは中国全土に張り巡らされたヨーロッパ資本の独占的支配を排して、米国資本の活動領域を見出したのである。[31] これはのちのワシントン会議・九カ国条約体制の基礎になっていく。

二〇世紀の東アジアの政治を規定する門戸開放政策と同時期、アメリカ国内では「反帝国主義」運動が盛り上がりを見せていた。この運動は、米西戦争後のフィリピン領有をめぐる問題を軸に展開される。一八九八年一一月には「反帝国主義連盟」が結成され、フィリピン併合への反対が打ち出される。人道主義に基づく米西戦争とその勝利が、海外領土の征服戦争に堕することへの忌避感の表明であった。しかし、のちにこの運動と連携して民主党候補として大統領選に出馬するウィリアム・ブライアン（William Jennings Bryan）は、同年、自国に隣接する西半球地域への膨張と、ヨーロッパや東洋での膨張とを区別すべきだと述べ、キューバ占領については安定した統治を確認したのちそれをキューバ人民へ移管すること、そして同様の政策をプエルト・リコやフィリピンでも目標とすることを述べていた。[32] 翌年、アギナルド（Emilio Aguinaldo y Famy）率いるフィリピン軍とアメリカの間で米比戦争が始まり、これを受けて反帝国主義運動は再び盛り上がりを見せる。一九〇〇年八月にアギナルドの助言者であったアポリナリオ・マビーニ（Apolinario Mabini）がフィリピン独立の承認を迫ったが、アメリカは未だフィリピン人には自己統治の能力がないとして応じなかった。パリ条約の頃から、アメリカのフィリピンに対する態度は、安定した統治の確立と自治能力の獲得後に独立を認めるという占領政策だった。[33] こうしたなか、一九〇〇年の大統領選挙における民主党全国大会の前日に第二次門戸開放通牒がなされ、マッキンリー大統領の再選によって反帝国主義運動は収束する。共和党政権による門戸開放政策は、民主党からも一定の評価を得ていた。のちの民主党大統領であるウィルソンのもとで外交官となるラインシュもまた、「門戸開放政策」を「価値ある業績」（valuable achievement）として高く評価していた。[34]

このような時代的背景を念頭にラインシュの国際政治学、植民政策学を見ていくことにする。[35] ラインシュは、一九世紀を「ナショナリズムの時代」、二〇世紀を「国家帝国主義」（National Imperialism）の時代と述べる。その意味するところは、一九世紀後半になると、各国内で慣習や法律などの統一性が高まり、内部と外部の弁別が明確になることで外部を野蛮で退廃的なものと表象するようになり、そこに人口増加などが相まって領土の拡大を目指すのが、ナショナリズムと帝国主義の結合である「国家帝国主義」ということである。しかしラインシュは、ドイツなどを例にとり、外国の領土を併合しなくとも商工業の発展は可能であり、領土の併合と排他主義によって「国家帝国」を構築しようとするなら、商工業の拡大は見込めなくなると警告する。

しかし同時にラインシュは、欧米列強が非西洋地域に干渉しないわけにはいかないとも述べる。ラインシュはイギリスを例にとり、一八八〇年代までイギリスは自国を世界の産業の中心地にしようと試みてきたが、次第に商品の輸出よりも「投資」が主要な収益源になってきたと指摘する。このような投資中心の産業の発展が、世界各地の秩序の安定を要求するようになるというのである。投資中心の産業の発展が、資本家による安全な投資と、住民の意志に反してでも資源開発を可能にすることを保証する安定した責任のある政府が設立されることの要求となり、その実現のために欧米列強による非西洋諸国に対する政治的干渉が起こるというのがラインシュの主張であった[36]。

こうした立論を踏まえて、ラインシュはアメリカの現状と今後の帝国主義的な方針を次のように分析している。アジア地域での中国やロシアの鉄道建設の資材はアメリカから供給されているが、その需要増に対して供給体制が追いついていない。それにもかかわらず、アメリカは中国での貿易のシェアを獲得しつつあり、今後は、中国での資源開発におけるアメリカのシェアはヨーロッパ列強のどの国よりも大きくなる。「中国とシベリア貿易に関連して、フィリピンにおけるわが国の位置が特別に重要」になり「マニラをはじめとするフィリピンの港の将来的な商業的重要性は、すでに世界中で認識されている。半ば忘れさられていたこの首都が、東洋貿易の拠点として香港やシンガポールに匹敵することは疑う余地がない」として、ラインシュは「フィリピンの領有と支配の最大の重要性」を主張した[37]。

ラインシュの主張においては、中国の分割や広大な領土の獲得は一切目指されておらず、現地の天然資源開発、そのためのインフラ整備、それによって誕生する新たな市場へのアクセスによって富を増大させることが目標とされ、積極的に占領されるのはあくまでもそうした市場にアクセスするための貿易拠点であった。こうしてアメリカがとるべき国家帝国主義を次のようにまとめている。

アメリカはこれまでのところ、アジア大陸での領土獲得計画に入ることを賢明にも拒否してきたが、同時に、機会均等政策の維持を明確に主張してきた。これこそが、東洋におけるアメリカの通商にとって最も必要なことである。他国が領有する地域から排除されることによってアメリカが被ることになる通商の損失を補償するような領土を、現時点で獲得することは不可能である。われわれは、アジアの太平洋沿岸全域との貿易を大いに発展させるのに最も有利な立場にある。したがって、アメリカが領土獲得を急ぐことは愚の骨頂であり、文明国の友好的な通商関係を崩壊させ、すべての国に悲惨な損失をもたらすだけである。／以上のことから、アメリカの政策の基本原則は、広大な領土の獲得よりも、国内の商業関連の育成と産業の強化であるべきである。[38]

こうしたラインシュの主張は、米国の門戸開放政策を植民政策学・国際政治学という学問によって下支えする役割を果たしていた。では、中国の市場開放と同時に、そこへのアクセスとしてのフィリピンを占領する場合、その占領政策についてはどのように考えていたのか。つまり、フィリピンに対する「安定した統治の確立と自治能力の獲得後に独立を認めるという占領政策」を学問的にどのように正当化し得たのかということである。

ラインシュは『殖民政策』（Colonial Administration）のなかで、これまでのヨーロッパの「同化政策」（the policy of assimilation）は失敗であり、悲惨な結果を招いていると批判する。イギリスによるインド統治、フランスによるアフリカやインドシナでの統治が具体的な批判の対象として挙げられている。ラインシュは同化政策がうまくいかない原因を、次のように説明する。まずヨーロッパの同化政策が「人間の理性の普遍性の古い合理主義者の教義に基づいている」[39]とし、ヨーロッパにおいて合理的であると認められた制度が、そのままあらゆる時空間で適用され、そうした合理的制度が被統治者の合理的行動を生み出すと考えられてきたと指摘する。そしてこうした想定が間違いであるとして、次のように述べている。

しかし、実際のところ、一九世紀の科学は、意識的な理性的能力が普遍的に優越するというこの信念を放棄した。人間は、さまざまな行動指針の中から意識的に選択するよりも、継承された信念、習慣、本能によって支配されている。……現代科学は、継承された心理的要素――心の構造――が、我々が知っている中で最も永続的な現象であることに同意している。……このことの最も決定的な証拠は、歴史の偶然によって、さまざまな征服者の支配下に置かれてきた民族〔races〕の心理学に見られる。最も多様な歴史的条件や環境のもとで何世代にもわたって、同じ民族の子孫は同じような心理的特徴を発達させ続けるのである(40)。

ラインシュは、植民地統治における同化主義の失敗の原因は、すべての人間に普遍的で共通性のある理性を想定したことにあるという。そして実際には各民族の心理には先天的な差異があり、その民族の心理は長期間の環境による影響とその遺伝的継承によって形成され固定化されているという。この説明は、ル・ボンの『民族発達の心理』の説明と同じであり、ビネや福原義柄が「自由意志説」に対して「社会環境論」や「生来性犯罪者説・遺伝決定論」を対置したこととも同じである。そしてそれはコントやスペンサーによる社会有機体説が、人間を同質的で普遍的な自然権をもつものとは考えず、異質性を基本に、それらをどのように「統治」するのかが彼らの社会学の焦点であったこととも共通する。究極的にはこうした、人間集団の同質性と異質性の考え方は「生物学」に行き着くこともこれまでの各章で述べてきた。

後藤新平が「衛生」の基礎としての生物学から社会構成員の異質性を考え、それを植民地統治に応用しようとしたことと、帝国主義と植民地の政治学・国際関係の実証から生物学を基礎とする〈民族性〉に行き着いたラインシュの植民政策が、こうして同時期に同じ思考を開陳しているのである。これが一九世紀末に初めて帝国主義へと流れ込み、否応なく植民地統治の実践に向き合わざるを得なくなった帝国の植民政策学の一つの帰結であった。

もう少しラインシュの植民政策学を見てみよう。ラインシュは植民政策の基礎を築くための第一の要件を次のように述べている。

植民地政策の基礎を築く上での最初の要件は、接触する民族の民族学的性格を慎重に調査することである。このように、民族学的調査は植民地行政の最も重要な部分の一つである。我々は、我々が扱わなければならない民族の心理的・社会的性格を尊重することを学ばなければならない。少なくともそれを十分に尊重して、それに精通し、それを注意深く研究し、その要素を分析することを学ばなければならない。……植民地統治者に何よりも必要なのは、洞察力と想像力である。人工的なシステムを作るような抽象的な想像力ではなく、異質な人々の社会状況を理解することができる再構築的な想像力である。……彼らが生きるための一定の権利を認め、我々の基準から乖離することにも正当性があることを認める正義感は、植民地行政を長続きさせるためには絶対に不可欠である。先住民の社会自体は、慈悲深い干渉よりもむしろ正義を望んでおり、人道的、博愛的な主張のもとに、彼らのあらゆる社会的取り決めや制度に干渉する人よりも、力強く彼らを支配しながらも彼らの習慣を尊重する支配者をはるかに高く評価するのである。(41)

民族の心理的・社会的性格、つまり自分たちとは異なる〈民族性〉の尊重が、帝国による植民地統治には不可欠であるという。そこからラインシュは、欧米の政治的・社会的進化を「立法によって異国の民に与えることはできない」が、「彼らの社会的進化を我々の経験に基づいて修正し、それによって、彼らがより高度な社会的幸福と効率性を徐々に獲得する」ことができるのではないかと述べる。(42) つまり複数性と異質性をもつ〈民族性〉を念頭に、それに対応可能な発展と進歩のための統治方針を見出すべきだということになる。

ラインシュは三つの観点から統治の方針を述べている。第一に消費型経済ではなく生産型経済の発展と、移動性〈mobility〉の増大を保証すること。具体的には農業と天然資源の有効活用、道路建設と鉄道敷設である。第二に健康的な生活を可能にするために疫病と飢饉を防ぐこと。つまり公衆衛生の必要性である。第三に文明化に伴う危険性として、「見かけ上の個人の契約の自由」を挙げている。平等な諸個人による「社会契約」の忌避である。ラインシュは「西洋的な意味で単に個人として先住民を扱おうとする試みは、必ず彼らの独立性、健康、生活を危険にさらすことになる」とし、「先住民社会の結束と自己実現を促進すると同時に、より高度な組織の経済的基盤を提供すること」が、「より啓蒙的な植民地政策の下部構造」であるとする。(43)

後藤と同様に、ラインシュもまた植民地統治を、同化主義的統治とは異なる、複数性・異質性をもつそれぞれの〈民族性〉に応じた個別の統治、つまり「新式の統治法」として論じていた。

3　原敬の「内地延長主義」

ラインシュは『殖民政策』の出版に際して、「日本語版序文」を寄せている。このなかでラインシュは日本の植民地統治を次のように称賛していた。

> 今や日本は古き文明の歴史を有し、而も其文明たるや日本文明と密接なる關係を有する諸國の人民に對し殖民政治を行はんとしつゝあり。故に現在日本の制度文物を直に輸入し、以て其地方の制度及び慣習を一掃し去らざりしは蓋し自然の勢也。屬領地の社會及び經濟生活を轉化し之を向上せしめんとの大事業は、若し其等人民及び彼等の社會思想に對して同情ある理解を以て相莅まんには必ずしも難事に非ざる可し。此事たるや常に殖民地土民の性格に就て精細なる注意を怠らざりし和蘭國民の經驗により證明せられたり。故に殖民官には強烈なる同情心

を有し材幹抜群なる人物を得るを必要とす。日本政府は既に全世界より大信用を博したり、殊に屬領地の最高官を任命するに當りて拂はれたる細心なる注意は、其責任に對する自覺を證明したり。[44]

ここで称賛されているのは児玉源太郎台湾総督をはじめとして、後藤新平、そして後藤が台湾統治に招いた新渡戸稲造らであろう。とりわけ、日本「内地」の制度を台湾に延長せずに、台湾の制度や習慣を取り除かなかったことが、高く評価されている。ラインシュも後藤も、同化主義的な植民地統治に対する低評価と、被植民者の慣習と制度を利用しながら近代的統治——鉄道敷設や公衆衛生など——を織り交ぜた彼らなりの「新式の統治法」を目指していた。

『殖民政策』の出版から十一年後、一九二一年に出版された『日本植民政策一班』のなかで後藤新平は、このラインシュの日本語版序文を全文引用しながら、児玉との台湾統治の成功がいかに世界を驚かせたかを誇っている。だが後藤は、それに続けて「ランチ氏の讃辭に對して自ら深く省みざるべからず」とし、「今日の有様即ち退歩の氣味になつては必ず反動を起しはせぬかと思はれるのであります」と述べて、現状の植民政策を憂いていた。[45]ここで後藤が述べている「今日の有様」とは、原敬内閣による植民地統治の方針、いわゆる「内地延長主義」のことであろう。

一九〇六年に後藤が台湾を離れてから十二年後の一九一八年に原敬内閣が成立し、これに伴って日本の植民政策も大きく転換していく。先述したように、後藤の生物学に基づく統治にとって、重要だったのは「六三法」に基づいて台湾総督府が台湾内で効力のある命令を発布する権限であった。生物学的法則性に基づいて法制度を構成するというのが後藤の統治法であり、そのために六三法という台湾での立法の根拠は不可欠であった。

一九〇六年、第一次西園寺内閣の内務大臣および台湾統治を監督する台湾主務大臣に就任した原敬は、六三法に代わる法案を議会に諮っている。それは台湾総督への立法委任を廃止し、台湾への命令は勅令によって制定するというものであった。しかしこの原の計画は頓挫し、その折衷案として「三一法」と呼ばれる法律が成立する。その内容は実質的に六三法と大差ないが、期限を五年とする時限立法であった。そしてその期限前年の一九二〇年に原内閣のもとで議会に提出されたのが「台湾ニ施行スヘキ法令ニ関スル法律案」(法律第三号)、いわゆる「法三号」であった。同法では、台湾総督への立法権の委任は残されたが、しかし「内地法延長規定」が総督府の立法権に優越する形になっていた。つまり基本的に日本「内地」の法律を台湾にも延長適用することになった[46]。こうして原の内地延長主義によって、後藤の「新式の統治法」は幕を閉じた。

そもそも原は外務次官であった一八九六年に「台湾問題二案」という提案書を台湾事務局に提出し、台湾統治の方針について二つの案を提示していた。第一案は、台湾を「植民地」とし、台湾総督に十分な権限を与えて、自治地域にする案である。分離主義的で、自治的な統治案である。第二案は、「植民地」とはみなさず、諸制度を「内地」に近づけ、最終的に「内地」と区別のない統治にするという案であった。のちに「内地延長主義」と呼ばれるものである。もちろん、原は第二案を推していた[47]。

原が内地延長主義を唱えたのは、後藤の生物学的な統治に反発があったためではなく、より政治的な理由であった。戦争によって獲得した植民地は、軍部を中心とした統治になっており、いわゆる藩閥政治を象徴する地域となっていた。こうした藩閥政治は、原が目指した政党内閣による政治の主導とは相容れない。原は軍部の特権であった植民地統治に対して内地延長主義を導入することで、政党に基づかない勢力の排除を試みたのである。首相になった原にとって「法三号」は藩閥政治を排除して、政党政治、議会中心の「法」による統治への転換であった。

もう一つ、原内閣にとって重要だったのは一九一九年の「朝鮮三・一独立運動」である。朝鮮の独立運動は日本に大きな衝撃をもたらし、日本政府は新たな対応を迫られることになった。当時の世論は「武断政治」に対する批判が強く、朝鮮総督が「武官」であることから朝鮮統治が「武断的」だと批判され、朝鮮の抗日運動もそうした統治の帰結だと考えられていた。こうした植民地の総督武官制に対する批判は藩閥政治を排除したい原にとっては追い風であった。原によって、朝鮮統治の政策は転換を迎える。まず朝鮮総督と台湾総督の官制を変更し、現役武官制から文官任用へと変更している。最終的には斎藤実海軍大将を朝鮮総督に任命するという妥協に甘んじることになり、結局、原の構想通りに文官総督が誕生することはなかったが、武官制から文官制への変更という構想は植民地政策改革においては画期であった。

伊波が『古琉球の政治』で追記したように、朝鮮三・一独立運動はアメリカのウィルソン大統領による「民族自決」の宣言に強く影響されていた。しかし原は「民族自決」を「空説」と捉え、独立運動の原因は朝鮮人の待遇上の差別であり、多くの朝鮮人の要求は「独立」よりも「内地人との同一待遇」であると考えていた。原にとっての「同一待遇」とは、日本帝国の法と制度における「無差別主義」であり、教育以外での慣習などで強制的な「同化」の必要性を認めていなかった。したがって、原は文官制に加えて、教育制度を改革し、「内地」と同様の学制に改めている。これによって日本語教育が強化されることになった。さらに法制度の延長という意味では、憲兵制度を廃止して警察制度へ移行、大学の設置、言論・集会・出版の規制緩和などがあった。これらがいわゆる原の「内地延長主義」だったのである。(48)

原の「内地延長主義」は法制度の平等性が根幹である。原は一八九七年に『大阪毎日新聞』に論説「新条約実施準備」を発表しているが、そこですでに当時の台湾統治を法の平等性を欠くものとして批判していた。こうした批判は当時の内地雑居問題と関係する。台湾を「植民地」とみなし特殊な制度を布くのではなく、「内地同様」の行政を布くべきであると同時に、不平等条約の改正は台湾にも適用され、台湾の「支那人」にも他の外国人同様に内地雑居を認めるべきだというのが原の主張であった。原にとって新条約実施とは、あらゆる外国人を含めたすべての居住者が、日本の法制度に服従すべきという思想である。「法」の前にはすべての人間が平等に現れるのである。後藤が社会を「不同等」な個人の集まりと考え、同様に集団間にも異質性があるために分離主義的な植民地統治を志向したことと、まさに正反対の思考であった。人間が法のもとに平等であるがゆえの内地延長主義なのである。次の指摘が、原の思想を的確に示している。

植民地台湾に対する「内地延長主義」は、日本内地の法制度下における「彼我」の平等主義の延長である、と言えよう。すなわち、原の植民地論は彼の「政治思想」の植民地（もまた日本であるから）への適用と言えるのである。また、原の「同化主義」は「人種的近接性」を必要条件としていない。すべての外国人を対象にしていたのである。[49]

比較言語学、形質人類学、生物学に基づくような「人種的近接性」に依拠せずに、「法」の平等性を最優先にするという意味において、原敬と後藤新平の対立は「内地延長主義」（「法のもとの平等」）と「生物学の原則」との対立であった。

4　日本の植民政策学の展開

生物学の原則を掲げた後藤新平の植民地統治に対して、政党政治のために原敬が「法」という原則に基づいて植民地を統治していくことになるが、しかし植民政策学という学問の世界では後藤の生物学の原則に基づく植民地統治が主流となっていった。

例えば新渡戸稲造は後藤とともに台湾統治に関わりながら、一九〇三年から京都帝国大学で、次いで一九〇九年からは東京帝国大学で植民政策学の講座を担当していた。その新渡戸は一九〇七年二月、第二回報徳会例会において「地方（ぢかた）の研究」と題する講演をしている。そのなかで新渡戸は、都会の繁栄に対して「田舎」の「衰頽」を憂いながらも、「優れた人物」は田舎で育つと述べ、また人間の品格を高くすることや自治制の発達も田舎が重要だと主張する。そうして「生物學者が顕微鏡」で研究するように、「小さな自治團」から調べることで「國家社會の事は自然と分る」と説き、そのための調査対象として、旧家の記録や随筆物から地名の歴史、家屋の建築法、土地の分割法、方言、俚歌童謡を挙げている。「地方」を研究するのは第一に地域ごとの「自治制度の参考」のためであり、第二に「田舎は國民の體格を強め、元氣を養うが故に、教育にも効力があるから、成るべく青年をして地方土着の思想を起さしめなば、國力發展の上に多大な効驗が顯れる」からだとする。[50] そしてこの講演を聞いたのが柳田國男であり、これがのちの「郷土会」発足のきっかけであった。

新渡戸のいう生物学的観察とは、後藤新平の生物学の原則による台湾統治が背景にある。また新渡戸自身も台湾で大規模な旧慣調査を実施していた。先述したように、台湾では児玉と後藤の統治によって、保甲制度を基礎として、治安維持、伝染病対策、各種調査が行われていた。台湾では現地の制度や習慣を利用した統治のテクノロジーがすでに確立していた。こうした植民地の統治経験を、新渡戸は日本での地方自治、地方の文化的独自性の発展へと差し向けている。のちの「郷土会」による内郷村の共同調査などはその典型例である。[51]

こうした新渡戸の思想は、「植民地における分離主義と同化主義の対立を国内に反映させるかたちであらわれ」ており、それは「地方の独自性の承認とともに、地方に様々な決定権を譲り渡す地方自治が重要」で「それが地方を主体化するための道筋」として構想されていた。[52] こうした「地方学」の構想が「郷土会」を通じて、そこに参加していた柳田國男の民俗学、小田内通敏による郷土教育運動へと発展したのである。後藤が「衛生」を通じて「地方自治」という「社会的領域」を生み出し、それに基づいて植民地統治を思考し実践してきたわけだが、新渡戸はその植民地統治を再び「本土」の地方自治へと拡張したのである。

それでは、新渡戸の考える「分離主義と同化主義の対立」とはどのようなものだったのか。新渡戸は植民政策学のなかで、文化相対主義的人類学者のフランツ・ボアズ（Franz Boas）についていち早く言及した人物の一人である。新渡戸は、ボアズが「人の智能は文化の程度によりて異らない」と説きながら、別の文章ではインディアンが白人乳児を育てた場合に「他の點ではインヂアン人同様になつたが、ただ前途(さき)の事を考ふる點に於いて彼等と異なつたといふ」と反対の結論を出していることを挙げ、そこから新渡戸は便宜上、色や言語によって人種を区別でき、その人種間の優劣は存在すると述べる。そして「人種の才能の優劣は個人について見ず、その人種全體について論じなければならぬ」と集合的生命・身体としての人種・民族に焦点をあてるべきだと主張する。そしてボアズに言及した同じ節で今度はル・ボンに言及し、「知識 intelligence は之を傳へることを得るも、性格 character は傳へることが出来ない」というル・ボンの言葉を引用している。これはル・ボンがいう変更不可な「根本性格」と、教育などで改良・矯正可能な「附属的性格」のことだと思われる。ボアズにしても、ル・ボンにしても集合的身体としての「人種・民族」には異質性があり、その性質には優劣の差があると述べている。そして新渡戸はその「優劣」を測る「標準」として「一の民族が国家的機関（土地・生命等の安固を計る機関）」を備えるかどうかが、「統治能力」の有無であると述べ、それによって「容易且つ正確に民族の優劣を判定することが出来る」と述べている[53]。新渡戸にとっても、集合的生命・身体として各民族はそれぞれに固有の〈民族性〉を有し、そしてその〈民族性〉は国家形成能力によって優劣を判定されるのである。伊波と同じように、新渡戸もまた民族の本質的な優劣を国家形成の能力、自治能力に見ていたが、その能力の有無が「根本性格」に属するものか、「附属的性格」に属するものであるかを彼の文章から正確に判断することはできない。しかしながら、新渡戸は、すでに植民地となった地域には「國家生活に於ける資格なきもの」として、「彼らに主權を與へざるは勿論のこと」であるとしていた[54]。つまり植民地はすでに国家形成の能力を欠如したがゆえに植民地なのである。新渡戸はこのようにして植民地の領有を正当化したのである。

また新渡戸は「原住民に種類あるに従い、之に対する政策も亦同一にあらざること勿論である」として、次の六つの原住民政策を主張していた。（一）原住民の実態調査、（二）原住民による原住民の統制、（三）原住民同士の対立の抑制、（四）土地財産の権利の保障、（五）原住民を労働者として利用すること、（六）本国とは別の特別法制による統治が重要であること[55]。新渡戸もまた植民地統治を「法」の延長ではなく、複数性や異質性をもつ〈民族性〉に基づいて思考する。こうして見ると、確かに新渡戸の思想は「分離主義」である。しかしながら、この時点での新渡戸の考えは、アメリカがフィリピンに行ったような後年の「独立」の保証とは異なるものであった。

新渡戸はゴビノーによる生得的な人種論に対置する形で、アメリカの植民地政策について次のように述べている。

之に反し米國人は人種に優劣なしとするところの、希望に富んだ、併し突飛なる考えを抱く。例へば、支那に共和政を勸めたり、フィリッピンを獨立せしめようとする類である。殊に後者は未だ曾て國民たり國家たりしことなきものを、獨立國家たらしめようとするのである。／要するに民族としての優劣はあるが、その標準は國體としての能力、殊に國家的機關の具備に求むべきであつて、個人の才能を比較すべきではない。(56)

アメリカによる「突飛なる考え」は、それほど突飛でもない。先述したように、アメリカは自治能力がないことを理由に独立を認めず、自治能力の獲得後に独立を認めるという態度であった。したがって、独立の承認それ自体は一見して「突飛」だが、統治実践の積み重ねによって「国家」をもつ能力を示せれば独立が可能になるという点では、新渡戸との共通点もある。ただしアメリカの政策では「自治能力」は、ル・ボン流にいえば変更不可の「根本性格」ではなく、教育などによって変更可能な「附属的性格」となる。わずかだが、この考え方の違いは、一九一〇年代の新渡戸の植民政策学の特徴であるといえるかもしれない。そのように考えられる理由は、新渡戸による植民地統治と原住民政策の分類から考えられる。矢内原忠雄らが筆記した新渡戸の講義ノートの「第六章　植民地の統治」には「自治植民地（Self-government Colony）」はあるが、「同化政策（Assimilation）」については「國家直營制度（Crown colony）」のなかでフランスの失敗例として挙げられるのみである。(57)しかし「第八章　原住民政策」の「第五項　原住民に對する政策」では「第六目　原住民に對し特種の取扱を爲す政策」と「第七目　同化政策（Assimilation）」はあるが、自治植民地についての言及はない。(58)つまり、分離主義か同化主義かという区別は、植民国による被植民者をどのように統治するかに関わるものであり、そこに自治や独立を認めるような議論はない。それに対して「自治植民地」の場合、「次第に本國から離れ行き、遂には政治上に於いても分離しようとする勢がある」という。この場合、

「自治植民地の特徴は、民族上は居住植民地」であると述べていることからもわかるように、自治・独立の主体は植民国からの植民者（移入者）である。[59] 自国から移り住んだ植民者が植民地統治として「自治植民地」という「統治形態」を形成するのであり、原住民などの被統治者にはそうした権利は想定されていない。

この時代の新渡戸の議論は、台湾や朝鮮を独立させ完全な主権を与える議論ではない。しかし新渡戸による「地方学」、旧慣制度を利用した台湾統治、自治能力の人種化、現地語の活用などを見ると、同化主義に対する批判と分離主義への傾斜は明白であった。

5 「植民」の最終目的

一九一〇年代の新渡戸には「原住民」（被植民者）による「自治植民地」は想定されていなかったが、一九二一年に書かれた植民政策学者の泉哲（あきら）による『植民地統治論』では、植民の目的として、原住民による最終的な独立を視野に入れた「自治植民地」が想定されている。この違いの背景には、国際政治のなかで「植民」の最終的な目的の変容がある。それを念頭にまずは新渡戸と泉の差異を確かめることにする。

新渡戸は一九一三年に「植民の終極目的」という論文を発表している。[60] 新渡戸はこの論文で進化論的観点から理想的な植民政策の目的を、「人力を以て地球を征服す……即ち地球を人化する」ことだとする。つまり人間の少ない地域に人間を送り込むことが、植民の目的ということである。また人類が地球に働きかけるだけでなく、人類が地球環境（森羅万象）の感化を受けることもその目的だとする。「既にダーウィン（Darwin）も進化の一條件として趨異（分岐）性を説き其接觸する境遇愈廣ければ進化の餘地も亦愈多しと唱えたり」と述べ、生物の分岐的進化は生育環境が広ければ広いほど現れやすいと主張し、さらに「人類界に於て自然淘汰の忌憚なく行はるる所は植民地なりとす」とし、植民地での生存競争が自然淘汰を促し人類の分岐的進化に寄与すると考えていた。[61] これが新渡戸にとっての「植民の理想的終極目的」であった。

しかし新渡戸は、「植民」行為は現実的には過剰人口の捌け口として、また過少人口を補うための需要から重要視されていると嘆き、そのため自国民の経済的な有利不利によって、人種的偏見と国籍によって移民排斥が起こっていると述べて現状を憂いていた。このような状況に対して、移民は「社會の生存と進歩とに貢献する能力あるものならば之を歓迎する」ようになるべきだとし、民族はそれぞれ「天賦の民族的能力」が異なるのだから「相互に尊重し」ながら資源開発などを行うべきだと述べている。[62] もちろんここで言及されている植民地とはアメリカである。この新渡戸の論文の特徴は、領土を拡張する帝国側からの植民者だけしか想定されておらず、植民地アメリカもまた植民者による新たな移民の取り扱いを述べるだけである。あたかも帝国が占領し、植民した地域は無人であったかのような印象さえ受ける。あるいは植民者だけが人間であるかのような印象である。そもそも最初の人類進化という目的に関しても茫漠とした印象である。実際に新渡戸自身も論文の冒頭で「凡そ人類萬般の事業中拓地植民の如く其終極目的の不明なるものなかるべく、又經營の難きものもあらざらん[63]」とも述べており、「植民の目的」という共通理解が世界にはなかったのである。この時代の新渡戸の同化主義批判から分離主義への傾倒には、被植民者による自治と独立は含まれていなかった。

これに対して、ラインシュに師事した泉哲の『植民地統治論』にはまったく別の目的が書き込まれている。[64] 泉は、「歐洲大戰」（第一次世界大戦）の前後では「植民地を統治するに當て、今後其の目的に差違」が生じているという。泉は、大戦以前の植民地獲得の目的は、「經濟的、政治的、國防的及び宗教的目的[65]」であったが、それが変化しているとして、帝国・植民地関係の今後の見通しを次のように述べている。

上述の如き領有の目的として知られて居るものは、不幸にして何れも本國より見たる目的であつて、民族の自主權即ち一民族が自治の能力を養い得たる場合に、自主し得る權利を有すとの觀念は毫末も含まれて居らぬ。尤も英國の如き大植民國は苦き經驗に依て、發達したる植民地には自治を許してきた。斯かる場合に於ては自然領有の目的は植民國を本とすべきではなく、植民地を本位としなければならぬ事となるのである。(66)

大戦後の植民地の目的は被植民者の「自治の能力」の向上が最優先であり、こうした実践はイギリスを模範とすべきというのが泉の議論であった。こうした被植民地の「自治の能力」という議論は、第一次世界大戦後の国際連盟における「委任統治」制度についても同様に重視されており、「例えば露國内に於ける幾多の所謂獨立國が若し自治の能力を有せざる事を證明し、而も統一せる露國に復歸する事を欲せざるが如き場合には、其の地方を委任統治に附するか、或は國際管理區域となすも何等妨げない筈である」と述べて、「自治の能力」の有無が委任統治領となるかどうかの判断基準であることを示していた。

泉のいうイギリス帝国における自治能力のある植民地本位の場所とは、「自治植民地」のことである。イギリス帝国の自治植民地（カナダ、ニュージーランド、オーストラリア、ケープなど特権的な白人移住型植民地）は、本国との間で一八八七年から開催された「植民地会議」を、一九〇七年には「帝国会議」へと発展させ、また「自治植民地」の名称を「ドミニオン」に変更し、さらに帝国会議はイギリス本国とドミニオンの対等な関係へと漸進させていた。この後、その関係は、一九三一年にはウェストミンスター憲章と「帝国＝コモンウェルス体制」へと至ることになる。(67)このようにイギリス帝国の「自治植民地」の変遷を念頭に泉は、「植民地發達の歸結」を本国と自治植民地による「聯邦制」であると見ていた。(68)

泉によれば自治植民地の政治制度は、本国を代表する総督のもとで議会を開き、議会では多数党により内閣を組織する。そして「財政、行政、司法其の他の植民地特殊の問題」については本国からの干渉を受けず、「遂には植民地自身が自ら條約を締結」することもある。(69)そして重要なのは、泉は、自治植民地の結合である連邦制による帝国の形態を日本と朝鮮、台湾の関係にも適用可能であると考えていた。泉はインドに自治植民地と同等の資格を与える自治法が制定されたことに鑑み、「我國の植民地問題を見るに、朝鮮の如き印度に類する點甚だ多きを認むるのである」と述べている(70)。

泉は、朝鮮統治について、日本がとってきた「同化」政策は「世界植民史上稀に見る失策」であり、「民族性を變革」することは「不可能中の不可能」であると断罪する。そして朝鮮に対する植民政策は「朝鮮本位のものでなければならぬ」として、「朝鮮の舊制度文物を尊重し鮮人の希望に副ふ政治を施すべき」である主張する。さらに「今日朝鮮人多數の希望と認むべきものは鮮人自身朝鮮を治むる事であつて、内部主權の獲得は彼等最少の希望と見做されなばならぬ」と述べ、加えて内部主權の承認は最終的には「外部主權の獲得に導く一段階と見做すべき」だと主張する。そのためには「先ず朝鮮に對し完全なる自治制度を布き、其の運用に熟知せる暁は保護制度の一部主權國と爲すを以て自然の趨勢に従ふものと云ふべきである」としていた(71)。

そして台湾の処遇については、「朝鮮と同一に取扱ふ譯にはいかぬが、少なくとも自治植民地たらしむるを以て目的としなければならぬ」という。そうした自治植民地への道程として「先ず地方自治に慣れしむるにあると信ずる」と述べる。ここでの「地方自治」は明らかに原敬の内地延長主義のそれではなく、後藤や新渡戸の「地方学」の系譜である。

泉がいうように、第一次世界大戦によって国際連盟が誕生し、敗戦国が保有していた植民地が委任統治領となった。他方でイギリス帝国を中心に宗主国と植民地間の関係性も大戦を通じて変化していた。そうしたことを背景に、泉は「植民」の目的はその地域が自治能力・統治能力を獲得し、自治植民地を経て独立し、宗主国と連邦制を形成していくことであると考えていた。つまり、帝国が植民地を領有するのは、最終的にその地を「国家」にするという使命にあり、それによって自治植民地と宗主国の連邦体制を築くことにある、ということになる。

泉の植民地統治論は、原敬などの内地延長主義や同化主義とは異なるが、一見すると、後藤のように「生物学」を持ち出すこともなく、「主権」や「自治」あるいは「地方自治」といった語彙によって「法」や政治制度の問題として書かれているように思われるかもしれない。しかしながら、そうした「法」の適用と運用を担保するのは、統治する「能力」、「自治の能力」なのである。もっともらしく書かれているこの「能力」とは、植民者によって被植民者にその学習機会が与えられ、植民者によってその能力の有無が判断されるものである。そして植民地本位で、旧制度や慣習などを尊重しながら自治をする能力が植民地にとって重要であるという認識は、後藤やラインシュ、新渡戸の系譜であることを意味する。三者とも被植民者に異なる〈民族性〉があることを前提にして、後藤は保甲制度や壮丁団を通じて自治を理解させるとし、ラインシュも欧米の経験を通じて被植民者がより「高度な社会的幸福と効率性を徐々に獲得する」ことが植民地統治の基本方針だとしていた。また新渡戸も植民の目的を曖昧にしたものの、被植民者の劣性の表徴として「統治能力」がないことを述べていた。泉の植民地の目的から見えてくるのは、「統治能力」や「自治能力」とは〈民族〉の性質に付随するものであり、植民者によって矯正可能なものだという考え方である。そうした考えに基づいて、帝国は植民地を獲得し、または受任国として委任統治領を統治できるのである。

こうした議論は、のちの矢内原忠雄の植民政策学にもいえる。矢内原は、後藤や新渡戸と同様に、植民地統治のための法や制度を被植民者の慣習や規範から再構築すべきだと考えていた。そのため、彼の植民政策学も植民社会の実態から乖離した「内地」の法制度を植民地に適用することへの批判となる。こうして矢内原の植民政策の理想は、内地延長主義・同化主義に対して、「自主主義」を掲げることになった。矢内原は「自主主義」的植民政策の理想を国際連盟よりもイギリス帝国のコモンウェルスに見出す。その理由は、主権国家で構成される国際連盟では植民地を構成員にできず、委任統治領や植民地を排した欧米列強の集合体となってしまうからであった。矢内原にとって、イギリス帝国のコモンウェルスは、自治能力を獲得しつつある地域をも主体として認め、それらの結合を相互扶助的な協同体とすることで、国際協同体のモデルとなる。矢内原の思想は、コモンウェルス型の帝国へと再編することで、国際秩序を再編しようとするものであった。

かくして植民地と本國とはもはや領有支配關係に基かず、さりとて孤立的關係にもあらず、自主的結合による一大共同團體たるの組織を實現すること、英帝國の示せる傾向に赴くべきことは、近世經濟の發展が一大經濟地域の基礎を要求するによりて推察し得られる。(72)

しかしこうした植民政策学の伝統ともいえる考え方は、実際には満洲事変後の「広域秩序論」へと再編されてしまう。満洲事変から国際連盟脱退のなかで「自由主義的回路を絶たれた植民政策学は、相互扶助的な協同体の設計という帝国的再編論の関心を、広域秩序論に読み込む形で新たに展開」していくことになる。(73)酒井哲哉は広域秩序論を次のように論じている。

広域秩序論は、国際秩序の基本的単位が主権国家から広域へと移動し、広域圏内においては主導国を中心とした秩序の維持がなされることを前提にしている。それは近代国際法の基本原理であった国家平等原理を、個別国家による抽象的かつ平板な原子論的契約説構成として斥け、主導国による広域圏の秩序維持を具体的かつ有機的共同体原理に基づくものとして称揚するものである。従って、それは主導国原理に基づく垂直的な階層構造を予定している点で、これまでの帝国秩序を支えた統治技術が総動員される契機を内包している。新たに占領地として広域圏に編入された地域を統治するためには、かつて公式帝国内の植民地で行った旧慣調査と同様の実態把握が必ず必要となる。実際、日中戦争以後、重点領域研究として予算が配分されたのは、まさしくこうした分野の共同研究であった。(74)

平等原理と契約説の排除から、異質性に基づく社会有機体論への展開、後藤や新渡戸の生物学の原則と同様の実態調査による統治への応用、そして植民地を導く主導国原理に則った日本の広域秩序論は、それ以前の植民政策学の特徴を取り込みながら、〈民族性〉をめぐる地域研究へと向かうのである。

6 「民族自決」と「能力」

こうした考えは国際政治上に現れた「民族自決」(self-determination)の思想にもいえる。一般に国家独立の権利としての「民族自決」が知られるようになるのは、第一次世界大戦期にレーニンらボルシェヴィキから出てきた「民族自決」と、それに対抗する形で打ち出されたアメリカのウィルソン大統領による「十四カ条の平和原則」におけるものである。

マルクス主義の「民族自決」を検討した丸山敬一によれば、エンゲルスにおいては、「歴史なき民族」の論理に見られるように、「民族自決」の自由を有するのは「ヨーロッパの歴史的大国民」であり、それ以外の「歴史なき民族」は大国民のなかに吸収される運命であった。エンゲルスは、国民国家をすでに形成した民族または形成しつつある民族には「民族自決」の自由を認め、国民国家を形成する能力を示さない民族にはそうした主体性を認めていなかった。ここでも、自力で国家を形成し、国民となりうる「能力」の有無が、「民族自決」の要件とされた。レーニンやスターリンの場合、基本的には諸民族が自由に分離独立することを認めているが、ただしこの場合はプロレタリアートの階級闘争の利益に反しない限りであった。これは強力なプロレタリアートによる中央集権的国家に諸民族が自由意志に基づいて結合することを意味し、独立によって帝国を解体するというよりは、民主主義的でより強化された帝国を描くものであった[75]。

エンゲルスが民族に内在する国家形成の「能力」に基づいて「自決」の権利を認めていることは、つまり「自決」とは普遍的な法権利ではなく、「能力」の有無という〈民族性〉によって、自決権という「法」を措定しているといえる。またレーニンやスターリンにおいても、〈階級闘争〉という唯物論的な法則性に、「自決」という「法」を従属させていることがわかる。[76] したがって「民族自決」は、人権・法的権利としての自由ではない。ゆえに主権性も意味しない。「民族自決」には「能力」の表象が不可欠となる。〈民族〉の遺伝的・環境的要因に左右される「能力」が自由・自決の根拠となるのである。「自決」とは最初から「能力」の謂なのである。

こうしたエンゲルスが示唆するような民族固有の「能力」という議論は、ウィルソンの「民族自決」とも近似する。言語を指標として民族を措定したウィルソンにとって、「民族自決」とは、欧米列強の政治体制としての「自治」であり、「自治」を行っているから「民族」なのであった。そのため、ヴェルサイユ条約によってポーランドやフィンランドなどヨーロッパ地域の独立が承認されるのと並行して、アメリカが新たに獲得した地域では「民族自決」の条件としての自治能力の獲得を目指すプロセスへの関与を通じて、より強力なアメリカの帝国主義が構築されることになった。

第一次世界大戦後に敗戦国が所有していた植民地に対しては、英領自治領の南アフリカ連邦の軍人・政治家であったヤン・スマッツ（Jan Christian Smuts）の提案によって、「委任統治」制度が設けられた。その具体化が、委任統治領をＡＢＣの三段階にランクづけし、Ａは自治能力があり早期に独立を促す地域、ＢＣはそうした能力が不足し、委任統治国の責任によって保護すべきものとされた。[77]

こうした考えは先述したフィリピンでも同様で、米比戦争での独立要求に対して、アメリカは未だフィリピン人には自己統治の能力がないとして応じていなかった。その後、フィリピンはアメリカ占領のもとで独立国家への道を歩むことになる。一九三四年の連邦議会による「タイディングズ＝マクダフィー法」（第七十三連邦議会公法一二七号）によって自主憲法の制定と、憲法制定から十年後に独立が約束された。世紀転換期の東アジアではアメリカの経済的な膨張政策に関連して、中国の政治的領土的な独立保全と、植民地（フィリピン）の将来的な独立が帝国主義諸国の欲望に基づいて打ち出されていた。国家を独立させ、帝国による植民地占領を規定していた「民族自決」の原則もまた、民族の「統治能力・自治能力」に基づくものだったのである。[78]

7　植民地統治の試金石としての「琉球・沖縄」

再び日本帝国内の議論に戻ろう。後藤新平やラインシュの系譜である植民政策学と、原敬の政党政治では、植民地統治について内地延長主義・同化主義に基づき統治するか、それとも分離主義・自治主義に基づいて統治するかという二つの正反対の意見があった。それは根本的には「生物学の原則」と「普遍的な法」の対立であったが、どちらの立場にとっても、その「統治」の必要性を実際の統治実践のなかで主張することが重要になる。このとき、両方の立場にとって鍵となったのが「琉球・沖縄」であった。

内地延長主義・同化主義の立場から原敬が朝鮮三・一独立運動の発生後に朝鮮総督に任命した斉藤実に対して朝鮮統治の指針として出した「朝鮮統治私見（上下）」[79]から検討しよう。この文書で原は、欧米の植民地は人種・宗教・歴史・言語風俗が異なるがゆえに「特殊の制度」となったが、それとは異なり日本帝国と朝鮮の関係は「同一系統」であると前提し、そのため「朝鮮モ内地モ全ク同一ナル制度ヲ布イテ可ナリ」、「朝鮮ヲ同化スルノ方針」を併合の目的と述べて、内地延長主義・同化主義を明確にしている。そして「自治」について原は、「自治」をより狭義の「地方自治」と解釈し次のように主張する。

　我府縣制市町村制ヲ示スカ如キ自治ナランニハ固ヨリ妨ケアルヘカラズ又其自治ノ域ニ達スルコトヲ希望スト雖モ欧米諸國ノ新領土ニ於ケル自治ノ如キモノヲ布カントスルノ論ハ朝鮮ニ對シテハ根本的ニ其主義ヲ誤レルモノナルコトハ以上ノ論旨ニヨリテ諒解シ得ヘシ[80]

原の植民地統治の方針では、朝鮮を統治する際には、日本「内地」と同様の「地方自治」は認めるが、欧米が採用する自治植民地や特別制度による自治は認めない。重要なのは、こうした「本土」と同様の「地方自治」の延長の先例として「沖縄」が挙げられていることである。原は「内地同様」にするという「終局の目的」のためとして一五項目からなる統治のための要点を挙げている。そのなかの第四項は次のようになっている。

> 四、地方制度即チ内地ニ於ケル府縣制市町村制ノ如キハ結局之ヲ朝鮮ニモ施行スルノ方針ヲ取ラサル可ベカラスト雖モ今日ノ状態ニテハ先ツ以テ市町村制類似ノ制度ヲ創定シテ之ヲ實施シ漸ヲ追フテ府縣制實施ニ及フノ方針ヲ確立スヘシ恰モ沖繩縣ニ於テ此變即ナル制度ヨリ始メタルト同様ノ措置ヲ為スコト適當ナルヘシ朝鮮人ガ總督府ノ壓迫ヲ訴ウルコト甚シキ今日ニ於テハ彼等慰安ノ點ニ於テモ亦一種ノ市町村制ヲ制定シテ之ヲ實施シ彼等ヲシテ漸次ニ府縣制マテニ達セシムルノ希望ヲ有セシムルコト目下ノ急務ナル可シ(81)

原は、朝鮮の独立運動を前にして、沖縄のような変則的な「地方自治」の導入によって朝鮮の日本への漸次的な同化を目指している。つまり「沖縄」は内地延長主義・同化主義の先例であり、成功例として認識され、そのように表象されている。

これに対して、植民政策学は同様に沖縄に言及するが、その場合、沖縄での「地方自治」、「内地延長主義」は統治の失敗例として言及される。京都帝国大学の教授であった植民政策学者の山本美越乃は、「ソテツ地獄」と言われた経済不況下の沖縄について、一九二六年から一九二八年にかけて「誤れる植民政策の畸形児——琉球」という全一〇回の連載を京都帝国大学経済学会の『経済論叢』に発表している(82)。山本は、沖縄の人種・民族に関する先行研究として、伊波普猷の『古琉球』、藤田親義の『琉球と鹿児島』に掲載された伊波の「琉球民族の精神分析」(83)、真境名安興の『沖縄一千年史』に言及し、沖縄ではその〈民族性〉ゆえに「内地」同様の「地方自治・内地延長主義」が失敗したと結論づけている。

山本はまず、伊波や真境名の論考を念頭に、日本と琉球が同一民族であっても、長期にわたって母国から分離独立状態であったために、言語・風俗・慣習・制度は特異性を帯び、母国に統治されても同一に扱われない事情があると主張する。また山本にとって植民地とは、イギリスにおけるカナダやオーストラリアのような「自治植民地」のことであり、学問上において植民地とは「本来の国土外に於て新に或国の領有に帰したる地方で、特殊の事情があるが故に之を本来の国土と同一に取扱ふことなく、特別の形式によりて統治せらるゝ地方を謂う」と述べて、泉哲と同じように第一次世界大戦後の植民政策学の立場を踏襲している(84)。

その上で、山本は「慶長の役」、その後の日清両属、ペリー来沖とペリーによる琉球占領案、琉球と諸外国との条約締結、先島分島案、「琉球処分」と沖縄の歴史を概観しながら、「琉球処分」後に日本政府によって行われた沖縄の「地方自治」を分析している。山本は、一八九八年の沖縄県間切(まぎり)島制によって間切島会が町村自治の基礎となったことについて、政府が軽率にも「間切」という最下級の行政区画に地方自治を認めたことが「誤れる植民政策」の発端だと主張する。

> 下級行政區劃たる間切に自治の端緒を開きしより以來、島民等は之に因りて自治思想に對する新たなる刺戟を受け、爾來其の實力の如何を深く顧みずして、唯徒らに自治の形式を是れ強要せんとするが如き風を生じ、所謂實力に伴はざる形骸的の自治思想のみ發達し來り、其の結果は遂に明治四十年の沖縄縣島嶼町村制の發布となり、愈々實力に伴はざる誤れる自治制の迷路に更に深く一歩踏み入るゝことゝなった(85)。

山本は、仮に沖縄に自治能力があったとしても、それを許す時期や方法は慎重に考慮すべきだとし、性急な自治の付与は実際にはそうした能力が不足しているにもかかわらずより多くの権利を求める「形骸的の自治思想」だけが先行する結果になったと、沖縄の地方自治制度の歴史を批判的に記述している。そこから、一九一二年の衆議院議員選挙の実施、一九一八年の貴族院議員多額納税者互選規則の実施などに言及し、地方自治から国政への参政権まで制度が拡張されたことを踏まえて、沖縄の「自治権」獲得の歴史を次のように論じている。

「自治權の獲得」、是れ過去半世紀の久しきに亘りて琉球島民の熱烈に希望し、且つ遂に之を其の掌中に収め得たる所ものであるが、今にして考ふる時は經濟上未だ自立自存の資格を有するに至らざる者の自治權の獲得が、果たして之を得たる者にも亦之を與へたる者にも永遠の幸福を齎らすべきや、冷静に之を批判する時は頗る疑問と言はざるを得ない、一般住民の文化の進歩、殊に其の社會上及び經濟上に於ける地位の向上と、財政上における獨立自給とは自治權獲得の先行要件であらねばならぬ、個人の生存に於けると團體の生存に於けるとを問はず、未だ自立自存の資格を有するに至らざる者の自治の要求は、結局自繩自縛の悲慘なる結果を見るに終ることは従來幾多の實例が之を證明して餘りある、固より一部の政治的熱狂心に富める者の希望は之に依りて達せられ、彼等の滿足は之を以て購はれ得たらんも、多數の住民は自治に伴う當然の結果たる財政的自給の重荷に堪へずして、所謂少數者の政治的野心を充たさんが爲めに、多數の住民は却て饑餓に泣くの慘狀を呈することは、現に足一と度琉球の地を蹈める者には何人にも容易に看取し得らるゝ所である、此の根本問題に對して母國の爲政者も深く注意せず、又琉球島民も哀心より自省する所なくして、一朝經濟上の急迫を告ぐる場合には唯母國に縋りて其の援助を強請し、母國も亦其の機に臨んで單に之に應ずることを以て能事終れりとなすが如きことあらば、琉球の前途は結局經濟的自滅の他がないであらう(86)。

山本にとって「自治権の獲得」には、住民の文化的進歩、経済上の地位向上さらに財政上の「独立自給」が先行条件であった。要するに住民個々人においても、社会全体においても「自治能力」が示されることが「自治権」の獲得条件なのである。

山本は沖縄の「自立自存」のためには、「天然資源」と島民の「勤勉努力」が不可欠だと述べる。[87] 天然資源とは糖業、水産業、畜産業、林業、鉱山業などを指しており、そうした資源の活用も結局は住民の「努力」次第であるという。しかしその住民である「琉球の人」の「性格」こそが、山本にとって沖縄の自治の足かせとして表象される。そうした「琉球人」の性格の特徴は、第一に男女間の労働意識の差として現れる。

琉球の人が一般に因循姑息で進取的の氣概に乏しく、唯目前の事にのみ汲々として遠き將來を慮るの念に乏しいと云ふ點だけは何人も之を否定し得ない様に思はるゝ、而して此の風は女子に於けるよりも男子に於て殊に著しく目立つて見ゆる[88]

さらに山本は、『ペルリ提督琉球訪問記』を引用して、「琉球の人」の女性の勤労意識の高さと、男性の怠惰とを比較したのち台湾島民と琉球島民の性格を比較する。

由来熱帶若くは亞熱帶地方の住民は、氣候の影響にも因るが概して活動的の元氣に乏しく、劣等なる生活程度を以て滿足するならば單に生命を支ふるだけの事は、左迄勞せずして其の途を見出し得るが故に、兎角小成に安んじ偸安を事とする風がある、琉球島民も亦此の點に於ては一種の共通性を有し、等しく亞熱帶圏内に在るも臺灣島民とは其の性格に著しき相違のある様に思はるゝ[89]

ここでは熱帯・亜熱帯の気候が「琉球人」の「性格」に影響することが主張されている。台湾と沖縄のあいだに「相違」があるというのは、台湾がすでに独立会計を達成し、経済的に自立していたからであろう。台湾は、領有当初こそ財政負担とされていたが、児玉、後藤、新渡戸らによる改革・統治によって、一九〇九年度までに本国からの補助金を廃して独立会計に移行する計画を立てていた。そして実際には当初の計画よりも五年前倒しする形で、一九〇四年には独立会計に移行していた[90]。山本は財政上の「健全化」を住民の「性格」の「健全性」に変換して表象しているのである。

そうして山本は次のように結論づける。

> 彼等の生活状態に對する向上的自覺心の起らない限りは、又其の勤勉努力に對する反省的自奮心の起らない限りは、將來の經濟的自給力に對しても亦多大の希望を矚し得ないように思はるゝ、若し經濟的の自給力に對して希望を繫ぎ得る見込みがないと云ふことになると、島民に與られたる政治上の權能なるものは全く無意味であるばかりでなく、否却て有害なる結果をさえ齎らさんとする虞れがある、何となれば其の與られたる自治權に依つて如何なる事を提案し、又如何なる事を決議するも、夫れが公安を害せず良俗に反しない限りは島民の自由であるが、若し其の提案なり決議事項なりが財政上中央政府に煩ひを懸けねば問題とならざるも、中央政府に煩ひを懸くる様のことある時に、政府が其の都度之に應じ得ざるが如き場合が屢々起る時は、(實際問題としては斯る場合が屢々起り得る虞が多い)、茲に中央政府と島民との間に憂ふべき一種の暗雲を生じ、相互の關係を親密ならしむるよりは寧ろ之を阻隔せしむる危険が多いからである、故に經濟的自給力の如何と云う事は琉球の將來を考へる上に極めて重大な問題となるのである[91]。

山本の議論は、「琉球人」の〈民族性〉のうちに「勤勉努力」が現れない限りは沖縄の「経済的自給力」も望むことはできない、つまり「自治能力」がないところに自治権を付与しても失敗するだけだということになる。性格上も財政上も、能力のない地域に自治権を付与することが「誤れる植民政策」であり、その失敗の具体例が「琉球」となっている。したがって、山本の植民政策学では、「内地」の制度の延長である沖縄の地方自治は失敗であり、その地域に見合った統治制度が必要か、あるいは内地延長主義に見合うようにする場合でも沖縄の住民の〈民族性〉の改良といった別の統治形態が必要であることを意味する。後者の場合も結局は分離主義が前提となる。

山本が沖縄での統治を具体的にどのように構想しようとしたのかは、この連載からは読み取れないが、少なくとも「ソテツ地獄」で疲弊している沖縄を、地方自治や内地延長主義の成功例として見ることに対する強烈な批判は読み取れる。そして、山本にしても後藤新平や他の植民政策学者にしても、重要なのはその地域の住民の「自治能力」の有無なのである。単純に「法」をその地域に延長することで「地方自治」が現れるわけではないというのが植民政策学の基本線であった。そこに住む人々の「性質」、つまり〈民族性〉に基づいて個別の統治を構築することが重要となる。そして何度も言うように、この〈民族性〉とは、〈言語・身体そのもの〉から措定された閉域としての〈民族〉と、ル・ボンのように生物学のアナロジーから〈民族〉に固有の「魂」を与える認識の枠組みによって現れる。

8　伊波普猷と「自治能力」

一方には、原のように「内地」と同じ法制度を適用することで植民地でも地方自治が成功すると考える内地延長主義・同化主義があった。他方には、植民政策学のように複数性・異質性としての〈民族性〉に基づいて植民地を個別に統治し、かつその被植民者の〈民族性〉に付随する「自治能力・統治能力」の有無によって将来の「自治」や「独立」を想定した植民地統治を行うという分離主義・自治主義の考えがあった。こうした論点を念頭に、ここからは伊波普猷の議論が、〈民族性〉と「自治能力」とどのように関わるのかを論じたい。

伊波は、山本が沖縄には「ない」とした自治や統治の「能力」を、獲得可能、あるいは回復可能だと主張する。そのことによって、「植民地化」された沖縄がイギリス帝国の自治植民地のように日本と対等に結びつくことを夢想した。

抗」と「社会化」という言葉の問題に戻らなければならない。長くなるがもう一度当該文章を見てみよう。

世界の大勢日本の革命琉球の弊政は皆琉球の處分をたやすくさせた所の者で御座いますが向象賢や蔡温がつくつた歴史の趨勢は更に之を容易ならしむる者でありました。奈良原知事もおつしやつた通り琉球問題は實に能く朝鮮問題に似通つてゐます。是は歴史家がとうに氣がついてゐることで御座います。恐らくは現今日本の政治家は慶長以來琉球で得た所の經驗で以て朝鮮を經營しつ〻あるので御座いませう。朝鮮の今後の■（「成」か？）も大方想像することが出來るので御座います。併し乍ら二者は現象の類似であつて實質は人に異なる所があるので御座います。歴史の趨勢ということを頻に申し上げる様ですがこれは能く味つて貰ひ度いのです。琉球征伐時代に出來た喜安日記を繙いて見るのに「古考人云唐を祖母の思をなし日本を祖父とせよと云り」ということが御座いますが明治初年頃の沖繩人は「唐を母の思をなし日本を父とする」といふ様にいつたので御座います。二三百年の間に祖父母の關係が父母の關係になつたのを見ても歴史の趨勢を見ることが出來ます。琉球處分は實に迷兒を父母の膝下に連れて來たやうなものです。ところが琉球民族という迷兒は二千年の間支那海中の島嶼に彷徨してゐたに拘はらずアイヌや生蠻みたやうにピープルとして存在しないでネーションとして共生したのです。……彼等は実に物質的にはた精神的に社會を形（ママ）くるべき能量を有していたので御座います。萬象の進化は不滅なる恒力の効果たる一定の加速度を以てするのである。沖繩民族の進歩が獨りどうしてこの加速度の法理にそむく事が出來ようか。前時代の制度文物なく又向象賢や蔡温の網細工なくしてどこに沖繩があらうか。嚴格なる意味に於て沖繩はアマミキヨ以來凡ての人の考へやはたらきが積もり來つたのである。……個體の享有する仕事即ち經驗い、は有限なる個體の生存に殘存し生殖の連鏈によつて關鏈する種族の全體に寓して恒久不滅の存在を有するのである。これは遺傳の法理で御座います。加速度は段々つのつて來る。さうして過去に於ける如き抵抗といふことがまつたく絶滅或は減退したのである。今日以後の沖繩人に向象賢や蔡温以上の仕事が出來るのは火を賭るより明かで御座います。産業といはず文藝といはず今後沖繩人の向ふべき所は多方面で御座います。私は以上申し上げた理由によつて鄕土史の偉人を尊敬するので御座います。決して崇敬するのではありません。畢竟之によつて吾が腦力を信ずるのであつて之を誇るのではないといふことになります。私は斷言します。沖繩人は過去に於てあれ丈の仕事でもなしたから他府縣の同胞と共に廿世紀の活舞台に立つことが出來るのである。アイヌを御覧なさい。名義に於ては沖繩人よりも長い長い以前に日本國民の仲間入りをしてゐます。併し乍ら諸君彼等の現状はどうです。矢張りピープルとして存生してゐるのではありませんか。私の寡聞なる未だアイヌが王國を建設したということを聞きません。實際に於てアイヌの故郷は沖繩人のそれよりも自由なる活動をなすに適してゐる所なるにも拘はらず彼等は熊を追うより外に活動をしておりません。彼等は一個の向象賢も一個の蔡温も有していなかったのである。若し働く範囲や仕事が小さ過ぎると云のなら首里城中にをつて經營をしてゐた所の向象賢は小さいかも知れぬ。併し乍ら江戸や北京の間を往來してゐた蔡温の活動は小さいのではなかつた。失禮ながら明治以前の日本の政治家よりも遙かに活動してゐる。若し彼を撿束してゐた運命の繩をゆるめたならば彼はいかに活動したかも知れない。諸君少しく同情の涙を以て沖繩の偉人の人格と事業とを見て被下。前にも申上げた通り蔡温は精神的に死んでゐない。彼は沖繩民族を理想の境に導かんが爲に生きてゐるのである。これから明治一三年以後に於て日本政府が如何に琉球を社會化したということを御話し致します。[92]

この伊波の主張は、前章で述べた通り、建部遯吾の『理論普通社会学綱領』の主張をなぞったものであった。[93] 伊波はそこから「遺伝」の法則性によって、国家形成能力という〈民族性〉も遺伝し、その性質は「偉人」のなかに顕著であると考えていた。そして国家形成能力を有する〈琉球民族〉の〈民族性〉と、日本による琉球の「社会化」を論じるとしていた。

この「社会化」も建部遯吾の用語である。建部は、社会が存立するためには外に向かう必要性があるとし、それを「社会化」と呼んでいる。「社會化は社會が個人、若しくは群の一體、若くは他の社會を化して自個の社會の成分若くは部分と成す事業の謂なり」[94]と定義される。この定義からもわかるように、自分の属する社会ではなく、他の社会を自分の属する社会に都合よく変化させることを主目的にしている。伊波の「社会化」もこの建部の「社会化」と同じ意味である。伊波の「社会化」について市野川が指摘するように、「社会化」とは「植民地化」の別名に他ならない[95]。

しかし伊波が参照する建部の説明はさらに複雑である。建部は、ある社会が他の社会に植民地化されることに対して拒絶する方法を「自衛的社会化」と呼んでいる。つまり植民地化に対する「抵抗」も「社会化」なのである。そしてこの「自衛的社会化」には「個人の社会化」と「群の一体の社会化」という二通りの社会化がある。前者は外来勢力によってある勢力の団結が阻害される場合に、それに対抗して個々人が統一性を強固にすることであると説明され、「社会的抵抗力」とも表現される。後者はある勢力が他の社会に入っていった場合に、他の社会のなかで独自の社会を形成し、その独自の社会自体が固有の制度、固有の機関となる場合があるとされる。つまり前者は植民行為に対する被植民者側の抵抗であり、後者は植民後の被植民者側の固有性の維持であるといえる。これまでの議論に則していえば、「個人の社会化」が「反植民地のための抵抗」であり、「群の一体の社会化」が「分離主義・自治主義」に相当する[96]。

これに対して、植民者がある地域を植民地化することを「他攻的社会化」という。この他攻的社会化（植民地化）には二通りの方法がある。一つが「積極的社会化」である。これは植民者がある地域を、自分の領域へと吸収することを意味する。建部はその方法をいくつか挙げている。まず、植民者と被植民者のあいだに血縁関係を築くこと、そして植民者の社会制度を被植民者に敷衍して両者のあいだに有機的関係を形成すること。加えて植民者の社交性（各個人が意識的に社会の成員として共同生活を営なもうとする態度）を普及させて、被植民者を同化させることである。さらに建部は、この「積極的社会化」は社会的抵抗力の弱い地域に効果的であると付け加えている。「自衛的社会化」（抵抗）が起こらない地域に有効だということである。[97] つまり「積極的社会化」は「内地延長主義・同化主義」のことであり、それは、抵抗力のない地域を植民地化する場合に有効だということである。

では、「自衛的社会化」（抵抗）がある地域に対する植民地化はどうなされるのか。それがもう一つの他攻的社会化として挙げられる「消極的社会化」である。建部は「消極的社会化」を「国性剝奪」であると述べて、その方法を三つ挙げている。第一に共同生活の要素・効果を滅却すること、第二に社交性を撹乱すること、第三に社会性を撹乱することである。

この三つは関連している。共同生活の要素・効果の滅却は、被植民者の共同生活を阻害することである。交通、協力、婚姻に対する妨害、そして国家制度や家族制度、教育、経済、風俗慣習といった既存の社会制度を破壊することに主眼を置く。これに関連して、社交性の撹乱は、意識的に社会の成員としての態度を弱めるという意味である。そして社会性の撹乱だが、社会性とは建部によれば「各社會の各種事項に於ける性質の總束」であり、「國家社會に於ける國性」と同じもので、その具体的形態は言語、宗教、風俗習慣に現れるとされる。[98] 社会性の撹乱は、「理想的社會性を攻撃して地に塗れしむる」ことで「社會性の自然的存在を滅却する」ことを目的とする。[99] つまり具体的形態として現れる既存の言語、制度、秩序や習慣の破壊が社会性の撹乱ということになる。これはもはや統治ではなく、その地域を壊滅させるための武断的処置である。建部によれば、他攻的社会化（植民地化）は、積極的・消極的の両方を用いるとされる。

建部にとって「社会化」（植民）は、社会の発達そのものと深い関係をもっている。「社会化」（植民）は社会の発展にしたがって現れる。その意味で必然の現象であり、発展の名において正当化されている。その「社会化」の項目の次に挙げられているのが「社會的活力」で、社会的活力の発達は社会そのものの発達と同義とされ、社会の発達は

「社會の増大」という背景をもつ。それは次の三つの現象で説明される。第一に土地の増大。「検出・蠶食・狼呑・購買・奪取による増大」と述べられるように、無主地の獲得、土地の購入、戦争による土地の拡大、植民地獲得を意味する。第二に人口の増大。自然移動・移住の二通りが挙げられ、なかでも「自然移動に由る人口の増加は、自然移動率を加速度即ち對數率とする、時に對する對数凾數の關係に於いてするを常則とす」と述べているように、人口現象には一定した人口増加率が存在し、それゆえ時間経過とともに人口が必然的に増えることを意味している。第三に制度の増大。これは単純な制度から複雑な制度へと進むことを意味し、それだけ結合される要素が増えることを意味する。建部はそれを「社會の有機的増大」と表現している。[100]

建部は、この社会の増大・成長を「生殖」と表現し、「社會の生殖は植民これなり」と述べている。[101] 植民地獲得は、肥大する社会という有機体にとっての「生殖」として、生物学的現象として自然化されている。この「生殖」という生物学的現象と「植民」という社会的現象のアレゴリーは重要である。なぜならこの「社會的活力」は次の第二三章「社會進化とは何ぞや」（第六章で言及した建部の進化論）に接続されるからである。社会的活力の発達にとって重要になるのは優勝劣敗を意味する「競争」であるとされ、生物学的な進化論が社会進化論として綜合されるのである。こうして「植民」は生存競争を経た生物進化であり社会進化となる。

こうした建部社会学における社会化、つまり植民地化を踏まえた上で、伊波の文章に戻ると、その意味が明瞭になる。一定の速度で進化を遂げてきた〈琉球民族〉は、そのすべての歴史的経験を「遺伝の理法」によって〈民族〉全体として遺伝的に継承している。「前時代の制度文物」とは琉球王国という「王制」そして『羽地仕置』や『おもろそうし』といった制度文化を意味する。つまり〈琉球民族〉の政治的能力とは、そうした〈民族〉が紡いだ〈歴史〉の蓄積と遺伝にあるというわけだ。ただし、琉球王国の「王制」の存在は、進化過程における「自衛的社会化」、つまり「抵抗」でもあり、日本帝国の必然的進歩である「生殖」（植民地獲得）を妨げるものであった。先の伊波の記述は、そうした「抵抗」の要素が取り除かれた現在、〈琉球民族〉は日本帝国のもとで新たな進化を遂げることになる。

琉球王国という「王制」が「抵抗」であるというのは、邪推ではなく、伊波が次に「社会化」（植民地化）について言及するからである。

伊波は琉球処分以後、日本政府が琉球をどのように「社会化」したのかを問う。そして「沖縄の最近世史は社會學上に於ける所謂社會化(ソシャリゼーション)の適例[102]」であるという。伊波は建部と同じ「社会化」の説明を述べて、琉球は日本の一支族であるにもかかわらず、琉球処分以後も「王制」という「自衛的社会化」（植民地化への抵抗）をとってきたと主張する。

> 實に明治の初年まで社交の中心であつた所の尚家はやがて沖縄全体を代表してゐたので御座います。故に琉球史に於ては沖縄といへば直に尚家と心得ても大なる間違いはありません。さて琉球處分といふ政治的津浪によつて尚家は最早政治の中心ではない様になつたが、尚ほ社交の中心丈を維持してゐた所の尚家は自個存立の基礎を搖かし存立の要性を弱むるが如き日本の勢力に對して之に抗拒する所以の方法勢力となるべき自衛的社會化を講じたので御座います[103]。

なぜ琉球王国が「抗拒」という「自衛的社会化」の方法をとったのかといえば、それは日本の琉球に対する態度が琉球に畏れを抱かせ、反対に中国とは親密となっていたからであり、そうした日本による琉球に対する態度は「日本國民の三省しなければならぬ點[104]」だと伊波は批判する。日本の琉球に対する態度が生んだ琉球の「自衛的社会化」（抵抗）は、日清戦争まで続いたというのが伊波の主張である。

次に伊波は、日本による琉球社会への「他攻的社会化」（植民）について言及する。これもその内容は建部の説明と同じである。明治の日本が、血縁関係、生活関係などを通じて日琉間に有機的関係を構築する「積極的社会化」を行ったということである。つまり内地延長主義・同化主義に基づく植民地化である。しかし先述したように琉球は王家（尚家）を中心に「自衛的社会化」（植民地化への抵抗）を試みるため、日本政府は「消極的社会化」（国性剝奪）をもあわせて実行する必要があった。

消極的社會化はやがて國性剝奪である。日本政府は即ち琉球王國を廢してその國家制度家族制度教化制度經濟及び風俗習慣制度を滅却させたのです。又衆人社交性の調子を整一を攪乱し薄弱ならしめたのです。又その理想的社會性を攻擊して地に塗れしめ意識的社會性を攪乱し麻痺せしめて社會性の意識の衆人に存するなきに至らしめ遂に社會性の自然的存在を滅却させようと力めたので御座います[105]。

ここまでの伊波の主張は、日本政府が行った「積極的社会化」――内地延長主義・同化主義――は「自衛的社会化」（抵抗）のある地域では行ってはならなかったものであり、また武断的な抑圧もまた「抵抗」を惹起させ失敗であったというように読める。日本による琉球王国への不当な扱いと、王国を形成してきたという〈琉球民族〉の政治的能力が「自衛的社会化」（抵抗）を発揮させたのだと。この文章だけを抜き出すと、伊波があたかも日本による「社会化」（植民地化）を批判し、否定しているように読めるが、そうではない。むしろ伊波は「社会化」（植民地化）は成功したというのである。この文章は次のように続く。

沖繩の最近世史に於ける社會化の事をざつと御話致しましたが、社會化の仕事も沖繩に於てのやうにかう成功した例はめつたに無いだらうと存じます。とにかくかくの如く理想的に社會性を扶殖宣揚をなすまでの當局の苦心も一通りではなかつたが沖繩人の心中にも亦之をして一層容易ならしむるものがあつたといふことを知らねばならぬ。是れ社會的抵抗力が薄弱若くは皆無であつたといふことではない。化する者と化せらる丶者との心中に一致するもの丶存在するといふ事がすなはちそれです。これは當局者の大に利用すべき所であつたに拘はらず、心

中却つて之を否認してゐたので御座います。(106)

日本帝国による沖縄の「社会化」、つまり植民地化は成功したのである。伊波によれば〈琉球民族〉の側にも「社会化」（植民地化）を容易にする要素があり、それによって「社会化」は成功した。問題は、日本政府がそれをうまく利用できなかったことなのである。また〈琉球民族〉の社会が「自衛的社会化」という抵抗力を発揮するのは、その政治的能力からして当然であり、それが「薄弱」「皆無」ではないと表現するところに、〈民族〉が保持してきた政治的能力への賛美があることも見て取れる。そして伊波の「郷土史・琉球史」とは、〈琉球民族〉に内在する「社会化」（植民地化）を容易にする要素である日琉間の「一致するもの」の研究、すなわち「日琉同祖論」ということになる。伊波の議論は、日本政府が〈琉球民族〉に内在する政治的能力（国家形成能力）という「自衛的社会化」（抵抗）の要素を理解し、さらに日琉間の「一致するもの」である「日琉同祖論」を理解していれば、「他攻的社会化」（内地延長主義や国性剝奪）をせずに「社会化」（植民地化）が可能であったという主張である。

そして伊波は「社会化」（植民地化）について次のように続ける。

私はこの一致した所を大に發揮させるといふことは即沖繩人をして強固なる日本帝國の一成分たらしめる所以の者であらうと存じます。(107)

〈民族〉の同祖性の主張は、沖縄の植民地化を通じて帝国への参入へと向かう。これだけなら内地延長主義・同化主義でも構わないように思えるが、伊波は「郷土史に就いての卑見」を『琉球史の趨勢』として刊行した際に、「社会化」によって沖縄人が「帝国の一成分」となるという文章に続いて、次の文章を追記している。

もしもこれまでの隋力で琉球固有の者をかたつぱしからぶちこわさうとする人があつたら、これとりもなほさず、兩民族の間に於ける精神的連鎖を斷切るのであります。歴史を無視するのであります。只今申上げた通り一致してゐる點を發輝させることはもとより必要なことで御座いますが、一致してゐない點を發輝させることも亦必要かもしれませぬ。……他人がまねるとの出來ない點といつておきませう。私は何人も他人の到底まねの出來ない特質をもつてゐると思います。各人がもつてゐる所の個性は無雙絶倫（ユニークネス）であります。即ち各人は神意を確實に且つ無雙絶倫なる狀に發現せる者であります。換言すれば各個人はこの宇宙にあつて他人の到底占め得べからざる位置を有し、又他人によつて重複し得らるべからざる狀に神意を發現するものであります。（ロイス氏「世界と個人」參照）此に由つて之を觀れば、天は沖繩人ならざる他の人によつては決して自己を發現せざる所を沖繩人によつて發現するのであります。即沖繩人微りせば到底發現し得べからざりし所を沖繩人によつて發現するのであります。個性とは斯くの如きものであります。沖繩人が日本帝國に占むる位置も之によつて定まると存じます。遺傳の理法を考へると個性はどうしても無くすることの出來ないものであります。もし沖繩人にしてその個性を無くすることが出來る人がゐたら、これとりもなほさず、精神的に自殺したのであります。蓋し國家の損失之より大なるものはありますまい。日本國には無數の個性があります。又無數の新しい個性が生じつゝあるのであります。かくの如く種々の異なつた個性の人民を抱合して餘裕のある國民が即ち大國民であります。私は他人の個性を尊敬することはやがてその國家に忠なる所以と思います[108]。

これまでは「一致している点」——日琉間の同祖性——が帝国と植民地の関係を規定していたが、この文章では「一致していない点」——異質性・個性——が帝国の進化にとって重要であるとされている。遺伝してきた〈琉球民族〉の「個性」、他にはない〈民族性〉の発現こそが日本帝国の進化に寄与する。そのためには琉球の〈民族性〉は滅却されるべきではなく、「社会化」（植民地化）されながらも帝国の内部に位置づけ直さなければならない。要するに「自衛的社会化」(抵抗)を行えるような自治能力・政治的能力を、今度は「抵抗」ではなく帝国の進化のために帝国内で活かすことになる。こうして伊波のなかでも、〈琉球民族〉に備わる独自の「自治能力・統治能力・国家形成能力」が、帝国と植民地の関係を結ぶ力となる。「社会化」(植民地化)にとって、「統治能力」や「自治能力」は、建部のいうように単なる「抵抗」とはならない。植民地の異質性こそ帝国を進化させる。ここには、建部の「社会化」概念を使いながら、それを超出する伊波独自の「社会化」(植民地化)概念がある。

こうして伊波の帝国と植民地をめぐる議論は、第五章「新式の統治法」の末尾で示した議論へと戻ることになる。一九一〇年代の伊波は日本帝国の多民族統治に向けての「統治の合理性」を模索するなかで暴力と圧政による同化――武断統治――を認めていなかった。そして一九二二年の『古琉球の政治』の追記部分では朝鮮三・一独立運動について、ウィルソンの「民族自決」が帝国の目指すべき「新式の統治法」だと考えていた。さらに沖縄の「社会化」(植民地化)においても武断的、同化主義的ではなく、〈琉球民族〉の政治的能力、国家形成能力――「個性」、「無雙絶倫(ユニークネス)」、「ネーション」――に基づく統治が必要だと考えていた。伊波の思考は、原内閣による内地延長主義ではなく、後藤や新渡戸、ラインシュの植民地統治に近く、さらにはその後の泉哲の自治植民地による日本と植民地朝鮮・台湾との連邦制構想を、日琉間で先取りするようなものだった。

そうした先取りは、次のような文章でも傍証可能である。一九一九年六月一七日に『沖縄朝日新聞』に掲載された伊波の「沖縄と俚諺とデモクラシー」は後藤新平や植民政策学の「生物学」に基づく統治から、原内閣の内地延長主義への転換を批判する内容になっている。伊波は「着物(チノー)はハラハラ生命(ヌチエー)やナガナガ」という俚諺を紹介する。その意味は、子どもの成長によって着物はハラハラと破けても、子どもの成長は続いていくというものである。そこから伊波は、「着物は身体のために出来たもので、身体は着物のために出来たものではないこと」は当然で、それは国家の制度にもいえるという。

国家に制度があり機関があるのは、身体に着物があるとの同様である。国家の内容たる「ヒト」が発達して来ると、従来の制度や機関を改造し、若くは之を全廃して、新制度新機関を採用するのは、恰度子供が生長して……新しい着物を買つて着せるやうなものだ。内容が発達し過ぎて、それを包む処の形式が古くなつたのも気がつかずにゐると、形式はやがて牢獄と化し去ることを知らなければならぬ。／徳川幕府を顚覆した薩長の浪人等の力によつて、新日本が建設されると、そこに新しい制度と機関が生まれるやうになり、昔の浪人等はいつの間にか元老に成り上つて、かつての日本国民を育んだ制度と機関とはやがて牢獄に変じた。是に於てか閥族打破の運動がだんだん盛んになつて、遂に政党内閣の出現を見るに至つた、然らば閥族内閣を破壊して日本を奴隷から解放してやつたという政党は今何をしてゐるか。彼等は更に新しい牢獄を造りつゝあるのではなからうか。これは聡明なる読者諸君の判断におまかせする。兎に角時勢は一転した。そしてデモクラシーの気分は日本全国に張るやうになつた。／既に使命を全うした者よ、古き制度よ、古き機関よ、牢獄に変化せない間に、新しいものに早く其の位置を譲つて呉れ。さうすれば、民族の生命はその中に這入つて永久に生長するであらう。(109)

伊波は政党内閣、つまり原内閣が「新しい牢獄」を造りつつあると述べている。これまでの議論を前提にすれば、この伊波の主張は、高まりつつあるデモクラシーの機運が、植民地に対する分離主義・自治主義的な統治を目指さなければ、同化主義・内地延長主義という牢獄に入ることになるということを意味する。ここでも「民族の生命」の「生長」は「新式の統治法」である「自治植民地」でなければならないという主張に読める。

そして自治能力や統治能力による統治の合理性を主張するなら、第六章でも述べたように、そうした能力の維持と表象という問題が浮上する。伊波が優生学を志向したのもまさにそうした能力を低下させる「欠如」を見つけ出し、矯正するためであった。優生学を通じて〈民族性〉の悪しき部分を矯正し、ユニークネスとして帝国に貢献できる個性（国家形成能力）をより強固なものとして表象しようとしたのである。先述したように、政治的能力、統治能力として〈民族性〉を強化し、維持し、できるかぎり劣化させないこと、すなわち〈民族性〉の正常性という規範に沿って〈民族性〉に介入することが、統治能力を有する〈民族性〉の存在を、そしてそれが帝国と植民地の関係に有益であることを遡及的に証明することになる。

伊波の同化主義批判とは、植民地化への批判ではない。自らの自治能力や統治能力を介して、一つの統治主体として自らを表象し、そのことで帝国と植民地を結合させるという思想であった。またそうした統治主体であるために、〈民族〉の能力の維持強化として優生学が必要不可欠だったのである。そして「ソテツ地獄」のなかで伊波が精神分析を援用して述べたこと——「琉球民族の精神分析」——もまた、郷土史（告白）によるトラウマの克服であり、法制度・社会制度の改良による〈民族性〉の矯正であれば、それもまた帝国・植民地関係のなかでの自治能力・統治能力という核心があったからこそ生まれた考え方だったのである。

9　補遺——社会化と生政治

コントやスペンサーの社会学が生物学的自然法則に依拠していることは第三章で示したが、もちろんそうした論理構成は伊波が引用した建部遯吾の社会学にもいえることである。ここではより詳細に建部の社会学の前提を探り、建部にとっての「社会化」（植民地化）と「生政治」の関係を見ていきたい。

建部の社会学は、人間に関するものとして「人種及人口」を、自然に属するものとして「土地的及生物的事項」を、それらに付け加えて「制度」と「歴史」を挙げている。ここで特に重視したいのは、人種、人口、制度、歴史である。それらが伊波と建部の社会学をつなぎ、伊波の認識を補強していると考えられるからである。

まず建部は「人種」について、「人種は人の質よりする特殊性なり。人種の起原如何を問はず、人種はその事實にして、其社會を規定するは體格、性格及言語の三項を根本とし、遺傳及模倣を方式として、以て恒久に作用す」[110]とされる。建部は、人種の起源ではなくその事実性に着目し、伊波と同じく形質と言語に言及する。ただしその言及の仕方は伊波とはやや異なる。建部は顔面角や鼻・唇の形状、眼や毛髪、皮膚色などについて言及しつつも、そうした「外貌」が人種の有効な規定にはならないという。そして言語についても「言語は全然模倣に由り、後天的なり」[111]と述べて、その起源に関心を示さない。言語の後天性については伊波を含む当時の比較言語学の見解と同じであるが、形質人類学が人種の起源をめぐる考察に傾注するのとは対照的に、建部は人種の起源や、人種分類の科学的裏付けではなく、人々が人種に基づいて自他を区分し、それに基づいて生活を営んでいるという事実性を重視する。

建部は人種に加えて「人口」を、社会を規定する基本的な要素に据えている。人口とは「人の量よりする特殊性」[112]であり、それは二つの事象から捉えられる。「人口の多少」と「人口の移動」である。「人口の多少」とは人口全数または人口率を意味し、「人口の移動」は出生数・死亡数（自然移動）、移入・移出の全数と、それと人口全体との比率を意味する。そして自然移動で特に重要なのは「婚姻」であると指摘し、人口の規定で重視されるのは人口率、移動率、成婚率であると主張する[113]。

この時点ではまだ日本の本格的な国勢調査は開始されておらず、衛生統計のみが参照可能であったが、建部は統計学に基づく人口の水準での社会の把握を示している。これは「生政治」であり「人口統治」を意味する。そのため建部の社会学は、生政治的な人口の水準での社会の把握・統治の延長線上に、社会制度の複雑化＝発達と、前章で述べた「理想的淘汰」（人為淘汰、優生学）が導かれていることがわかる。先述したように、生政治は、人口に内在する自然性に働きかけ、それを調整し、生命（種）の状態を最適化することを目的とする権力関係であった。人為淘汰によって人口を調整・管理すること、つまり優生学的な人口の改良・管理が、社会進化の最前線なのである。建部を援用する伊波の「社会」や「社会化」（植民地化）には、〈民族〉といった歴史主体と同時に、「人口」という量的・統計学的な集合的生命・身体への視座と、そうした集合的生命・身体を改良するという優生学があったのである。

次に建部の社会学における「制度」と「歴史」について見てみよう。「制度」とは、社会発達の原因でありかつ尺度であり、制度の「分化」が大きく、そしてそれが完全に「統一」されていることが重要であるという。さらに「歴史」とは、「社会が經由せる歴程の總束を意味す。歴史は過去に於ける社會の得失を包有し、其發程の當初より發達最終の程度までを含有す。歴史は社會其者なり」(114)。前章までで論じてきたように、伊波の〈歴史〉には、国体論的な神話からの歴史はなく、言語と身体そのものの歴史から導出された〈歴史〉があると述べてきた。建部もまた「社會の發生に關する考説に超絶的神的起原説と合理的起原説とあり。甲は今日固より取るべきに非ず」(115)と述べ、社会の歴史から神話的・国体論的な歴史と、王権神授的な主権論を排除している。また合理的起源説として、人為的起源説(諸個人の意志による結合)、自然起源説、父権説があり、それらの重なりから「社會の発生」を考えることが妥当だとするが、その社会を作る人類の歴史は、基本的に生物学における生物進化に基礎を置く。「人類の發生は如何にして行はれたるか、生物進化の理法より、類人猿の如き高等生物より、生殖に由りて發生せり」(116)。ただし人類の発生に関しては人類単一起源説ではなく、人類多起源説を採用している(117)。多起源説ではあるにせよ、建部の歴史は社会の〈歴史〉であり、その社会の発生には人間の意志・法的な主体性とは関係のない生物進化の〈歴史〉が置かれる。人間の法権利的主体性ではなく生物レベルでの現象のみが参照される生物進化があり、そこから人間の人格・主体性の発達を伴う社会進化が導き出される。このように、伊波の比較言語学的な歴史認識の枠組みは、建部の社会学の枠組みと高い親和性があることがわかる。建部の社会学も最終的には人間の自由や理性、理想において歴史と進化を扱うが、人間は生物としてのみ歴史的に現れ、法権利的主体性は歴史のなかに現れない。

建部の「社会化」(植民地化)も、それを参照する伊波の「社会化」も、もとを辿れば生物学を基礎とした社会有機体論・社会進化論に依拠しており、そこでは集合的生命・身体である「人口」を人為淘汰によって管理する「優生学」的な人口統治を介して帝国・植民地関係の社会進化が構想されていた。「社会化」とは、生政治的な人口統治と社会進化論に裏打ちされた帝国の形成や植民地獲得なのである。こうしたことから伊波の主張する琉球の「社会化」(植民地化)は、社会進化の過程にある日本の帝国形成に寄与することになるのである。

注

(1) 後藤（一八八九）、七頁。
(2) 同上、一五—一六頁。
(3) 同上、一六—一八頁。
(4) 自然法則と人為淘汰が相反しないことについては、第三章を参照。
(5)「内部環境」については、第三章のクロード・ベルナールについての記述を参照。
(6) これについて後藤はスペンサーとベンサムやミルを対置して次のように述べている。「夫ノスペンセル氏ハ道義感情説ヲ唱ヘベンサム氏ミル氏ノ實利主義即最大幸福ノ主義ナルモノヲ駁シ其説漠然トシテ標準トナスヘキ所無キニ苦シムヘシト謂ヘリ」。後藤（一八八九）、一六頁。
(7) 同上、五四—五五頁。
(8) 同上、六五頁。
(9) 同上、六〇—六一頁。
(10) この後藤の主権論は自己保存のために自然権をリヴァイアサンへ委譲するホッブズの契約論や、社会構成員の保護と防衛のための一般意志との契約による主権の発生と似ているが、決定的な違いは、社会契約論が「自由意志」を契約の前提にしているのに対して、後藤の場合は「生理」という生物体に発生する自然現象と解されていることである。第三章第七節「「法」と「社会有機体論」」も参照。
(11) 後藤（一八八九）、八八—八九頁。傍点原文。
(12) 同上、八九頁。
(13) 同上、一一二—一一四頁。
(14) 同上、一一四—一一九頁。
(15) 同上、一一九頁。
(16) 同上、一二〇—一二一頁。
(17) 阪上（一九九五）、二一一頁。

(18)後藤（一八八九）、二一一―二二二頁。
(19)後藤（一九二一）、六七―七〇頁。
(20)後藤（一九一五）、四八―四九頁。
(21)明治二十九年法律第六十三号「台湾ニ施行スル法令ニ関スル法律」のこと。
(22)後藤（一九二一）、二八―二九頁。
(23)野村（一九九九）も参照。
(24)後藤（一九一五）、六九―七一頁。
(25)脇村（二〇〇二）、二三一―二三八頁。その他の後藤による公衆衛生政策としては、上水道設備の建設――一九二五年までに主要都市で二五の水道施設が建設――や、台湾医学専門学校の建設（一八九九年）などがある。
(26)野村（一九九九）、二〇頁。
(27)ラインシュ（一九〇三）。ただし同一書籍の抄訳としてラインシュ（一九〇一）『帝国主義論』高田早苗訳、東京専門学校出版部がすでに出版されていた。吉武は「序」で原著の出版年を一九〇二年と述べているが、実際には初版は一九〇〇年に出版されている。
(28)ラインシュ（一九一〇）。原著は一九〇五年に出版。
(29)アメリカは、一九〇二年三月二日の「プラット修正条項」により、キューバの独立を認めるとともに、キューバへの介入を保証した。また同条項を承認した恒久条約（一九〇三年）によりキューバは一九五九年の革命までアメリカの保護領になった。北原（二〇一一）。
(30)一九五一年の合衆国連邦議会による「公法六〇〇号」の可決によってプエルト・リコは合衆国連邦議会の最終承認を経て、一九五二年に憲法を制定し自治権を獲得した。しかしプエルト・リコの最終的な決定権は依然としてアメリカに留保されている。北原（二〇一一）を参照。
(31)伊藤（一九三三）。高橋（一九八三）。
(32)横山（一九七四）。
(33)北原（二〇一一）。
(34)Reinsch (1900), p.178.

(35) NationalismとNational Imperialismの訳語は『帝国主義論』(高田早苗訳)では「民族主義」と「民族的帝国主義」となっており、『世界政策』(吉武源五郎訳)では「国民主義」と「国民的帝国主義」となっている。
(36) Reinsch, *op. cit.*, pp.40-42. 邦訳は徳田による。以下同。
(37) *Ibid.*, pp.318-320.
(38) *Ibid.*, pp.325-326.
(39) Reinsch (1905), p.20.
(40) *Ibid.*, pp.20-21.
(41) *Ibid.*, pp.22-23.
(42) *Ibid.*, p.24.
(43) *Ibid.*, pp.27-29.
(44) ラインシュ(一九一〇)、一—二頁。
(45) 後藤(一九二一)、一五—一七頁。
(46) 春山・若林(一九八〇)、六六—七一頁。
(47) 同上、二二—二五頁。
(48) 同上、五八—五九頁。
(49) 同上、二八頁。傍点原文。
(50) 新渡戸(一九〇七)、二六九—二八二頁。
(51) 佐谷(二〇一五)、六八—六九頁。
(52) 同上、六四頁。
(53) 新渡戸(一九四三)、一四一—一四二頁。同書は東京帝国大学で矢内原忠雄が筆記した新渡戸の講義ノート(一九一六—一九一七年度)を基幹に、他二人が筆記した講義ノート(一九一二—一九一三年度、一九一四—一九一五年度)を加えて製作されたものである。同書の編者序を参照。
(54) 同上、一四五頁。
(55) 同上、一四五—一四八頁。

(56) 同上、一四二―一四三頁。
(57) 同上、一〇〇―一二二頁。
(58) 同上、一三九―一七〇頁。
(59) 同上、一二〇―一二一頁。「居住植民地」とは、「氣候上本國人が居住し得る處」のことである。
(60) 同上、三八二―四〇一頁。初出は一九一三年一二月刊行の『法学協会雑誌』第三一巻第一二号。
(61) 同上、三八八頁。
(62) 同上、三九九―四〇〇頁。
(63) 同上、三八二頁。
(64) 泉(一九二一)。例言で同書が「恩師ポール、ラインシュ博士の講義及び著書に負ふ所が多い茲に記して恩師に謝する次第である」と記されている。
(65) 同上、一〇四頁。
(66) 同上、一〇七頁。
(67) 木村(二〇〇四)。
(68) 泉(一九二一)、三七〇頁。
(69) 同上、および三六六―三六七頁。
(70) 同上、三七四頁。ここで泉が言及している自治法とは、一九一九年制定、一九二一年施行の「インド統治法」のことだと思われる。同法は、議会の設置を認めていたが、最終的な決定権はインド総督にあった。
(71) 同上、三七五―三七六頁。
(72) 矢内原(一九二六)、六〇六頁。
(73) 酒井(二〇〇七)、二一八頁。
(74) 同上、二一八―二一九頁。
(75) 丸山(一九八四)。丸山(一九九一)。
(76) マルクス主義の「民族自決」論についてはより詳細な検討が必要で、例えば本文以外にもオットー・バウワーやローザ・ルクセンブルクによる「民族自決」論の検討も必要になる。バウワーの「民族自治」やルクセンブルクの「プロレタリアート自決権」と「民族主義」の関係には、「言語共同体」が中核として現れるが、言語共同体としての民族とは、第一章の比較言語学との関連に再び回帰することを指摘するにとどめておく。

(77) 等松(二〇一一)、一三―二二頁。

(78) 北原(二〇一一)、一七八―一八〇頁。岡田(二〇一四)も参照。

(79) 原(一九一九)。

(80) 同上。「朝鮮統治私見」(上)の五頁。

(81) 同上。「朝鮮統治私見」(下)の六―七頁。この個所以外にも、第八項(一四頁)で官吏登用についての個所で沖縄に言及している。

(82) 第一回から掲載順に列記する。①山本(一九二六a)。②山本(一九二六b)。③山本(一九二六c)。④山本(一九二七a)。⑤山本(一九二七b)。⑥山本(一九二七c)。⑦山本(一九二七d)。⑧山本(一九二七e)。⑨山本(一九二八a)。⑩山本(一九二八b)。

(83) 藤田(一九二四)。同書に収録されている伊波普猷の「序に代へて――琉球民族の精神分析」は一九二四年一月六日の執筆となっている。

(84) 山本(一九二六a)一二五頁。

(85) 山本(一九二八a)、九二頁。

(86) 同上、九四―九五頁。傍点は除外した。

(87) 山本(一九二八b)、八六頁。

(88) 同上、八七頁。

(89) 同上、八九頁。

(90) 若林編(二〇〇一)、一三〇―一三二頁。

(91) 山本(一九二八b)、九一頁。

(92) 三苫(二〇一一)、一七―一八頁。傍点原文。句点は追加した。

(93) 伊波と建部との関連を最初に指摘したのは、比屋根(一九八一)である。しかし比屋根は当時の植民政策学における植民地統治の文脈を捉えていないために、建部の社会化を「画一的な国家主義的統合」であるとし、それに対して伊波の個性に基づく社会化を「地域的・民族的特質・個性の尊重、多元的価値の容認、護持を目指す多元的統合の国家構想」の提起であると記述している（一九四—一九九頁）。
(94) 建部（一九〇四）、一〇八頁。傍点原文。
(95) 市野川（二〇一二）、九五頁。
(96) 建部（一九〇四）、一〇八—一一〇頁。
(97) 同上、一一〇—一一一頁。
(98) 同上、九九—一〇一頁。
(99) 同上、一一一—一一二頁。
(100) 同上、一一五頁。傍点原文。
(101) 同上、一一五—一一六頁。傍点原文。
(102) 三苫（二〇一一）、一九頁。同様の記述は「郷土史に就いての卑見」を単行本化した伊波（一九一一c）、一二六頁にもある。
(103) 三苫（二〇一一）、一九頁。伊波（一九一一c）、一二七頁。
(104) この表現は「郷土史に就いての卑見」にはないが、『琉球史の趨勢』で書き加えられている。伊波（一九一一c）、一二七頁。
(105) 三苫（二〇一一）、二二頁。伊波（一九一一c）、一二九—一三〇頁。
(106) 三苫（二〇一一）、二二頁。伊波（一九一一c）、一三〇頁。
(107) 三苫（二〇一一）、二三頁。伊波（一九一一c）、一三一頁。
(108) 伊波（一九一一c）、一三一—一三二頁。
(109) 伊波（一九七六c）、一七〇頁。初出は『沖縄朝日新聞』一九一九年六月一七日。原内閣の成立は一九一八年九月二九日。
(110) 建部（一九〇四）、七八頁。傍点原文。
(111) 同上、七九頁。傍点原文。
(112) 同上。
(113) 同上、八〇頁。
(114) 同上、八一頁。傍点原文。
(115) 同上、二九頁。傍点原文。

(116) 同上、三〇頁。傍点原文。

(117) 同上。

終章　知と権力

序論でも述べたように、本書の問題関心は、「植民地統治性」についてであった。近代日本の帝国・植民地関係のなかに、それまでになかった歴史主体である〈民族〉が生成し、それとともにそれを標的とした生権力が出現したということ。そのような帝国・植民地関係における主体の形成と、その統治のあり方に関与する歴史的に構成された「知と権力」の複合体を分析対象とするということが本書の課題であった。言い換えれば、統治の対象として形成される主体がどのようなものなのか、それはどのような技術や道具、知の枠組みによって構成され、どのような場所で機能するのかを明らかにすることであり、帝国・植民地関係における政治的な主体・客体が構築され運用された歴史的に特異な合理性の形成という問題を記述することであった。このように考えると、帝国・植民地関係にとっての特権的主体であり、客体でもある〈民族〉についての問題は、再考される必要がある。なぜなら、理解されるべきことがこうした帝国・植民地関係における統治の合理性であるならば、重要なのは、〈民族〉の構築性を暴露することではなく、〈民族〉または〈民族性〉といった観念が被植民者の身体や精神へと挿入される多様な形態の知の枠組みと実践について批判的に問いただすこととなるからだ。

そのためにフーコーの「統治性」（governmentality）概念について改めて確認しておこう。フーコーは、一八世紀のヨーロッパにおいて、「人口」に固有の自然性を主要な標的とし、政治経済学を知の主要な形式とし、「安全装置（セキュリティ）」を本質的な技術的道具とする統治形態が誕生したと述べ、この形態を「統治性」と呼んだ。フーコーによれば、一六世紀後半から一七世紀にかけて、潜在的な個人の能力に働きかけ、個人の行動を再構築するための体系的な規律技術や、共同体の秩序と善行の維持を細かく規制するための「ポリス」の制度が登場する一方で、この時代の問題は「主権」という古い合理性のなかにとどまっていた。なぜなら、政治の問題は何よりも国家の維持と強化であり、非ヨーロッパ世界の征服、植民地化、搾取を通じて、軍事的・商業的な競争相手に対する王侯の富と権力の強化であったからである。実際、一八世紀に政治算術の対象として「人口」が出現して初めて、主権の問題が「統治」に取って代わられる歴史的条件が整う。

また、フーコーは、これと並行して、一九世紀の人間諸科学である博物学から生物学へ、一般文法から比較言語学〈歴史的文献学〉へ、という「知」の転換においても重要なのは「人口」という同じ問題の出現であると述べている。生物学における「個体群」という問題を設定したとき、そして比較言語学における「集団的主体としての人口が〈人口に固有のではなくその言語に固有の規則性にしたがって〉話している言語を変化させうるのはどのようにしてか」という問題を設定したとき、これらの「知」は「人口という主体」を導入したのである[1]。こうして、統治はフーコーが示唆するように、「人口」という生政治的なレベルで理解され、新しい科学〈人間諸科学〉の出現によって改革的介入が目指される独特な領域となった。

比較言語学者の伊波が、日本と沖縄とのあいだに存在する関係を、法権利的主権という考え方によって構築されてきたその関係を中断し、新たな主体によって位置づけ直そうとしたことは、この「知」の枠組みによれば必然であったといえる。この統治の合理化を封建的な支配の打破と読み替えてはならない。むしろ、人間の背後にある物事の自然性から主体を条件づけようとするような、新しい「知と権力」による秩序を導入することに関心があったと読むべきなのである。

これらの秩序は、新しい主体のための新しい空間を規定する。〈沖縄学〉という言説から見える帝国・植民地の権力関係は、その空間を作り出すために、人々を君主と臣民という古い関係から引き離し、歴史主体の概念の構築を通じて、主体性の場を、〈民族性〉という新たな空間に転換していった。言い換えれば、新たな主体として帝国化する日本に参入するという新しい秩序を推進するためには、〈民族〉にとっての新しい内的領域を発明し、それに関与する「知」を身につけることが必要だったのである。つまり、主体を構成する「知」と帝国に参加する「知」が、〈民族〉に進歩的な改良を義務づけるような形で作動する、新しい統治の合理性――植民地統治性――を構成したのである。

したがって、重要なのは、帝国・植民地関係を構成した合理性にどのような歴史性を付与するかということである。というのも、帝国・植民地関係は、単一の知の枠組みでも単一の政治的合理性の繰り返しでもないからである。むしろ理解すべきは、帝国・植民地関係の全体を形作る構造や計画のなかに、異なる知の枠組み、異なる政治的合理性、異なる権力の構成が主導的な立場で登場する不連続性があったということである。スコットがいうように「植民地近代の形成は、植民地統治における不連続性」として捉えなければならない。この不連続性の考察によってあらわになるのが「植民地統治性」であり、そこでは、「植民地空間の破壊と再建に権力が向けられ、植民地の身体に対する搾取的な効果よりも、植民地の行動に対する統治効果を生む」ような権力関係が現れるのである[(2)]。

こうして伊波を含む近代日本と沖縄における「言説」を分析することの意味が明らかとなる。近代日本と沖縄を「植民地統治性」の観点から理解するためには、その過去と近代についての個別性を理解する必要があり、その特異な歴史性、その構造、計画を構築してきた過程を把握する必要がある。近代日本と沖縄の帝国・植民地関係を歴史化することで、その関係が構築された政治的合理性の差異に焦点をあてるような言説分析を試みなければならない。一九世紀末から二〇世紀初頭にかけて政治が依拠する概念、それを可能にする「知」と技術、その実践の現場、それを保証する構造、そしてこれらが必要とする主体性に大きな変化が生じたのであった。それが顕著に観察される場が近代日本と沖縄の関係であり、伊波普猷の〈沖縄学〉という言説であった。

以下、本書での考察を振り返りながら、〈沖縄学〉の位置づけを述べておきたい。第一章、第二章の考察で述べたように、〈歴史〉という特殊な認識の枠組みの誕生について語るとき、そこでは言語の自然性、ヒトという種の身体の自然性が問題であった。比較言語学や解剖学的な形質人類学も人間集団の現在の身体を観察し、計測し、その背後に固有の自然性・法則性を見出していた。それによって法権利的主体性の歴史に代わる、〈歴史〉を認識し得ていた。そこで考察された自然性は、音声の痕跡としての現在の身体、生物学的進化の、そして古形保存としての現在の身体を通して看取されるものであった。その痕跡としての諸身体を通じて、人間の主体性・意志とは関係のない〈歴史〉が認識可能になっていたのである。また、生物学と社会学（社会有機体論）のなかで示したのは人間の主体性・意志とは別の生物学的自然法則の存在であった。人種改良・優生学、社会衛生・民族衛生、精神分析も同様に、介入すべき人間の身体、集合的身体、ヒステリーやトラウマの現れる身体を問題にしていたが、そこでの人間の「身体」や「精神」もまた、遺伝、進化、自然環境、社会環境、そして無意識という人間の主体性や意志の外部にあるものとして理解されていた。痕跡としての身体を通して把握される自然性の考察によって、一度は人間の外部にはみ出ることになり、しかしそのことによって集合的生命（人口）である〈民族〉の身体と精神が考察可能になるのである。身体の背後にあるそれらに固有の〈歴史〉に基礎づけられた、集合的生命・身体の〈歴史〉という歴史の認識枠組みの変化を見ることで、〈民族〉に働きかける新たな統治テクノロジーが考察可能となるのである。

〈民族〉が自然性・法則性といった内的なメカニズムを持っていると措定されるなら、帝国・植民地の統治は、これを引き受けなければならない。こうして、その〈民族〉の〈歴史と現在〉に現れている感情、能力や性質、生活状況、環境と遺伝の影響など、その〈民族〉の背後にはりついて、その〈歴史と現在〉を説明するとされる〈民族性〉が標的として産出され、統治テクノロジーの対象となる。そしてそれは優生学や精神分析をはじめとした科学的実践の介入を導き、また〈民族〉の統治能力を帝国と植民地という国家関係、国際関係の基盤にするものでもあった。本書で〈民族性〉に言及することの意味は、帝国・植民地関係において「統治する」ということが、〈民族〉を通じて介入可能であるとされる〈民族性〉を標的としているからに他ならない。

繰り返すと、第一に、比較言語学の歴史認識が示すように、人間の主体的行為以外のものが歴史の対象として取り扱われるようになる。〈言語そのものの歴史〉が含意しているのは、人々の主体的な発話行為の背後にある〈音声そのものの歴史〉によって、言語の系統が決定される可能性である。さらに言語が根本的に開かれたものであるがゆえに、〈民族〉を規定できないため、その閉鎖を目的として「形質」という〈身体そのものの歴史〉に〈言語そのものの歴史〉が接続された。それによって閉じられた〈民族〉の〈歴史〉が措定されたのである。つまり、〈言語・身体そのものの歴史〉など、行為の背後にあってその行為と行為者の歴史が準拠するとされる〈歴史〉が新たな思考の基準として設定され、それによって〈民族性〉が考察可能になっている。

第二に、そうした〈歴史〉の思考が可能になったことで、旧来的な「歴史」以外に知的探究の領域が拡大する。すなわち、歴史的事実の解明や、君主や領主のような主権主体がどのような人物か、そうした主権主体にからむ旧来的な歴史の記述に加えて、主権者を生み出した〈民族の歴史〉の起点の解明が求められることになった。〈民族〉にはどのような歴史があり、どのような性質があるのか、そうしたことを解明する新たな任務が歴史学に課されるようになる。

第三に、〈民族〉の性質へのアプローチを通じて、歴史学以外の科学もまた〈民族の歴史〉に参与する。言語学、人類学だけでなく、生物学、優生学、心理学、精神分析学などが、〈民族〉の性質をめぐってその〈歴史〉を考察し、その〈歴史〉のうちに見出される特殊性、危険性、矯正可能性を探究する。〈民族性〉は遺伝するものであり、自然環境に影響を受け、さらには社会制度の変容によってトラウマを負うものと考えられ、加えて人為的な淘汰と改良が可能なものとされる。こうして介入可能な自然性としての〈民族性〉の措定は、帝国・植民地関係という現実政治と相まって、最終的に近代の人間諸科学による〈民族〉に対する統治実践へと行き着く。なぜなら、法権利的主体に対する統治は、それが王権であれ国民主権であれ、基本的に「法」による主権者間の規制という統治実践しかなく、法権利的主体とは異なる〈歴史主体としての民族〉の性質を統治の対象にするには、「法」とは別の知に基づく統治実践が必要になる。近代の人間諸科学は自らが生み出した〈民族性〉の統治実践をも担っていくことになる。こうして〈歴史〉と「統治」の関係があらわとなる。そこでは新たに統治の対象とされる〈民族性〉の「抑圧」ではなく「産出」があったのである。

〈民族性〉は〈歴史〉を付与された人々に対して行使される知と権力が機能することによって、集合的身体の周囲、その表面、その内部に産出される。この〈民族性〉は法権利的連続性としての主権論から語られることはなく、新たな〈歴史〉の認識枠組みである近代の人間諸科学から生まれる。〈民族性〉とは、人間諸科学的知への準拠とそれに基づく統治実践が境位であり、それによって知が権力の諸効果を再強化するような「装置」[3]でもある。

こうした〈民族性〉の実在という措定の上に、多様な概念が打ち立てられ、諸々の分析領域が開拓された。〈民族〉の個性、危険性、自治能力、統治能力、政治的能力などといったものである。この実在の措定の上に、統治のための科学技術と科学的言説が築き上げられ、また「民族自決」が帝国・植民地関係を補強する重要な概念として現れる。伊波が何度も述べている抑圧された〈民族〉の解放を促すものとしての〈民族〉の矯正可能性や自治能力は、それ自体が〈琉球民族〉の「主体化」であると同時に、その主体を統治実践に隷属化させる効果を意味する。〈民族性〉とは、集合的生命・身体、つまり人口に対して行使される統治のための介入点なのである。〈民族性〉は近代的人間諸科学の知の効果であると同時に、統治のための介入の道具となる。

〈民族性〉についての上記のような認識から出発して、伊波の言説についていくつか補足しておきたい。伊波において、〈民族性〉は一方では国家形成能力として、すなわち「統治能力」として語られた。他方でズーモッコーや移住慾の欠如、トラウマとして、すなわち「危険性」として語られた。この「統治能力と危険性」とは、近代の人間諸科学が示した枠組みにおいて「産出」され、さらに帝国と植民地の関係の結節点として捉えられたものである。

琉球王国の主権を表象するのは、王権についての歴史記述・歴史記録であった。しかし、伊波が語る帝国・植民地関係の結節点においては、それとはまったく別のものが必要になる。それは、諸〈民族〉の歴史、その〈民族性〉を規定する「統治能力と危険性」である。近代の人間諸科学を根拠に、伊波が琉球民族の「抑圧」からの「解放」のための根拠として〈歴史主体としての琉球民族〉という新たな主体を付け加えたのだとしたら、それによって見えてきたのは、帝国と植民地のあいだに〈民族〉の性質である「統治能力と危険性」が導入されることになる過程だったということである。王権の歴史が消え去ってしまった場所に、〈言語・身体そのものの歴史〉に基づく〈民族〉が、それ自身の「性質」と「統治能力と危険性」を標的として、帝国と植民地の関係のなかに出現したのである。帝国による植民地統治が、被植民者を作り出すという主張は正しい。植民地統治それ自体が被植民者を抑圧し、劣位に位置づけてきたというのもまた事実である。しかし帝国・植民地関係は、別の意味においても被植民者を生み出してきた。帝国・植民地関係の内部には、近代の人間諸科学を通じて、「統治能力と危険性」を持った〈民族性〉という物質的身体の背後にあるものを導入したのである。

伊波普猷の沖縄についての学問が、新たな〈歴史〉認識の枠組みを通した〈民族〉という歴史主体のための学問、知の枠組みとして理解できるのは、伊波が触れた近代の人間諸科学の体系が帝国と植民地の関係を維持するための知的実践そのものと極めて強く結びついていたからであった。確かに伊波は沖縄の近世・近代史を「抑圧と解放」の歴史として定めた。しかしその歴史は法権利的な抑圧と解放の歴史ではなかった。伊波の学問が〈民族〉の歴史についての学問であるのは、言語や身体の〈歴史〉だけではなく、法権利的な「抑圧と解放」の物語を背後で支えている〈民族性〉の歴史とその実在性の証明に多くが費やされていることからも理解できる。そして〈民族性〉があるという実在性の主張のために、〈民族〉の「統治能力と危険性」が現れ、それを根拠に〈民族〉は帝国に一つの歴史主体として参入し、あるいは拒否され、あるいは自らの危険性を矯正することを自らに課すようになったのである。

この「統治能力と危険性」とはどのようなものなのか。また、伊波の学問が「統治能力と危険性」を「作り出す」とはどういうことなのか。そして「統治能力と危険性」はどのような意味において帝国・植民地関係の「相関物」となるのか。

「統治能力と危険性」についてまず理解すべきは、それが、実際に現在においてある地域を統治していない民族のことを指しているのではないということである。「統治能力と危険性」を規定するのは、その実際の行為や状況ではない。ある〈民族〉を「統治能力と危険性」として規定するときに問題となるのは、その〈民族〉がどのような法権利的現在（主権）にあるかということではなく、「統治能力と危険性」をもつ〈民族〉がどのような生を送ってきたのか、「統治能力と危険性」をもつ〈民族〉がどのような衝動を持っているのかということである。

確かに帝国と植民地の関係は、戦争や条約、国際法という国家間の法権利的枠組みによって確定されたものである。しかし〈民族性〉の措定において、帝国と植民地の関係が差し向けられるべきは、そうした法権利的関係ではない。帝国と植民地の関係は〈民族性〉を介して、そうした法権利的関係を正当化できる。これまで見てきたように、実際に帝国と植民地の法権利的関係にその根拠を与えているのは「能力」の表象であった。つまり「法」は〈民族性〉の表象に従っていたのである。そして〈民族性〉は、法権利的関係とは異なる対象、少なくとも最初は国家の法権利的枠組みのなかでは考慮されていなかったような諸々の学知によって規定された対象なのである。その「諸々の学知」による「統治能力と危険性」の規定が目指しているのは、「植民者と被植民者」という法権利的位置と、それらの〈民族性〉の差異との類縁関係を打ち立てることである。〈民族性〉に「法」を従属させることで、帝国と植民地の関係を編成するのである。

それは「統治能力と危険性」を〈民族〉に備わるとされるさまざまな要素から出発して説明しようとすることであり、場合によっては植民地化以前に、あるいは帝国と植民地関係の外に、「統治能力と危険性」を存在させることでもある。「統治能力と危険性」に関するこのような言明と呼応するものとして、本書に即して例示すれば、「移住慾」の分析があった。伊波の説明では、〈琉球民族〉は「移住慾」という自然的本性を自らのうちにもつ。それと同時に、現在はそれが欠如しているとされる。過去における民族の移動と、現在の人々の移動性の低下が、「自然的本性とその欠如」として説明されている。「移住」行為へと必然的に導く欲望を「本性として」所有するとみなされ、またそれを失ってしまった者、あるいはそれを回復する可能性を有する者こそが、〈琉球民族〉と呼ばれている。行為そのものではなく、行為を引き起こしたとされる性質と、その欠如と回復が問題になる。要するに、〈民族性〉に内在する「危険性」とは、当該民族が分岐し、移住し、国家を形成し繁栄させてきたという規範を前提に、それから逸脱した性質である。〈琉球民族〉とはそうした「統治能力と危険性」を、自らに固有の説明原理として保持する者のことなのである。

帝国・植民地関係における統治テクノロジーは、〈民族性〉の維持と変容を、つまり〈民族性〉への介入を本質的な役割としている。そうだとすれば、帝国・植民地関係における解放を述べるには、ただ法権利的な枠組みにおける解放を主張するばかりでなく、〈民族性〉を作り変え、あるいは維持するために必要な操作をしなければならない。つまり優生学が〈民族〉を植民地的抑圧から解放する手段として見出されるようになる。そしてそうした変容と維持の操作のために必要とされるのが、〈民族〉に関する「知」の採取——言語学、形質人類学、郷土史、民族心理、精神分析——なのである。したがって抑圧と解放の枠組みは、恒常的に諸地域、諸〈民族〉についての「知」を採取し、分類し、それに意味を与え、再構成し、それに介入しなければならない。こうして出来上がった諸々の知が、版図的あるいは国際法上の地域関係を、〈民族性〉の関係性に変えることを可能にし、「法」を〈民族性〉に従属させることを可能にするのである。

「法」を〈民族性〉に従属させ、統治対象を〈民族性〉の是正へと置換するために要請されるこうした近代の人間諸科学の知の形成のなかで、対象のレベルにおいても一つの置換が起こる。〈民族性〉を正常化ないし規範化するために必要となるのは、その〈民族〉が実際に国際法的にも国内法的にも適合的な措置の対象となったかどうかではなく、その〈民族〉の性質に介入すべき部分を明らかにすることであり、その「統治能力と危険性」と、国際法的・国内法的処置との「類縁関係」を明らかにすることである。すなわち、国際法的・国内法的な解放に代わって、「統治能力と危険性」を保有する者としての〈民族〉が、知の特権的な対象として措定される。こうして法権利的な解放の前に、〈民族性〉への介入による「解放」が必要になるという言説が可能になる。こうした諸知の対象──「統治能力と危険性」──が、国際法的・国内法的な関係のなかで「発見」されるのではない。〈民族性〉の変容を目指すことで拡大する統治テクノロジーによって「発明」される。「法」と〈民族性〉の「類縁関係」は実際には近代の人間諸科学が作り上げているに過ぎない。しかし〈民族性〉を探究し、それに介入しようとする学問的実践の効果として、それは「ある」ようになる。帝国・植民地関係が〈民族性〉を産出するとは、このように統治テクノロジーが統治の対象を形成し、かつそれに関与するということを意味する。そうしてその対象を歴史的な実在性として機能させることなのである。

〈民族性〉に介入するための「統治能力と危険性」とは、帝国・植民地関係における統治権力の産物であるということ。「統治能力と危険性」がそうした統治権力の行使に役立つ道具として機能するということである。〈民族性〉の変容という目的そのものに関して言えば、被統治者は最初から「統治能力」の欠如を運命づけられている。帝国・植民地関係では結局、「統治能力」の証明は不可能なのである。なぜならそれは介入のために「ある」とされるからである。したがって「統治能力」の証明によって自治植民地になる権利や独立の権利を獲得することなどない。むしろ統治能力の欠如や危険性を植民地統治のための介入点として配置しようとしてきたのである。端的に言えば、帝国・植民地関係にとって固有の目標とは、〈民族〉を実際に変容させ、それによって国際法的・国内法的処置の問題を消滅させること──法的な解放──よりも、むしろ、「統治能力」によって「解放」が勝ち取れるという言説を管理することなのだ。したがって仮に法権利的な独立を果たしたとしても、いつでもその能力の欠如を理由に介入することが可能になる。そしてそのために不可欠なのが、〈民族性〉をめぐる知の形成なのだ。ある一つの民族がその「本性」においてどのような集合的生命・身体であるかを知ること、ある集合的生命・身体を〈民族性〉へとつなぎとめることが植民地統治にとって重要になる。

「統治能力」があることによる〈民族性〉の称揚は、そのような能力が想定されない地域への「抑圧」を伴う。それにもかかわらず、帝国・植民地関係のなかで最終的な植民地の消滅を示唆する植民政策学者や国際連盟（委任統治など）が、そして解放を目指す伊波までもが〈民族性〉に基づく帝国・植民地関係を思考（志向）するということは、〈民族〉と〈民族性〉の産出が結局は帝国・植民地関係の「成功」を表しているということに他ならない。つまり「統治能力」を見据えてその「欠如」につながりかねない「危険性」を自らの内部に探し出し、介入することを可能にする〈民族性〉という「真理」は、帝国・植民地関係が作動するための一つの特権的な「装置」なのである。〈民族性〉は、ある集団に内在すると措定され、集団とその行為との必然性を、その行為が実行される以前からすでに打ち立てている。ある集団がある行為を行うのは、その集団がある特定の〈民族性〉を自らに固有のものとしているからに他ならないからであり、この〈民族性〉によってそうした行為を行うことが必然とされているからである。集団をある行為へと導く内的な力として、〈民族性〉は、集団とその行為の間の結びつきを保証する。

繰り返すが、このような〈民族性〉が、帝国・植民地関係のなかに現れたとすれば、それは、科学的探究によってそれが「発見」されたからではなく、植民地統治のメカニズムによってそれが要請されたからである。つまり〈民族〉の個別の性質に基づく植民地統治にとって、その〈民族〉がその本性においてどのような集合的生命・身体であるかを知る必要が生じたということであり、そうした本性としての〈民族性〉を想定する必要が生じたということを意味する。〈民族性〉の「産出」とは、したがって、植民地統治の要請と相まって、近代の人間諸科学の知の対象として形成されるということであり、それが客観的実在として措定されるということでもある。

〈民族性〉とは確かに「実体」ではない。というのも、それは権力の要請にしたがって集団のなかに「ある」と想定されたものに過ぎないからだ。しかしそれは、歴史的実在性をもつといわなければならない。この〈民族性〉は、現実に近代の人間諸科学の「知」と帝国・植民地における統治権力が連結する装置として機能している。実際に伊波においても、法権利的な解放よりも、精神的な解放が重視されていた。そして伊波の郷土史はトラウマの治療としての「告白」の実践であり、歴史家は歴史学以外の新たな任務――郷土史＝告白による内面の産出――に従事するようになったのである。そして優生学や精神分析が〈民族性〉の、その能力と危険性の判定を行うようになる。帝国・植民地関係では、国際法的・国内法的位置づけが議論される以上に、その〈民族性〉が考慮されなければならなくなる。植民地統治において、同時に植民地の解放において、植民者・被植民者がどのような〈民族性〉をもつ集団であるかを示すことが必要になるのである。そして、〈民族性〉の専門家たちが、統治実践に参与するようになる。こうしたことは、まさしく、実際の植民地統治にもたらされた現実的帰結である。帝国・植民地関係によって、生み出された〈民族性〉は、被植民者の現在と未来を担うものとして、植民地統治そのものの作動に大きく寄与している。

伊波が〈琉球民族〉の〈民族性〉によって、それを新たな歴史主体として「解放」を唱えたとき、確かにそれは植民地統治からの「解放」を意味していた。しかしながら、この〈民族性〉という装置は、人間諸科学の論理を基盤に、「統治能力」の欠如と〈民族性〉に付随する危険性の表象によって、その解放の根拠とされた「能力」そのものによって立ち上げた歴史主体を、再び植民地統治のなかに位置づけ直すことにも成功する。こうして〈民族性〉という概念は、帝国・植民地関係において、「法」的にも、また統治実践としても危険なものとはならず、逆にその関係のなかに安定してしまう。なぜならば、解放の主張と、解放にはまだ早いという主張が同じものを根拠にしているからである。「解放」を求めて〈民族性〉を探究することは、結局、〈民族性〉という装置が支えている帝国・植民地関係の統治戦略の中心で、植民地統治に加担することになるのである。

帝国・植民地研究と〈民族性〉の考察においては、フーコーがセクシュアリティの装置について述べた次の帰結をかみしめる必要がある。

この装置の皮肉は、そこに我々の「解放」がかかっていると信じ込ませていることだ。(4)

注

(1) フーコー（二〇〇七b）、九二―九六頁。
(2) Scott (2005)。
(3)「装置」とは、言説形成と非言説的領域（制度、政治的出来事、経済的実践およびプロセス）の総体を指している。
(4) フーコー（一九八六）、二〇二頁。

あとがき

本書は、二〇二一年に東京大学大学院総合文化研究科に提出した博士論文「〈沖縄学〉の認識論的条件――歴史・統治・帝国」に加筆・修正を加えたものである。

修士課程まで取り組んでいた戦後沖縄思想研究から、大きく時代をさかのぼることになったのは、伊波普猷の『古琉球』の存在であった。「沖縄の主体の構成」とは何なのかという漠然とした問いを抱いていたなかで、伊波は日琉同祖論と文化研究によって、日本と沖縄のあいだで両義的な主体を構成した、というのが当初の私の理解であった。しかし実際に伊波の文章を読むと極めて難解であった。特に本書を貫く最初の問いである「兎に角言語はあてにならぬことがある」という伊波の一文が、「近代」においていかに重大であるかを理解するまでには長い時間を要した。

転機となったのは、たまたま本棚にあったミシェル・フーコーの『言葉と物――人文科学の考古学』を引っ張り出したときである。以前は伊波よりもはるかに難解だと思っていたフーコーの文章が、私を「近代」のとば口に立たせた。鮮烈であった。一気に世界の色彩が変わった。『言葉と物』なしには本書は存在しないといっても過言ではない。とはいえ、そこから本書を仕上げるには、さらに長い時間がかかってしまった。思考の断片を組み上げては解体し、また組み上げるという繰り返しの日々であった。

その間、多くの人たちに支えられた。とくに森啓輔、松田潤、土井智義、吉田裕、井上間従文、新城郁夫、我部聖、村上陽子、上原こずえ、伊佐由貴、阿部小涼、戸邉秀明、田仲康博、屋嘉比収らとの読書会や研究会、そしてデモや座り込みへの参加がなければ、ここまで研究を続けることはできなかった。

指導教官の市野川容孝先生には最大の感謝を述べたい。博士論文の執筆まで十年以上も待っていただいた。暗中模索のなか、先生に論文の構想を聞いていただいた際に「おもしろい」と言われたことが、その後の執筆の支えになった。また博士論文の審査に際しては、高橋哲哉先生、森政稔先生、小森陽一先生、戸邉秀明先生から貴重な助言をいただいた。心より感謝申し上げます。本書のような学際的な議論が形になったのは、駒場の相関社会科学という場のおかげでもある。研究会やゼミで議論を交わした方々の学恩に報いることができていれば幸いである。

勁草書房の関戸詳子さんには、拙論を通読いただいて編集をお引き受けいただいた。お忙しいなか、時間をかけて読んでくれる方がいるというのは、とても有り難いことであった。そうした関係なしには本書は成らなかったことを思えば、深い感謝の念しかない。

最後に、家族である。大学院に進学することを支えてくれただけでなく、その後の長い研究も支えていただいた。祖父母、父、母、姉、妹には積年の感謝を伝えたい。また論文執筆に苦悶する私を東京で応援し続けてくれた和田氏と文太（猫）にも紙面を借りて感謝を伝えたい。

本書の出版に際し、二〇二四年度東京大学学術成果刊行助成と、第五回東京大学而立賞をいただいた。記して感謝を表したい。

徳田　匡

引用・参考文献一覧

[日本語文献]

安里延（1941）『日本南方發展史――沖繩海洋發展史』三省堂。

浅田喬二（1990）『日本植民地研究史論』未來社。

浅野豊美・松田利彦編（2004）『植民地帝国日本の法的展開』信山社。

阿部安成（1996）「伝染病予防の言説――近代転換期の国民国家・日本と衛生」『歴史学研究』第686号、歴史学研究会。

――――（2001）「「衛生」という秩序」見市雅俊ほか編『疾病・開発・帝国医療』東京大学出版会。

新川明（1971）「「非国民」の思想と論理」『反国家の兇区』現代評論社。

安良城盛昭（1978）「琉球処分論」『新沖縄文学』第38号、沖縄タイムス社。

飯島渉（2005）『マラリアと帝国』東京大学出版会。

伊佐眞一（2007）『伊波普猷批判序説』影書房。

――――（2016a）『沖縄と日本の間で――伊波普猷・帝大卒論への道』（上）琉球新報社。

――――（2016b）『沖縄と日本の間で――伊波普猷・帝大卒論への道』（中）琉球新報社。

――――（2016c）『沖縄と日本の間で――伊波普猷・帝大卒論への道』（下）琉球新報社。

石川健治（1994）「国家・国民主権と多元的社会」樋口陽一編著『講座・憲法学　第2巻　主権と国際社会』日本評論社。

石川三四郎（1925）『非進化論と人生』白揚社。

石田雄（2000）『記憶と忘却の政治学――同化政策・戦争責任・集合的記憶』明石書店。

石田正治（2010）『愛郷者伊波普猷――戦略としての日琉同祖論』沖縄タイムス社。

石原俊（1999）「軍事占領をめぐる知の重層的編成――沖縄における〈歴史の収奪〉」『ソシオロジ』第44巻第1号、社会学研究会。

泉哲（1921）『植民地統治論』有斐閣。

板垣雄三（1992）『歴史の現在と地域学』岩波書店。

市野川容孝（1992）「生―権力の系譜」『ソシオロゴス』第16号、ソシオロゴス編集員会。

――（2000a）「ドイツ――優生学はナチズムか？」米本昌平ほか『優生学と人間社会』講談社現代新書。

――（2000b）『身体／生命』岩波書店。

――（2000c）「社会的なものの概念と生命――福祉国家と優生学」『思想』第908号、岩波書店。

――（2012）『ヒューマニティーズ　社会学』岩波書店。

伊藤秀一（1933）「ジョン・ヘイの『門戸開放』宣言――支那に於けるアメリカ帝國主義活動の一齣」『三田学会雑誌』第27巻第2号、慶應義塾理財学会。

稲福盛輝（1998）「沖縄医療史の黎明期」琉球大学医学部附属地域医療研究センター編『沖縄の歴史と医療史』九州大学出版会。

井上哲次郎（1894）佐村八郎編『井上博士講論集　第一編』敬業社。

伊波普猷（1904）「琉球群島の單言」『東京人類学会雑誌』第225号、東京人類学会事務所。

――（1906a）『琉球語の音韻組織並に名詞代名詞数詞係結に就いて』東京大学国語研究室所蔵。

――（1906b）「沖縄人の祖先に就て」『琉球新報』1906年12月5―9日。

――（1909）「伊波文學士の談」『沖縄毎日新聞』1909年6月15日。

――（1911a）『琉球人種論』小沢博愛堂。

――（1911b）『古琉球』沖縄公論社。

――（1911c）『琉球史の趨勢』小沢博愛堂。

――（1912）「古琉球の政教一致を論じて經世家の宗教に對する態度に及ぶ」『沖縄毎日新聞』1912年3月20―30日
――（1914）「琉球処分は一種の奴隷解放也」喜舎場朝賢『琉球見聞録』親泊朝擢。

――（1919）『沖縄女性史』小沢書店。

――（1922）『古琉球の政治』郷土研究社。

――（1924）「琉球民族の精神分析――県民性の新解釈」『沖縄教育』第12巻、第136号、沖縄教育会。

――（1926）『孤島苦の琉球史』春陽堂。

――（1939）『日本文化の南漸――をなり神の島続篇』楽浪書院。

――（1942）『沖縄考』創元社。

――（1974a）「琉球史の瞥見」『伊波普猷全集』第1巻、平凡社。

――（1974b）『伊波普猷全集』第5巻、平凡社。

――（1975）「琉球語と琉球文学」『伊波普猷全集』第8巻、平凡社。

――（1976a）「適正な奨励法を――伊波さんは語る」『伊波普猷全集』第10巻、平凡社。

――（1976b）「方言は無暗に弾圧すべからず――自然に消滅させ」『伊波普猷全集』第10巻、平凡社。

――（1976c）「沖縄の俚諺とデモクラシー」『伊波普猷全集』第11巻、平凡社
――（1976c）「図書館にての対話」『伊波普猷全集』第11巻、平凡社。

――（1976d）「布哇物語」『伊波普猷全集』第11巻、平凡社。

――（2000）『古琉球』外間守善校訂、岩波文庫。

伊波普猷・真境名安興（1916）『琉球之五偉人』小沢書店。

イ・ヨンスク（1996）『「国語」という思想――近代日本の言語認識』岩波書店。

上田万年（1897）『国語のため』冨山房。

――（1898）「語学創見」『帝国文学』第4巻第1号、帝国文学会。

――（1903）「日本言語研究法」『国語のため　第二』冨山房。

上地一郎（2003）「沖縄明治期の旧慣存置政策に関する一考察――村落慣習法を事例に」『早稲田法学会誌』第53巻、早稲田大学法学会。

植手通有（1976）「平民主義と国民主義」『岩波講座　日本歴史16　近代3』岩波書店。

宇城輝人（2003）「人口とその徴候――優生学批判のために」阪上孝編『変異するダーウィニズム――進化論と社会』京都大学学術出版会。

内田智子（2005）「上田万年の「P音考」の学史上の評価について」『名古屋大学国語国文学』第97号、名古屋大学国語国文学会。

海野幸徳（1911）『日本人種改造論』冨山房。

梅澤礼（2016）「精神障害者と犯罪者　デジェネレッサンス理論の形成過程に関する一考察」『立命館言語文化研究』第28巻第1号、立命館大学国際言語文化研究所。

江口朴郎（1954＝1973）『帝国主義と民族』第二版、東京大学出版会。

大久保利謙（1988）『日本近代史学の成立――大久保利謙歴史著作集7』吉川弘文館。

大杉栄（1923）『クロポトキン研究』アルス。

――（1964）「動物界の相互扶助――生存競争についての一新説」『大杉栄全集　第4巻　クロポトキン研究』現代思潮社。

――（1974）「丘博士の生物学的人生社会観を論ず」筑波常治編『近代日本思想大系9　丘浅次郎集』筑摩書房。

大林信治・森田敏照編著（1994）『科学思想の系譜学』ミネルヴァ書房。

丘浅次郎（1904）『進化論講話』東京開成館。

――（1906）『進化と人生』東京開成館。

――（1911）『進化と人生』増補二版、東京開成館。

――（1926）『猿の群れから共和国まで』共立社。

岡倉由三郎（1890）『日本語学一斑　壹之巻』明治議会。

岡田泰平（2014）『「恩恵の論理」と植民地――アメリカ植民地期フィリピンの教育と遺制』法政大学出版局。

岡義武（1961）「国民的独立と国家理性」竹内好・唐木順三編『近代日本思想史講座　第8巻　世界のなかの日本』筑摩書房。

沖縄県立図書館史料編集室編（1995）『沖縄県史　資料編1　民事ハンドブック　沖縄戦1（和訳編）』沖縄県教育委員会。

――（1996）『沖縄県史　資料編2　琉球列島の沖縄人・他　沖縄戦2（和訳編）』沖縄県教育委員会。

小熊英二（1994）「躓いた純血主義――優生学系勢力の民族政策論」『情況』第2期第5号、情況出版。

――（1995）『単一民族神話の起源――〈日本人〉の自画像の系譜』新曜社。

――（1998）『〈日本人〉の境界――沖縄・アイヌ・台湾・朝鮮　植民地支配から復帰運動まで』新曜社。

――（2023）「日本における『民族的』アインデンティティ――『民族』概念の創出と伝播」駒井洋監修、加藤丈太郎編『入管の解体と移民庁の創設――出入国在留管理から多文化共生への転換　移民・ディアスポラ研究10』明石書店。

長志珠絵（1993）「言語学の『受容』」『立命館大学人文科学研究所紀要』第59号、立命館大学人文科学研究所。

――（1998）『近代日本と国語ナショナリズム』吉川弘文館。

重田園江（2003a）『フーコーの穴――統計学と統治の現在』木鐸社。

――（2003b）「戦争としての政治――一九七六年講義」『現代思想』第31巻第16号、青土社。

――（2007）「戦争から統治へ――コレージュ・ド・フランス講義」芹澤一也・高桑和巳編『フーコーの後で――統治性・セキュリティ・闘争』慶應義塾大学出版会。

――（2013）『社会契約論――ホッブズ、ヒューム、ルソー、ロールズ』ちくま新書。

――――（2018）『統治の抗争史――フーコー講義1978―79』勁草書房。

風間喜代三（1978）『言語学の誕生――比較言語学小史』岩波新書。

香戸美智子（2011）「ヒルシュフェルトと血液型ヒト集団」『医譚』第94号、日本医史学会関西支部。

――――（2012）「二十世紀前半における医学・科学知識の伝搬について――ヒルシュフェルトの影響を中心に」『医譚』第95号、日本医史学会関西支部。

片山国嘉（1889）『市区郡医制度論』（東京医学会雑誌第19号別刷）。片山国嘉。

加藤哲郎（2001）「20世紀日本における「人民」概念の獲得と喪失」『政策科学』第8巻第3号、立命館大学政策科学会。

加藤弘之（1912）『自然と倫理』実業之日本社。

――――（1915）『自然と倫理――補遺第一　国家の統治権』実業之日本社。

金関丈夫（1971a）「波照間――琉球通信4」谷川健一編『叢書わが沖縄　第3巻――起源論争』木耳社。

――――（1971b）「八重山群島の古代文化――宮良博士の批判に答う」谷川健一編『叢書わが沖縄　第3巻――起源論争』木耳社。

――――（1971c）「琉球の言語と民族の起源――服部教授の論考に答える」谷川健一編『叢書わが沖縄　第3巻――起源論争』木耳社。

金森修（2002）「概念史から見た生命科学」廣野喜幸・市野川容孝・林真理編『生命科学の近現代史』勁草書房。

――――（2008）「現代フランスの主知主義的伝統」金森修編著『エピステモロジーの現在』慶應義塾大学出版会。

鹿野政直（1987）『戦後沖縄の思想像』朝日新聞社。

――――（1993）『沖縄の淵――伊波普猷とその時代』岩波書店。

――――（2001）『健康観にみる近代』朝日新聞社。

――――（2007）「民間学――運動としての学問」『鹿野政直思想史論集』第1巻、岩波書店。

神山孝夫・町田健・柳沢民雄（2017）『ソシュールと歴史言語学――歴史言語学モノグラフシリーズ1』日本歴史言語学会。

亀井孝（1973a）「日本語系統論の問題」『亀井孝論文集2――日本語系統論のみち』吉川弘文館。

――――（1973b）「琉球方言の史的地位」『亀井孝論文集2――日本語系統論のみち』吉川弘文館。

亀井孝・大藤時彦・山田俊雄（2008）『日本語の歴史別巻――言語史研究入門』平凡社。

川上武・上林茂暢（1972a）「人にみる公衆衛生の歴史（9）暉峻義等」『公衆衛生』第36巻第1号、医学書院。

――――（1972b）「人にみる公衆衛生の歴史（10）福原義柄」『公衆衛生』第36巻第2号、医学書院。

河上肇（1911a）「崇神天皇ノ朝神宮皇居ノ別新タニ起リシ事實ヲ以テ國家統一ノ大時期ヲ劃スモノナリト云フノ私見」『京都法学会雑誌』第6巻第1号、京都法学会。

――（1911b）「日本独特の国家主義」『中央公論』第26巻第3号、中央公論社。

――（1912a）「ダーウィニズムとマルキシズム（進化論と社会主義）」『中央公論』第277号、中央公論社。

――（1912b）「遺伝と社会の進歩（一）」『日本経済新誌』第10巻第12号、日本経済新誌社。

――（1912c）「遺伝と社会の進歩（二）」『日本経済新誌』第11巻第4号、日本経済新誌社。

――（1915a）『祖国を顧みて』実業之日本社。

――（1915b）「戦後世界ノ文明（大禮記念号）」『経済論叢』第1巻第5号、京都法学会。

――（1917）「遺傳と教育」大阪朝日新聞社編『朝日講演集』第2輯、朝日新聞合資会社。

――（1982）「崇神天皇の朝神宮皇居の別新たに起りし事実を以て国家統一の一大時期を劃するものなりと為すの私考」『河上肇全集』第6巻、岩波書店。

――（1983）「新時代来る――河上学士講話大要」『河上肇全集』第5巻、岩波書店。

喜舎場朝賢（1914）『琉球見聞録』親泊朝擢。

北輝次郎（1906）『国体論及び純正社会主義』北輝次郎。

北一輝（1928）『日本改造法案大綱』西田税。

北原仁（2011）『占領と憲法――カリブ海諸国、フィリピンそして日本』成文堂。

木畑洋一（2008）『イギリス帝国と帝国主義』有志舎。

木村和男（2000）『イギリス帝国連邦運動と自治植民地』創文社。

――（2004）「帝国再編への萌芽――植民地＝帝国会議とドミニオンの誕生」木村和男編著『イギリス帝国と20世紀　第2巻　世紀転換期のイギリス帝国』ミネルヴァ書房。

金光林（2000）「『日鮮同祖論』を通してみる天皇家の起源問題」『人文学部紀要』第11号、新潟産業大学附属研究所。

金城芳子（1977）『なはをんな一代記』沖縄タイムス社。

陸羯南（1890）「世界的理想と国民的観念」『日本』日本新聞社、1890年1月4～17日。

――（1910）「國民的の觀念」『羯南文集』蟠竜堂。

工藤雅樹（1979）『日本人種論（研究史）』吉川弘文館。

久米邦武（1902）「仲哀帝以前紀年考」『史学雑誌』第13巻第2号、史学会。

――――（1991）「神道は祭天の古俗」田中彰・宮地正人校注『日本近代思想大系13　歴史認識』岩波書店。

栗田寛（1900）『新撰姓氏録考証・上』吉川弘文館。

黒板勝美（1908）『国史の研究』文会堂。

江家義男（1938）「近代刑事思想發生史」小林高記編『法律における思想と理論　牧野先生還暦祝賀論文集』有斐閣。

後藤新平（1889）『国家衛生原理』後藤新平。

――――（1915）『日本植民論』公民同盟出版部。

――――（1921）『日本植民政策一班』拓殖新報社。

後藤朝太郎（1910）『文字の研究』成美堂。

小林啓治（2002）『国際秩序の形成と近代日本』吉川弘文館。

小森陽一（2001）『ポストコロニアル』岩波書店。

――――（2006）『レイシズム』岩波書店。

小森陽一・市野川容孝（2007）『難民』岩波書店。

酒井隆史（2001）『自由論［現在性の系譜学］』青土社。

酒井哲哉（2007）『近代日本の国際秩序論』岩波書店。

阪上孝（1995）「公衆衛生の誕生」『経済論叢』第１５６巻第４号、京都大学経済学会。

――――（1999）『近代的統治の誕生――人口・世論・家族』岩波書店。

坂上孝編（2003）『変異するダーウィニズム――進化論と社会』京都大学学術出版会。

坂野徹（2002）「人種分類の系譜学――人類学と「人種」の概念」廣野喜幸・市野川容孝・林真理編『生命科学の近現代史』勁草書房。

――――（2005）『帝国日本と人類学者　一八八四―一九五二』勁草書房。

――――（2022）『縄文人と弥生人――「日本人の起源」論争』中公新書。

崎濱紗奈（2022）『伊波普猷の政治と哲学――日琉同祖論再読』法政大学出版局。

佐谷眞木人（2015）『民俗学・台湾・国際連盟――柳田國男と新渡戸稲造』講談社選書メチエ。

志賀重昂（1888）「『日本人』が懐抱する処の旨義を告白す」『日本人』第二号、政教社。

白鳥庫吉（1915）「日本人種論に対する批評」『東亜の光』第10巻第8号、東亜協会。

――――（1970）「支那の北部に拠った古民族の種類に就いて」『白鳥庫吉全集』第4巻、岩波書店。

慎改康之（2004）「「魂」の系譜学――『監獄の誕生』と「隷属化の権力」」仲正昌樹編『法の他者』御茶の水書房。

――――（2019）『フーコーの言説――〈自分自身〉であり続けないために』筑摩書房。

新村出（1901a）「田口博士の言語に関する所論を読む」『言語学雑誌』第2巻第4号、賓永館書店。

――――（1901b）「田口博士に答へて言語学の立脚地を明にす」『史学雑誌』第12編第11号、史学会。

――――（1912）「南嶋を思ひて」『芸文』第3巻第7号、内外出版印刷。

鈴木善次（1983）『日本の優生学――その思想と運動の軌跡』三共出版。

鈴木善次・森脇靖子・小川眞里子・松原洋子（2000）「小特集　シンポジウム報告　メンデル遺伝学受容の比較研究」『生物学史研究』第66号、日本科学史学会生物学史分科会。

鈴木広光（1994）「上田万年とW. D. ホイットニー――近代日本「国語」政策の基底」『国語学』第１７６集、日本語学会。

鈴木是生（2006）「帝国の解体と民族自決論――バウアー、ウィルソン、レーニン（一）」『名古屋外国語大学外国語学部紀要』第30号、名古屋外国語大学。

――――（2007a）「帝国の解体と民族自決論――バウアー、ウィルソン、レーニン（二）」『名古屋外国語大学外国語学部紀要』第32号、名古屋外国語大学。

――――（2007b）「帝国の解体と民族自決論――バウアー、ウィルソン、レーニン（三）」『名古屋外国語大学外国語学部紀要』第33号、名古屋外国語大学。

関口寛（2011）「20世紀初頭におけるアカデミズムと部落問題認識――鳥居龍蔵の日本人種論と被差別部落民調査の検討から」『社会科学』第41巻第1号、同志社大学人文科学研究所。

瀬戸口明久（2010）「ダーウィンを記念する――日本における進化論受容をめぐる歴史認識の形成」『生物学史研究』第83号、日本科学史学会生物学史分科会。

芹沢一也（2001）『〈法〉から解放される権力――犯罪、狂気、貧困、そして大正デモクラシー』新曜社。

高江洲昌哉（2017）「河原田盛美における『分類』の思想」『神奈川大学日本常民文化研究所調査報告第25集　河原田盛美における本草学

的知識から近代勧業的実践の転換に関する研究』神奈川大学日本常民文化研究所。

高津春繁（1992）『比較言語学入門』岩波文庫。

高橋章（1983）「ジョン・ヘイの第二次門戸開放通牒」『人文研究』第35巻第5号、大阪市立大学文学部。

――（1999）『アメリカ帝国主義成立史の研究』名古屋大学出版会。

瀧正雄（1915）「経済学読書会記事」『京都法学会雑誌』第10巻第6号、京都法学会。

竹沢尚一郎（2005）「人種／国民／帝国主義――19世紀フランスにおける人種主義人類学の展開とその批判」『国立民族学博物館研究報告』第30巻第1号、国立民族学博物館。

竹沢泰子編（2005）『人種概念の普遍性を問う――西洋的パラダイムを超えて』人文書院。

――（2009）『人種の表象と社会的リアリティ』岩波書店。

田島利三郎（1924）『琉球文学研究』伊波普猷編、青山書店。

建部遯吾（1904）『理論普通社会学綱領』金港堂。

田口卯吉（1901a）「国語上より観察したる人種の初代」『史学雑誌』第12編第6号、史学会。

――（1901b）「人種の初代の根據地を決するは國語に如くなし」『史学雑誌』第12編第10号、史学会。

谷川健一（1971）「解説」谷川健一編『叢書わが沖縄第3巻――起源論争』木耳社。

中馬充子（2011）「近代日本における警察的衛生行政と社会的排除に関する研究――違警罪即決と衛生取締事項を中心に」『人間科学論集』第6巻第2号、西南学院大学学術研究所。

鄭駿永（2013）「京城帝大法医学教室の血液型研究と植民地医学」酒井哲哉・松田利彦編『国際シンポジウム報告書第42集　帝国と高等教育―東アジアの文脈から― Empire and the Higher Education in East Asia』国際日本文化研究センター。

津田左右吉（1913）『神代史の新しい研究』二松堂書店。

坪井正五郎（1886）「組立寫眞（Composite photograph）の話」『東京人類学会報告』第10号、東京人類学会。

――（1893a）「五大人種ノ命名者タルぶるーめんばつはノ人類論」『動物学会雑誌』第5巻第55号、東京動物学会。

――（1893b）「五大人種ノ命名者タルぶるーめんばつはノ人類論（承前）」『動物学会雑誌』第5巻第56号、東京動物学会。

――（1893c）「五大人種ノ命名者タルぶるーめんばつはノ人類論（承前）」『動物学会雑誌』第5巻第57号、東京動物学会。

――（1893d）「刑事人類學ノ眞價」『東京人類学会雑誌』第9巻第93号、東京人類学会。

――――（1894）『「重ね撮り寫眞」の術を利用したる觀相法』東洋学芸社。

――――（1895）「人種問題研究の準備」『東京人類学会雑誌』第10巻第108号、東京人類学会。

――――（1904）「『重ね寫眞』の人類學上の應用」『東京人類学会雑誌』第19巻第222号、東京人類学会。

――――（1910）「人類中に認めらる、種々なる集團」『東京人類学会雑誌』第25巻第290号、東京人類学会
土井智義（2022）『米軍の沖縄統治と「外国人」管理――強制送還の系譜』法政大学出版局。

同仁会編（1932）『同仁会三十年史』同仁会。

ドウス、ピーター・小林英夫編著（1998）『帝国という幻想――「大東亜共栄圏」の思想と現実』青木書店。

ドゥーダーライン、ルードヴィッヒ（1981）「琉球諸島の奄美大島」ヨーゼフ・クライナー、田畑千秋訳『沖縄文化研究』第8号、法政大学沖縄文化研究所。

遠山茂樹（1972）「日本近代史における沖縄の位置」『歴史学研究』第382号、青木書店。

――――（1987）「福沢諭吉の啓蒙主義と陸羯南の歴史主義」植手通有編『近代日本思想大系4　陸羯南集』筑摩書房。

――――（1992）「陸羯南の外政論――とくに日清戦争前後の時期を中心として」『遠山茂樹著作集』第4巻、岩波書店。

徳田匡（2008）「「反復帰・反国家」の思想を読みなおす」藤澤健一編『反復帰と反国家――「お国は？」沖縄・問いを立てる（第6巻）』社会評論社。

――――（2016）「人種主義の深淵――伊波普猷における優生学と帝国再編」『現代思想』第44巻第2号、青土社。

渡口真清（1976）「伊波先生と教会の人々」『伊波普猷全集　月報10』平凡社。

戸邉秀明（2003）「沖縄　屈折する自立」『岩波講座　近代日本の文化史8　感情・記憶・戦争』岩波書店。

――――（2008）「ポストコロニアリズムと帝国史研究」日本植民地研究会編『日本植民地研究の現状と課題』アテネ社。

――――（2013）「現代沖縄民衆の歴史意識と主体性」『歴史評論』第758号、歴史科学協議会。

冨山一郎（1990）『近代日本社会と「沖縄人」――「日本人」になるということ』日本経済評論社。

――――（1994）「国民の誕生と「日本人種」」『思想』第845号、岩波書店。

――――（2002）『暴力の予感――伊波普猷における危機の問題』岩波書店。

――――（2005）「「南島人」とは誰のことか」竹沢泰子編『人種概念の普遍性を問う――西洋的パラダイムを超えて』人文書院。

――――（2013）『流着の思想――「沖縄問題」の系譜学』インパクト出版会。

鳥居龍蔵（1897）「穢多に就ての人類学的調査」『東京人類学会雑誌』第13巻第140号、東京人類学会。

――（1903）『千島アイヌ』吉川弘文館。

――（1904a）「森山氏の琉球語のことに就て」『東京人類学会雑誌』第19巻第222号、東京人類学会。

――（1904b）「沖縄人の皮膚の色に就て」『東京人類学会雑誌』第20巻第223号、東京人類学会。

――（1905a）「沖縄諸島に住居せし先住民に就て」『東京人類学会雑誌』第20巻第227号、東京人類学会。

――（1905b）「飛越能地方人民の頭形」『地学雑誌』第17巻第1号、東京地学協会。

――（1918）『有史以前乃日本』磯部甲陽堂。

内藤耻叟（1889）『國體發輝』博文館。

中江兆民（1881）「君民共治の説」『東洋自由新聞』第3号、東洋自由新聞社、1881年3月24日。

中島成久（2001）「国民国家と人種主義」『異文化』第2号、法政大学国際文化学部。

中野好夫・新崎盛暉（1965）『沖縄問題二十年』岩波新書。

中野好夫編（1969）『沖縄――戦後資料』日本評論社。

中村哲（1943）『植民地統治法の基本問題』日本評論社。

波平恒男（2014）『近代東アジア史のなかの琉球併合――中華世界秩序から植民地帝国日本へ』岩波書店。

楢原友満編（1916）『沖縄県人事録』沖縄県人事録編纂所。

成田龍一（1995）「身体と公衆衛生」歴史学研究会編『講座世界史4　資本主義は人をどう変えてきたか』東京大学出版会。

新渡戸稲造（1907）『随想録』丁未出版社。

――（1943）矢内原忠雄編『新渡戸博士植民政策講義及論文集』岩波書店。

野村明宏（1999）「植民地における近代的統治に関する社会学――後藤新平の台湾統治をめぐって」『京都社会学年報』第7号、京都大学文学部社会学研究室。

芳賀矢一（1899）『国文学史十講』冨山房。

長谷川亮一（2008）『「皇国史観」という問題――十五年戦争期における文部省の修史事業と思想統制政策』白澤社。

長谷部言人（1917）「石器時代住民論我観」『人類学雑誌』第32巻第11号、日本人類学会。

服部四郎（1971a）「琉球の言語と民族の起源」谷川健一編『叢書わが沖縄　第3巻――起源論争』木耳社。

――――（1971b）「琉球の言語と民族の起源（余論）」谷川健一編『叢書わが沖縄　第3巻――起源論争』木耳社。

――――（1971c）「日本語の琉球方言について」谷川健一編『叢書わが沖縄　第3巻――起源論争』木耳社。

濱田敦（1952）「明治以後に於ける國語音韻史研究」『国語学』第10輯、日本語学会。

濱田耕作（1918）「河内国府石器時代遺跡発掘報告」濱田耕作、鈴木文太郎、梅原末治、島田貞彦『京都帝国大学文科大学考古学研究報告第二冊――河内国府石器時代遺跡発掘報告等』京都帝国大学。

林真理・廣野喜幸（2002）「近代生物学の思想的・社会的成立条件」廣野喜幸・市野川容孝・林真理編『生命科学の近現代史』勁草書房。

原田一美（2006）「「ナチズムと人種主義」考（1）」『人間環境論集』第5号、大阪産業大学学会。

原敬（1919）「朝鮮統治私見（上下）」国立国会図書館県政資料室「斉藤実文書」929、書類1、リールNo.104, 19。

春名展生（2007）「国際政治学の生物学的基礎――神川彦松の忘れられた一面」『国際政治』第148号、日本国際政治学会。

――――（2015）『人口・資源・領土――近代日本の外交思想と国際政治学』千倉書房。

春山明哲・若林正丈（1980）『日本植民地主義の政治的展開　一八九五―一九三四年』アジア政経学会。

ハンセン病問題に関する検証会議編（2005）『ハンセン病問題に関する検証会議最終報告書』財団法人日弁連法務研究財団。

比屋根照夫（1976）「啓蒙者伊波普猷の肖像――大正末期の思想の転換」外間守善編『伊波普猷　人と思想』平凡社。

――――（1981）『近代日本と伊波普猷』三一書房。

――――（1996）『近代沖縄の精神史』社会評論社。

――――（2005）「戦後日本における沖縄論の思想的系譜」『思想』第980号、岩波書店。

廣野喜幸・市野川容孝・林真理編（2002）『生命科学の近現代史』勁草書房。

福沢諭吉（1874）『学問のすゝめ』第四編。

――――（1875a）『文明論之概略』巻の一。

――――（1875b）『文明論之概略』巻の五。

――――（1880）『学問のすゝめ』第二版。

――――（1882）『帝室論』丸善。

――――（1898）「日本婦人論」『福沢全集』第5巻、時事新報社。

――――（1888）『尊王論』集成社書店。

――――（1897）『福翁百話』時事新報社。

――――（1963）「教育の力」『福澤諭吉全集』第20巻、岩波書店。

福原義柄（1915）『社会衛生学』南江堂書店。

福間良明（2003）『辺境に映る日本――ナショナリティの融解と再構築』柏書房。

藤岡勝二（1900）『言語学　哲学館第12学年度高等教育科講義録』哲学館。

――――（1901）「言語を以て直に人種の異同を判ずること」『史学雑誌』第12編第9号、史学会。

藤田親義（1924）『琉球と鹿児島』藤田親義。

藤野豊（1998）『日本ファシズムと優生思想』かもがわ出版。

古畑種基（1973）「日本人の祖先をさぐる」『論集　日本文化の起源5　日本人種論・言語学』平凡社。

外間守善（1976）「伊波普猷の学問と思想」『伊波普猷全集　第11巻』平凡社。

――――（2000）「解説」伊波普猷『古琉球』外間守善校訂、岩波文庫。

星野恒（1890）「本邦ノ人種言語ニ付鄙考ヲ述テ世ノ真心愛国者ニ質ス」『史学会雑誌』第11号、史学会。

穂積八束（1913）「家制及國體」上杉慎吉編『穂積八束博士論文集』上杉慎吾。

真境名安興（1967）『沖縄現代史――沖縄一千年史姉妹編』琉球新報社。

松沢裕作（2013）『町村合併から生まれた日本近代――明治の経験』講談社。

松原洋子（2002）「優生学の歴史」廣野喜幸・市野川容孝・林真理編『生命科学の近現代史』勁草書房。

松本三之介・野村浩一（1961）「国民的使命観」『近代日本思想史講座　第8巻　世界のなかの日本』筑摩書房。

――――（2017）『「利己」と他者のはざまで――近代日本における社会進化思想』以文社。

松本文三郎（1914）『増補宗教と哲学』丙午出版社。

丸山敬一（1984）「マルクス、エンゲルスと民族自決権」『法学雑誌』第30巻第3・4号、大阪市立大学法学会。

――――（1991）「民族自決権の意義と限界」『中京法学』第26巻第1号、中京大学法学会。

道場親信（1997）「「人種」解読のコンテクスト――「生−権力」と植民地主義」『年報社会学論集』第10号、関東社会学会。

――――（1998）「「可視」の人口・「不可視」の人種――M．フーコー，A．L．ストーラーの人種主義論」『社会学年誌』第39号、早稲田社会学会。

三苫利幸（2010）「伊波普猷と「同化」の暴力――１９１０年前後の思想を考える」『教養研究』第17巻第1号・第2号、九州国際大学教養学会。

――（2011）「郷土史に就いての卑見　伊波普猷」『教養研究』第17巻第3号、九州国際大学教養学会。

――（2016）「伊波普猷著『沖縄女性史』の「亀裂」――真境名安興との「共著」として読む」『教養研究』第22巻第3号、九州国際大学教養学会。

三中信宏（1997）『生物系統学』東京大学出版会。

宮地正人（1991）「幕末・明治前期における歴史認識の構造」田中彰・宮地正人校注『日本近代思想大系13　歴史認識』岩波書店。

宮良当壮（1971）「琉球民族とその言語――金関教授の臆説批判」谷川健一編『叢書わが沖縄　第3巻――起源論争』木耳社。

武藤秀太郎（2006）「前期河上肇における社会政策論とナショナリズム」『近代日本研究』第26号、慶應義塾福澤研究センター。

森啓輔（2022）「植民地統治性研究の地平と沖縄研究」「年報日本現代史」編集委員会編『年報・日本現代史　戦後沖縄の史的検証――復帰五〇年からの視点』第27号、現代史料出版。

――（2023）『沖縄山原／統治と抵抗――戦後北部東海岸をめぐる軍政・開発・社会運動』ナカニシヤ出版。

森武磨・奥崎裕司（1972）「「歴史学研究会　シンポジウム・沖縄」沖縄をめぐる討論」歴史学研究会編集『歴史学研究』第３８３号、青木書店。

屋嘉比収（1997）「『琉球人種論』の背景――伊波普猷と鳥居龍蔵との交流」『がじゅまる通信』第12号、榕樹書林。

――（1998）「書評・小熊英二著『〈日本人〉の境界』を読む」『沖縄タイムス』、１９９８年8月27日。

――（1999a）「古日本の鏡としての琉球――柳田国男と沖縄研究の枠組み」『南島文化』第21号、沖縄国際大学南島文化研究所。

――（1999b）「「沖縄人になる」について」『けーし風』第22号、新沖縄フォーラム刊行会議。

――（2000）「沖縄自立論の系譜――近現代史からみた沖縄の自治」『地域開発』第４２４号、日本地域開発センター。

――（2002）「伊波普猷における「沖縄学」の形成――日琉同祖論と比較言語学の影響」『東北学』第1期第6号、東北芸術工科大学東北文化研究センター。

――（2003）「近代沖縄におけるマイノリティー認識の変遷」『別冊『環』⑥琉球文化圏とは何か』藤原書店。

――（2008）「『日琉同祖論』という言説」九州史学研究会編『境界のアイデンティティ　『九州史学』創刊五〇周年記念論文集・上』岩田書院。

――――（2010）『〈近代沖縄〉の知識人――島袋全発の軌跡』吉川弘文館。

安岡昭男（1999）「日本における万国公法の受容と適用」『東アジア近代史』第2号、ゆまに書房。

安丸良夫（1974）『日本の近代化と民衆思想』青木書店。

安田敏朗（2016）「資料　上田万年演説「日本語学の本源」（１８９５年６月15日）」『言語社会』第10号、一橋大学大学院言語社会研究科。

安田浩（1992）「近代日本における『民族』観念の形成――国民・臣民・民族」『季刊　思想と現代』第31号、唯物史観研究会。

矢内原忠雄（1926）『植民及植民政策』有斐閣。

矢野美沙子（2010）「為朝伝説と中山王統」『沖縄文化研究』第36号、法政大学沖縄文化研究所。

山崎直方（1913）「故坪井會長を悼む」『人類學雑誌』第28巻第11号、日本人類学会。

山室信一（2001）『思想課題としてのアジア――基軸・連鎖・投企』岩波書店。

山本美越乃（1926a）「誤れる植民政策の畸形兒――琉球（一）」『経済論叢』第23巻第1号、京都帝国大学経済学会。

――――（1926b）「誤れる植民政策の奇形兒琉球の史的回顧」『経済論叢』第23巻第2号、京都帝国大学経済学会。

――――（1926c）「誤れる植民政策の奇形兒琉球の慶長役以前」『経済論叢』第23巻第4号、京都帝国大学経済学会。

――――（1927a）「誤れる植民政策の奇形兒琉球と慶長役（四）」『経済論叢』第24巻第1号、京都帝国大学経済学会。

――――（1927b）「誤れる植民政策の奇形兒琉球の慶長役以後（五）」『経済論叢』第24巻第3号、京都帝国大学経済学会。

――――（1927c）「誤れる植民政策の奇形兒琉球とペルリ提督」『経済論叢』第24巻第5号、京都帝国大学経済学会。

――――（1927d）「誤れる植民政策の奇形兒琉球と廃藩置県（前期）」『経済論叢』第24巻第6号、京都帝国大学経済学会。

――――（1927e）「誤れる植民政策の奇形兒・琉球の廢藩と日支両属関係の終末」『経済論叢』第25巻第3号、京都帝国大学経済学会。

――――（1928a）「誤れる植民政策の奇形兒琉球の廢藩後に於ける治制」『経済論叢』第26巻第3号、京都帝国大学経済学会。

――――（1928b）「誤れる植民政策の奇形兒琉球の天然資源と人」『経済論叢』第26巻第4号、京都帝国大学経済学会。

湯川秀樹・井上健編（1973）『世界の名著65　現代の科学Ⅰ』中央公論社。

尹健次（1993）「民族幻想の蹉跌――「日本民族」という自己提示の言説」『思想』第８３４号、岩波書店。

横山良（1974）「アメリカ反帝国主義運動試論――その諸グループと帝国主義理解を中心に」『史林』第57巻第3号、史学研究会。

吉田和彦（2005）『比較言語学の視点――テキストの読解と分析』大修館書店。

吉田忠（1985）「アメリカの優生政策」『思想の科学』第７次第62号、思想の科学社。

吉馴明子（2009）「明治憲法史における立憲君主制——福沢諭吉『帝室論』を手がかりに」『近代日本研究』第26号、慶應義塾福澤研究センター。

與那覇潤（2003）「近代日本における『人種』観念の変容——坪井正五郎の『人類学』との関わりを中心に」『民族学研究』第68巻第1号、日本文化人類学会。

——（2004）「『日琉同祖論』と『民族統一論』——その系譜と琉球の近代」『日本思想史学』第36号、日本思想史学会。

——（2009）『翻訳の政治学——近代東アジアの形成と日琉関係の変容』岩波書店。

米谷匡史（2002）「帝国日本の植民・社会政策論——矢内原忠雄と《世界史》の変容」『社会思想史研究』第26号、藤原書店。

——（2003）「矢内原忠雄の〈植民・社会政策〉論——植民地帝国日本における「社会」統治の問題」『思想』第９４５号、岩波書店。

米本昌平・松原洋子・橳島次郎・市野川容孝（2000）『優生学と人間社会——生命科学の世紀はどこへ向かうのか』講談社現代新書。

若林正丈編『矢内原忠雄「帝国主義下の台湾」精読』岩波現代文庫。

脇村孝平（2001）『飢饉・疫病・植民地統治——開発の中の英領インド』名古屋大学出版会。

渡辺公三（2003）『司法的同一性の誕生——市民社会における個体識別と登録』言叢社。


［原典外国語／翻訳文献］（アルファベット順）

Adams, Mark B.（Ed.）（1990）*The Wellbone Science: Eugenics in Germany, France, Brazil, and Russia*. Oxford University Press. マーク・B・アダムズ編著（1998）『比較「優生学」史——独・仏・伯・露における「良き血筋を作る術」の展開』佐藤雅彦訳、現代書館。
Bälz, Erwin von. ベルツ（1908）「日本人の体格」大隈重信編『開国五十年史』下巻、開国五十年史発行所。
——（1883）*Die körperlichen Eigenschaften der Japaner*. ベルツ（1973）「日本人の起源とその人種学的要素」池田次郎抄訳『論集日本文化の起源5 日本人種論・言語学』平凡社。
Balibar, Étienne and Wallerstein, Immanuel.（1990）*RACE, NATION, CLASSE*. Editions La Découvert, Paris, France. エティエンヌ・バリバール、イマニュエル・ウォーラーステイン（2014）『人種・国民・階級』若森章孝ほか訳、唯学書房。
Butler, Judith.（2009）*Frames of War: When is Life Grievable?* London & New York, Verso. ジュディス・バトラー（2012）『戦争の枠組み——生はいつ嘆きうるものであるのか』清水晶子訳、筑摩書房。

Canguilhem, Georges. (1966) *Le normal et le pathologique, augmenté de Nouvelles réflexions concernant le normal et le pathologique*. Presses Universitaires de France. ジョルジュ・カンギレム（1987）『正常と病理』滝沢武久訳、法政大学出版局。

Chamberlain, Basil Hall. (1889) A Vocabulary of The Most Ancient Words of The Japanese Language. *The Asiatic Society of Japan*. Vol.16.

———（1895）The Luchu Islands and Their Inhabitants. *The Geographical Journal*. Vol.5. No.4.

———（1895a）The Luchu Islands and Their Inhabitants. *The Geographical Journal*. Vol.5. No.5.

———（1895b）The Luchu Islands and Their Inhabitants. *The Geographical Journal*. Vol.5. No.6.

———（1895c）*Essay in Aid of A Grammar and Dictionary of The Luchan Language*. Kelley and Walsh.

———（1902）*Things Japanese (Fourth Edition)*. London, John Murray, Albemarle Street. バジル・ホール・チェンバレン（1969a）『日本事物誌』第1巻、高梨健吉訳、平凡社。（1969b）『日本事物誌』第2巻、高梨健吉訳、平凡社。

Comte, Auguste. (1822) *Plan des travaux scientifiques nécessaries pour réorganiser la société*, Paris. オーギュスト・コント（1970a）「社会再組織に必要な科学的作業のプラン」清水幾太郎責任編集『世界の名著36　コント　スペンサー』霧生和夫訳、中央公論社。

———（1842）*Cours de philosophie positive*, Paris. オーギュスト・コント（1970b）「社会静学と社会動学」清水幾太郎責任編集『世界の名著36　コント　スペンサー』霧生和夫訳、中央公論社。

Crary, Jonathan. (1992) *Techniques of the Observer: On Vision and Modernity in the Nineteenth Century* The MIT Press, October Books. ジョナサン・クレーリー（2005）『観察者の系譜——視覚空間の変容とモダニティ』遠藤知巳訳、以文社。

Davenport, Charles B. (1911) *Heredity in Relation to Eugenics*. H. Holt. チャールズ・ダヴェンポート（1913）『人種改良学』大日本文明協会。

Duus, Peter. (1991) *Imperialism without Colonies: The Vision of a Grater East Asian Co-Prosperity Sphere*. ピーター・ドウス（1992a）「植民地なき帝国主義——「大東亜共栄圏」の構想」藤原帰一訳『思想』第８１４号、岩波書店。

———（1992）*Japan, the Western Powers, and the Semi-Colonization of China*. ピーター・ドウス（1992b）「日本／西欧列強／中国の半植民地化」浜口裕子訳『岩波講座近代日本と植民地２　帝国統治の構造』岩波書店。

Gallagher, J. & R. Robinson. (1996) *The Imperialism of Free Trade*. in Geroge Nadel & Perry Curis (Eds.), *Imperialism and Colonialism*, First Printing. ジョン・ギャラハー、ロビンソン、ドナルド（1983）「自由貿易帝国主義」ジョージ・ネーデル、ペリー・カーティ

ス編『帝国主義と植民地主義』川上肇・住田圭司・柴田敬二・橋本礼一郎訳、御茶の水書房。

Foucault, Michel. (1966) *Les mots et les choses: une archéologie des sciences humaines*, Gallimard. ミシェル・フーコー（1974）『言葉と物――人文科学の考古学』渡辺一民・佐々木明訳、新潮社。

——（1969）*L'archéologie du savoir*, Paris, Gallimard. ミシェル・フーコー（2012）『知の考古学』慎改康之訳、河出書房新社。

——（1970a）In *Revue d'histoire des sciences et de leurs applications*, tome XXIII, no 1, janvier-mars, pp. 61-62. (Sur l'exposé de F. Dagognet, "La situation de Cuvier dans l'histoire de la biologie", *ibid.*, pp.49-60, journées Cuvier, Institut d'histoire des sciences, 30-31 mai 1969.) ミシェル・フーコー（1999a）「F・ダゴニェの論考『生物学史に於るキュヴィエの位置づけ』に関する討論」金森修訳、蓮實重彥・渡辺守章監修『ミシェル・フーコー思考集成Ⅲ　歴史学／系譜学／考古学』筑摩書房。

——（1970b）"La situation de Cuvier dans l'histoire de la biologie", *Revue d'histoire des sciences et de leurs applications*, tome XXIII, no 1, janvier-mars, pp.63-92. (journées Cuvier, Institut d'histoire des sciences, 30-31 mai 1969.) ミシェル・フーコー（1999b）「生物学史におけるキュヴィエの位置」金森修訳、蓮實重彥・渡辺守章監修『ミシェル・フーコー思考集成Ⅲ　歴史学／系譜学／考古学』筑摩書房。

——（1971）*L'ordre du discours: leçon inaugurale au Collège de France prononcée le 2 décembre 1970*, Paris, Gallimard. ミシェル・フーコー（2014）『言説の領界』慎改康之訳、河出書房新社。

——（1975）*Surveiller et punir: naissance de la prison*, Gallimard. ミシェル・フーコー（1977）『監獄の誕生――監視と処罰』田村俶訳、新潮社。

——（1976）*La volonté de savoir*, Gallimard. ミシェル・フーコー（1986）『知への意志――性の歴史Ⅰ』渡辺守章訳、新潮社。

——（1997）*Il faut défendre la société: cours au Collège de France (1975-1976)*, Gallimard/Le Seuil. ミシェル・フーコー（2007a）『社会は防衛しなければならない――コレージュ・ド・フランス講義１９７５―１９７６年度（ミシェル・フーコー講義集成６）』石田英敬・小野正嗣訳、筑摩書房。

——（1999a）*Les Anormaux: cours au Collège de France (1974-1975)*, Gallimard/Le Seuil. ミシェル・フーコー（2002）『異常者たち――コレージュ・ド・フランス講義１９７４―１９７５年度（ミシェル・フーコー講義集成５）』慎改康之訳、筑摩書房。

——（2000）「狂気と社会」渡辺守章訳、蓮實重彥・渡辺守章監修『ミシェル・フーコー思考集成Ⅶ　知／身体』筑摩書房。

——（2003）*Le pouvoir psychiatrique: cours au Collège de France (1973-1974)*, Gallimard/Le Seuil. ミシェル・フーコー（2006）

『精神医学の権力――コレージュ・ド・フランス講義１９７３―１９７４年度（ミシェル・フーコー講義集成４）』慎改康之訳、筑摩書房。
――― (2004) *Securité, Territoire, Population: cours au Collège de France (1977-1978)*, Gallimard/Le Seuil. ミシェル・フーコー (2007b)『安全・領土・人口――コレージュ・ド・フランス講義　１９７７―１９７８年度（ミシェル・フーコー講義集成７）』高桑和巳訳、筑摩書房。
――― (2004) *Naissance de la biopolitique: cours au Collège de France (1978-1979)*, Gallimard/Le Seuil. ミシェル・フーコー (2008)『生政治の誕生――コレージュ・ド・フランス講義１９７８―１９７９年度（ミシェル・フーコー講義集成８）』慎改康之訳 筑摩書房。
――― (2013) *La Société punitive: cours au Collège de France (1972-1973)*, Gallimard/Le Seuil. ミシェル・フーコー (2017)『処罰社会――コレージュ・ド・フランス講義１９７２―１９７３年度（ミシェル・フーコー講義集成３）』八幡恵一訳、筑摩書房。
Gould, Stephen Jay. (1996) *The mismeasure of man*. W. W. Norton & Company. スティーヴン・J・グールド (2008a)『人間の測りまちがい――差別の科学史』(上)、鈴木善次・森脇靖子訳、河出文庫。スティーヴン・J・グールド (2008b)『人間の測りまちがい――差別の科学史』(下)、鈴木善次・森脇靖子訳、河出文庫。
Hawks, Francis L. (Ed.) (1856) *Narrative of the expedition of an American squadron to the China seas and Japan: Performed in the Years 1852, 1853, and 1854, under the Command of Commodore M.C. Perry, United States Navy, by Order of the Government of the United States*. New York, D. Appleton and company. 神田清輝訳 (1926)『ペルリ提督琉球訪問記』。
Heath, Deana and Stephan Legg. (2018) "Introducing South Asian Governmentalities." In *South Asian Govrnmentalities: Michel Foucault and the Question of Postcolonial Orderings*, pp.1-36.
Hobbes, Thomas. (1651) *Leviathan*. ホッブズ (2014・2018)『リヴァイアサン１・２』角田安正訳、光文社。
Jacob, François. (1970) *La logique du vivant*, Éditions Gallimard. フランソワ・ジャコブ (1977)『生命の論理』島原武・松井喜三訳、みすず書房。
Le Bon, Gustave. (1894) *Les Lois psychologiques de l'évolution des peuples*. Paris: Félix Alcan. ギュスターヴ・ル・ボン (1910)『民族発展の心理』前田長太訳、大日本文明協会。
Louis, Wm. Roger and Ronald Robinson. (1994) "The Imperialism of Decolonization." *The Journal of Imperial and Commonwealth*

History, Volume 22, Issue 3: 462-511.

Mehl, Margaret.（1998）*History and the State in Nineteenth-Century Japan*, Macmillan. マーガレット・メール（2017）『歴史と国家――19世紀日本のナショナル・アイデンティティと学問』千葉功・松沢裕作訳者代表、東京大学出版会。

Milen, John.（1880）Note on stone implements from Otaru and Hakodate, with a few general remarks on the prehistoric remains of Japan. *Transactions of The Asiatic Society of Japan*. Vol.VIII.

Morange, Michel.（2016）*Une histoire de la biologie*, Seuil. ミシェル・モランジュ（2017）『生物科学の歴史――現代の生命思想を理解するために』佐藤直樹訳、みすず書房。

Montesquieu（1748）*De l'Esprit des lois*. モンテスキュー（1989）『法の精神（上）』野田良之・稲本洋之助・上原行雄・田中治男・三辺博之・横田地弘訳、岩波文庫。

Paul, Diane.（1984）*Eugenics and Left in Journal of the History of Ideas*. ダイアン・ポール（1993）「優生学と左翼」斎藤光・松原洋子訳『現代思想』第21巻第2号、青土社。

Poliakov, Léon.（1971）*The Aryan Myth, Essai sur les sources du racisme st des nationlismes, Calmann-Lévy*, Paris. レオン・ポリアコフ（1985）『アーリア神話――ヨーロッパにおける人種主義と民族主義の源泉』アーリア主義研究会訳、法政大学出版局。

Reinsch, S, Paul.（1900）*World Politics: At the End of the Nineteenth Century as influenced by the oriental situation*. NY: The Macmillan Company. ポール・S・ラインシュ（1901）『帝国主義論』高田早苗抄訳、東京専門学校出版部。および（1903）『世界政策』吉武源五郎訳、世界堂。

――――（1905）*Colonial Administration*. NY: The Macmillan Company. ポール・S・ラインシュ（1910）『殖民政策』松岡正男・田宮弘太郎訳、同文館。

Rousseau, Jean-Jacques.（1762）*DU CONTRAT SOCIAL*. ルソー（2008）『社会契約論／ジュネーヴ草稿』中山元訳、光文社古典新訳文庫。

Rupke, Nicolaas annd Gerhard Lauer.（Eds.）.（2018）. *Johann Friedrich Blumenbach: Race and Natural History, 1750-1850*. Routlegde. New York.

Scott, David.（2005）"Colonial Governmentality." In Inda, Jonathan Xavier.（Ed.）*Anthropologies of Modernity Foucault, Governmentality, and Life Politics*. Blackwell Publishing Ltd.

Semmel, Bernard.（1960）*Imperialism and Social Reform: English Social-imperial Thought 1895-1914*. Harvard University Press. バーナード・センメル（1982）『社会帝国主義史――イギリスの経験 1895-1914』野口建彦・野口照子訳、みすず書房。

Spencer, Herbert.（1851）*Social Statics: Or the Conditions essential to Happiness specified, and the First of them Developed*. London: John Chapman.

――――（1857）*Progress: Its Law and Cause*. ハーバート・スペンサー（1970）「進歩について」清水幾太郎責任編集『世界の名著36 コント　スペンサー』清水禮子訳、中央公論社。

Stoler, Ann Laura.（1995）*Race and the Education of Desire: Foucault's History of Sexuality and The Colonial Order of Things*. Duke University Press.

――――（2002）*Carnal Knowledge and Imperial Power: Race and the Intimate in Colonial Rule*. University of California Press. アン・ローラ・ストーラー（2010）『肉体の知識と帝国の権力――人種と植民地支配における親密なるもの』永渕康之・水谷智・吉田信訳、以文社。

Uexküll, Jakob von.（1970）*Streifzüge durch die Umwelten von Tieren und Menschen*. S. Fischer. ヤコープ・フォン・ユクスキュル、ゲオルグ・クリサート（2005）『生物から見た世界』日高敏隆・羽田節子訳、岩波文庫。

Whitney, William Dwight.（1875）*The Life and Growth of Language*. H. S. King. ウィリアム・ドワイト・ホイットニー（1899）『言語発達論』保科孝一抄訳、冨山房。

著者略歴

東京大学大学院総合文化研究科博士後期課程単位満期取得退学。博士（学術）。

主な論文に、「「反復帰・反国家」の思想を読み直す」（藤澤健一編『沖縄・問いを立てる第6巻 反復帰と反国家——「お国は？」』社会評論社、2008年）、「兵士たちの武装放棄——反戦兵士たちの沖縄」（田仲康博編『占領者のまなざし——沖縄/日本/米国の戦後』せりか書房、2013年）、「人種主義の深淵——伊波普猷における優生学と帝国再編」（『現代思想』第44巻第2号、青土社、2016年）など。

〈沖縄学〉の認識論的条件
人間科学の系譜と帝国・植民地主義

2024年10月23日　第１版第１刷発行

著　者　徳田匡（とくだ まさし）

発行者　井村寿人

発行所　株式会社　勁草書房（けいそう しょぼう）

112-0005 東京都文京区水道2-1-1　振替 00150-2-175253
（編集）電話 03-3815-5277／FAX 03-3814-6968
（営業）電話 03-3814-6861／FAX 03-3814-6854
堀内印刷所・牧製本

ISBN978-4-326-20067-2　Printed in Japan

https://www.keisoshobo.co.jp